貿易都市長崎の研究

本馬貞夫 著

九州大学出版会

はしがき

本書は序章及び四つの章からなり、その概要は次のとおりである。

序章は、貿易都市長崎の基本構造の概要を示し、長崎の近世史を理解するために、とりわけ第一章との関連を考えて最後に書き下ろしたものである。

第一章は、貿易都市長崎の構造・様相を長崎惣町・丸山遊女・貿易商人・祭礼の各方面から明らかにしようとしたもので、併せて長崎近世史研究の入門としても活用できると考える。

第二章では、オランダ貿易の担い手であるとともに蘭学者としての側面を持っていたオランダ通詞の学問的業績がこれまで軽視され、正当に評価されてこなかったことに対して是正を求めた。

第三章は、国際都市長崎で活躍した幕末・明治期の外国人について述べたものである。特に土木技師デ＝レーケの論考では、あとがきでも触れているが、歴史研究の社会的責任を念頭においたつもりである。

最後に第四章では、長崎奉行所文書が重要文化財に指定される過程で明らかになったことを紹介した。

本書の特色を強いてあげれば、論考のなかに初めて紹介する史料を多く含んでいる点であろう。県立長崎図書館史料課・郷土課勤務のとき見出したものや、来館された方々から提供された史料、もしくは所在情報を得たものも多かった。読者諸氏においてご利用いただき、論考についてはご批判など賜れば幸甚である。

平成二十一年一月

本馬貞夫

凡例

一　史料の引用・翻刻については、読点などを加え、また一部常用漢字を用いて読みやすくした。また、一部訂正のため書き改められた文字を本文として採用した場合もある。

一　変体仮名のうち、者（は）、江（へ）、与（と）についてはポイントを落として（字を小さくして）残した。并も同様にポイントを落とした。

一　ゟ（より）はそのまま残したが、ホは「等」、ゝは「候」とした。

一　虫損等で判読不能な文字は□で表した。

一　史料中に黒印が押されているところは（印）で表した。

一　朱で記されている文字・記号には、その箇所に（朱）を付した。

一　〔　〕の中は、筆者が補筆したものである。

一　年代は全体和年号を主としたが、生没年や、外国人の動向や日本滞在期間など、西暦で示したものもある。

一　第四章第二節「長崎キリスト教史についての一考察」において、引用史料中の「邪宗（門）」「異宗」については、用法確認のため傍点を付した。また、その他の章においても、筆者がとくに強調したい部分については同様に傍点を付した。

目次

序章　貿易都市長崎の基本構造

はじめに

長崎は近世鎖国の時代、外国貿易を主たる産業として繁栄した貿易都市であった。ここでいう貿易都市とは、市中の民、即ち市民の多くが貿易関連の仕事に就き、そこから収入・収益を得るという経済的・社会的構造を持つ近世都市のことである。もともと長崎は南蛮貿易の港として成立し、町人による自治都市的性格を有していたが、江戸幕府の政治権力によって意図的に改造されていき、幕藩体制下の貿易都市として、外国貿易の独占と多大な収益を保証されることになった。いわば長崎市中全体が一種の貿易商社となり、市民は商社活動に従事する構造が形成されていったのである。

近世長崎において他に産業といえるものは外国貿易に付随する若干の工芸生産、たとえば青貝細工、長崎ビードロ、長崎版画、亀山焼などはあったが、いずれも土産物・贈答用の域を出ない。一面において長崎には観光都市・消費都市の性格もあった。貿易関係の商人はもちろん、出島・唐人屋敷・唐寺といった日本における「異国・異界」を見物に来た人も数多く、それは長崎紀行・西遊日記と題される文献・文書類を多く見出せることからも知られる。また、江戸など三都と同じく大名の蔵屋敷も置かれていた。佐賀・福岡・熊本・鹿児島・久留米・柳川・萩・小倉・唐津・対馬・平戸・大村・島原・福江の一四藩からは長崎駐在の藩士が派遣され、藩関係の貿易業務、情報収集などにあたった。とりわけ長崎警備を隔年で担当し、千人番所と呼ばれた西泊・戸町の両番所を所管する佐賀・福岡両藩が派遣する人数は格段に多かった。こうした長崎を訪れ、駐在した人々の消費も、当時の長崎経済に寄与したはずであるが、いずれも貿易都市に深くかかわって派生した事柄である。

ここでは貿易都市としての長崎の基本構造を理解するために、長崎貿易に深く関与した長崎地役人と長崎惣町に

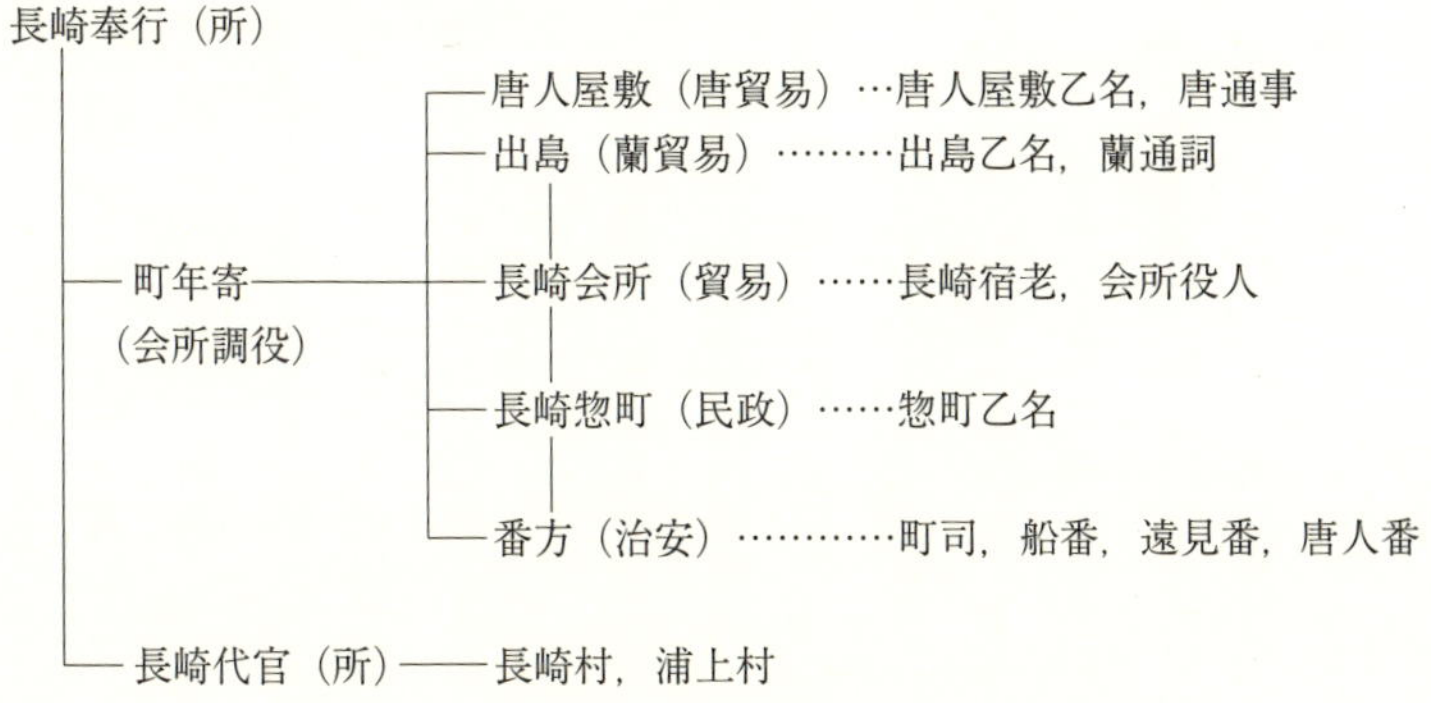

図序－1　貿易都市長崎の基本構造（概略図）

焦点を当て、長崎貿易の利益がどのように分けられたかについて江戸時代後期の状況を述べてみたい。つまり、長崎会所を拠点に唐蘭貿易に関する業務の大半を担った長崎地役人と長崎惣町は、巧妙かつ複雑に、その利益を長崎市中（一部郷中にも）に手厚く配分する仕組みを作り上げていったと思われるのである。

　貿易都市長崎の基本構造を図示すると、概略、図序－1のようになろう[1]。貿易・民政・治安分野は相互に連携しており、たとえば惣町乙名は、後述するように貿易に深く携わる一方、盗賊方・旅人改方といった加役を勤めるなど治安にも関与していた。

一　長崎貿易の利益

(1)「長崎会所五冊物」からみた唐貿易の収支

　それでは長崎貿易によってどれほどの利益が生まれたかを、長崎会所の貿易会計を詳細に記した「長崎会所五冊物」[2]（以下「五冊物」と表記）を基本史料としてみてみたい。これは単年度の会計帳簿ではなく長崎会所の総体的な会計業務報告ともいうべきもので、唐船一〇艘、オランダ船一艘の入港を基礎としている。その時期は江戸時代後期、記事は天保十三年（一八四二）が下限である。もっとも実際には、天保年間の唐船入港数は平均六・八艘であったから、前提そのものが崩れているのであるが、およその収入・支出について、その費目と額をみるには十分であろう（数字の後に「程」とあるのは略す）。

周知のとおり長崎は銀勘定である。「五冊物」によれば、まず唐船一〇艘分の輸入品代価（定高）は銀二七四〇貫目（一艘につき二七四貫目）である。この輸入品（銀高二五五二貫三二〇目分）を商品別に入札によって商人に売り渡して得られる長崎会所の利益は四五九四貫一七六匁となり、平均一八割の利益が出たことになる。これに、その他の商品売却利益を加えて銀四六五八貫七七二匁が長崎会所の粗利益（出銀）である。これ以外に唐船の滞在費用・貿易経費その他に充てる分として、帳簿上のことではあるが、唐船側から会所に差し出される四九三貫七二三匁余があった。

これに対し、長崎会所が唐船側に渡す輸出品（代り物）は、まず銅一〇〇万斤、この銀高一一五〇貫目（一艘に一〇万斤、銀高一一五貫目あて）、次に俵物九五四貫目分、諸色六三六貫目分があり、合計二七四〇貫目であった。輸入品代金（元代）と同じ額になっている。ところが、これらの輸出品を長崎会所が調達する費用（購入額）は、二七四〇貫目を大幅に上回り、たとえば銅の調達価格は一〇〇斤につき一七三匁二分であるから、唐船渡しの一一五匁との差額五八匁二分、総額五八二貫目が会所の負担となる。

この他唐貿易にかかわる会所の支出（負担）のうち主な費目をあげると、宿町・附町雑用銀一一一貫目、奉行所家中受用として一五九貫七〇二匁、四ヶ所（京都・堺・大坂・江戸）宿老への配分一三五貫目、唐船出帆の節沖合い繋留中の賄い銀一四〇貫目、御用物についての支出一二〇貫目などがあり、これらの会所支出分の総計は一七〇六貫八九四匁であった。これを粗利益四六五八貫七七二匁から差し引くと、唐貿易において長崎会所が得る純利益（正出銀）は二九五一貫八七八匁ということになる。

（2）「五冊物」からみたオランダ貿易の収支

同様にオランダ貿易の場合を「五冊物」からみてみよう。オランダ船一艘の商売銀高（定高）は七〇〇貫目である。このうち、将軍はじめ江戸幕府関係への献上分などは利益がなく、また長崎奉行所関係の調物も利益が五割という低率で、これらを除いた銀高六二三貫目の輸入品を入札にかけて販売した粗利益は二四九二貫目となり、平均四〇割の利益が出たことになる。実際の取引ではないが、唐貿易に比べて利益率はかなり高い。高値で売れる珍品が多いということだろうか。これに助成銀一五貫目と、その他の操作が加わり、オランダ貿易関係の長崎会所の利益総計は二六七六貫三一二匁となった。

これに対しオランダ側に渡す輸出品とその銀高をみると、銅六〇万斤、銀高三六一貫五〇〇目（一〇〇斤につき六〇目二分五厘）が主要なものである。他の商品として樟脳・銅針金・器物類・蒔絵道具・樽物・小間物などがあり、これらを合わせた銀高は一三〇貫九七四匁、合計すると四九二貫四七四匁となる。つまり四九二貫四七四匁分の商品を輸出品としてオランダ側に渡すわけである。これに助成銀一五貫目を加え、オランダ貿易の商売高（輸出高）は数字上五〇七貫四七四匁となる。

さらに、これも唐船と同じく帳簿上のことであるが、滞在費用・出島家賃銀・八朔銀などオランダ側定例の負担分一三八貫二九〇目その他が一旦輸出高扱いとなり、その後会所に差し出されるかたちになっていた。

オランダ貿易関係の会所負担はおよそ次のようになっている。唐船のところでみたように銅一〇〇斤の購入額は一七三匁二分であったから、一〇〇斤あたり一一二匁九分五厘、六〇万斤にして六七七貫七〇〇目が銅輸出にともなう会所負担となる。唐貿易に比べて出血輸出の幅が大きい。また、樟脳・銅針金などの輸出にともなう会所負担もあって、これを樟脳で計算すると七五貫目になる。つまり樟脳四万斤を輸出するとして、これを会所が買い入れる代銀は一二〇貫目（一斤あたり三匁での購入）であるが、オランダ側に渡すときは四五貫目（一斤あたり一匁一分二厘五毛）であり、七五貫目を会所が負担したわけである。

他に主なものをあげると、出島家賃銀六一貫二五〇目、奉行（所）・代官（所）・町年寄らへ贈る八朔荷物元代一四三貫四〇五匁、貰物砂糖代四八貫六一四匁二分、江戸参府にともなう献上・進物や旅雑用費七六貫一〇〇目などがあり、これらの会所支出合計は一二三〇貫一六三匁六分三厘となっている。

このうち出島家賃銀・八朔銀などについては、すでにオランダ側負担のところで述べたが、それとは別に会所利益からの支出の方が多く両者を合わせた額となっている。たとえば家賃銀はオランダ側負担二七貫五〇〇目に対して会所支出は三三貫七五〇目であり、八朔銀はオランダ側負担二三貫二〇四匁七分に対して一二〇貫二〇〇目三分である。これらを全体でみると、オランダ貿易関係の会所支出額一二三〇貫一六三匁六分三厘のうち、一一三貫三六三匁三分七厘五毛がオランダ側負担、一一一六貫八〇〇目二分五厘五毛が会所利益からの支出ということになる。オランダ側負担分は帳簿上すでに会所に差し出されているから、長崎会所のオランダ会計二八三七貫九一六匁から支出額一二三〇貫一六三匁六分三厘を差し引くと、一六〇七貫七五二匁三分七厘が純利益（正出銀）であった。

⑶　別段商法

唐蘭貿易の純利益は、二九五一貫八七八匁と一六〇七貫七五二匁三分七厘を合計して四五五九貫六三〇匁余となるが、会所利益はこれだけではない。唐船の別段商売高一〇〇〇貫目の利益銀五〇〇貫目、オランダ脇荷取引一九五貫目の利益銀一〇五貫目もあり、利益率は低いものの会所と唐蘭双方にうま味があって、別段商法・脇荷取引は拡大傾向にあった。この他、唐蘭貿易全ての輸入品販売額（元代と出銀を合わせた額）に三歩（三パーセント）を課す三歩掛り銀三八一貫九三六匁、唐船輸入の薬種・荒物取引額に三歩を課す三歩掛入銀一六七貫五七〇目などもあり、唐蘭貿易に関して輸出品調達や貿易経費の支出を除いた会所残高は、帳簿上五七三四貫九〇五匁余となる。

しかし、幕府への上納金関係一二六七貫二〇〇目及び、長崎市中に投ぜられる地下配分銀など四六五〇貫八二五匁一分を総合した支出は五九一八貫二五匁にのぼり、収支は一八三貫一二〇匁の赤字となっている。[3]「五冊物」は長崎会所が幕府に提出する会計報告であり、多少赤字が出るように操作したものと思われる。しかも、唐船一〇艘の入津を前提とした計算であり、天保年間には平均で六ないし七艘しか来ていない状況では、別段商法など定高取引以外を活発に行うほかはなかった。[4]他に支出としては、銅の集荷促進のため秋田銅山に一五〇貫目、南部銅山にも一五〇貫目、別子・立川銅山には一五〇貫目に加えて湧水手当金一二〇〇両（銀七二貫目）が毎年供与され、合計は五五二貫目となる。この記事は「五冊物」第一冊にはなく第四冊にあらわれているが、輸出銅の確保は長崎貿易存続の根幹にかかわる問題であり、唐金・唐銀の輸入など定高外取引を増やして輸入品売却の利益でもって銅調達資金など必要経費をまかなったのである。

二　貿易業務と長崎市中

(1)「乙名手控」にみる唐蘭貿易

それにしても長崎貿易の仕組みは複雑である。それは当時の長崎地役人にとっても同様だったのではないか。長崎の町方史料のなかには「唐船拾艘阿蘭陀船一艘元代出銀仕払方明細書付」「唐船商売方之大意」「阿蘭陀方商売荷物大意訳書付」[5]などと題された「五冊物」類似の諸本があって、貿易業務に直接携わる会所役人が作成して身辺に置いていたものと思われる。

しかし、長崎地役人の多くが何らかのかたちで貿易とかかわりを持っていたはずであるから、もう少しわかりやすく長崎貿易の仕組みを記した史料を探してみた。ここに惣町乙名、それも乙名頭取クラスの手控と推測される文書断簡があって、前欠・後欠ながら有益な史料と思われる。前欠分が三丁あり、四丁の初めは乙名加役の「精荷役立合」の記事である。仮に「乙名手控」としよう(6)(以下「手控」と表記)。唐船の入津設定は一三艘、阿蘭陀船は二艘で、その元代銀一二五〇貫目となっていることから、寛政二年(一七九〇)以前の商法を略記したものであろう。さらに記事の年代の下限は文化元年(一八〇四)、また「去未年、来亥年」の亥年が文化十二年と考えられることから、断簡ながら一応主要部分は文化十一年に作成された手控と推定される。

まず「手控」が示す唐蘭貿易記事をいくつか紹介しよう。

一　唐船壱艘御定高商売銀高弐百七拾四貫目

　　此元払

百拾五貫目　銅拾万斤代但百斤ニ付百拾五匁　会所買入候直段百斤ニ付百五拾目

六拾六貫六百目　俵物代

四拾四貫四百目　諸色代

四拾八貫目　唐人ゟ諸定例差出物并在留中遣捨之分

〆

一　元代銀五拾二貫目　但壱船ゟ御定高之内四貫目宛

出銀七拾八貫目

〆　百三拾貫目

　内　五拾二貫目者五割加会所ゟ唐人江元払

残七拾八貫目　但此高御奉行御家中御受用ニ相成御在勤中三度納ル

一　元代銀千弐百五拾貫目　阿蘭陀船弐艘
　内　九拾壱貫五拾九匁程　献上端物并江戸売上端物八朔添進物土産鮫、着料端切等品ニ而引分ケ候ニ
　　　　　　　　　　　　付元払出銀ニ不拘分引之
残千百五拾八貫九百四拾壱匁程
外銀三拾貫目　助成ト唱へ相渡候分
〆　千百八拾八貫九百四拾壱匁程　元払有之分
　此元払
五百四拾弐貫弐百五拾目　銅九拾万斤　但百斤ニ付六拾目弐分五厘ツヽ、会所買入直段百斤ニ付百五拾
　　　　　　　　　　　　目ツヽ
四拾弐貫百七拾五匁　金代リ銅代
弐百九拾九貫三百五匁　樟脳・銅針金・器物類・蒔絵物・樽物・小間物代
　但年々増減有之
弐百拾五貫百九拾四匁程　阿蘭陀人ゟ定例差出物并小払捨等勘定致長崎内之払ニ相成候処会所出銀ニ加
　　　　　　　　　　　　ル
九拾貫目　江戸行路料銀并在留中遣捨として決算之節残置候分右同断会所出銀ニ加ル
〆　如高

乙名の立場からみた唐蘭貿易の骨格はこのようなものであった。

（2）宿町雑用銀について

しかし、彼らが直接かかわる業務の経費分配については非常に細かい。「手控」から「宿町雑用銀」の支出内容をみてみよう。唐船宿町は長崎惣町のうち丸山・寄合・出島の三町を除く七七町が交代で請け負っていた。

壱番渡りゟ渡し方

一　弐百目　唐人屋鋪唐人部屋畳竈土代、同所日行使江渡切

高壱貫弐百八拾七匁五分之内

一　七百六拾目　宿町筆者江雑用并弁当料小使太儀料とも渡切之内渡

高弐貫五百三拾五匁之内

一　壱貫七百目　宿町日行使江諸渡切之内渡

高百六拾五匁之内

一　六拾七匁五分　五島屋吉兵衛江渡切之内渡

高四拾匁之内

一　弐拾目　梅ケ崎沖宿礼渡切之内渡

四拾三匁　道具蔵日行使江渡切

高弐百目之内

一　八拾目　唐船浮居請負人江渡切之内渡

但船居江挽付候上八拾目相渡、船浮相済候上百弐拾目相渡候事

唐人弁当并酒代　但右同断

見守組頭・四ヶ所詰組頭弁当料并廻船賃

但触元組頭ゟ書付可差出候間右高御調子申上御渡之事

一　廻船賃　船数ニ応シ相渡候事　湊内仕役壱艘　三匁宛、沖仕役同　四匁五分宛、茶之間同　弐匁宛

一　明船番賃　但日数応シ相渡候事

一　百四拾壱匁五厘　船頭・財副之内壱人相増候節者上駈道具代、此高宿町日行使江増渡

〆

弐番渡りゟ渡シ方

一　五百弐拾七匁五分　宿町筆者江渡切皆済渡

一　八百三拾五匁　宿町日行使江渡切皆済渡

一　六拾七匁五分　五島屋吉兵衛江右同断

一　弐拾目　梅ケ崎沖宿礼右同断

一　百弐拾目　唐船浮居請負人江渡切皆済渡

〆

唐船方

一　銀七貫七百目　宿町雑用銀　但年々雑用及不足候ニ付仍願寛政九年未《ママ》年八百目ツヽ、増御出方被仰付、唐船

雑用取締掛り乙名弐人被仰付雑用出方別段有之

内　定式

一　弐百目　唐人部屋畳・襖・障子・竈土代、唐人屋敷日行使江相渡

一　五匁　札読定例

一　四百三拾目　新地蔵屋敷銀　但戸前数ニ随ひ増減有之、壱戸前分
一　弐百九拾六匁壱分五厘三毛八弗　乙名頭割　但町々ケ所ニ随ひ増減有之
一　七百五拾目　筆・紙・墨并雑用宿町筆者江相渡
一　三拾七匁五分　在津中宿町筆者小使定例
一　四拾三匁　次送り道具損銀道具蔵払日行使江相渡
一　明船番　弐人　但一日壱匁宛
一　百目　本船茶之間入用并日雇賃渡切
一　七百拾匁　新地矢来門前仕役茶之間入用并日雇賃、明船番道具探番弁当代、仲ケ宿番賃、部屋附道具并上掛道具、次送り道具紛失物償代ともニ渡切、道具蔵掛り日行使江相渡
一　百七拾五匁　梅ケ崎仕役之節茶之間入用并日雇賃、仲ケ宿礼明船番雑用同番人乗卸共渡切、請負人江相渡
一　百七拾五匁　唐船浮居請負人江渡切、請負人江相渡

一部重複の事項があるが、「壱番渡りゟ渡シ方」「弐番渡りゟ渡シ方」は実際の支出方法、後半は定められた雑用銀の費目とその額を記しているようである。「乙名頭割」は雑用銀七貫七〇〇目をその町の実箇所数で割った額で、この分雑用銀の支出対象から除かれており、最初から乙名取り分は確保されていたことになる。「茶之間」はいずれも仕役に付随していることから、立ち会いの唐人への接待を含めて休息・おやつに当たるものだろうか。弁当料・酒代など唐人への気遣いも細かい。これらの宿町雑用銀関係支出は、宿町を中心にほぼすべてが長崎市中に流れる。唐船一〇艘ならば一〇倍である。

それでは、実際に宿町業務を行った桶屋町の文化五年と文化十三年の宿町勘定帳(7)から収支の状況をみてみると、

両者とも宿町雑用銀七貫七〇〇目から「乙名頭割」分一三七匁五分を差し引き、これに「別段売雑用御増方」八〇〇目を加えると八貫三六二匁五分となる。これから諸費目を差し引いた結果は、文化五年が一三三匁九分五厘五毛の残額、文化十三年が五四二匁六分四厘九毛の不足となった。文化十三年の勘定帳では臨時雑用や日雇賃が多く計上され、漂流民も来ている。次項でも述べるように、唐船は一艘単位で課される負担が多くあるため、当時入津する唐船は大型化する傾向にあった。当然宿町雑用銀からの支出は膨らむはずである。ともあれ、残額（不足）を桶屋町の箇所数五八（増箇所二箇所を含む）から御免箇所（諸役御免の三箇所）を引いた箇所数五五で割ると、文化五年は一箇所あたり二匁四分三厘五毛五弗を家持町人へ配分、文化十三年の場合は一箇所あたり九匁八分七厘三毛八弗（数字の調整がある）が家持町人からの「持出勘定」となった。

桶屋町の勘定帳に記されている費目で「手控」にはない主なものとして長崎奉行所や長崎会所へ持ち込むための長持・大小櫃製作費が目に付く。長持は一棹一六匁、大櫃は四匁七分、小櫃は三匁八分かかるが、文化五年は長持三四棹五四四匁、大小櫃八八で三七九匁三分なのに対し、文化十三年では長持五一棹八一六匁、大櫃五九で二七匁三分、小櫃五五で二〇九匁となっている。桶屋町が担当した文化十三年の唐船は大船だったのだろう。総じて「手控」より実際の支出額の方が大きく、宿町への配分は細っていったようだが、それでも雑用銀が長崎市中に流れる仕組みは変わらない。

（3）唐蘭貿易関係業務について

同様に「五冊物」から主要な唐蘭貿易業務を列挙してみよう。唐貿易では、宿町雑用銀七七貫目の他に附町雑用銀が二六貫目、銅輸出にかかる手数料である銅口銭四三貫五〇〇目（一〇〇斤につき四匁三分五厘）、唐船日雇賃四一貫目（二貫目は新地蔵修復費用）、また、唐船音物から宿町・附町の乙名・組頭、宿町筆者には一二貫八七〇目が渡される仕組みになっていた。出帆にともなう経費も挽船や弁当代など二貫六二三匁もある。

唐人の滞在経費関係は一三三貫六五〇目、この内訳は唐館内で使用する遣用銀札代五九貫五〇〇目、粮米代五七貫五九〇目、火之元番賃五貫四五〇目、館内薪代一一貫一一〇匁で、これもすべてに長崎市中（一部郷中）が関与している。他に定式・臨時の遣捨銀が四貫七八九匁あった。唐船置銀から出される唐人屋敷家賃銀関係の地子銀・作徳銀・八朔銀・葬捨溝浚賃・屋敷修復銀など二三貫三〇九匁も唐人の滞在経費であるが、市中に直接入るのは屋敷修復銀・葬捨溝浚賃くらいだろうか。

次にオランダ貿易では、輸出銅箱代九貫三九三匁、銅口銭九貫目（一〇〇斤につき一匁五分）、樟脳外桶代一貫九八〇目、日雇賃三貫六〇四匁一分、沖停泊のオランダ船との連絡用通船賃八貫一七四匁、オランダ船に運ぶ水代二貫三九三匁、入津・出帆にともなう挽入・挽出賃一貫九五〇目などがあった。これらの支出も大半が長崎市中へ流れるわけである。なお輸出銅一〇〇斤ずつの箱詰め梱包代は、唐船渡しが一〇〇万斤（一万箱）で二貫六三〇目に対し、オランダ船渡しが六〇万斤（六〇〇〇箱）で九貫三九三匁とはるかに割高になっている。バラストとして船底に積む銅箱であるから、オランダ船の航海期間の長さ、荒れた海への対応ということもあって頑丈な箱を求めたこともあろうが、このあたりの数字は銅の輸出価格と同じく会所によって操作されたものではないか。

オランダ人の滞在経費については、まず出島家賃銀六一貫二五〇目が大きい。このうち五七貫目が出島町人に、残りが出島組頭に渡されているが、出島町人は家主というだけでなく実際に貿易業務にも当たり、また出島町として唐船附町を勤めていた[(8)]。他に出島水代銀三貫六〇〇目、日用食物代二貫三六八匁一分四厘、出島働之者雇賃三貫一九四匁一分、料理人給銀九五八匁などがあった。総じてオランダ貿易の業務経費・滞在経費は、規模・人数を考慮しても唐貿易に比べて少なく設定され、その分江戸参府関係経費、献上・進物代が大きかった。

こうしてみると唐蘭貿易業務そのものが長崎市中に利益をもたらすものであり、主として唐船がもたらす寄進・

音物・置銀・置銭など、およそ銀数百貫目もの収益を併せ考えれば、長崎市中にとっては長崎会所の貿易収支・決算も大事だが、貿易の継続と貿易量がより問題であった。このことは次項でも言及したい。

三　長崎町人及び市中の特権と義務

(1) 地役人への受用銀配分

長崎市中が貿易利銀から享受する最大の恩恵は、長崎会所が地役人に対して一年に五度（正月・四月・七月・十月・十二月）支給した受用銀である。「五冊物」が示す受用銀関係記事をみてみよう。支給対象地役人の総数は一七三八人、支給総額は三〇一六貫四六八匁、このうち受用銀が二七二八貫三〇〇目、加役料が二八八貫一六八匁となっている。別に助成銀三二貫四〇〇目もあるから、これを合わせると三〇四八貫八六八匁になる。いわば町年寄を頂点とする長崎地役人が自分たちで収支決算を行い、自分たちで利益の分配を行うのであるから、長崎奉行所の監視・監督下にあったとしても分配率は自然に増加していったのであろう。

「五冊物」によれば、支出を抑制した経過もいくつか記されている。地役人の役職にあって受用銀を受け取る権利は株であらわされ売買されることもあったが、正徳五年（一七一五）以前からあった地役人株を「古株」とし、享保元年（一七一六）以後生まれた地役人株を「新株」として、相続の際「古株」の受用高は減らさないが「新株」は場合によって一割減で相続させ、「助成」も一代限りとするというのである。また文化十年には、文化七・八・九年の三ヶ年平均銀高三〇二二貫三九四匁のうち加役料を一割減としたとあり、別記では文化八年に加役料三百目以上を一割減とするように命ぜられたとあって多少は削減のあともみえるが、大勢に変化はない。なお、オランダ船の入津欠年のときオランダ通詞・船頭の加役料を省略するとあるが、業務そのものがないのであるから当然であろう。

「手控」では受用銀二六三八貫八二九匁、加役料二七六貫二〇目、助成銀四〇貫九七〇目、総額二九五五貫八一八匁、この人数一七三〇人余とあるから、「手控」のこの部分が示す年代から天保の「五冊物」作成の間に九〇貫目以上増加したことになる。ちなみに、安政五年（一八五八）頃の長崎地役人「分限帳」[9]記載の人数は一七五四人である。[10]安政年間という長崎にとって変化の激しい年代を考えれば、地役人総数はそれほど増えたとはいえないだろう。ただこの他に分限帳に載っていない小者、臨時採用が多数存在していた。たとえばオランダ通詞会所に勤める「茶取」「下働」[11]の類へは諸役所雑用銀一七九貫五七匁二分、オランダ船入津の際は八貫八〇五匁増（「五冊物」）から支給された。この諸役所雑用銀も大半長崎市中に入るものである。

人件費にかかわる同様の項目・銀高を「五冊物」からあげると、諸向小役共助成米代三五貫九八一匁、遠見番・唐人番・船番・町使・散使并筆者小役・探番諸仕役手当銀五四貫五四〇目、船番・町使・散使并瀬崎蔵預・蔵番・武具蔵番など扶持方米代銀二二貫八九九匁、諸役人并筆者小役手当銀、褒美・皆勤褒美定式手当銀五六貫六一九匁七分五厘、諸役人并筆者以下定式臨時褒美銀二〇貫目などがある。要するに臨時の仕役等あらゆる業務に対して加役料・手当・褒美・弁当料を支給する仕組みになっていた。

ところで、これら受用銀等支給の出所は大半会所純益からであるが、一部唐船・オランダ船が拠出する銀高も関係する地役人への受用助成として会所会計に組み込まれていた。唐船関係では音物・銅口銭・置銀・置銭であり、オランダ船関係では定例置銀・土産物・銅口銭が該当する。これらについては後ほど整理することにする。

(2) 長崎町人への箇所銀・竈銀の配分

次に、長崎町人の特権の象徴ともいうべき箇所銀・竈銀について述べよう。まず箇所持（家持）町人に配分される箇所銀だが、宿町雑用銀の残銀配分・不足持出のところでも触れたように、箇所（数）は貿易利銀配分、公役負担の基礎・基準となるものである[12]。

「五冊物」によれば、惣町八〇町の箇所数は三九一四箇所二合五勺七才六であり、この数字は江戸中・後期を通じて変わらなかった。これに対し一箇所につき箇所割銀一三四匁が七月・十二月の両度各町ごとに乙名を通して配分される仕組みである。箇所割銀支給総額は五二四貫五一〇匁五分、ただしこれから外町等の地子銀五五貫七四〇目、八朔銀関係二六貫二六〇目など貫銀諸費目の合計一六三貫一八〇目を差し引けば残額は三六一貫三三〇目五分となり、これが二回に分けて支給されたわけである。さらに町方段階での差し引きもあり、町人の手元に入るのはかなり減額されたものになった。なお、一箇所とは間口四間奥行き一五間をおよその基準としているというが、定まったものではない。

もう少し別の史料で詳細をみてみよう。「手控」に記された箇所銀関係は次のとおりである。

一　惣ケ所数合三千九百拾四ヶ所弐合五勺七才六
　此下被銀五百弐拾四貫五百拾匁五分壱厘八毛四弗
　但壱ヶ所ニ付百三拾四匁宛壱ヶ年両度ニ被下之、尤右之内百六拾ヶ所者増ケ所与唱へ地面無之分、町毎ニ
　弐ヶ所ツ、壱ヶ所者乙名壱ヶ所者日行使江ケ所割銀被下之
　内　三千六百六拾八ヶ所二合五勺七才六　此高貫銀相懸候分
　　二百四拾六ヶ所　此高増ケ所・役屋敷ニ而貫銀不相掛

この史料は二つのことを示す。一つは惣箇所数三九一四箇所二合五勺七才六には地面がない架空の箇所が一六〇箇所含まれており、各町の乙名分一箇所、日行使分一箇所が増箇所として箇所割銀配分対象となっていることである。もう一つは増箇所一六〇に加えて公的な役屋敷八六箇所には貫銀が掛からないとある。繰り返すが、箇所とは

貿易利銀の配分、公役負担の基本単位であり、長崎市中にとっては極めて重要な位置を占めていた。

町年寄後藤家に伝わった明和年間作成とされる「長崎惣町絵図」(13)（図序－2）は、明和二年（一七六五）の「長崎市中明細帳」(14)を絵図上に表現した箇所銀配分・地子銀徴収のための基本図面と考えられる。ここには各町の地割とその間数が詳細に記されており、これをもとに市中各町では、箇所ごとの所有者も記した水帳（御図帳）を作成して民政の基礎資料としたのである。

それでは桶屋町の例で実際の箇所銀配分の実態をみてみよう（表序－1・2参照）。ここで検討する巳七月・十二月の箇所割拝領銀の史料(15)は、桶屋町乙名藤貞四郎の在任年代からして文化六年もしくは文政四年であるが、文化六年の可能性が高い。

この年（巳年）七月の箇所銀は、一箇所につき六七匁として五八箇所分三貫八八六匁である。これから貫銀七五九匁五分四厘三弗、乙名持箇所・増箇所頭割一三四匁、日行使増箇所頭割六七匁、八朔銀八三七匁七分、溜番賃九匁六分、筑前銀一四匁八分五厘と四匁四分を差し引き、さらに組頭二人分の給銀一四三匁、町筆者の一二五匁など町関係の諸給銀五六三匁七分五厘と、町遣方三一六匁八分五厘二毛三弗、「芥捨場拵并芥捨賃」六三匁五分などの町入用諸費を合わせて差し引くと、わずか五一四匁九分七厘一毛一弗しか残らない。これを桶屋町の箇所持（家持）町人は持ち箇所に応じて連印のうえ受領したのである。宿町雑用銀残りの配分と同じく箇所数五五で割ると、一箇所につき九匁三分六厘三毛一弗余であった。なお、桶屋町は筑前（福岡藩）宿町を勤める町であり、箇所銀・竈銀から筑前銀を負担していた。

少ないとはいえ七月には配分があったが、十二月の箇所銀配分の状況は大きく変わっていた。七月に比べて貫銀が二貫四六七匁八厘五毛と一貫七〇八匁余も増加しているが、これは主として地子銀一貫二六七匁が加わったためである。他には「川内用水溜拵并川中掃除日雇賃とも」四〇目、また「極貧之者六人江米銭助力」九〇目、「極貧之

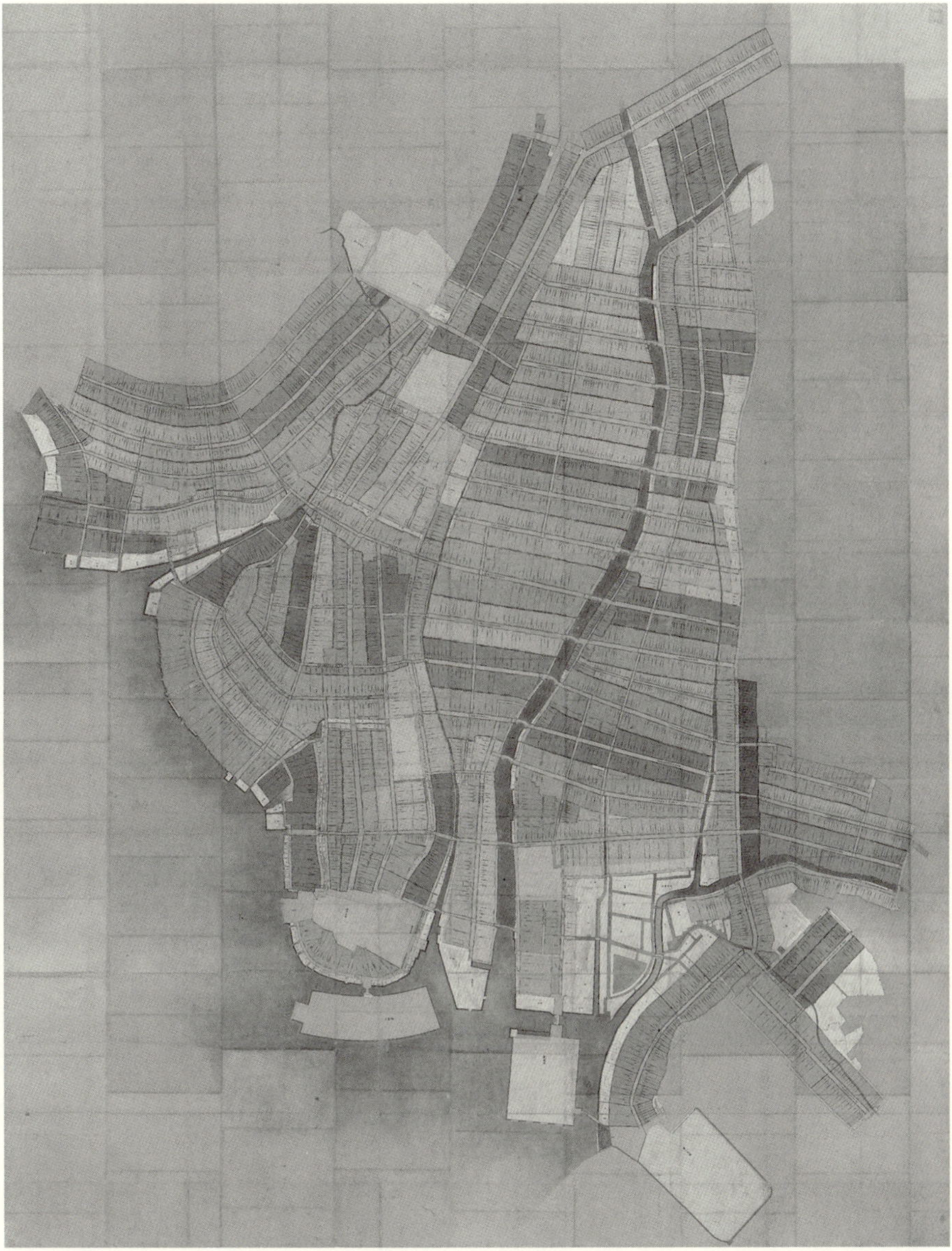

図序－2 「長崎惣町絵図」

表序－1　巳年七月　桶屋町箇所銀勘定表

箇所割拝領銀		3貫886匁(67匁×58箇所)
貫銀		759匁5分4厘3弗
乙名持箇所・増箇所頭割		134匁
日行使増箇所頭割		67匁
八朔銀		837匁7分
溜番賃		9匁6分
筑前銀		14匁8分5厘
同		4匁4分
諸給銀		563匁7分5厘
内	組頭二人	143匁
	町筆者	125匁
	宝役礼	10匁7分5厘
	日行使	62匁5分
	下日行使	62匁5分
	借屋惣代二人	30目
	町小使	25匁
	火消二〇人	75匁
	門番二人	30目
町入用その他		980匁1分8厘5毛6弗
(内訳)	日行使家賃	50目
	下日行使合力	50目
	門番二人合力	20目
	掃除賃	15匁
	八朔雑用	35匁
	町遣方	316匁8分5厘2毛3弗
	水神社寄付	13匁3分3厘3毛3弗
	芥捨場拵并芥捨賃	63匁5分
	弥六・幸太郎・作五郎・市五郎合力	110匁
	作五郎女房・藤次郎女房・勝三者死失合力	65匁
	橋囲ひ入用	38匁8分
	木戸門并番所所々修復入用	150目
	用水田子置場拵	52匁7分
惣合銀		3貫371匁2厘8毛9弗 (実算　3貫371匁2厘5毛9弗)
残		514匁9分7厘1毛1弗
55箇所割		9匁3分6厘3毛1弗余

表序－2　巳年十二月　桶屋町箇所銀勘定表

箇所割拝領銀		3貫886匁（67匁×58箇所）
貫銀		2貫467匁8厘5毛
溜番賃		9匁6分
乙名持箇所・増箇所頭割		134匁
日行使増箇所頭割		67匁
筑前銀		4匁3分
同断		13匁7分5厘
国役金		2匁4分
高懸り銀		5匁2分2厘
諸給銀		563匁7分5厘
内	組頭二人	143匁（※原史料は「147匁」）
	町筆者	125匁
	宝役礼	10匁7分5厘
	日行使	62匁5分
	下日行使	62匁5分
	借屋惣代二人	30目
	町小使	25匁
	火消二〇人	75匁
	門番二人	30目
町入用その他		657匁3分2厘2毛
（内訳）	日行使家賃	50目
	下日行使助合	50目
	門番二人合力	20目
	門番所地料	15匁
	掃除賃	15匁
	火屋番賃	3匁9分
	町遣方	172匁8分5厘8毛7弗
	水神社寄付	13匁3分3厘3毛3弗
	極貧之者六人江米銭助力	90目
	馬場作り入目	15匁
	川内用水溜拵并川中掃除日雇賃とも	40目
	極貧之者三人長病ニ付米銭助力并死失取置之節合力	90目
	門番所修復入目	62匁2分3厘
	芥捨入目	20目
惣合銀		3貫924匁4分2厘7毛
差引不足		38匁4分2厘7毛

者三人長病ニ付米銭助力并死失取置之節合力」九〇目などが目につく。「五冊物」にも長崎会所からの支出項目に「市中郷中貧家御救米代銀」三五貫五〇〇目があって、市中へは各乙名を通じて四・六・十・十二月の四度、郷中へは庄屋を通じて六月・十二月に支給されていた。こうした江戸時代の長崎における社会福祉的システムの解明は今後の課題としなければならない。

ともあれ、この十二月の差引総額は三貫九百二十四匁四分二厘七毛となり、三八匁四分二厘七毛の不足が生じた。地子銀は家ごとに異なるため、わずかな配分を受ける者もあり、逆に納めなければならない者も多かった。桶屋町箇所持町人四四人（光永寺を含む）のうち、「差引不足」で納めた者が二〇人にのぼっている。この巳年の前後と思われる辰年・午年の十二月も「差引不足」になっていた[16]。ちなみに、当時の桶屋町箇所持町人の最高は七箇所を所有している打橋とせ、次いで四箇所の名村八左衛門（オランダ通詞）、光永寺三箇所半となっている。乙名藤貞四郎の場合は、このとき二箇所とあるから御免箇所一箇所を加えて実質三箇所を所有していたことになる。

こうした桶屋町の例がそのまま長崎惣町をあらわすものではないが、桶屋町は外町の平均的な町の一つであり、その実態から惣町全体の傾向を推し量ることは可能だろう。幕末の万延元年（一八六〇）と翌年の中紺屋町の箇所銀関係史料[17]でも十二月は「差引不足」であった。これまで豊かな長崎町人の源泉とみられてきた箇所銀だが、江戸時代後期のかなり厳しい実態が明らかになった。それでも、これまでみてきたように貿易業務経費そのものが長崎市中に流れる仕組みであったことを忘れてはならない。

もう一方の特権である竈銀の配分はどうだったのだろうか。「五冊物」によれば、竈銀の総額は三四五貫目、七月・十二月の両度各町に銭で渡され、乙名方において会所役人立ち合いのもと箇所銀をもらわない各竈（世帯）主に配分された。惣町竈割を九六一〇竈として、一竈につき三五匁九分一弗余となる。この段階では箇所銀配分時のような貫銀の差し引きはない。

これも桶屋町の例で実際の状況を確認してみよう。「五冊物」に貫銀の記載はないが、桶屋町の史料[18]では差し引きがあって、文化元年・三年の史料には「貫銀」五〇目五分と記されている。竈銀からの貫銀はどのような費目だろうか。「文政六年　惣町明細帳諸雑記」[19]（以下「諸雑記」と表記）によれば、「銀高治定無之貫銀出方之部」に市中惣竈が負担するものとして「橋渡初御祈禱料」「溜賄料」「浚方用意銀」「溜番賃」の四つの費目があるが、額の記載はなく定例のものか不明である。ついでに、貫銀の費目は圧倒的に箇所負担が多く、なかには「測量方役人罷越候節滞留中入目」（文化十年の伊能忠敬一行のこと）のように、これがどうして貫銀からの支出なのかと思われるものまである。こうした安直な支出も箇所銀配分の減少と関係があるかもしれない。

寛政九年十二月の竈銀配分では、竈数百七十六、一竈につき一六匁七分四厘四毛三弗として二貫五四六匁九分九厘六毛八弗を会所から支給され、これから溜賄料・浚方用意銀・能太夫助力など四五匁四分六毛二弗を差し引き、残額二貫九〇一匁五分九厘六弗を町内に配分した。一竈につき一六匁四分八厘六毛三弗余である。溜賄料・浚方用意銀は「諸雑記」の記載にもあった。

同様に文化元年では七月・十二月とも竈数一六三、会所から二貫七一八匁五分一厘四毛が支給され、同額の五〇目五分の貫銀を差し引いた二貫六六八匁一厘四毛が両度町内に配分された。同じく文化三年七月には、一六九竈、二貫八八〇目四分から貫銀四八匁八分を差し引き、さらに筑前銀一二匁六分七厘五毛と八匁一分六厘、年番乙名引三一匁五分三厘五毛四弗を差し引いた二貫七七九匁二分二厘六毛が、一竈につき一六匁四分四厘五毛一弗二あて半季分として町内各竈主に配分された。この年藤貞四郎は年番乙名を務めていたらしく、その出費を竈銀から拠出したのである。それでも箇所銀に比べて差し引き分が少なく、一竈につき年間三三匁程度は確保されていたようだ。家持町人に家賃を払う立場の竈主（借家人）へ配慮したとしたら興味深い。この観点で、もう少し史料に当たってみたい。

（3）唐船・オランダ船からの拠出銀

まず唐船関係だが、長崎市中にとって唐船が何艘入ったかは切実な問題であった。それは口船・奥船の区別なく唐船一艘当たりの拠出高が定まっている寄進・音物・置銭・（置銀）のような制度があるためである。これらの内訳を「五冊物」によって整理し、その使途・流用先をみてみよう。

唐船寄進とは一艘につき一四貫八三三匁三分の定額、一〇艘分では一四八貫三三三匁を荷物で受け取り、そのおよそ一八割の利益二六六貫九九九匁四分のうち二二貫二五〇目を会所会計に繰り入れ、残り二四六貫七四九匁四分を市中・郷中の寺や庵に寄進する仕組みである。唐四ヶ寺の興福寺・崇福寺・福済寺・聖福寺に対しては特に手厚かった。この場合、受け取った荷物の元代分は代り物で唐船側に渡すことになる。

同様に唐船音物も一艘につき九貫九〇三匁五分八厘九毛、一〇艘では九九貫三五匁八分九厘を荷物で受け取り、寄進と違ってこの分は唐船の商売高に組み込まれて販売された。音物で手当てされた範囲は、諏訪神社をはじめとする寺社への礼物や新地に関する経費、そして唐貿易にかかわる唐人屋敷乙名・唐通事以下の地役人、宿町・附町関係者への受用銀である。これらは一旦会所会計に繰り入れられ、受用銀として支給された。

もう一つ唐船置銭も一艘につき六貫六〇目の定額で、一〇艘分とすれば六〇貫六〇〇目になる。このうち四貫二五〇目を寺社向けに置銭として渡し、残り五六貫三五〇目は会所会計に繰り入れられ、唐通事筆者ほか幅広い唐貿易・唐人屋敷関係の人件費に使われた。

さらに、唐船置銀も同じような性格の拠出銀である。この場合定高（商売高）銀一〇〇貫目につき八貫一三三匁で、口船一〇艘分の定高一一〇〇貫目では八九貫四六三匁となり、結局唐船一艘に換算すると八貫九四六匁三分であった。置銀一〇艘分の使途は、寺社向けに二三貫八一九匁四分、前にも述べた唐人屋敷家賃銀として二三貫三〇九匁があり、残り四二貫三三四匁六分は会所会計に繰り入れられて唐通事や唐人屋敷関係地役人の受用・助成銀となった。

以上、四つの唐船関係拠出のうち寺社向けを合計すると二八二貫八六二匁になるが、唐船寄進荷物の販売利益二四六貫七四九匁四分が九割近くを占める。寄進荷物の元代分が代り物（輸出品）で渡されることを考えれば「寄進」の名前を借りた貿易そのもので、定高を制限された唐船側・長崎会所双方に都合のよい仕組みであった。そして、寺社への寄進は長崎市中へ流れるとみてよいだろう。主な寄進先と額は次のとおりである。

- 興福寺、崇福寺、福済寺　各三四貫四八三匁二分一厘三毛三弗余
- 聖福寺　三二貫六四九匁八分八厘
- 資福庵、光明庵、大悲庵など唐寺の七末庵　五〇貫七九二匁　一ヶ所七貫二五六匁
- 大徳寺　二七貫四八一匁二厘
- 土神年番　七貫九三三匁六分
- 悟真寺　一〇貫七九匁八分八厘

この他寄進額は少なくなるが、市中・郷中の寺社に幅広く行き渡るようになっていた。また、媽祖女神を祭る薩摩領野間山への一貫三一〇匁二分、「ちやるめいら吹」久右衛門への一〇〇目も目につく。

一方、オランダ船の拠出規模は非常に小さい。まず定例置銀の五貫四四〇目八分六厘五毛は、うち一貫五八四匁一分七厘五毛が舟頭・ぱん屋・足袋屋・大工・金具屋・日雇頭に渡され、八六四匁五分が悟真寺・水神社など寺社へ謝礼として渡され、残り二貫九九二匁一分九厘が出島乙名・阿蘭陀通詞などの受用として会所会計に繰り入れられた。ぱん屋・足袋屋らは出島の日常生活に欠かせない者たちである。唐船からも銀一〇貫余を贈られていた悟真寺には唐・オランダの墓地があり、また水神社については、生活や航海に飲料水が必須であることによるものであろう。

次に土産銀九貫六〇五匁は、全額が出島乙名・オランダ通詞以下関係地役人への受用として会所会計に繰り入れられ、受用銀の一部となった。関連して銅口銭九貫目は、五貫九八四匁が出島町人へ渡され、三貫一六匁がオランダ貿易関係の地役人助成のため会所会計に繰り入れられた。唐貿易における銅口銭四三貫五〇〇目も同様に、その大半三八貫五〇〇目が唐通事などへの受用として処置されている。

繰り返すようだが長崎市中・町人にとっては、長崎会所の収支決算において利益が出た、赤字となった、はそれほど問題でなかった。貿易業務そのものが長崎にとって利益となる仕組みであったから、長崎貿易が存在し、続くことが大事だったのである。

ところで考えてみれば、唐船を薩摩の自領に誘致して行う密貿易に長崎会所はずいぶんと煮え湯を飲まされ、また、唐貿易の大切な代り物である俵物・諸色の集荷においても北国産の煎海鼠・昆布などの海産物が大量に買い占められるといったように、薩摩藩は「長崎」にとって脅威の存在であった。しかし、こうしてみると唐船の長崎入津が激減した幕末に、薩摩藩が長崎に持ち込む琉球唐物を受け入れて商売した長崎会所の姿勢は、長崎市中・町人の利益という一点においてブレはなかったと思われるのである。

(4) 長崎惣町・町人の義務

長崎惣町は、内町二六町、外町五一町、丸山・寄合の遊女町二町、そして出島町からなる。内町は元亀二年（一五七一）の長崎開港・町建てで生まれた島原町・大村町・平戸町など六町と、その周囲に成立した博多町・興善町などの町々からなり、この狭い意味での「長崎」は地子銀免除の特権を持つ。これに対し外町は、貿易都市長崎の発展とともに大村領長崎村に成立した町々で、慶長十年（一六〇五）浦上村の一部と交換して直轄領となった。丸山・寄合の二町は寛永十九年（一六四二）頃に市中の古町あたりに散在した遊女屋をまとめるために、長崎村小島郷の一部を開いて移転させたものである。最後に出島町は、寛永十三年に二五人の貿易商人の出資により「長崎」の先端部に隣接した海面を埋め立てて生まれた築地、即ち「出島」の町である。二五人の出資者は出島町人と呼ばれ、唐船附町をも勤めた。

すでに各項で散見していることであるが、もう少し「諸雑記」を中心に長崎惣町八〇ヶ町の概要を整理してから、課せられた義務をみていきたい。数字に付せられた「卯年改高」は、これを文政六年以前とすれば文政二年のことと考えられる。なお、特記した史料以外は「諸雑記」からの引用である。

・惣箇所　三九一四箇所二合五勺七才六
・惣竈数（卯年改高）　九三七七竈
・惣人別（卯年改高）　二万九六八一人　うち、男一万四三七五人、女一万五三〇六人
・人家（卯年改高）　一万一四六六軒
・惣坪数　二四万七六一二坪二勺五才
　内町二六町分　六万二三三八坪九合九勺九才、地子銀免除六万二〇九九坪六合九勺四才、この箇所数九六九箇所五合、地子銀一三九匁三分五毛、この箇所数六箇所、合わせて九七五箇所五合
　外町五一町分　一七万六七六六坪八合二勺八才、この箇所数二八一〇箇所七合五勺七才六、地子銀四五貫九二九匁九分
　出島町・丸山町・寄合町三町分　八六〇六坪一合九勺八才、この箇所数一二八箇所、地子銀四貫一六〇目一分

この他に築地・堀内屋敷・空地・用水堀などがあり、これにも地子銀はかかった。

さて、長崎惣町・町人の義務について述べよう。土地所有にかかる地子銀が貫銀として十二月の箇所銀から差し

引かれたことはすでに述べたが、これは近世都市普遍のことがらである。七月の箇所銀から差し引かれる八朔銀二六貫二六〇目[20]は長崎奉行に渡されるもので、奉行は長崎に赴任した九月（八朔銀が用意してある）と、翌年八月の二度受け取ることになる。

ちなみに「手控」では長崎奉行一在勤に収納する各方面からの八朔銀だけでも銀一三二貫目である。およそ金二千両ということになろう。ともかく長崎奉行、奉行所役人、はたまた江戸の徳川将軍、幕府重役へも手厚く配慮した仕組みが存在していた。これ以上は別の機会に譲るとして、長崎貿易継続のための布石は幾重にも打たれていたのである。

次に、内町二六町、外町五一町、計七七ヶ町のうち、島原町はじめ四七町が陸手町を、江戸町はじめ三〇町が船手町を勤めた[21]。陸手町は江戸（将軍）への御用物を送る際、また奉行交代の際などに人夫を出し、南馬町・北馬町の場合は人夫の代わりに馬三五匹ずつを提供した。船手町と出島町は、唐船・オランダ船の入・出航の際などに役船を勤めた。

桶屋町が筑前宿町を勤めていたことは前にふれたが、長崎奉行所は、長崎警備を隔年で担当した福岡藩と佐賀藩に対して長崎惣町に宿泊などの世話をさせた。これを筑前宿町、肥前宿町という。筑前宿町には福岡藩の長崎屋敷がある浦五島町など二五町、肥前宿町には佐賀藩の長崎屋敷がある大黒町など二五町が指定された[22]。

また、出火の際には町単位で役所に詰め、あるいは町年寄等に従って動くことも定められていた。詰所となった役所、指揮者及び定められた町数を次にあげる。具体的な町名をあげたのは詰所に隣接した町を当てる配慮がみえたところである。

- 立山役所　東上町など二町
- 西役所　外浦町など三町
- 岩原屋敷　二町
- 武具蔵　二町
- 御用物蔵　二町
- 出島外廻り　江戸町

・新地蔵　二町
・北瀬崎米蔵　二町
・牢屋表門　桜町など二町
・囲米蔵　一町
・薬師寺久左衛門附　四町
・福田十郎右衛門附　四町
・高木清十郎附　四町
・年番所附　一町
・唐人屋敷　本籠町など三町
・新地米蔵　二町
・牢屋裏門　二町
・奉行手附召連　七町
・高島四郎兵衛附　四町
・久松善兵衛附　四町
・福田六左衛門附　四町
・長崎会所　二町
・南瀬崎米蔵　二町
・俵物役所　二町
・代官所　勝山町など三町
・高島作兵衛附　四町
・後藤惣左衛門附　四町
・久松喜兵衛附　四町

最後に、フェートン号事件以後とくに整備された異国船渡来の際の町方警備体制をみてみよう。文化五年八月の松平図書頭切腹のあと九月に急きょ来崎した曲渕甲斐守のもと、異国船渡来に対処する危機管理体制の整備が急がれた。翌六年六月にまとめられた「異国船渡来之節御備大意書付」[23]は桶屋町の乙名藤貞四郎が手元に常備したものと思われるが、この要点が「諸雑記」には記されている。もっとも異国船警備のマニュアルがつくられてから十年以上経過しており、多少の手直しはあるものの大筋変わりはない。長崎惣町（出島町を除く）の手割は次のとおりである。

・代官　高木作右衛門固場　稲佐崎備所　勝山町
・鉄砲方　高木道之助固場　岩瀬道郷備所　銅座跡　詰町無之
・勘定方・普請役之内持場　北瀬崎米蔵　銅座跡　詰町無之
・薬師寺久左衛門固場　大波止　但江戸町浜手兼　今町　外浦町　磨屋町　油屋町　桶屋町　八幡町
・高嶋作兵衛詰場　大波止船差配　材木町　本古川町　榎津町　西古川町　本下町　西築町

・後藤惣左衛門　奉行所御供　万屋町　内中町　八百屋町　東中町　炉粕町　中紺屋町

・高嶋四郎兵衛固場　出嶋　江戸町　後興善町　大井手町　新町　本石灰町　本興善町　大村町　丸山町

　△銅座跡

・久松善兵衛固場　新地并米蔵　但築地并西浜町浜手兼　今下町　北馬町　本博多町　西浜町　本大工町

　出来鍛冶屋町

・高木清右衛門固場　築地俵物役所　但西築町・西浜町浜手兼　今博多町　東浜町　引地町　新興善町　東築町

　嶋原町

・薬師寺又三郎固場　遠見番長屋下畑地　麹屋町　銀屋町　今魚町　新橋町　諏訪町　新石灰町

・福田十郎右衛門固場　唐人屋敷并南瀬崎米蔵　今籠町　船大工町　本籠町　酒屋町　袋町　寄合町　今石灰町

・高木清十郎固場　椛島町波戸二ヶ所　古町　今紺屋町　椛島町　伊勢町　金屋町　平戸町

・福田六左衛門固場　浦五嶋町波戸　船津町　桜町　小川町　浦五嶋町　本五嶋町　本紺屋町

・久松喜兵衛固場　大黒町・恵美酒町浜手　恵美酒町　大黒町　豊後町　出来大工町　西中町　西上町

・安禅寺　御宮并御位牌所　地下宿老并薬種目利・端物目利相詰

・大音寺　御位牌所　地下宿老并諸目利・糸掛ヶ役相詰

・勘定方・普請役之内持場　御船蔵　詰町無之

　西役所詰　東古川町　今鍛冶屋町　南馬町　本紙屋町

　勘定方附　下筑後町　上筑後町

　長崎会所　詰町無之

　市中廻り　新大工町　東上町　堀町

以上が長崎惣町・町人の負う義務の数々であるが、長崎くんちも長崎惣町が担い、各町で当人町（年番町）、御供町（踊町）を勤めた、一種の義務と考えることができよう。詳しくは本書第一章第四節「貿易都市長崎の祭り「長崎くんち」」を参照されたい。

結びにかえて

以後、この序章と各章とのつながりを簡単に述べて結びにかえたいと思う。

長崎貿易は、江戸時代前期の金銀産出が衰えた中期以降、慢性的な輸出品不足の状態が続いた。金銀に代わって輸出品の主力となった銅も、長崎会所の調達価格は唐・オランダへ渡す価格を大きく上回る出血輸出であった。長崎にとって唐人・オランダ人が長崎滞在中に消費する種々の経費は、丸山遊女の揚代・貰い物を含めて多ければ多いほどよいということになる。第一章第二節の「丸山遊女と身売り証文」は長崎貿易の視点からも考察したものである。

また、第一章第三節の「会津藩用達足立家について」で取り上げた和人参は、代り物不足を補うものとして長崎会所から期待され遠く会津から回送されてきた商品である。高級輸入品のイメージが強かった朝鮮人参だが、幕末には大量の会津和人参が長崎から輸出されていた。箇所銀配分については、第一章第一節「近世興善町の成立と展開」に断簡史料ながら江戸時代中期（享保年間）の後興善町の事例をあげている。当時は箇所割銀に加えて糸割符増銀・出島間金が各町に配分され、しかも後興善町は内町であるから地子銀もかからない。

第二章は各節ともオランダ通詞に関する論考である。貿易利銀を手厚く分配する仕組みを自分たちがつくった結果である受用銀・加役料の受領は、もちろんオランダ通詞にも当てはまる。オランダ通詞の受用銀・加役料を天保年間初期作成の「分限帳」(24)からみてみると、およそのところ大通詞は五人扶持、受用銀一一貫目、小通詞は三人扶持、同五貫目、稽古通詞は同三貫目である。加役料をみると年番大通詞は二四貫七〇〇目、年番小通詞は一二貫九〇〇目と非常に高額で、この他各通詞とも色々な加役料を受領した。ちなみに唐通事の受用銀・加役料はオランダ通詞よりやや高い。既得権は大きかったが、一方で通詞（通事）の世界は実力がものをいう世界でもあった。今村氏・岩瀬氏・小川氏などはオランダ内通詞から昇格してオランダ通詞となり、中には大通詞へ上り詰めた者もいる。

さらにオランダ貿易に密接に関与していることから、上級地役人共通の特権ではあるが、自分たちが必要なものを注文し（誂物）、除物といって優先的に輸入品を購入することもできた。ドドネウスの『草木誌』やパレの外科書といった蘭書を入手して学識を深める通詞がおり、かつこれを転売してもうけることもできたというわけである。とりわけ天鵞絨などの織物類、サフランなどの薬種をうまく商売すれば利益は大きい。第二章第三節の「オランダ通詞本木氏について」では薬種テリヤカの販売について述べている。

つまり、オランダ通詞の知識はオランダ貿易という実務から生まれ、その中に少数ではあるが今日でいうところの医学・薬学・天文学・物理学の分野で当時日本の最高レベルに達した者たちがいた。その業績評価は正当でなければならない。

さて、諸外国との間に通商条約が締結されると、長崎会所による貿易独占体制は崩れ、居留地貿易へと移行した。日本が、そして長崎が困難に直面していた鎖国体制最後の時期に、ドンケル＝クルチウスは最後の商館長、初代のオランダ領事官として出島にいた。第三章第一節の「ドンケル＝クルチウスと安政二年「萬記帳」」は、ドンケル＝クルチウスらのオランダ人が開国時の日本に寄与したことへの評価を含んでいる。

第三章第二節「トーマス・ブレーク・グラバー考」で述べているグラバーが活動した時期は、長崎会所貿易の崩壊過程に当たり、維新後さらに貿易都市長崎の地盤沈下は著しかった。当然のことながら貿易とともにあった長崎地役人組織は解体を余儀なくされ、長崎県など公的機関に属する地役人出身者はオランダ通詞・唐通事の一部（中央官庁や開港地の神奈川県・兵庫県に転出した者も多い）、ごくわずかな行政に卓越した者に限られた。それも年々減少していく。こうした状況について第一章第三節と、第二章第四節「オランダ通詞石橋氏と「石橋助左衛門御絵像」」で言及しているが、今後は長崎地役人組織について、慶応三年（一八六七）の改革の実態、その後の解体過程を調査していきたいと思う。

第四章で述べている長崎奉行所文書は長崎の歴史研究の基本史料であり、これまでも研究目的に沿って広く利用されてきた。しかし、貿易都市長崎の構造解明に不可欠な長崎奉行所と長崎代官所や町方との関係を研究するためには、文書の内容だけでなく、やり取りの形式も重要である。しかも長崎奉行所から長崎府・長崎県へ引き継がれ、県立長崎図書館へ移管された経緯をみるとき、それぞれの段階で文書の形態が大きく変容したことも併せ考えれば、今後奉行所文書の書誌的情報が必要になるであろう。本書では、そうした情報を提供したいと願っている。

注

（1）『長崎県史　対外交渉編』（吉川弘文館、昭和六十一年）の「第五章第二節　行政機構」（中村質）を参照した。
（2）『長崎県史　史料編第四』（吉川弘文館、昭和四十年）を引用したが、史料の読解については、中村質『近世長崎貿易史の研究』（吉川弘文館、昭和六十三年）の「第八章第二節　いわゆる『長崎会所五冊物』の諸本」を参照した。現在、この分野の研究は同書が最も詳しく、分析結果が作表されている。
（3）「五冊物」の原史料に当たったところ、「御役所入附道具代并諸雑用銀」の部分に誤記が見つかったため、ここでは訂正した数字で計算している。
（4）注（2）『近世長崎貿易史の研究』の「第十一章　長崎会所の天保の改革と財政」参照。
（5）三点は長崎歴史文化博物館蔵文書。以後ここで使用する文書・絵図類は同館蔵である。
（6）長崎の医史学研究家中西啓氏旧蔵史料。固まっていた文書が、長崎歴史文化博物館富川敦子研究員の修復技術でもって一応読める状態になった。「松山惣右衛門様」（勘定吟味役）「村田様」（支配勘定）が同じ部分に記してあることから、文化十年頃の情報が下限と思われる。

（7）「文化五年　辰五番船宿町雑用銀勘定帳」、「子弐番船宿町勘定帳」（藤家文書）。

（8）「（出島乙名）勤方書」（若杉家文書）（『日蘭学会会誌』通巻五四号、二〇〇六年所収）。また、石崎融思「長崎蘭館図絵巻」にも荷漕船に乗って貿易品の荷役にあたる出島町人が描かれている。

（9）森文庫。

（10）石尾和貴「安政二年『萬記帳』に登場する人名の数量的分析」『オランダ通詞会所記録　安政二年萬記帳』（県立長崎図書館郷土史料叢書二）二〇〇一年。

（11）「萬記帳」（福田文庫）。

（12）注（1）に同じ。

（13）本書第四章第一節「「長崎奉行所関係資料」の史料的特色」の記述参照。

（14）「長崎市中明細帳」は明和二年に作成され、その後享和二年、文化五年に改訂された。

（15）「巳七月　ケ所割拝領銀渡帳」、「巳十二月　ケ所割拝領銀渡帳」（藤家文書）。この史料の前年と思われる辰十二月の「ケ所割拝領銀渡帳」に「異船渡来入目　三拾八匁弐分五厘」とある。

（16）「（辰十二月）ケ所割拝領銀渡帳」、「午十二月　ケ所割拝領銀渡帳」（藤家文書）。

（17）「万延元年　申十二月箇所割渡元帳」、「文久元年　酉十二月箇所割渡元帳」（渡辺文庫）。

（18）「寛政九年巳十二月　竈拝領銀割渡帳」、「文化元年子七月十二月　竈拝領銀割渡帳控」、「文化三年寅七月　竈拝領銀割渡帳」（藤家文書）。

（19）『長崎関係史料選集　第二集』長崎史学習会、平成十七年所収。

（20）注（2）に同じ。

（21）「文化五年　長崎市中明細帳」。

（22）注（21）に同じ。

（23）藤家文書。

（24）資料番号14－48－2の「分限帳」。

第一章　貿易都市長崎の諸様相

第一節　近世興善町の成立と展開

はじめに

興善町の成立については、博多の商人末次興善が建てた町で、町名は彼の名に由来するといわれているが、はっきりした史料は残っていない。末次興善の子が、後に長崎代官となった末次平蔵政直である。

興善町成立の時期についても、元亀二年（一五七一）の長崎町建て以降の一六世紀末としかいえないが、もう少し絞れば、文禄元年（一五九二）に博多町・今町・樺島町が建てられ、慶長二年（一五九七）には後の外町にあたる材木町・（本）紺屋町・袋町・酒屋町が建てられたとあるから[1]、この間の早い時期に成立したとみて間違いないだろう。

興善町成立に引き続き、その背後に一つの町が建てられ後《うしろ》興善町と名付けられたため、これまでの興善町は本《ほん》興善町と呼ばれるようになった。両町ともポルトガル（南蛮）貿易が盛んになるなかで成立した町であるから、住民は貿易商とその関係者であり、また大半がキリシタンであったと推測できそうである。

一　史料からみた本興善町と後興善町の近世史

本興善町・後興善町の町域がはっきりと史料[2]に現れるのは慶長十年のことである。長崎町建て六町（島原町・大村町・平戸町・外浦町・横瀬浦町・分知町）に隣接した大村領長崎村には、貿易港長崎の発展による人口増加にともない、新たに多くの町が成立していた。

この年、長崎村を長崎代官領（幕府領）となし、代わりに西浦上村・外目村を大村領とする領地交換が行われた。そして長崎村の新町のうち、本興善町・後興善町はじめ一八町を先の六町と併せ内町と称して町年寄支配とし、その他の新町は外町として代官村山等安の支配と定められた。村山等安失脚後の長崎代官が末次平蔵政直である。なお、長崎村を直接知行していたのは長崎甚左衛門純景であって、代わりに藩主大村喜前は時津村などを与えたが甚左衛門は受けず、その後、筑後のキリシタン大名田中吉政を頼って大村氏を離れた。

江戸幕府創立以来十年間は、家康のキリスト教黙認策もあって長崎はキリシタンの町として発展していた。イエズス会本部があった岬には最も美しく壮大な被昇天のサンタマリア教会がそびえ、その他各教会、サンチャゴ病院、ミゼリコルディア（福祉施設）が市中に存在し、長崎は日本における「ローマ」[3]の観をなしていた。新興善小学校跡地の発掘によって「聖骨箱」が発見されるなど、その一端を証明している。

その後幕府はキリスト教禁教策に転じたため、慶長十九年長崎のキリシタンは抗議の示威運動を展開して市中の教会などを廻った。その「吉利支丹行列記」に興善町が見える。古川町・本紺屋町・島原町・分知町・外浦町・大村町・本博多町・興善町・豊後町・小川町・上町・新紺屋町・大工町・魚町の各町筋にはサン・アウグスチノ教会、ミゼリコルディア、イエズス会本部、山のサンタマリア教会、サント・ドミンゴ教会、サンチャゴ病院などがあった。キリシタン行列が通ったのは本興善町か後興善町かは不明だが、今町にあったというサン・ペドロ教会を意識すれば後興善町だったかもしれない。

同じ慶長十九年、幕府は大村藩・平戸藩などに命じて一一もの教会を破壊し、禁教への取り組みを強めていった。同時に長崎市中各町の管理・統制も進行したようだ。この年、魚町の乙名を高石屋次郎兵衛が務めたという記録があり（「寛延三年諸役人増減書付」）、このころから惣町乙名に有力町人が任命されていったのではないか。

本興善町の乙名は、明暦年間に山田利兵衛の名が見え、寛文十一年（一六七一）には馬田藤左衛門が就き、貞享からは泉屋氏が、天明の頃白濱氏が、江戸後期には三浦氏が務めた。後興善町の場合、明暦年間に木村久左衛門の名が見え、その後寛文から幕末まで末次氏が代々乙名職を務めた。この末次氏は末次平蔵の一族といわれている。

ここで、もう一つの興善町である新興善町の成立にも触れておく。寛文三年の大火で長崎市中が大半焼き尽くされたことは周知のとおりである。その復興が奉行牛込忠左衛門のもとで実施されたが、寛文十二年には貿易利銀の平等な分配を求める市民の要求を入れ、大町一三町を割いて二七町を設けた。このとき通りの両側の町並みから成り立っていた後興善町の、北側の町並みを割いて新興善町とし、南側をこれまでどおり後興善町としたのである。新興善町の乙名は、はじめ西川氏が務めたようだが、江戸中期からは角谷氏となって幕末にいたっている。

したがって新興善町は、興善小学校が新町小学校と合併して成立した新興善小学校とは直接には関係なく、以後は主として新興善小学校の跡地である本興善町・後興善町をみていくことにする。

次に、江戸時代の両町の内実・状況をみてみよう。寛文十二年には

・本興善町　箇所数三七箇所半
・後興善町　箇所数三一箇所

とあり（「長崎拾芥」）、また、明和二年（一七六五）の「長崎市中明細帳」によれば次のごとくである。

・本興善町　箇所数三九箇所五合、竈数三一竈、人別一六七人（男八三人・女八四人）
・後興善町　箇所数三三箇所、竈数六一竈、家数六八軒、人別二〇〇人（男一〇〇人・女一〇〇人）

さらに、文化五年（一八〇八）の「長崎市中明細帳」では次のようになっている。

・本興善町　箇所数三九箇所五合、竈数五五竈、家数六八軒、人別一五二人（男七四人・女七八人）

• 後興善町　箇所数三三箇所、竈数七四竈、家数八五軒、人別二〇八人（男九二人・女一一六人）

両町を比較すると、本興善町の特色は明らかで、箇所数に比べて竈数が他町より少ない。推理をたくましくすれば、豪商とその使用人からなる町の構造が浮かび上がってくる。同様の傾向は、島原町（明和年間で三三箇所五合、三八竈）の他、内町のうち早い時期に建てられた外浦町・大村町・平戸町・本博多町・新町・豊後町にも共通してみうけられる。

長崎惣町一般には、後興善町のように箇所数より竈数が多く、二～三倍の町が多数を占めている。ちなみに新興善町は三〇箇所、九二竈であり、同じく内町の江戸町は二八箇所、一一六竈、外町の本大工町にいたっては六一箇所、二九五竈（明和の「市中明細帳」）である。

ところで、諏訪祭礼のお上り（還御）のルートでもある外浦・大村・本博多・本興善町の通りは、長崎第一の幹線道路であった。それは現在も同じであり、国道三四号線として拡張されて、本興善町の南側の町並みがおよそ道路に繰り込まれている。

ここで、長崎奉行所の公式記録である「長崎実録大成」「続長崎実録大成」や金井俊行の『長崎年表』(4)などから本興善町・後興善町に関する主な記事を抜き書きして、両町の近世史のまとめにかえたい。火災の記事が多いが、新興善小学校跡地の発掘現場からは火災を示す焼土層が検出されており、興善町の近世史においては重要事項と考える。

• 万治三年（一六六〇）　本興善町出火、豊後町・新町・引地町・酒屋町・袋町に延焼（本興善町の南側からの出火）。

• 寛文三年（一六六三）　寛文の長崎大火、金屋町・今町・出島を除く長崎市中がすべて被災（通りの道幅が広げられ、溝が造られるなど長崎市中が整備された）。

・元禄二年（一六八九）　本興善町に糸荷蔵を造る（輸入生糸を収納、興善小学校跡地）。
・元禄十年　本興善町に代物替会所を置く（定高以外に現物をもってする取引）。
・元禄十一年　後興善町乙名の末次七郎兵衛宅より出火、市中二一町を焼く（唐船二〇艘の荷物入り町蔵も焼失、これを契機に新地が造成される）。
・宝暦十二年（一七六二）　今町人参座屋敷跡にあった唐通事会所を本興善町糸荷蔵跡地に移す。
・明和四年（一七六七）「本」を冠する本《ほん》興善町・本《ほん》五島町に対して、他町と同じく「もと」と呼ぶように指示がなされたが、「ほん」の呼称は改まらなかった。
・文化七年（一八一〇）　本興善町の商人紙屋甚兵衛、蓄えの銀子六〇貫目を献金。褒賞のうえ年始・八朔礼、公役・町役など一代の間免許。
・文化九年　市中出火の際の割付で、本興善町は北瀬崎米蔵詰め、後興善町は後藤惣左衛門附となった。
・文化十四年　前年の大火を受けて、一番組から五番組までの消防組合が結成され、興善町三町は新町・銀屋町など一七町とともに二番組に入った。
・天保九年（一八三八）　小川町から出火、内町のほとんどを焼く。本興善町は三八軒焼失、取り崩し一軒、土蔵五戸前焼失、他に唐通事会所及び貫銀方土蔵（唐通事会所裏手）焼失。後興善町は七〇軒と土蔵二戸前焼失。

以上を概観すると、新興善小学校跡地全体が火事に遭ったのは、寛文三年、元禄十一年、天保九年の三度ということになる。敷地造成等の関係で、焼土層がきちんと検出されるとは限らないが、遺物の年代を特定する有力な証拠となるだろう。

内町の本通りに当たる本興善町には、糸荷蔵、唐通事会所といった公的施設・機関が設けられ、その敷地は明治に入って興善小学校になった。

なお、五町組については、本興善町は新町・今下町・豊後町・大村町・本博多町と計六ヶ町の五町組、後興善町は引地町・桜町・内中町・小川町の組に入っている。また、両町とも陸手組に属し、長崎警備では肥前宿町を勤めた。

二　絵図・地図にみる新興善小学校跡地

新興善小学校跡地が、江戸時代に本興善町と後興善町に二分されていたことはすでに述べたとおりである。これに関係する絵図・地図として、長崎市は正徳年間の「後興善町絵図」、明治十年代の「本興善町地図」「興善町地図」等を所有している。これらを基礎に大正八年（一九一九）の『長崎市地番入分割図』(5)をも参照して新興善小学校跡地を紹介したい。

「興善町地図」とあるのは、明治四年（一八七一）に後興善町と新興善町が合併し、新たに興善町が成立したためである。つまり寛文十二年以前の後興善町の町域に戻ったことになる。

まず、正徳年間の「後興善町絵図」（図1－1－1）をみてみよう。新興善小学校跡地範囲に記載された箇所持町人で注目すべきは本木市郎助（四箇所所有）であろう。市郎助とは、オランダ通詞の名門本木氏の二代目仁太夫良固のことである。これまで本木氏は外浦町に広い屋敷を構えていたとされてきたが、それは正徳以降のことで、延享・寛延（一七四〇年代）の記録には外浦町本木良固とあるから、おそらく享保～元文の頃（一七二〇～三〇年代）、良固は後興善町から外浦町に転居した可能性が高い。そうだとすると、レメリンの人体解剖書をわが国で初めて翻訳し「阿蘭陀経略筋脈臓腑図解」を著した本木良意は、後興善町に居住していたことになる。

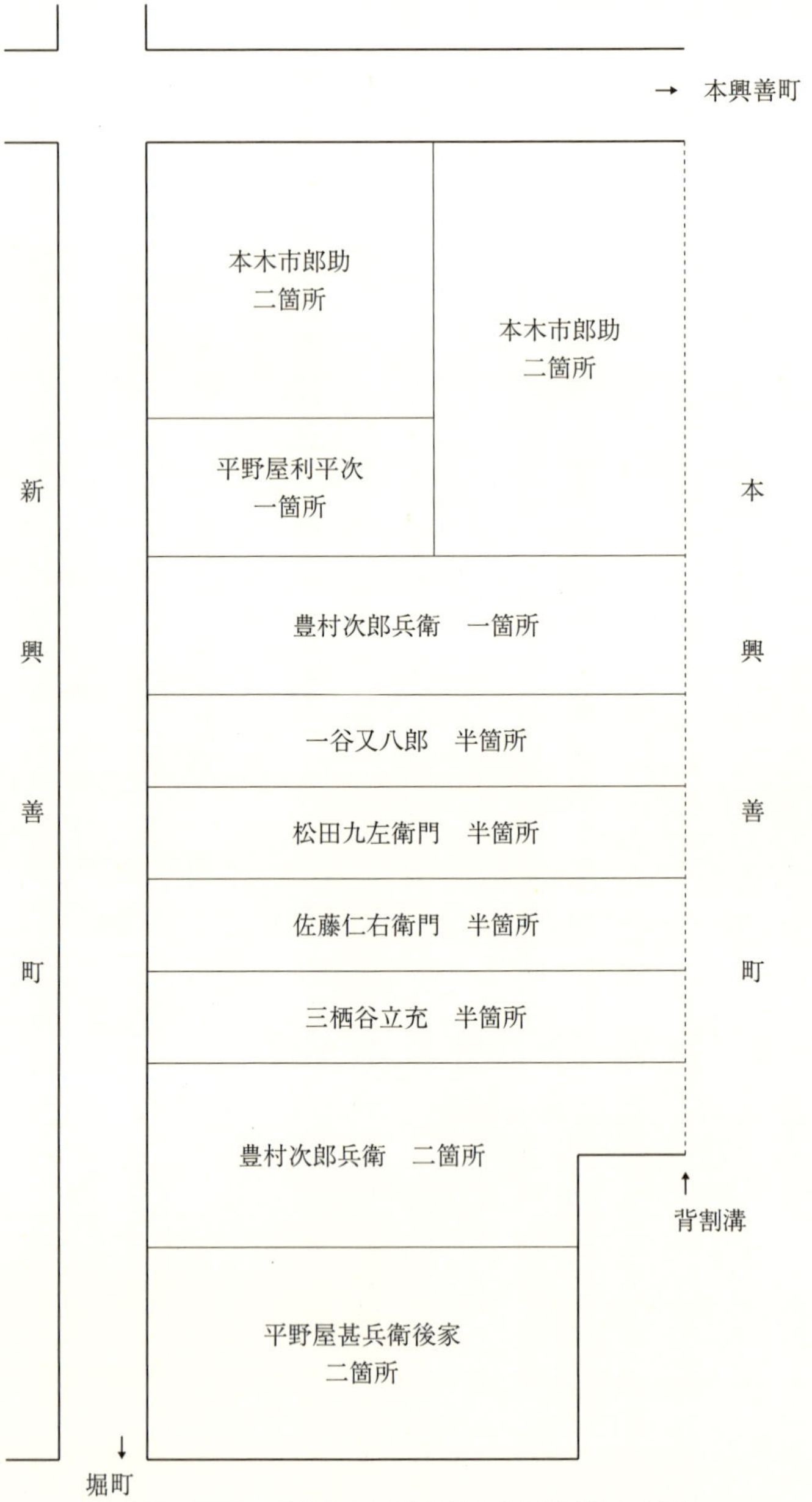

図1－1－1　正徳年間「後興善町絵図」（部分略図）

ところで、良固の父良意も、子・孫の良永・正栄もオランダ大通詞に上り詰めており、良固だけは稽古通詞のまま退役したため、名門本木氏にあっては影が薄かった人物である。しかし、外浦町の地所は明治十年代の「外浦町地図」によれば外浦町五番、四三九坪もの広大な敷地であり、それが良固の転居当時からという証拠はないが、長崎内町のさらに中心部である外浦町への転居は、彼が莫大な資産を手に入れたことを示唆する。大光寺本木家墓地に建つ本木始祖・良意・良永の各墓碑が町年寄並みに大きい理由は、推測をたくましくすれば本木家歴代の商才にあったのではないか。本木良永・正栄についてはオランダ渡りの薬テリヤカを販売していたという史料が残っており、おそらく良意・良固もそうだったのではないだろうか。(6)

本木市郎助の四箇所に次いで、豊村次郎兵衛も離れた地所を合わせて三箇所所有しているが、この人物、実は本木市郎助（良固）の実兄で、払方長崎会所請払役を務めていた（「本木市郎助由緒并親類書」）。

他の人名については史料で確認できていないが、三栖谷立充の「三栖谷」姓は、オランダ通詞馬場為八郎・佐十郎の父親三栖谷仁平と関連があるかもしれない。オランダ通詞馬場氏の株を買って息子の為八郎を通詞にした金満家とされる人物である。(7)小学校跡地以外の人物については次項で述べたい。

明治十年代の地図（図1‐1‐2）では、後興善町は正徳年間より敷地が細分化しており、本興善町の方はそれほど変わっていない。本興善町二〇・二一・二二番地の長崎区となっているのは、すでに述べたように江戸時代に糸荷蔵、唐通事会所があったところで、明治七年に開校した興善小学校の敷地に使用された。その後生徒の増加とともに校地が拡張され、明治二十年代には興善町側まで長崎市の土地となっている。大正期には旧新興善町に運動場が設置され（現在のＮＴＴ敷地）、その後新町小学校と合併して校名は新興善小学校となり、一街区全部が校地となった。

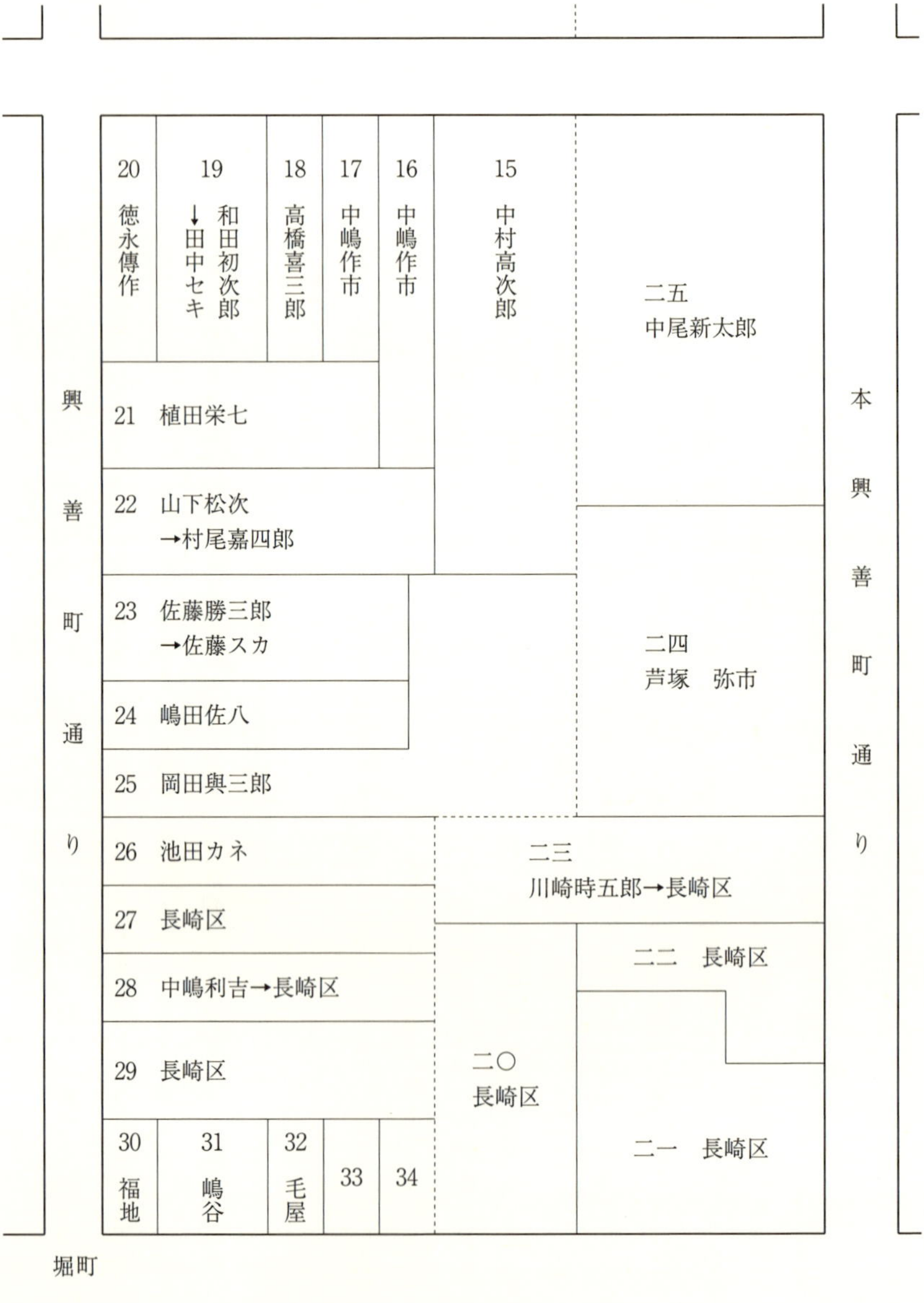

図1-1-2　「興善町地図」「本興善町地図」により
新興善小学校跡地の明治十年代を復元（模式図）
※数字は番地を表す。漢数字は本興善町，算用数字は興善町。

三　本興善町・後興善町の主たる住民と地所

本興善町には正徳年間の絵図が残っておらず、銀六〇貫を献じた紙屋甚兵衛のように断片的に人名が現れるだけだが、何度も記したように長崎第一の幹線道路に面した町であるから、上層町人が居住していたと思われる。ここでは町年寄・乙名クラスについて知りうることを若干述べておく。

本興善町南側の町並みのうち新興善小学校跡地の前あたりに、町年寄久松土岐次郎家の屋敷八四九坪があった。この家は、元禄十二年に外町常行司から町年寄に昇格した久松善兵衛家（屋敷は西浜町の旧高木彦右衛門跡）からの分家で、明和七年に久松土岐太郎忠真が一代町年寄となり、その後文政五年（一八二二）から世襲の町年寄となった。

また、本興善町二四番地の一画が、江戸時代後期にこの町の乙名を務めた三浦氏の屋敷であるという。[8]『訳司統譜』[9]の跋文（鄭永寧）によれば「本姓文氏、其先朝鮮人也、按スルニ、此家、後乙名役ニ轉セリ」とあって、三浦氏は唐通事から乙名に転じたと述べている。『訳司統譜』には、宝暦五年三浦六郎兵衛が小通事並を務め、同八年惣次右衛門が稽古通事、続いて明和三年龍五郎が稽古通事を務め、同四年には入牢したことなどが記されており、この後唐通事三浦氏は現れない。

一方、本興善町の乙名として三浦氏が登場するのは寛政三年（一七九一）の三浦安左衛門からであるから（「長崎地役人分限」）、史料的には唐通事から乙名に転じたとする鄭永寧の記述と矛盾しない。また、どちらの三浦氏にも名に「惣」の字が付く者が複数おり、両者の系譜が繋がっている可能性は高い。貿易都市長崎にあって、ルーツが外国にあるという住民は多かった。[10]

三浦氏歴代の乙名を列挙すると安左衛門・惣之丞・惣助・辰之助（代乙名）となり、三浦惣助が会所目付となった嘉永三年（一八五〇）以降は北嶋惣太郎（又三郎）が本興善町乙名を務め、代乙名だった辰之助は文久元年（一八六一）から本大工町乙名に転じた。このうち、天保年間に乙名を務めた三浦惣助が木下逸雲・僧鉄翁とともに崎陽三画人と称された三浦梧門である。屋敷の門の内に梧桐《あおぎり》があり、これをもって自ら梧門と号したという(11)。画家としての彼の業績にはここでは触れない。

後興善町については、正徳年間の絵図情報でオランダ通詞の本木市郎助（良固）の居住が確認されたことはすでに述べたとおりである。後興善町は新興善町が分離することによって片側町となったが、その東側の町並みの中に考証の対象となる人名がいくつか出てくる。以下、蘭学者として著名な末次忠助を中心にみてみよう。

まず、「末次ちよ　一箇所」は、この町の乙名末次氏の地所に違いない。末次七郎兵衛が死去したあと妻（?・）の名義になったものだろうか。後興善町の乙名は、末次七郎兵衛のあと三郎兵衛・鈴助・甚太郎・喜三右衛門・忠助・太一郎・喜三右衛門・忠助と続くが、このうち天明元年（一七八一）から天保十年まで五十九年にわたって後興善町乙名を務めた末次忠助は、蘭学者志筑忠雄の高弟としてもよく知られている。多方面な師の業績のうち、とくに天文・物理・数学分野を受け継ぎ、この分野での第一人者となった。

大坂の天文学者である間重富は長崎に遊学して忠助に学び、また阿波の蘭学者美馬順三は数学の教えを受けるなど、多くの遊学者が忠助のところを訪れた。とくに、熊本藩士池辺啓太は西洋流砲術を高島秋帆に師事するかたわら、物理・弾道論・測量を忠助に学び、その奥義を授けられている。

学者としての業績その他は『長崎洋学史』(12)などの研究書にゆずるとして、地役人としての忠助についてもいくつかあげておく。文化四年に忠助は「唐紅毛落札荷物市中小売手板取扱ヒ掛リ」（「続長崎実録大成」）を命ぜられ、加役料として銀一貫目を下された。手板とは流通段階における正規の貿易品の証明書であるが、長崎市中での小売りについては十分機能しなかったようで、その対策として忠助が建議して設けられた加役であった。また、文化十一年四月から文政二年五月までは後興善町乙名のまま出島乙名助を務め、本役にならないまま免ぜられている⒀。

天保十年の退役の際、それまでの五十九年に及ぶ在勤に対して一生の間、年間銀一三枚を支給されることになり、さらに市中小売手板掛リ発端の功績については、銀七枚を賜り、息子太一郎も手板取扱掛助となって加役料銀五〇〇目を下されることになった。

こうした地役人業務に関する一連の事象をみると、有能な行政人としての末次忠助が浮かび上がってくる。末次の隣りの「林三郎兵衛　三箇所」は目立つが、「林三郎兵衛」といえば林道栄の長子で唐大通事になり、宝永元年（一七〇四）に死去した人物がいる。居住地は本古川町であるが、林氏ならば別に地所を所有し、相続の関係で名義変更が遅れていたことも考えられる。さらに東隣りの「濱武次兵衛　二箇所」は、おそらく長崎宿老の濱武であろう。

中の通りに面した「馬田庄蔵　二箇所」は出島乙名・本興善町乙名・オランダ通詞を務めた馬田の一族と思われるが、現在のところ庄蔵が誰なのかは判明しない。この地所は本興善町にも所有していた馬田の地所に隣接しているのであろう。同じく「飯盛四郎助　四箇所」は「飯盛与右衛門　一箇所」を合わせれば飯盛氏で計五箇所となり、かなりの土地資産を持つ一族である。これについても残念ながら史料を見出していない。

もう一つ、後興善町の箇所持町人に関する享保年間の文書断簡⒁を紹介しておく。それは享保四年（一七一九）の暮れの箇所銀配分と思われる史料で、乙名末次鈴助から町年寄高島作兵衛に配分終了の報告として差し出されたものらしい。

この年後興善町に配分された箇所銀総額は、箇所割銀・糸割符増銀・出嶋間金の三つを合わせて新銀三貫四九九匁九厘二弗であった。三三箇所で割ると一箇所あたり一〇六匁三厘三毛余となる。これから町中遣方一貫三四四匁四厘五毛三弗など諸経費合計二貫一六八匁四分三厘三毛八弗七五を引いた残り一貫三三〇目六分五厘六毛三弗二五を、乙名・日行使各一箇所分を除いた三一箇所に分配すると、一箇所あたり四二匁九分二厘四毛三弗九七宛となる。つまり差し引き分が多く、まるまる懐に入ったわけではないということだ。

こうして各箇所持町人に対して、箇所数に応じ、端数を調整して箇所銀が配分された。箇所持町人の姓名・箇所数は次のとおりである。

・野口昌英　一箇所　・近藤太郎助　一箇所　・池尻寿庵　一箇所　・末次貞七郎　一箇所
・飯盛与左衛門　一箇所（破損のため四人不明）　・濱武次兵衛　二箇所　・馬田庄蔵　二箇所
・山本平兵衛　二箇所　・平野屋甚兵衛後家　二箇所　・林三郎兵衛　三箇所　・飯盛□□助　四箇所
・本木市郎助　四箇所　・油屋万次郎　半箇所　・一谷又八郎　半箇所　・松田九左衛門　半箇所
・佐藤仁右衛門　半箇所　・三栖谷立充　半箇所

正徳の絵図記載の箇所持町人のうち、「豊村次郎兵衛　三箇所」、「平野屋利平次　一箇所」、「西橋伊右衛門　一箇所半」、「本村久右衛門後家　一箇所」が見えず、代わりに「山本平兵衛　二箇所」が現れた。また、末次ちよが貞七郎、油屋忠次兵衛が万次郎、近藤太郎吉が太郎助と名前が変わっているほかは全く同じで、四人が文書の破損によって不明ということを考えれば、箇所持町人の移動はほとんどなかったとみてよい。推測すれば豊村次郎兵衛が二箇所を山本平兵衛に売却したということになろう。

おわりに

以上、新興善小学校跡に関連した江戸時代の本興善町・後興善町を中心に、町と住民の歴史を概観してきた。繰り返しになるが、簡単に整理しておく。

1　興善町は、長崎がポルトガル貿易、キリシタンの町として成立した早い時期に、博多の商人末次興善によって建てられた町といわれる。

2　長崎の幹線道路に面した本興善町には、貿易に関する諸役所・施設が設けられ、糸荷蔵、唐通事会所、貫銀方土蔵などがあった。

3　住民は貿易に関係する者が多く、オランダ通詞や会所役人などを見出すことができる。また、町年寄久松氏も居住し、それに次ぐ地位の地役人である長崎宿老と思しき濱武氏の地所もある。

4　江戸時代後期には、本興善町乙名の三浦梧門、後興善町乙名の末次忠助という芸術と学術の分野で一流の人物が居住していた。

注

（1）金井俊行『増補長崎略史』（『長崎叢書　第三・四巻』長崎市役所、昭和元年所収）。

（2）「長崎拾芥」「続長崎鑑」「長崎実録大成」などから判断した。「　」で示した引用史料は、特に注記のない限り、図も含め、すべて長崎歴史文化博物館蔵文書類である。

（3）本書第四章第二節「長崎キリスト教史についての一考察」を参照されたい。近世長崎のキリスト教関係及び貿易関連の遺構・遺物の調査がされるようになったのは、ここ二十年と日が浅い。国（長崎家庭裁判所）・県（県庁新別館）・市（桜町小学校など）

の公的施設の建て替えにともなう発掘調査が中心であったが、それでも花十字瓦・メダイなどのキリシタン遺物、中国・オランダの陶磁器類など長崎の近世史に新資料が提供されるようになり、小ローマ長崎といわれるキリシタン文化の実態が少しずつ明らかになってきている。

（4）注（1）に所収。
（5）鎮西精図社、大正八年。
（6）本書第二章第三節「オランダ通詞本木氏について」で、テリヤカ販売、オランダ通詞の商売について触れている。本木氏の墓所は縮小・整理されているようだが、墓碑の規模は各オランダ通詞のなかでも群を抜く。また、外浦町の屋敷地の坪数もオランダ通詞では最も広いのではないか。
（7）呉秀三『シーボルト先生』平凡社、一九六七～一九六八年。
（8）原田博二「解説」『崎陽諏訪明神祭祀図』長崎文献社、平成十八年。
（9）『長崎県史　史料編第四』吉川弘文館、昭和四十年所収。
（10）江戸初期の長崎市中には高麗町（万屋町）、新高麗町（伊勢町）の町名が示すように朝鮮人の居住が多かった。平戸町の「人別生所糺」その他の史料にも生国朝鮮と記された人物を多く見出すことができる。長崎にあって朝鮮姓「文氏」の唐通事、乙名が存在した可能性は高い。
（11）古賀十二郎『長崎画史彙伝』大正堂書店、昭和五十八年。
（12）古賀十二郎、長崎文献社、昭和四十一～四十三年。
（13）「出島乙名歴代」（個人蔵、若杉家文書）。
（14）襖の下張りに使われたと思われる断簡を県立長崎図書館（郷土課）が購入したもので、箇所銀・竃銀関係の史料である。部分的利用は可能なものの全体の整理には至っていない。

第二節　丸山遊女と身売り証文

はじめに

長崎が近世鎖国期に中国・オランダとの貿易を通じ、世界に開かれた港として賑わっていたことは周知のとおりである。その長崎の「丸山」[1]は、京の島原、江戸の吉原、大坂の新町と並ぶ著名な花街であった。元禄文化を代表する井原西鶴の浮世草子にも登場するが、丸山に関する主な部分をあげてみよう。

日本富貴の宝の津、秋舟入ての有さま、糸・巻物・薬物・鮫・伽羅・諸道具の入札、年々大分の物なるに、是をあまさず。

長崎に丸山といふ所なくば、上方の金銀、無事に帰宅すべし、爰通ひの商ひ、海上の気遣いの外、何時をしらぬ恋風おそろし[2]。

正月の近づくころも、酒常住のたのしみ、此津は身過の心やすき所なり。

金山が居すがたのりこん〔利根〕なやら、花鳥が首すじの白いやら、夢にも見ずして[3]

唐船・オランダ船の積荷は、長崎の商人をはじめ、上方・江戸などの貿易商人が入札して買い求めていた。「鮫・

伽羅」などは長崎ならではの珍宝といえる。「金山」「花鳥」は当時上方にまで知られた遊女で、花鳥は『好色一代男』にも記されている。

丸山遊女は、その豪華な衣装を特色の一つとしていた。特に正月の絵踏衣装は他に類を見ない豪華さで知られ、絵踏行事の際は多くの見物人を集めたという(4)。俗な言い方をすれば異国情趣あふれる長崎で、舶来の生地で仕立てた豪華な衣装をまとい、鼈甲の櫛・笄を髪に挿した遊女と過ごす時を、まさに魂を抜かれるような無上の快楽と感じた上方商人も多かったのであろう。西鶴はそのあたりを「上方の金銀、無事に帰宅すべし」「何時をしらぬ恋風おそろし」と表現したのである。

丸山遊女には、日本行き・唐人行き・オランダ行きの三種があった。このうち日本行きを一番上等として唐人行き、オランダ行きの順というが、揚代は逆にオランダ行きが一番高く、オランダ行き・唐人行き遊女の容姿・教養等が日本行きより劣るというものではなかった。ただ日本人以外の者との交渉を、できれば忌避したいと願う遊女が少なからずおり、そうしたことが日本行き上等の風潮を生じさせたのであろう(5)。

遊女の格付けは、太夫・みせ（店）・並の三つに分かれているが、太夫も唐館に出向いている。中には唐人行きの遊女になると色々高価な贈り物があるため、すすんで唐館に通う遊女もいたという。オランダ行きでは、天明期の商館長ティチングが呼び入れた浮音が太夫の最初だった。

歴史上著名な遊女は、長崎の特殊性もあって、むしろ唐人行き・オランダ行きに多い。江芸閣と袖笑、ドゥーフと瓜生野、シーボルトと其扇などの例は古賀十二郎(6)の『丸山遊女と唐紅毛人』に詳しい。長崎学の確立者として知られる古賀十二郎は、丸山遊女研究の主眼を他の都市の花街にはない特殊性、すなわち丸山遊女の唐人屋敷・出島出入り、唐人・オランダ人との交渉、混血児の出産などについて微細な論証を行った。花街丸山の唐・オランダ関係はこの大著で大半研究されていると言っても過言ではない。また、他の分野においても研究の基点は、ここに置くべきであると考える。

しかし、長崎の近世史研究がこれまでヨーロッパ・中国との交渉史に重点を置き、日本の近世都市の一つという普遍的な面がやや欠けていたように、丸山遊女についても同様のことが言えるのではないかと思う。筆者は、近世都市長崎の普遍性を明らかにするという観点から、長崎の庶民と丸山遊女の関わりについて、とくに遊女身売り証文を中心に本節をすすめたいと思う。遊女身売り証文を正確に表記すると「傾城奉公請状」（江戸中期）、「遊女奉公請状」（幕末頃）であり、「遊女請状」とも略称するが、本節では「遊女身売り証文」という一般的な表現で通したい。そうした方が、家族の犠牲となって生身を売らなければならなかった女性（女児）のことをリアルに考えていただけると思ったからである。

一　遊女身売り証文と藤家文書（その一）

まず、身売り証文の一例をあげよう（藤家文書[8]）（図1-2-1）。

相定申書物之事

一私実子之娘りく与申女歳拾七ニ罷成候を此節
其許方江遊女奉公ニ召置当申十一月十九日ゟ巳十一月十九日迄
丸九ヶ年限相定為其身代銀銭四十五貫文唯今
慥ニ請取申処明白実正也、然ル上者仮令如何様之儀
有之候共右年季之内此方ゟ隙乞申儀御座有間敷候

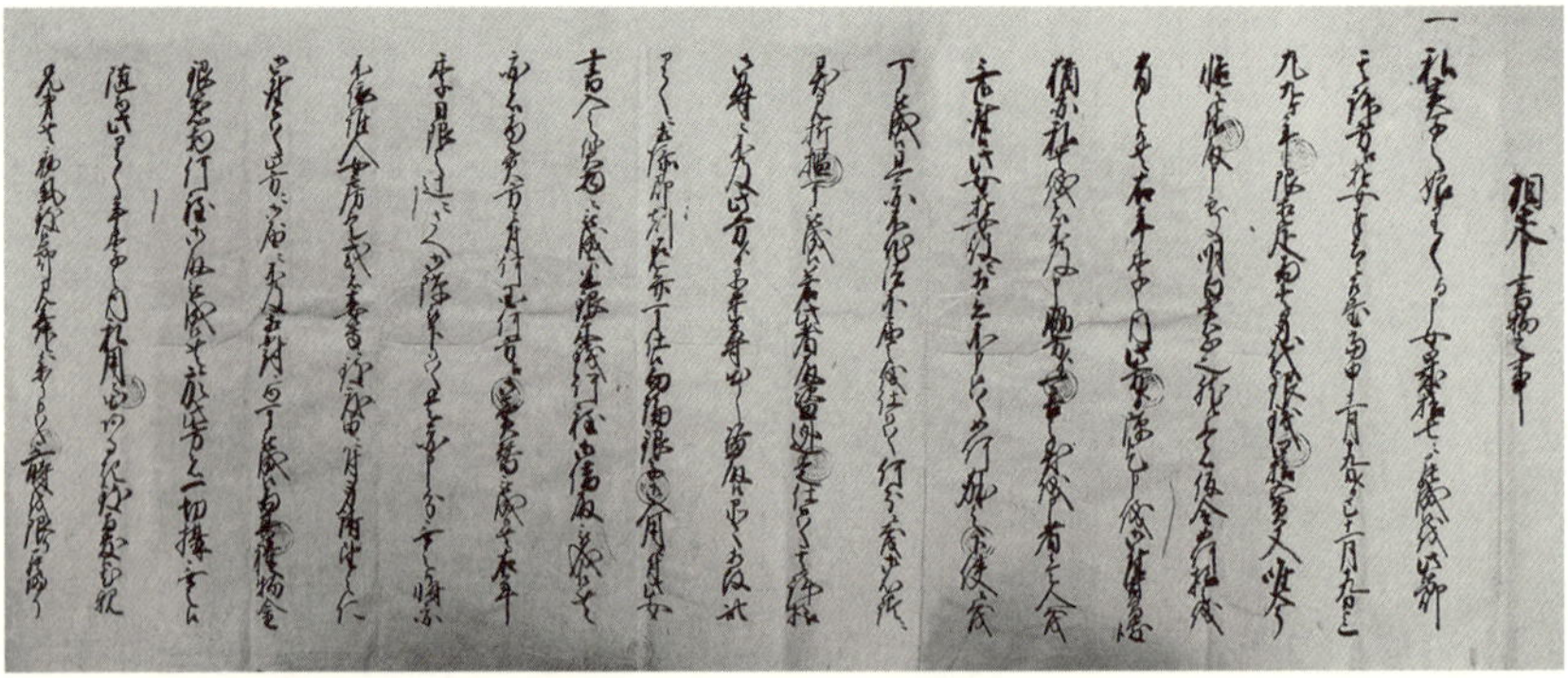

図1－2－1　りく身売り証文

猶亦私共儀者不及申脇ゟ一言之異儀申者壱人も
無御座候、此女遊女役ニ相立不申候ハヽ、如何躰之下使ニも
可被成候、且亦不作法不届之儀仕候ハヽ、何分ニも御心侭ニ
異見折檻可被成候、若此者取盗迯走仕候ハヽ、其許様
御尋ニ不及此方ゟ早速尋出し盗取候品々相改此
りくニ相添即刻返弁可仕候、勿論銀子御入用ニ付此女
書入之質物ニ被成置銀米銭何程御借取被成候共
亦者商売方ニ付何国何方江御売替被成候共右年
季日限之辻ニさへ御隙被下候ハヽ、是亦申分無之候、将亦
不依誰人女房歟或者妾等ニ致度由ニ付身請望之仁
御座候ハヽ、此方ニ御届ニ不及相対ニ而可被成候、為其礼物金
銀器物何程御取被成候共於此方者一切構無之候
随而此りく年季之内私用ニ出あるき致間敷候、尤親
兄弟共病気致候節見舞ニ参り候ハヽ、三時を限り罷帰り
可申候、且亦傍輩衆又者其許様并御一族等ニ付
如何様之出入有之候共此りく脇方江引取置取合仕間敷候
何分も其許方ニおいて其埒明可申候、猶亦元銀又者
不相応之銀子を以親請出し抔与名目を附け難渋
ケ間鋪儀決而申出間敷候、此者懐妊仕候ハヽ、人目立候頃ゟ

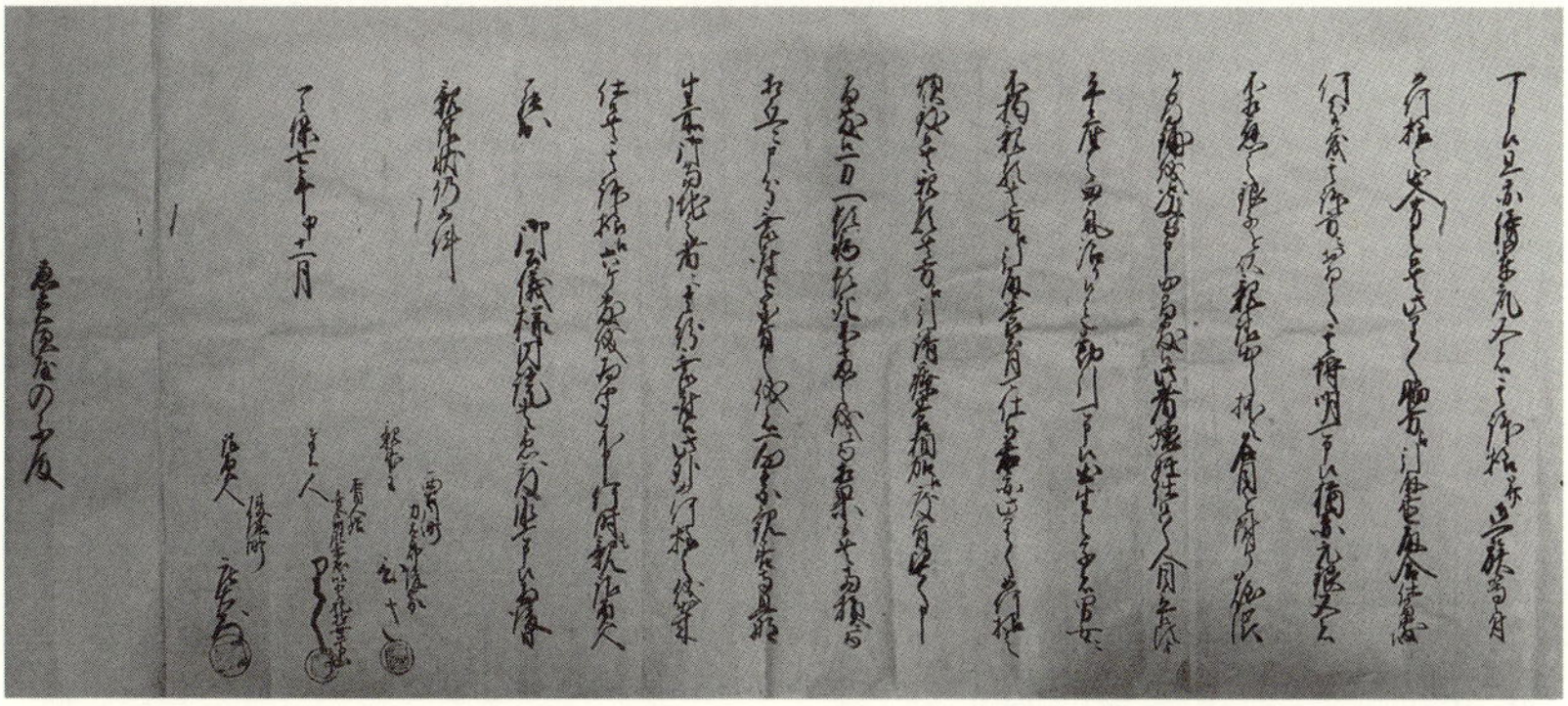

平産之血気治り候迄勤引可申候、出生之子者男女
不拘親類共方江引取養育可仕候、若亦此りく如何様之
煩致候共親類共方江引請療養相加江度旨堅く申
間敷候、万一頓病頓死不慮之儀ニ而相果候共両損ニ而
相互ニ申分無御座候、宗旨之儀者一向宗観善寺旦那
生所御当地之者ニ其紛無御座候、此外如何之儀出来
仕候共其許様江六ケ敷儀為聞不申何時も親請負人
罷出御公儀様内證共急度承可申候、為後日
親請状仍如件

天保七年申十一月

西古川町　力太郎後家
親置主　ひさ（印）
右同人娘
寄合町肥前屋いと抱遊女尊山事
奉公人　りく（印）
請負人　庄右衛門（印）

恵美須屋のふ殿

肥前屋いとは「寄合町諸事書上控帳」(9)によれば文政から弘化のころ、恵

美須屋のぶは天保年間の遊女屋だったようだ。両者とも嘉永三年（一八五〇）には記載はない。

奉公人「りく」は、尊山という源氏名が示すとおり、すでに遊女として奉公しており、この場合何らかの理由で奉公替えを行ったものらしい。条文のうち重要部分には黒印を押捺させて奉公人・親置主確認を取っているが、それらの箇所は次のとおりである。

- 丸九ヶ年限（三行目）
- 身代銀銭四十五貫文（三行目）
- 慥ニ請取申（四行目）
- 此方ゟ隙乞申（五行目）
- 脇ゟ一言之異儀（六行目）
- 如何躰之下使（七行目）
- 折檻可被成（九行目）
- 迯走仕（九行目）
- 銀子御入用（一一行目）
- 御売替被成（一三行目）
- 為其礼物（一六行目）
- 私用ニ出あるき致間敷（一八行目）
- 見舞ニ参り候ハ、三時を限り（一九行目）

これらの箇所が、これまでトラブルが多かったところであることはいうまでもない。こうした人身売買の契約事項がどのように変化していったのかをみてみたい。

表1－2－1は『丸山遊女と唐紅毛人』より転載したもので、身売り証文「相定申書物之事」の形式について、宝暦（江戸中期）と幕末期を比較したものである。仮に宝暦のものを旧形式、幕末のものを新形式としよう。一見して新形式には、いろいろな制約条項が加えられていることがわかる。遊女奉公の契約に際して、遊女屋（抱主）側の出した条件がそれだけ厳しくなったということになる。

具体的な事例を考える前に、旧形式[10]と新形式の相違をはっきりさせておきたい。④には「たとえ奉公人に負傷せしめても」かまわないという条件が付加されており、⑤・⑥・⑦・⑪も従来の内容が厳しくなっている。⑨では逆に「定めたる奉公年季の日限に至りて、奉公人に暇を遣りさへしたら」という重要な事柄が抜け落ちているが、これも抱主側に都合のよい変更である。⑫〜㉑の追加条項も総じて抱主側に有利な事柄が連ねられている。懐妊・出産の場合、抱主に迷惑をかけないよう心得ること＝⑬、抱主・関係者が奉公人と密事に及んでも苦情を申し出ないこと＝⑭・⑯、勤めを怠ったり、借金が残っている場合は、勤増（増年）をすること＝⑰・⑱等である。

こうした丸山町・寄合町の各遊女屋に共通した契約条項、とりわけ旧形式から新形式への変化について考えると、江戸中・後期に抱主側を悩ます種々の事例があって、証文内容の変更は、そうした事例への遊女屋の対応を集約したものとすることができよう。本節の目的の一つは、証文内容の変更に結び付くような個別の事例をあげ、それらによって新形式の証文が成立するに至った蓋然性を提示することにある。

それでは先にあげた天保期の恵美須屋のぶあて「りく」の身売り証文を、表1-2-1に基づいて位置付けてみると、⑦を除いて①から⑪の条項、さらに㉒・㉓があり、旧形式条項がほぼ揃っている。加えて⑫・⑬・⑭の条項が言葉足らずの表記で入っているが、なお新形式にはほど遠い。この身売り証文は旧形式に属し、多少新形式の条項が入っているということになろう。

さて、長崎で唯一まとまった町方史料である藤家文書[11]から、遊女屋（抱主）側と奉公人側の間に起こった問題事例を見出して検討することにしたい。

表1-2-1　身売り証文の条項の変化（『丸山遊女と唐紅毛人』）

宝暦時代	嘉永より慶応に至る時代
①　奉公人の奉公年限の事	①　同上
②　奉公人の身代銀受領の事	②　同上
③　奉公人の件に就いては、親同胞は云ふに及ばず、脇方より一言の出入申出づる者一人も無き事。若出入がましき儀出来する場合には、親置主及び請人に於て責任を負ふ事	③　同上
④　奉公人に於て、不作法無勤のことある場合には、抱主に於て、異見折檻すべき事	④　奉公人に於て不作法不届の行為ある場合には抱主に於て、異見折檻をなし、たとえ奉公人に負傷せしめても、毛頭申分なき事
⑤　奉公人に於て、傾城奉公役に立たざる場合には、下使にされても、毛頭申分なき事	⑤　奉公人が遊女として、役に立たざる場合には、抱主に於て奉公人に如何様の下仕をさせても勝手たるべき事
⑥　たとへ、如何様の事ありとも、奉公中親置主に於て奉公人の暇を乞ふやうな事あるまじく、万一元銀差立て暇乞ひを請ふなど難渋申出でざる事	⑥　奉公中、如何様の事ありとも、親置主に於て奉公人の暇を乞ふ事は勿論、元銀差立て或は不相応に低価なる銀高を以て奉公人を身請するなどと難渋申出でざる事
⑦　奉公人が親元或は親類方へ逃帰りたる場合には、片時も留置かず、早速召連れ抱主へ引渡すべき事	⑦　奉公人が親元或は脇方へ逃帰りたる場合には、片時も留置かず、召連れ抱主へ引渡すべき事
⑧　奉公人が抱主方にて取盗みたる上、逃走したる場合には、急度尋出し盗取りたる品々を改めたる上、奉公人に差添へ、抱主へ引渡すべき事	⑧　同上
⑨　抱主に於て、金銀入用のため奉公人を書入れ質物となし、金銀何程借入るゝとも、また商売のため、何国何方へ奉公人を遣しても、定めたる奉公年季の日限に至りて、奉公人に暇を遣りさへしたら、此も申分なき事	⑨　抱主に於て、金銀入用のため、奉公人を書入れ質物となし、金銀何程借受くるとも、また商売のため、何国何方へ奉公人を遣しても、此にも申分なき事
⑩　誰にても、女房或は妾として、奉公人を身請したしと望む者あらば、抱主に於ては、親元へ届くるに及ばず、身請を望む者と相対にて身請の事を取極め、礼物金銀何程取るとも差支なき事	⑩　同上

⑪　奉公人が病死其他不慮の死をする場合には、抱主及び親置主双方とも申分なき事

㉒　奉公人は何宗、何寺の旦那に紛れなき事

㉓　其外如何様のむつかしき儀出来する共、公辺の内証とも、一切抱主へ難渋かけざる事

---

⑪　奉公人が万一病死、頓死、不慮の死亡をなすとも親置主に於ては異議なく身柄を引取り抱主へ難渋をかけざる事。もとより抱主及び親置主双方に於て両損たるべき事

⑫　奉公人は、私用のため外出せざる事。たとへ両親病身たりとも一夜の暇をも乞はざる事

⑬　奉公人懐胎の場合には七・八ヶ月の頃より平産の後凡三十日を目当てとして勤めを引き、出産の子は早速親許へ引取りて養育し、奉公人を母などとたよらせ、遊女奉公の障りにならざるやう心置くべき事

⑭　抱主、抱主の一族、抱主の家内朋友等にかかり、如何様の出入ある共、或は密事ある共、一切苦情申立てざる事

⑮　親元に於て、片時も引取る事は勿論、勤引など難渋申出ざる事

⑯　殊更密事は相対につき、互に申分なき事

⑰　奉公人に於て心得違ひの筋を以て勤めを怠りたる場合には、勤めを怠りたる日数取極め奉公年季外に勤増すること

⑱　奉公中、取替銀などの事ありて、その返済滞る場合には滞り銀高に応じて増年すること

⑲　奉公中親置主に於て増奉公いたし度などと無心がましき儀決して申出でまじき事

⑳　奉公中出来したる事は何事によらず、抱主に於て勝手にこれを取計らひ一々親元へ掛合はざる事

㉑　奉公人が諸事抱主の家風に背く場合には、抱主に於ては親元へ掛合ふ事なく、随意に何国何方へ仕替へても差支なき事

㉒　同上

㉓　其外如何様のむつかしき出入出来する共、公辺の内証とも、一切抱主へ難渋かけざる事

事例Ⅰ

寄合町筑後屋甚蔵抱えの禿[12]「たね」が、仕えていた遊女にひどい折檻を受けて伯父方に逃げ帰り出入りとなった、身売り証文の④・⑦の条項に関する事例である。

差出し證文之事

私娘たね儀寄合町筑後屋甚蔵方へ奉公として遣置候処
初年ニ付甚蔵抱之遊女藤浪禿ニ召仕候故当月八日
藤浪ゟ折檻ニ懸病所在之私方江逃帰候途中豊後町
長之助方江罷越同人ゟ為相知候ニ付早速罷越様子見届
保養為仕申候、凡処先達而も手強折檻ニ懸候由申聞候ニ付
心遣ニ存奉長之助方江勝山町清五郎東上町庄吉
船津町夘助参掛候ニ付右之者共相頼甚蔵方へ申遣候ハ
為異見折檻之儀ハ有内ニ候得共折檻手強有之候故
以来之儀用捨致呉候様藤浪江対し申遣私義も後ゟ参候処
右三人之者共酒給砕前後不覚之躰ニ而取騒候ニ付甚蔵儀
御訴訟申上候処各様へ御糺方被仰付双方御糺之上差返候様
被仰付たね儀今日甚蔵方へ差返し候処相違無御座候
尤長之助儀ハたね立寄候迄ニ而甚蔵方様子一向存不申候
以来年季之内出入ケ間敷儀無之様可仕旨被仰付

奉畏候、為其證文差出申所仍如件

寄合町筑後屋甚蔵抱之禿
たね父　上筑後町　初次郎
同人伯父　豊後町　長之助

天明五年巳五月

「たね」の親初次郎は、ちょうど長之助方に来ていた清五郎・庄吉と、その後やってきた夘助に筑後屋へ掛け合いに行ってくれるよう頼んだ。三人は筑後屋へ押し掛け、酒を飲んで酔狂したため、筑後屋甚蔵から訴えられ、「たね」差し返しの判決を受けて証文を差し出したというわけである。

騒ぎを起こした三人のうち清五郎と庄吉の証文もあって、「向後急度身元相改様」仰せ付けられている。このような折檻による負傷を口実に、親・親類が無頼の徒に頼んで遊女屋に掛け合うケースは珍しくなかった。なにがしかの金を要求したのであろう。

事例Ⅱ

増年の給銀の前借りをたくらんで娘を留め置いたまま返さないという⑲の条項に相応する事例である。

差出し證文之事

私娘さぬき儀寄合町筑後屋甚蔵方江遊女奉公ニ
遣置候処去十一月下旬私方江罷越少々不快ニ御座候ニ付
保養為致仕居申候処、私儀兼而難儀ニ相暮引負等相重
暮兼候儀ニ付相談之上甚蔵方へさぬき年延

相談仕給銀貸呉候様頼入候得共得心不仕、左無之候而ハ難
相立難儀之余り数日留置相歎罷在候内甚蔵方ゟ
御訴訟申上候ニ付各様へ御糺方被仰付、双方御糺之上
前断之趣心得違ニ付急度差返候様被仰付、さぬき儀
今日甚蔵方へ差返候処相違無御座候、已来年季之内
出入ケ間敷儀無之様被仰付奉畏候、為其證文差出申所
仍如件

寄合町筑後屋甚蔵抱之遊女
天明五年巳五月　さぬき母勝山町七五郎
元妻　何かし
清五郎

金に困るようになった「さぬき」の母親は、病気保養を口実に娘を留め置き、抱主の筑後屋甚蔵と増年の給銀前借りの交渉を行ったが断られたので、そのまま娘を返さずにいたところ、甚蔵側が訴訟を起こし、双方取り調べの結果、「さぬき」差し返しの判決が下された。この史料は、母親が以後年季中は出入り（トラブル）を起こさない旨誓約して差し出した証文の控である。

母親「何かし」は遊女奉公に出すとき娘の身代銀を手にしたはずであるが、なお娘の増勤と引き換えに金を得ようとした。ここでも清五郎の名が見えるが、事例Ⅰに登場した人物と同一の無頼の徒かもしれない。こうした事例が重なって⑲の条項が幕末期の身売り証文に入ったのであろう。

事例Ⅲ

馴染みの遊女を連れ出し隠し置いて遊興にふけるという⑦・⑫の条項そのものではないが、「脇方」「私用」に関連した事例である。

武之助申口控

武之助申口

一寄合町石見屋次平太抱方遊女嶋里儀先月十二日ゟ大黒町
松之助武右衛門両人方江留置嶋里儀私連出し松之助方江預
置候段寄合町ゟ御町江掛ケ合在之候ニ付被召呼始末有躰
申上候様御尋御座候
此段私儀当八月十二日船大工町吉太郎方江罷在候処大黒町
松之助同日四ツ時比罷越申聞候者寄合町石見屋遊女
嶋里儀今晩連出シ大黒町武右衛門方江預ケ置候、夫ニ付
去十月比同人連出し隠置処及出入差返し候末又々
自分引請ニ仕候而者差障候筋在之候ニ付此節者私
引請本人ニ罷成松之助方江者私ゟ預置候趣致呉候様
達而被相頼、兼而松之助与ハ懇意之末無余儀趣ニ
承知仕置候儀ニ而嶋里儀松之助任頼無拠本人ニ罷成候
得共嶋里呼出し候儀も存知不申、尤大黒町江嶋里滞留

仕居候内六、七度も罷越酒抔給合候儀者有之候得共
嶋里身分松之助取斗之儀一向存知不申、同人衣類并
手道具等取出し候儀再応御吟味御座候得共
右之次第ニ付決而存知不申候、質入之儀私差図等
仕候様松之助申候段被仰聞是又覚無御座候、猶又
遊女屋取合之儀も寄合町勘六丸山町伊八ト申者両人江
松之助取合相頼私儀も同道仕石見屋門口迄者
罷越候得共門口江相控罷在候故取合之次第私儀
決而存知不申右之趣少も相違不申上候、此外申上候儀
無御座候、以上

寅九月　　　　　　　　桶屋町　武之助（印）

藤惣太夫殿

大黒町の松之助は、石見屋次平太抱の遊女「嶋里」を連れ出し隠し置いたのが発覚し、石見屋へ差し返したことがあったが、再び同じことを計画した。この度は桶屋町の武之助になりすまし、「嶋里」を連れ出したばかりか、衣類や手道具まで持ち出して質入れしたという。

石見屋の訴えで松之助と武之助が取り調べを受け、互いに相手がやったことだと供述した。そのため再吟味を受けた武之助の供述がこの史料である。どちらの言い分が正しいかわからないが、武之助とても六、七回いっしょに酒を飲んでおり、また石見屋へ押し掛けたときも同行しているくらいだから、供述どおりには受け取れないかもし

れない。しかし、身請けの金もなしに、二度にわたって馴染みの遊女を隠し置いて遊んだ松之助が当事者であることに違いはない。大胆な行為のように思われるが、この事例も事例Ⅰと同様に特殊なケースではなかった。遊女屋仲間が盗賊方役場に訴えた苦情の中にも遊女隠置きがあって、これについては後述する。

なお、寅九月とあるこの史料の年代は、石見屋次平太が天明頃の人物であることから天明二年（一七八二）、もしくは寛政六年（一七九四）と考えて間違いないだろう。(13)当時、桶屋町の乙名で盗賊方を加役として務めた人物も藤惣太夫であり、史料に合致する。

二　遊女身売り証文と藤家文書（その二）

事例Ⅳ

抱主の弟から密事を仕掛けられた遊女が親元に逃げ帰り、それを理由に親側が娘を留め置いたまま返さないという⑦・⑭・⑮・⑯に相応する事例である。

天保十一年（一八四〇）九月、引田屋鉄之助抱の遊女「照葉」が桶屋町の父幸吉方に逃げ帰った。使いをやって戻るよう掛け合ったところ、とやかく不平を述べて決着が付かなかった。その後も、交渉を続けたが、とうとう「数ヶ月之間引留差返し不差返し不申嘆敷次第」となった。そこで引田屋鉄之助は寄合町乙名の芦苅高之進(14)に対し、先方の町（桶屋町、乙名は藤貞四郎）へ掛け合ってくれるよう嘆願した。(15)芦刈が桶屋町に掛け合うと、「照葉」に父幸吉から返答書が差し出され、鉄之助に一覧するよう示された。これに対する鉄之助の反論が次の史料である。

乍憚口上書

一私抱遊女照葉儀去九月ゟ親元桶屋町幸吉
方江逃帰候ニ付差返候様以書面御願申上候処
先町江御駈合被為成下候処、右幸吉ゟ返答書
差出候ニ付一覧被仰付奉承知候、然ル処別家ニ
罷在候私弟三穂次儀照葉ニ手を懸ケ候由申立候
得共、右者相対之儀ニ御座候得者私手前者相憚可申処
返而難題ケ間敷儀申立候段心外千万ニ奉存候
前々ゟ奉公人親共心得違仕引取差返不申難渋
仕候故、碇与請人相立仮令如何様之儀有之候共決而
隙乞申間敷旨堅く證札印形取之身代銭相渡
抱入置候者、右様之儀ニ而引取候様成行
候而者同商之者迄渡世難相立歎ケ敷次第奉存候
何卒御理解被仰付速ニ差返候様乍憚
先町ニ為成下度此段以書付奉願候、以上

寄合町

丑閏正月

引田屋鉄之助（印）

芦刈高之進殿

鉄之助は弟三穂次の件について、これは「相対之儀」であり、娘を引き取って返さない親どもに対しては最初に

保証人を立て証文を取っている、身代銭を渡して抱え入れた者を、このようにされたのでは他の奉公人の親どもが伝え聞いて同様の行為をなすようになり、そうなっては同業者まで商売が立ちゆかなくなるとして、「照葉」の差し返しを再度嘆願したのである。その際鉄之助は、天保七年の「照葉」の身売り証文写を添付していた。前項冒頭の身売り証文と同年の証文内容を検討してみよう。

相定申書物之事

一私実子之娘もん与申女歳拾四ニ罷成候を其方江遊女奉公ニ召置申度由申入候処、未幼少之者ニ御座候而遊女役ニ立不申被召置間敷由被仰候得共、親請人達而御断申入候処御承引被成則当申十二月二日ゟ酉十二月二日迄丸壱ヶ年之間唯養被召置被下候段忝奉存候事

一右之女歳拾五ニ罷成候酉十二月二日ゟ未十二月二日迄丸拾ヶ年限遊女奉公ニ相定召置申候、為其身代銭四拾五貫文唯今慥ニ請取申処明白実正也、然ル上者此女ニ付親子兄弟者不及申脇ゟ一言之出入申者壱人も無御座候、若又出入ケ間敷儀出来仕候ハ、何時も我々罷出可承候、且又遊女役ニ立不申候ハ、右年限之辻者如何様之下仕ニも其方御心侭ニ御召仕可被成候、自然取逃走り仕候ハ、急度尋出盗取候品々相改右之女ニ差添相渡可申候、尤無作法不届之儀御座候ハ、如何様之品々も異見折檻可被成候、其時毛頭申分無御座候、若又其方金銀御入用ニ付右之女書入之質物ニ被成金銀何程御借被成候共又者商売ニ付何国何方江被遣候共右相極之年季日限之辻ニさへ御隙被下候得者少も申分無御座候、如何様之儀御座候共此方ゟ御隙乞可申儀決而申間敷候、若又不依誰人女房歟或者妾等ニも仕度由ニ而身請之望申仁御座候ハ、此方江不及御届ニ其方相対ニ而被遣、為其礼物金銀何程御取被成候共是又少も申分構無御座候、万一頓病頓死不慮之儀ニ而相果申候共両損ニ而互ニ中分無御座候事

一右之女宗旨之儀者元来法花宗本蓮寺旦那其紛無御座候、此外如何様之六ツケ敷出入出来仕候共御公儀様内證共我々罷出埒明其方に少も御難掛申間敷候、為後日仍而遊女請状如件

天保七年申十二月二日　　　桶屋町　親置主　幸吉

請人　本五島町帳面ニ而当時十善寺郷

政吉

奉公人　もん

この証文を盾に引田屋鉄之助は、「照葉」と父幸吉の契約違反をとがめ「心外千万」「仮令如何様之儀有之候共決而隙乞申間敷旨」取り決めていたではないかと、先の「口上書」で訴えたわけである。これに対して照葉側は、遊女奉公の契約はしたが、抱主の弟との密事まで承諾した覚えはないなどと反論したかもしれない。結果は不明だが、照葉差し返しの命令が出されたことは疑いないと思われる。というのは「もん」の身売り契約の前に、本人・父母三名連印の「一札之事」が桶屋町役場あて差し出されており、これにも身売り証文と同趣旨の事項が記されているからである。(16)

身代銀を受け取ったからには、「以来寄合町人別ニ相成候得者もん身分ニ付如何躰之難渋出来仕候共色々苦情不申」、公儀や桶屋町役場に迷惑はかけない、親族の見舞いにやってきたときは留め置かず送り返す、先町（寄合町）よりの掛け合いなどないように親元で処置し、「御町方江御願ケ間敷儀決而仕間鋪候」と結んでいる。

さて、「もん」の身売り証文をあらためて見てみると、旧形式の⑪の項に「両損」、㉓の項に「出入」が加わっているものの、おおむね旧形式の範疇である。この点同年の「りく」の証文と同じで、天保七年の二つの証文が旧形式とすれば、天明期の事例Ⅰ～Ⅲのような事例が起こっていたにもかかわらず、その都度証文の条項に反映された

わけではなかったことになる。ただ、「りく」の証文には、⑫・⑬の条項と⑭の一部が加筆されており、この他にも⑥の条項に関して「不相応之銀子を以親請出し」のように新形式に近い表現もみられ、天保期の証文が新形式へ移行する過渡期であったことを推測させる。証文の条項・内容は遊女屋によって異なっていたらしい。

その後も遊女屋と奉公人側との出入りが続き、天保以降、弘化・嘉永のある時点で、遊女屋一統による証文の条項・内容について統一的変更が行われた。新形式の身売り証文の誕生ということになるが、この点については「寄合町諸事書上控帳」をもとに以下の項で検討することにする。

事例Ⅴ

親元に逃げ帰った遊女がそのまま魚屋の女房となって戻らない、これも⑦・⑮の条項に関する事例である（図1－2－2）。

乍憚奉願口上之覚

一私抱之花園与申遊女一昨子年五月同人親銀屋町ニ罷在候
親喜右衛門方江迯帰申候ニ付早々差返候様再応及駈合ニ候処、右
喜右衛門申聞候者花園儀他借相嵩勤方難相成候間何分差返し候義
不相成旨自侭之返答申立一図埒明不申ニ付、町方江申出先町江
駈合ニ相成申候得共以今差返シ不申候、然ル処右花園義当時
桶屋町肴屋女房ニ罷成居申候、右者前書申上候通之者ニ而年
限抱之奉公人を我侭ニ引取右様理不尽之儀仕候を等閑ニ差
置候而者渡世難相成難儀千万之仕合ニ奉存候、右ニ付近頃恐多

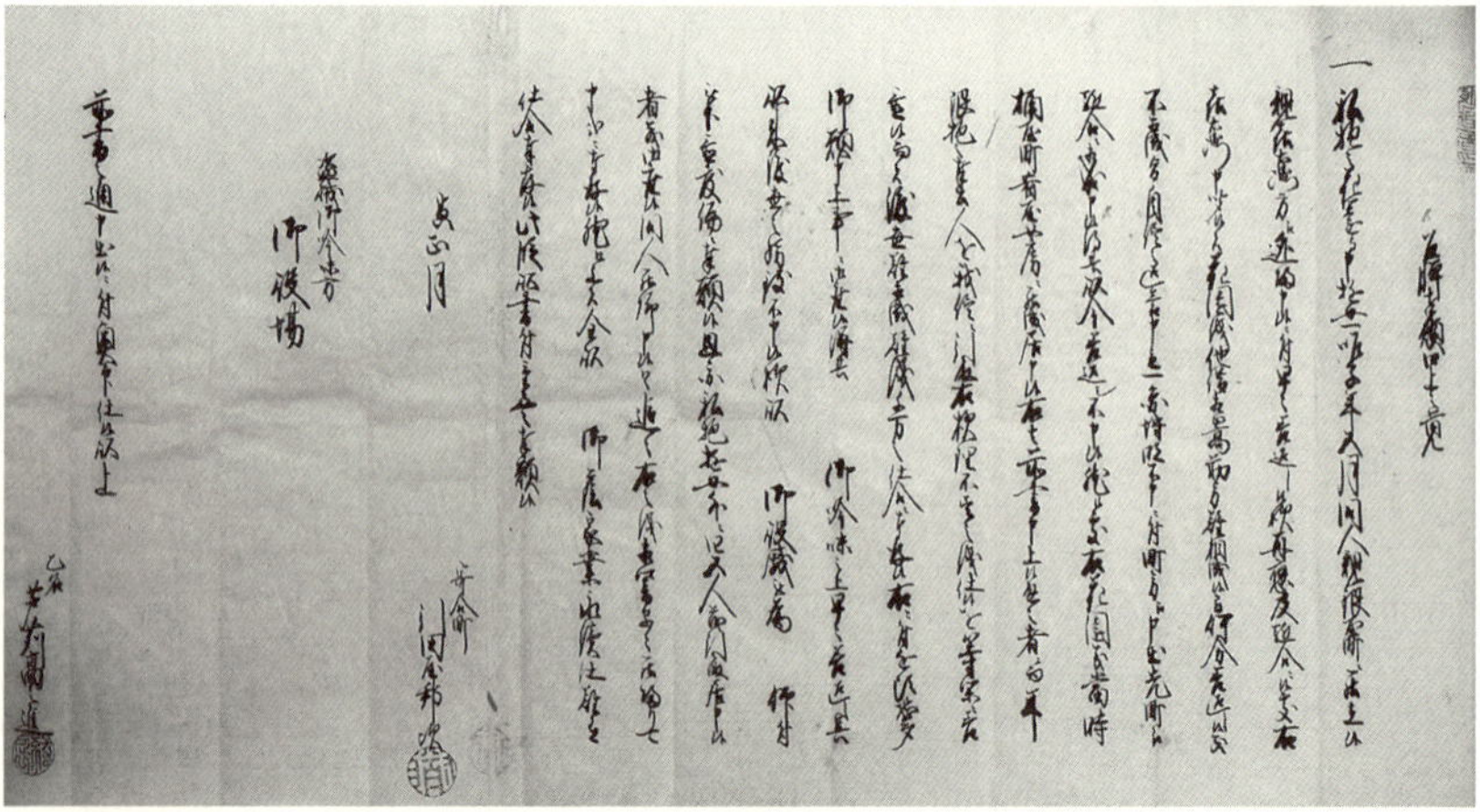

図１−２−２　花園逃帰り一件史料

御願申上事ニ御座候得共御吟味之上早々差返し呉
以来渡世之妨致不申候様以御役威被為仰付
被下置度偏ニ奉願候、且亦私抱遊女外ニ四、五人も引取居申候
者も御座候、同人罷帰申候ハ、追々右之儀相響早々罷帰り可
申哉ニ奉存候、然ル上者全以御蔭家業永続仕難有
仕合奉存候、此段以書付重畳奉願候
　寅正月　　　　　　寄合町
　　　　　　　　　　　引田屋邦次（印）
盗賊御吟味方
　御役場
前書之通申出候ニ付奥印仕候、以上
　　　　　　　　乙名　芦刈高之進（印）

藤家文書の遊女関係史料のなかで、最も興味深いのがこの遊女「花園」の事例である。引田屋邦次抱の花園は、銀屋町の親喜右衛門方に逃げ帰った。引田屋の掛け合いに対して、娘は借金がかさんで勤めができない等、わがままな返答をして埒が明かない。さらに寄合町から先方の銀屋町へ掛け合ってもらったが、なお返さないままである。聞くところによれば、桶屋町の魚屋の女房になっていると

いう。こうした年季中の奉公人を引き取って返さない理不尽な行為をなおざりにしていたならば、遊女屋稼業は立ちゆかなくなるので、取り調べのうえ早々の差し返しの沙汰を願いたい。そうしたならば「私抱遊女外ニ四、五人も引取居申候」者たちも帰ってくると思われる。

以上の要旨によってわかるように、引田屋や寄合町役場が催促しても従わないばかりか魚屋の女房に収まっているという、遊女屋側からすればあきれた事態であり、しかも外に四、五人が帰ってこない状況にある。この史料の寅正月を「寄合町諸事書上控帳」の遊女屋名から判断すると文政十三年（一八三〇）と思われるが、天保十三年の可能性もあり、引田屋邦（国）次の営業期間をもう少し調べてみたい。花園といえば、出島商館長コック・ブロムホフが呼び入れた遊女にも花園がいるが、年季から考えて別人物と考えた方がいいだろう。花園は源氏名としてよく使われたようで、他にはフォン・シーボルトが呼び入れた遊女其扇も、別人物の其扇が筑後屋とら抱え遊女にいる。

それにしても遊女花園は、なかなかたくましい女性のようだ。結末がわからないのは残念だが、盗賊方役場がこの件をどう処置したかはおよそ推測できる。「寄合町諸事書上控帳」の事例からして、おそらく召捕の処置が下されたであろう。盗賊方（町乙名加役）は長崎市中の治安を守る地役人であり、その背後には長崎奉行所が存在していた。丸山・寄合二町の遊女屋は、そうした政治権力に保護されながら、身代銀で女性を拘束し、営業の妨げとなるような奉公人側の抵抗を抑圧してきたのである。

古賀十二郎はその著書『丸山遊女と唐紅毛人』のなかで、遊女契約について次のように批判している。「金銀貸借による雇傭関係に於て、債権にのみ重きをおき過ぎた結果、人権を全く無視したるものと言うべきである。是れ正に人を金銀より軽く視る蛮風とより外に批判のしようがない」。

第二次大戦以前の原稿執筆であるが、古賀十二郎という歴史家の卓越した人権感覚が表れている。単なる郷土史家ではない優れた見識をみてとることができよう。また、旧形式から新形式へ身売り証文が変化したことに関して次のようにも言う。「特に遊女の待遇が、宝暦よりも幕末に於て却っていよいよ悪化し、時勢の推移、文化の発達と逆行せるが如きは、確に遊女屋共の強欲横暴の然らしめたる者にして、為政者の社会改善の努力は、花柳界方面に於ては、特に皮相的、微温的の者なりしと謂ふべく、或は寧ろ困却されたる者とも謂ふべきものであろう」。(17)

すなわち遊女の待遇が悪化した要因について、一つに遊女屋共の強欲横暴、二つに為政者の無為無策をあげ、つまるところ「遊女屋制度そのものが遊女にとりて不利益であった事は争ふべからざる事である」と結んでいる。今日的人権保護の観点からしても全く妥当な結論であろう。しかし、これまで述べたⅠ～Ⅴの事例、とくに遊女花園のたくましさを思い浮かべたとき、遊女の悲惨な境遇に焦点をあてただけでは物足りない気がしてきた。

つまり、長崎の女性は、長崎の庶民は、もっとしたたかに生きていたのではないかということである。証文形式の変化は、そうしたしたたかさの裏返しではないか、遊女屋一統の困惑の反映ではないかと思われるのである。このあたりを以下の項で掘り下げてみたい。

三　幕末期の身売り証文について

幕末期の身売り証文（新形式）について、先頃八幡町（旧本紙屋町）にお住まいの南六朗氏(18)が所蔵する証文を複写させていただいたので以下に紹介したい。この証文は元治元年（一八六四）のもので、奉公人は日見村の「せい」という十七歳の娘、親置主は諏訪町の儀三郎（証文には「せい」を「私実之娘」とある）、請負人はせいの伯父傳次郎、抱主は筑後屋利喜太郎である。せい・儀三郎の黒印と同じ印が「私実子之娘」、奉公年限「丸八ヶ年」、身代金十両「請取」の三ヶ所に押してある。この数は天保七年の「りく」の証文の十三ヶ所に比べて非常に少ない。

相定申書物之事

一私実之娘せい与申女歳拾七ニ罷成候を其許江遊女奉公ニ
召置度申入候得者被召置間敷被仰聞候得共、親請人達而
御願申入候処御承引被成下、則当子十月十三日ゟ向申十月十三日
迄丸八ヶ年遊女奉公ニ相定召置申候、為其身代金拾両
只今慥ニ請取申候処明白実正也、然ル上者此女ニ付親子兄
弟者不及申脇ゟ一言之出入申者壱人も無御座候、若出入ケ間
敷義出来仕候ハヽ、我々承可申候、無作法不届之儀仕候ハヽ、如何
様之品ニも異見折檻可被成、仮令怪我等有之候共其節ニ
いたり毛頭申分無御座候、若又遊女役ニ立不申候ハヽ、如何躰之
下仕ニも御心侭御召仕可被成候、素ゟ如何様之儀御座候共年
季之間ニ此方ゟ隙乞可申儀者勿論第一右之元銀差立
又者不相応之銀を以身請抔与難渋之儀決而申間敷候
親許且者脇方江逃帰候節片時も不留置召連手渡
可申候、自然取逃走仕候ハヽ、急度尋出し盗取候品々相改
右之女ニ差添相渡可申候、将又金銀御入用ニ付此女書入之
質物ニ被成金銀何程御借被成候共商売ニ付何国何方江
被遣候共少も申分無御座候、不依誰人女房歟或者妾等
ニも仕度由ニ而身請之望申仁御座候ハヽ、此方江御届ニ不及

相対ニ而被遣、為其礼物金銀何程御取被成候共少も
構無御座候、万一頓病頓死不慮之儀ニ而相果候ハ、無異儀
身柄引取其許江少も御難渋相掛不申両損ニ而
互ニ申分無御座候事
一右年季中私用ニ出歩行申間敷候、仮令両親病気たり共
一夜之隙乞も申間敷候、自然此女懐胎仕候ハ、七、八ヶ月之頃ゟ
平産之後凡三十日を目当勤引出生之子は早速親類
方江為引取養育仕、決而母抔ニ相便リ遊女奉公之障ニ
不相成様取斗可申候、扨又御家内傍輩且其許并御一
族等ニ相掛リ如何様之出入内情等之儀有之候共種々苦情
申立間敷、此女片時も引取候儀は勿論勤引抔与難渋之
儀申立間鋪、猶取合ケ間敷義仕間敷候、殊更密事ハ一端
相対ニ付互ニ申分無御座候、都而右様之儀者不及申心得違之
節を以不勤仕候ハ、、其日数定年季之外ニ勤増可仕候
且又年季之内ニ御取替銀等出来仕返済相滞候者銀高ニ
応じ増年相勤候儀者兼而承知罷在候ニ付其節如何様
ニも可被成候、尤勤中ニ此方ゟ増奉公致度抔与無心ケ間
敷義決而申間敷、不依何事年季之内出来仕候儀者
其許ニ而御勝手ニ取斗可被成時々御掛合無之迚申分無

御座候、若又諸事御家風ニ相背候ハヽ、何国何方江も御仕替
可被成、到其節聊異儀申分無御座候事
一右之女宗旨之儀者元来浄土宗大音寺旦那ニ其紛
無御座候、此外如何様之六ケ敷出入出来仕候共
御公儀様内證共其許江少も御難渋掛申間敷候、為
後日遊女請状仍而如件

元治元年
子十月十三日

諏方町
親置主　儀三郎（印）
銅座跡
請負人　傳次郎（印）
奉公人　せい（印）

筑後屋利喜太郎殿

奉公側に厳しくなった過酷な証文の内容について、とくに前項で紹介した藤家文書の各事例が具体化されている部分を抜き書きしてみよう。

・折檻による怪我　「異見折檻可被成、仮令怪我等有之候共其節ニいたり毛頭申分無御座候」
・遊女逃げ帰り　「親許且者脇方江迯帰候節片時も不留置召連手渡可申候」
・増年の給銀前借　「勤中ニ此方ゟ増奉公致度抔与無心ケ間敷義決而申間敷」

・抱主側との密事　「殊更密事ハ一端相対ニ付互ニ申分無御座候」

繰り返しになるが、抱主側と奉公側の間で発生したトラブルの数々は、旧形式の抽象的条項をより具体的な表現に変え、更に新たな具体的な拘束条項を追加させたのである。

さて、本節の主旨からは多少はずれるが、「せい」の身売り証文の付属史料によって明らかになったことを述べておく。なお「せい」は「すま」ともいい、源氏名は「花雲」といった。[19] 遊女身売り証文にある「私実之娘何某」については、これまで表記通りに受けとめ、親置主が実親であるとしてきたが、この場合は違っていた。次にあげる証文によれば、平野屋儀三郎はせいの伯父二人から親置主となるよう依頼された人物らしい。

　　取極申證文之事

一此節私姪すま義其許江御頼申上

遊女奉公為致候義相違無御座候、勿論

其許親置主ニ相立申候上者向後此女ニ付

脇方ゟ一言之異儀故障申者壱人も無

御座候、依之請負人一同連印仕候処

毛頭違約申間敷候、為其念一札

仍而如件

　元治元年　　　　伯父　弥平（印）

　　子十月十三日　　請負人　伝次郎（印）

平野屋儀三郎殿

筑後屋利喜太郎（上の筑後屋の主人）[20]が奉公人を雇い入れる際、身元確かな者を要求したのか、あるいは儀三郎の口利きで「せい」が奉公するようになったためかは不明だが、ともかく証文の「私実之娘」は全く形式的な表現ということになる。

また、花雲は年季五年目の明治二年（一八六九）に長患いの身となり、伯父伝次郎に引き取られることになった。その際の筑後屋への一札には、儀三郎は請人として署名しており、花雲の年季中は儀三郎が全責任を持つような立場にあったようだ。

差上申一札之事

一私実之姪せい事花雲義長々
疾病相煩ひ候ニ付、当三月十一日ゟ私方江
引取入養生相加江罷在候処急ニ快気
仕候身込無御座候間、御町方御手数之
上家内下ケニ被成下本人身柄私共江
御預ケ被下候段慥ニ御預リ申上候処相
違無御座候、追々養生為致全快
仕候ハ、直ニ本人連越御渡し申上候、為後
念請負人一同判連證書差上置候
処毛頭相違無御座候、仍而如件
明治二年　　　　　伯父　万屋伝次郎（印）

巳四月二日　　　請人　平野屋儀三郎（印）

筑後屋おいと殿

元治二年三月には、花雲取替金として筑後屋から金一両が儀三郎に渡されている。取替金は、結局花雲の借金となるもので、儀三郎は花雲にとっては良からぬ人物だったのかもしれない。

このように遊女身売り証文だけでなく、その周辺の史料と併せて検討することによって新たな事実が明らかになりそうである。

もう一つ渡辺文庫の例を紹介しておく。

相定申書物之事

一私実之娘きち与申女歳弐拾ニ罷成候を其許江遊女
奉公ニ召置度由申入候得者、被召置間鋪由被仰聞候処
親請人達而御願申入候得者御承引被成下、則当戌
十二月八日ゟ辰十二月八日迄丸五ヶ年遊女奉公ニ相定
召置申候、為其身代金五両只今慥ニ受取申処明白
実正也、然ル上者此女ニ付親子兄弟者不及申脇ゟ一言之
出入申者壱人も無御座候、若出入ケ間敷儀出来仕候ハ、何
時も我々承リ可申候、且又不作法不届之儀仕候者如何様之
品ニも異見折檻可被成、仮令怪我等有之候共至其時
毛頭申分無御座候、若亦遊女役ニ立不申候ハ、、如何躰之

下仕ニも御召使可被成、素ゟ如何躰之儀御座候共年季之間ニ此方ゟ隙乞可申儀者勿論、第一右之元銀差立又者不相応之銀を以身請抔与難渋ケ間敷儀決而申間敷候親許且者脇方江迯帰候節片時も不留置召連手渡可申候、自然取迯走仕候者急度尋出し盗取候品々相改右之女ニ差添相渡可申候、将亦金銀御入用ニ付右之女書入之質物ニ被成金銀何程御借被成候共、又者商売ニ付何国何方江被遣候共少も申分無御座候、不依誰人女房歟或妾等ニも仕度由ニ而身請之望申仁御座候者此方江不及御届相対ニ而御遣し、為其礼物金銀何程御取被成候共是亦少も構無御座候、万一頓病頓死不慮之儀ニ而相果候共無異儀身柄引受其許江御難渋相掛申間敷両損ニ而互ニ申分無御座候事

一右年季之中私用出歩行申間敷候、仮令両親病気たり共一夜之隙乞も申間鋪候、自然此女懐胎仕候ハヽ七、八ヶ月之頃ゟ平産之後凡三拾日を目当勤引、出生之子者早速親類方江為引取養育致決而母抔与相便リ遊女奉公之障ニ不相成様取斗可申候、扨又御家内傍輩且其許幷御一族方ニ相掛リ如何様之出入亦者

密事等之儀有之候共、種々之苦情申立間敷此女片時も
引取候儀者勿論勤引候抔与難渋之儀申間鋪猶取合
ケ間敷儀仕間敷候、殊更密事者一旦相対ニ付互ニ
申分無御座候、都而右様之義者不及申心得違之不勤
仕候ハヽ、其日数定年季之外ニ増勤可仕候、且又年季
中御取替銀等出来仕返済相滞候者銀高ニ応じ
増年相勤候儀者兼而承知罷在候ニ付其節如何
様ニも可被成候、尤勤中ニ此方ゟ増奉公致度抔無心ケ間
敷儀決而申間敷候、不依何事年季之中出来仕候義ハ
其許ニ而御勝手ニ御取斗可被成候、時々御掛合無之迚
申分無御座候、若又諸事御家風ニ相背候ハヽ、何国何方
江も御仕替被成其節者不及御掛合聊異儀申分無
御座候事
一右之女宗旨之儀者元来浄土宗大音寺旦那ニ其紛
無御座候、此外如何様之六ケ敷出入出来仕候共
御公儀様内證共其許江少も御難渋相掛申間鋪候
為後日遊女請状仍而如件

椛嶋古町
親置主　きな

文久三年亥十二月

今鍛冶屋町
請負人　善次郎
奉公人　きち

大藤屋おまき殿

これら二つの証文が幕末の統一証文形式によって作成されたことは自明であるが、例外もあるようだ。安政六年(一八五九)未二月作成の筑後屋忠左衛門にあてた身売り証文には「右相極之年季日限之辻ニさへ御隙被下候得者」の一節が入っており、後半の新規条項⑫から㉑がそっくり抜けている。[21] これは前掲照葉の証文と同じで、旧形式もなお使われていたことになる。

四　「寄合町諸事書上控帳」の検討

丸山遊女に関する基本史料である「寄合町諸事書上控帳」(以下「控帳」と表記)から遊女身売り証文の形式変化に関係する部分に絞って検討してみよう。一つは藤家文書でみた事例と同様の記事を探すこと、もう一つは証文形式の変化の時期をおよそ特定することである。

事例Ⅵ　娘を二度遊女屋に売り渡した親

高野平の親元長蔵方へ逃げ帰っていた薩摩屋久太郎抱えの禿「くら」を、長蔵は再び角筑後屋へ売り渡し、「くら」は旅行きとしたが発覚。呼び返され、役人付添いで薩摩屋へ引き渡された(明和二年(一七六五))。

事例Ⅶ　関係した抱主の父から隙を貰ったとして親元に帰ったまま戻らない遊女

筑後屋源之助抱えの遊女「初浦」は、源之助の親与左衛門に手をかけられたとき、与左衛門から隙を貰ったとして榎津町の親元へ逃げ帰った。これに対し源之助は奉行所あてに口上書を差し出し、初浦は七歳で身売りして禿となり十五歳の時から遊女勤めに入った、これまで度々大病をし、また入来座市太郎という恋人にも迷惑している、与左衛門が隙をやった証拠はなく、今回のことも市太郎と暮らしたいためであり、市太郎が身請けしないかぎり差し返しの裁決を下していただきたい、と嘆願した。吟味の結果、初浦の差し返しと借銀の帳消し、残りの年季六年を三年に半減という申し渡しがあり、初浦は源之助方に戻され「手錠足錠に而右源之助へ居申候」となった（明和二年）。

事例Ⅷ　欠落[22]したあと再び立ち帰った遊女

門屋次郎兵衛抱えの遊女「袖咲」は正月四日に欠落し、四月四日に立ち帰った。次郎兵衛は旅先に連れ出した者がいるのではないかと糺しを願い出たが、寄合町乙名の芦苅茂次之助としては、掛かり合いの者もおり、穏便に済ませたいと考えた（寛政六年）。

遊女屋にとって最も困惑することは事例Ⅷのような経営に直接響く遊女の逃亡である。「控帳」には遊女等町民の欠落記事が非常に多く、寄合町の町政の責任者である乙名の芦刈にとっても最も重大な事柄の一つであった。その割には立ち帰った者たちへの処分は軽い譴責だけで再居住が認められている。

早く帰ってくれれば遊女勤めをさせられるし、たとえ遊女勤めの年を過ぎていても遣手《やりて》や下女として働かせることができるからであろう。立ち帰りの際の提出文書の内容は、借金が多く耐えがたくなって逃亡し、某所で下女奉公していたが、病気（弱）になったので帰ってきた、というのが多い。いかにも表面的で、形だけの言い訳にすぎない。手鎖・足鎖の罰も天保十三年には廃止されている。

実際には、いわゆる男女の駆け落ちも多かったに違いない。少し横道にそれるが、駆け落ちの例も紹介しておく。引田屋鉄之助抱の遊女唐琴は今博多町の親許から逃走し行方が分からなくなった（欠落）。いっしょに逃げた男がおり調べてみると、その男川田吉蔵（某藩の藩士）は逃走直前に絹緞《けんどん》三六反を売り、不良の一反を除いた三五反を一反銀四九匁替として代金二四両と二四四匁を受け取っていた。川田は尾道の山田屋喜代助なる偽名を使い、唐琴と下男一人とともに駕籠で諫早方面に向かった。

後を追いかけた者（藤四郎）の報告によれば逃走経路は次の通り（藤家文書、文政頃のものか）。

七月十二日夜より駕籠にて夜通し諫早へ
十三日五ツ時ごろ諫早着、昼ごろ乗船
十四日朝佐賀城下に近い本庄着、夜通しにて
十五日朝四ツ時ごろ田代通過

藤四郎は十三日に立ち、十四日に乗船、十五日夜七ツ時ごろ田代に着き引き返して来た。

引田屋の遊女と武士、唐物の高級織物絹緞の売却など、いかにも長崎らしい駆け落ちではないか。「控帳」にも同様の記事をいくつか見出すことができるがこの例ほど詳しくない。

さて、遊女の逃亡について整理すると、まず親元・親類への逃げ帰り、次は馴染み客による隠置き、さらに欠落があって、これも男女の駆け落ちと単なる出奔に分けられる。これらが遊女屋経営に関わる重大事であることはすでに述べた。また、遊女屋稼業を妨害する無頼の徒も多く、彼らは酔狂して店先で暴れ、あるいは石を投げ、とき

には出入りに介入して酒食・金品を要求する「渡世方難渋」の迷惑な存在であった。

しかし、遊女の逃亡、無頼の徒の存在は丸山花街の成立以来ずっと続いてきたことである。「控帳」嘉永元年の口上書では先の天保十四年の改革によって遊女逃亡を防止するための「遊女共門外御差留」が実施されたが[23]なお収まらず、逃げ出した遊女の召し捕りを嘆願している。無頼の徒に対しても寛政・文化・文政と三度にわたって長崎奉行所の手頭（取締命令）が出されたが、その後も「悪党」共の狼藉は続き、嘉永三年・四年と続けて取締りの嘆願書が提出されている。

この間、身売り証文は少なくとも天保七年頃までは旧形式を基調としたものに多少新形式の条項が入った程度で、遊女逃亡や無頼の徒の狼藉等様々なトラブルは新形式証文成立の基盤ではあっても、その都度証文に反映されたわけではなかった。すでに述べたとおりである。

つまり、新形式証文の成立時期は天保末・弘化から嘉永頃のある時点に求めねばならない。嘉永～慶応期は新形式であるとした古賀十二郎は、嘉永三年～安政六年の引田屋抱えの遊女五人の遊女奉公請状を調査したものらしい。さらに、「控帳」嘉永三年正月条の遊女屋より盗賊方役場に差し出された嘆願書の半紙綴込「従来私共渡世方に付難渋仕罷在候手続奉申上候」の内容が身売り証文の各条項に対照していると述べている。[24]すると証文形式の変化は嘉永三年の可能性が出てきた。

半紙綴込の内容を概略紹介しよう。

1　遊女を勝手に数月隠し置き、差し返す時揚代等は支払わない。

2　遊女の親と客とが馴れ合って遊女を隠し、発覚しても遊女が慕って来たのだからと揚代も支払わない。結局年季中のことであるから多大の損失をこうむる。

3　遊女を親元に引き取り、掛け合うと身柄は客の方へやっておきながら、病身だとか、父親の遺言など種々名目をつけ、町の顔役を頼んで僅かな金額でもって身請けを申し込み迷惑すること。

4　遊女逃げ帰りに掛け合えば、差し返すと無分別に落命しそうだと、親側は渋って返さない。いろいろ手を尽くして呼び取れば、親や脇方から言われていたのか、井戸に身を投げるようなことをして困らせる。

5　欠落出奔した遊女を尋ね出し、子細を聞き、意見（折檻）など加えると親共が苦情を申し立てる。

6　家出遊女の居所を知っておきながら、唐人共は是非その遊女を唐館に呼び入れたいと無理・苦情を言い、唐館役場前で騒ぎ立てること。

6の項は別として、1～5はこの頃（嘉永）に限ったことではなく、この史料からだけでは嘉永三年に新証文の形式が定められたと断定はできそうもない。ただ「控帳」には、嘉永元年・三年・四年と遊女屋の困窮を訴える嘆願書が多く見られ、当時丸山の遊女屋経営が深刻な状況にあり、遊女屋一統が危機意識を持っていたことは容易に推測できる。

•「自然と商売取続も出来不申」（嘉永元年）
•「当時柄諸色高直渡世方取続兼一統日夜歎息罷在候」（同三年）
•「凶作其上当夏唐船も欠年致多人数暮方」が「困窮差迫候」（同四年）

最終的には各年の異なる遊女屋の複数の身売り証文の発掘によって新形式証文の成立時期を特定する以外にないが、嘉永三年はその有力な年であり、もしくはその直前の数年ということになろう。

それでは、遊女の逃亡、無頼の徒が引き起こすトラブルは嘉永の頃急に多発するようになり、そのために新形式の証文が生まれたのだろうか。「控帳」を見ても、嘉永の頃とりわけ遊女の欠落・逃げ帰りが急増した形跡はうかがえず、ただ、遊女屋の訴え・嘆願が目立っている。

筆者は、証文形式の変化の直接要因として、遊女屋経営の悪化をあげたいと思う。それは「当夏唐船も欠年致」

が示すような長崎貿易の衰退によるものであり、いま一つは芸子の繁盛によるものであった。
つまり、経営状況の悪化によって余裕を失った遊女屋一統が、困惑の裏返しとして遊女に過酷な拘束事項を盛り込んだ統一身売り証文を作成したのではないかと考えるのである。

五　芸子（妓）の繁盛と遊女屋の対応

芸子（妓）には大坂（上方）からやって来た旅芸子と、地元長崎の地芸子があった。初めて長崎の町に芸子が現れたのは、天明元年の頃、大坂下りの旅芸子で、長崎奉行所に滞在を願い出、一期百日の期限で座敷を勤めるようになったという[25]。一時期寛政の改革で取締りを受けたが、その後文化年間にかけて丸山を拠点として大いに繁盛した。確かに、享和二年（一八〇二）に長崎に来た名古屋の商人菱屋平七の『筑紫紀行』にも、芸子の着物が豪華な遊女の衣装に比して地味な様子が記されている。しかし、取締りの効果は長く続かなかった。

一方、旅芸子の繁盛に刺激を受けた地下の芸子衆も丸山・寄合の両花街や市中の料亭などで活発に活動し、大坂下りの旅芸子と競うようになった。文化十四年（一八一七）、当時市中に二八人いた地芸子が次のような訴えを奉行所に出した。

近年長崎に入り込む旅芸子の数が増加し、そのため地芸子の稼ぎが減って暮らしが立たなくなってきた。今後、旅芸子の数を一〇人に制限してくだされば、毎年市中板橋の修繕費用として銀五百目を上納したい。これに対し奉行所は地芸子側の願い以上の裁定を下し、旅芸子は男の太鼓持ちも含めて一切停止、二八人の地芸子からは一人当たり銀二〇目を修繕費用として納めさせることとした[26]。

地芸子が勝利したわけだが、二八人という人数は揚屋・料理屋の数に比して少なく、そのため遊女まがいの売色行為など、地芸子の増長の態も見えたらしい。翌々年の文政二年（一八一九）には丸山・寄合両町の揚屋中より、市中の三十余の茶屋には芸子数が不足しているので旅芸子の数を増やしてほしい旨の訴えが出された。ちなみに、署名した丸山・寄合町の揚屋の数は、丸山町一一軒、寄合町二軒であったが、市中には上筑後町の迎陽亭（東語楼）、松の森の千秋亭（寛政の頃の名称）など評判の料亭も増えつつあった。

奉行所の裁定は、一昨年の申し渡し後「近来芸子共風俗不宜、丸山町寄合町において乍稼致廓内之掟も不相守」との直訴があったが、この点地芸子が出役銀差し出しと人数のおよその決まり（二八人）を「自然と株式之様心得違いたし、自儘之所行相働候儀共不埒」であるとして、今後は出役銀差し出しに及ばず、地芸子の名目で稼ぐことは禁止するというものであった。人数制限の撤廃、実質旅芸子の復活判決である。[27]

当時の芸子に関する史料が藤家文書にあるので概略紹介しておく。

本紺屋町安次郎は金に困って娘「くに」を遊女奉公に出そうとしたが、身代金が銭六五貫文だったため芸子奉公に出し身代金として銭一〇〇貫文（年季十二ヶ年）を受け取った。年季が残り八ヶ年のとき安次郎は、娘に遊女同様の奉公をさせているとして「くに」を留め置いて返さず、一五〇貫文で隙を乞いたいと申し出た。これに対し抱主側は遊女まがいのことはさせておらず花銀の他に仕切銀等は受け取っていない。ただ酒興のあまり戯れがあったかは知らない。また、「くに」には習い事・衣装・髪飾り等いろいろ金がかかっており借銀も返せないとして、くにの差し返しを求めた（藤家文書、文化十五年）。

芸子が芸も身も売っていた傍証史料になろう。花銀は当然芸子が受け取るものであるが、仕切銀とは売色にともなう金子と思われる。また身代金の額が、年季が二年長いこともあるが遊女奉公より芸子の方が高かった例で、容色のよい娘が芸子の方に流れる風潮もあったようだ。

遊女屋にとって芸子の売色行為は最も許しがたいことである。今回の地芸子と旅芸子の争いに際して遊女屋中は、地芸子の増長を抑えるため旅芸子側につき、芸子を両町の管理下に置いて売色行為等を監視しようとした。奉行所の「両町において芸子致稼候ものは、両町乙名の申付を相守」という判決に従って、今後の芸子取締りのための「定」が作成されたが、その概略は次のとおり（「控帳」文政二年）。

1　賭博など勝負事は禁止
2　旅芸子は滞在日限の百日を守ること
3　病気で右の日限を守れない者は前もって申し出ること
4　唐紅毛人が両町に来ている時は特に注意すること
5　すべて町方（乙名）の支配を受けること
6　衣類・髪飾りなど華美にならないよう諸事質素にすること
7　花銀は一座八匁六分に定め、昼夜二座に限ること
8　遊女体の所業（売色行為）は厳禁
9　芸子を止めるか死亡した時は町方に届けること

4は、丸山遊女以外の女が外国人と接触することを禁じた長崎の特殊性で、もちろん抜荷防止等のためである。両町が重視したのは5〜8、とりわけ8であり、さらに6についても遊興・宴会の主役は遊女で、芸子はあくまで脇役であることを徹底させるために必要なことであった。

ところが遊女屋中の思惑は外れ、芸子の売色行為はだんだんエスカレートしていった。地芸子・旅芸子の区別はだんだんと薄れ、居住地によって丸山芸子（両遊女町に居住）と町芸子（市中に居住）と呼ばれるようになったが、とくに町芸子は、経営を脅かす存在に成長してきた。そのため、文政八年遊女屋中は市中取締方役場あてに嘆願書を提出し、改めて町芸子の取締りを求めた。

藤家文書の「乍恐私共渡世方ニ付難儀ニ罷成候桁々奉願口上之覚」によってその内容をみてみよう。
・芸子はおよその人数高、昼夜座敷、衣装髪飾等遊女屋の差配を受けるはずであるが、中には地芸子はもちろん旅芸子まで市中に居住して自儘勝手に稼ぎ、酒席一座に花銀五、六度も貪り、遊女に等しき所行をしている。
・今後、芸子は地旅男女にかかわらず全て遊女屋の差配のもとに置き、遊女屋家内で稼ぐ以外にはできないようにお願いしたい。市中町々に住居の芸子たちは遊女同様で、市中の風儀も宜しからず、このままでは両町遊女屋の商売は立ちゆかなくなってしまう。
・近頃のように芸子の人数が多くなると遊女奉公する者が少なくなり、唐紅毛人呼び入れの遊女が不足することになるかもしれない。

芸子たちを遊女屋の管理下に置けば自分たちも助かり市中の風儀も立ち直るという、かなり虫のよい嘆願であり、書面どおりに受け取ることはできないにしても、芸子の繁盛、遊女屋の衰退傾向は窺えるのではないか。嘆願の終わりに興味深いことが書いてある。

一右書面自然御取上ニ相成両町役人ニ御沙汰ニ相成候ハバ何卒封書差上申候儀者御含迄ニ聞召被置、封書差上候儀者暫く御内密ニ被成下度、右者私共ゟ書面差上申候儀者芸子親共之門間ニ者不宜人柄も御座候得者意趣相含必何躰之悪事相企候哉も難斗奉存候間此段亦々乍恐御願申上候

このような書面を差し上げたことは、しばらく御内密に願いたい、芸子の親たちの中には、意趣返しでどのような悪事を企てる者がいるか計り知れないから、と恐れているのである。表面的には、遊女を苛める強欲横暴というよりトラブルを恐れる弱気な小心者という感じがする。

こうした嘆願によっても芸子の売色行為を規制するには至らず、天保年間にかけてますます激しくなっていっ

た。揚屋も遊女を呼ぶより専属の芸者を抱えて客にすすめるようになり、また市中にも枕宿（待合茶屋）があって芸子に売色を強制するような風潮があったらしい。客の方も、格式高い丸山遊女（天領の公認遊郭）との型苦しい遊興よりも、芸子たちとの気楽な遊びを好む傾向にあったという。

天保九年、遊女屋から奉行所あてに芸子の厳重取締りを求める訴えが出されたのを受けて、まず揚屋の主人が風紀を乱す者として召し捕られ入牢を命ぜられた。[28] 続いて天保十三年には、水野忠邦の改革の影響もあって長崎奉行による倹約令が布告され、市中料理屋に芸子を呼ぶことが禁止された。寄合・丸山両町以外は芸子禁止というのであるから、とくに町芸子への打撃が大きかった。

以上のように、文化・文政・天保年間にかけて芸子の隆盛、売色行為、遊女屋経営圧迫、芸子取締り要求といったことが繰り返されてきた。芸子側と遊女屋中との対立の間で、長崎奉行所が一貫して遊女屋を支持し善処したのは、やはり唐紅毛人の欲求を満たす丸山遊女が必要不可欠だったからである。遊女揚代は、輸入品に比べて輸出品の少ない長崎貿易にあって、（表現は悪いが）重要な代り物（輸出品）であった。

六　長崎貿易の縮小と丸山花街への影響

長崎全体の景気、丸山花街の盛衰に大きくかかわっていた鎖国時代の唐蘭貿易は、およそ次のように推移した。

- 糸割符制度時代（江戸初期）

唐　慶安三年（一六五〇）の取引額一万五二九九貫四一五匁、入港唐船数七〇艘

蘭　慶安二年の取引額七〇七六貫一六九匁、入港蘭船数七艘

- 相対自由貿易　明暦元年（一六五五）

唐　鄭成功貿易時代、入港唐船の大半は鄭氏一族の息がかかっていた
蘭　対日貿易黄金時代（一〇〇パーセント以上の利益）
寛文元年の唐・蘭貿易高二万九三一三貫、入港唐船数三九艘、蘭船一一艘
・市法貨物商法　寛文十二年（一六七二）　長崎商人に有利な商法で長崎の繁栄
長崎の人口四〇〇二五人→五二七〇二人（十二年の間に約三〇パーセントの増加）
・定高貿易仕法　貞享二年（一六八五）　貿易額の制限
唐　定高銀六千貫目　他に銅代物替等の取引
蘭　定高金五万両
この年の唐船数八五艘（一二艘積戻）、蘭船四艘
・正徳長崎新令　正徳五年（一七一五）　新井白石による貿易制限（金銀流出防止策）
唐　定高六千貫目、うち銅三〇〇万斤を渡す、入港唐船数を三〇艘に制限（信牌交付）
蘭　定高五万両、うち銅一五〇万斤を渡す、入港蘭船数を二艘に制限
・定高貿易の縮小
元文元年（一七三六）　唐　定高粗悪な文字銀建てで四千貫目（貿易額実質半減）
　　　　　　　　　　　蘭　定高二万五千両（右に同じ）
寛保二年（一七四二）　唐　定高二千貫目に半減、諸口取引千貫目、計三千貫目
寛保三年　　　　　　　蘭　定高五五〇貫目、脇荷五〇貫目（半減商売被仰付）
寛政二年　　　　　　　唐　定高を二七四〇貫目とする、入港唐船数を一〇艘に制限
　　　　　　　　　　　蘭　本方銀四五〇貫目、脇方銀六〇貫目、蘭船一艘に制限、江戸参府は四年に一度

以後原則幕末まで同じ

定高外諸取引はあるものの、長崎貿易全体は右のように縮小傾向のまま幕末に至った。「両町遊女屋の儀は古来より唐紅毛人慰女として御立被為置候」（「控帳」宝暦六年）という丸山遊女の揚代は、貿易情勢に連動して次のように変化している（「控帳」弘化三年）。

・唐人屋敷へ遣わす遊女の揚代(29)

元禄十一年（一六九九）　太夫一五匁　（銭遣い）一貫二〇〇文
　店一〇匁　（銭遣い）八〇〇文（銀五〇目が銭四貫文）
　並五匁　（銭遣い）四〇〇文

享保十九年（一七三四）　太夫六匁（ただし一〇割増）
　店三匁八分（ただし一〇割増）

元文二年　太夫六匁（二割増に削減、四年から五割増）
　店三匁八分（二割増に削減、四年から五割増）

寛保二年　太夫六匁（五割増廃止、以後同じ）
　店三匁八分（五割増廃止、以後同じ）

・出島商館へ遣わす遊女の揚代

寛永十九年（一六四二）　三〇目（当初、店・並のみ）

寛保三年　一七匁（ただし御増銀三割）

宝暦三年（一七五三）　七匁五分（御増銀なし）

天明二年　太夫一五匁　商館長ティチング、初めて太夫の浮音を呼ぶ

店七匁五分

貿易改革は発令された翌年から実施されることが普通で、揚代の変動も一年程度のずれはあるようだが、定高貿易の縮小にほぼ沿ったかたちで、揚代が減額されていることが分かる。その上、江戸中・後期のインフレを考慮すれば、遊女屋は極端な値下げを強いられたことになる。日本人の揚代は、当初唐人にほぼ同じであったから、唐紅毛人の遊女揚代は時代が下るにつれて割安になっていった。特に唐人の場合は極端である。(30)

宝暦三年に出島行き遊女の揚代が大幅に下がっているが、これは定高削減とは関係なく、おそらく当時の日蘭貿易の事情が反映したものと思われる。すなわち、数年前の寛延年間からオランダ商館側は、銅の購入額が高すぎて採算が合わないとして、トラブルが多発していた。寛延三年（一七五〇）には「在留ノ阿蘭陀人不残連帰、出島モ可破却旨九ケ条ノ以漢文被仰渡之」という緊迫した事態もあった。それが宝暦三年には「当年諸商売向聊相滞無之」と沈静化している。(31)こうしたことが遊女揚代大幅引き下げの背景にあったと推測され、オランダ人懐柔策の一端がかいま見えるようである。

次に、「控帳」から唐館行き・出島行き遊女の人数・銀高について何年分かを抜き出してみよう。ただし右にあげた揚代の変化と合致しなかったり、割増分が入ってなかったり、また高下をならして一人当たりの揚代がきちんと割り切れるように数字を操作しているなど検討を要する部分もあるが、どれだけの遊女が唐館・出島に通ったのかを見ていただきたい。遊女は一日（夜）を原則としていたが、一人で何日も留め置かれる者もいたから、その場合は延べ人数に換算されている。

- 享保十六年　唐館　傾城人数二万七三八人　但し一人前五匁宛　銀高一〇三貫六九〇目
　　　　　船数三八艘
　　　出島　傾城人数二七〇人　但し一人前三〇目宛　銀高八貫三一〇匁

・元文二年　唐館　傾城人数一万六九一三人　但し一人前五匁宛　銀高八四貫五六五匁
　　　　　　　　船数一艘
　　　　　出島　傾城人数六二〇人　但し一人前三〇目宛　銀高一八貫六〇〇目
　　　　　　　　船数五艘
・宝暦三年　唐館　太夫人数一八三八人　但し一人前六匁替　銀高一七貫二八匁
　　　　　　　　船数二艘
　　　　　　　　店人数四七七四人　但し一人前三匁八分替　銀高一八貫一四一匁二分
　　　　　出島　傾城人数八四七人　但し一人前七匁五分替　銀高六貫三二五匁五分
　　　　　　　　船数二五艘
・天明二年　唐館　太夫人数五六一人　但し一人前六匁替　銀高三貫三六六匁
　　　　　　　　船数二艘
　　　　　　　　店人数二三六五人　但し一人前三匁八分替　銀高八貫九八七匁
　　　　　出島　太夫人数七一人　但し一人前一五匁替　銀高一貫六五匁
　　　　　　　　船数一三艘
　　　　　　　　店人数八一六人　但し一人前七匁五分替　銀高六貫一二〇目
・文政二年　唐館　太夫人数五〇二一人　但し一人前六匁替　銀高三〇貫一二六匁
　　　　　　　　船数〇艘
　　　　　　　　店人数九六六一人　但し一人前三匁八分替　銀高三六貫七一一匁八分
　　　　　　　　船数一二艘

出島　太夫人数六三六人　但し一人前一五匁替　銀高九貫五四〇目
店人数一二六三人　但し一人前七匁五分替　銀高九貫四六五匁
船数二艘

•天保元年　唐館　太夫人数四〇三三人　但し一人前六匁替　銀高二四貫一九八匁
店人数一五五七〇人　但し一人前三匁八分替　銀高五九貫一六六匁
船数一〇艘
出島　太夫人数五一二人　但し一人前一五匁替　銀高七貫六八〇目
店人数一一八六人　但し一人前七匁五分替　銀高八貫八九五匁
船数二艘

太夫を呼ぶのは、唐船主・船頭及び出島商館長クラスであり、店《みせ》は水夫（工社という）や商館員に呼ばれた。入港貿易船の多い年は呼ばれる遊女も多いように思いがちだが、人数・揚代を見ると、それほどの相関性はないようだ。逆に、暇だから遊女を呼ぶことも多かったのではないか。ただし、入港唐・蘭船が多いと、それだけ長崎入りする貿易商人も多いし、長崎の景気もよくなるはずであるから、必然的に丸山花街も潤うことになる。天保二年以降、嘉永六年までの唐・蘭船の入港状況は次のとおり(32)。

•天保二年　唐船四・蘭船二
•天保三年　唐船一〇・蘭船二
•天保四年　唐船六・蘭船一
•天保五年　唐船四・蘭船一
•天保六年　唐船一一・蘭船一
•天保七年　唐船八・蘭船一
•天保八年　唐船七・蘭船一
•天保九年　唐船六・蘭船一
•天保十年　唐船五・蘭船一
•天保十一年　唐船七・蘭船一
•天保十二年　唐船六・蘭船〇
•天保十三年　唐船六・蘭船二
•天保十四年　唐船六・蘭船一
•弘化元年（一八四四）唐船七・蘭船一

・弘化二年　唐船五・蘭船一　・弘化三年　唐船四・蘭船一　・弘化四年　唐船九・蘭船一
・嘉永元年　唐船四・蘭船一　・嘉永二年　唐船六・蘭船一　・嘉永三年　唐船六・蘭船一
・嘉永四年　唐船五・蘭船一　・嘉永五年　唐船七・蘭船一　・嘉永六年　唐船〇・蘭船一

このように、長崎にとって特に影響力の大きい唐船入港数が低迷していた。

貿易が落ち込んだ時期の遊女売高は、どうなっていたのか知りたいが、残念ながら肝心の天保末から弘化・嘉永にかけての史料は見当たらない。主要輸出品（代り物）である銅や、海産物等（俵物・諸色）の集荷不足は慢性的で、唐・蘭貿易はじり貧状態にあった。オランダの国力も衰退傾向にあり、清国内もアヘン戦争・太平天国の乱の影響を受けるなど、国内外に不安要因が溜まっていた。

かつて元禄の頃六万人を超えていた長崎の人口は、この頃三万人を割り込むまでに減少していたのである。当然それらは遊女屋の経営にも及んでいた。「控帳」弘化三年条には工社が銭で支払う揚代は四割くらいの目不足で、なお支払わずに帰国する者も多いとして、すべて銀札払いに願いたいという口上書が掲載されているが、その中で遊女屋中は「地旅来客迚も手薄く自然と不商売に相成、実々困窮に相暮候」、「既に相潰候同商売のものも多く御座候」と窮状を訴えている。実際この年（弘化三年）は丸山花街の遊女屋数が最も少なくなった年であった。

「控帳」によって遊女屋数の推移を見ておこう。長崎最盛期の元禄の頃の数はわからないが、遊女数一四四三人からして百軒前後にのぼっていた可能性が高い。『丸山遊女と唐紅毛人』掲載の遊女（屋）数を参考に、「控帳」各年代の遊女屋数をまとめたのが表1‐2‐2である。

享保以降、遊女屋数は漸減傾向が続いて弘化三年頃が底となり、開港後は欧米船の入港のためか持ち直していることがわかる。遊女屋数はおおむね貿易港長崎の景気と相関関係にあるようだ。

一方、遊女屋の経営規模を一軒平均の抱え遊女数でみると、寄合町の場合延宝頃で約六人、享保十七年で約一二人、宝暦十一年で約二二人、そして嘉永三年には約二三人となっている。景気とは関係なく逆に経営規模が拡大しているのは、店を閉じたところの遊女の多くが、残った遊女屋に吸収されていったためであろう（奉公替）。引田屋・門屋・筑後屋など経営の安定した遊女屋があった寄合町の全体の遊女数は、享保以降幕末まで三〇〇人台であった。唐人屋敷・出島商館の需要を満たすためにも、ある程度の遊女数を確保しなければならなかったのだろう。

　江戸中期以降遊女屋が減少し、揚屋中心の町となっていった丸山町だったが、太夫[33]のいない店屋ばかりだったため、寄合町以上に景気の影響を受けやすかったようだ。幕末開港後には逆に、同町は遊女屋・遊女数とも倍増している。

表1-2-2　丸山遊女屋数の変化

年代	遊女屋数 丸山町	遊女屋数 寄合町	計	備考（遊女人数など）
延宝八年（一六八〇）	三〇	四四	七四	（『長崎土産』による）丸山町三三五人、寄合町四三一人、計七六六人
元禄五年（一六九二）				一四四三人（『丸山遊女と唐紅毛人』による）
享保十七年（一七三二）		二七		寄合町三三〇人、太夫一三八人、店六四人、並一二八人
宝暦六年（一七五六）	一五	二〇	三五	
宝暦十一年（一七六一）		一七		三八一人
天明五年（一七八五）	八	一六	二四	
文政二年（一八一九）	五	一五	二〇	
弘化三年（一八四六）	四	一一	一五	遊女屋数が最も少ない
嘉永三年（一八五〇）	五	一五	二〇	丸山町九七人、寄合町三三九人、計四三六人
安政六年（一八五九）	七	一七	二四	（『丸山遊女と唐紅毛人』による）この年安政の開港
慶応元年（一八六五）	九	二〇	二九	（『丸山遊女と唐紅毛人』による）

これまで、長崎貿易と丸山花街の関係を概略述べてきた。弘化から嘉永の頃の長崎が最も沈滞していたことは、遊女屋数の減少にもはっきり表れているし、同時に遊女屋の経営状況が悪化していたことも十分に予測できそうである。

最後に、もう一度整理しよう。幕末期の統一身売り証文（新形式）は、これまで遊女屋を困らせた多くのトラブルをもとに作成されたものであるが、その成立は、芸子の繁盛、長崎貿易の縮小による遊女屋経営の悪化を直接要因とし、その時期は弘化から嘉永にかけてのことと考えられる。

結びにかえて

日本人は夫婦以外のルーズな性行為を悪いこととは思っていない。まして「悪」とは思っていない。なるほど売春という言葉は正しいことではない。特に日本ではヨーロッパの場合と違って、この言葉の違った意味があることを考えねばならない。日本の宗教も社会も男子に結婚以外の婦人との交渉を禁じていない。したがって日本では、われわれヨーロッパ人からみてびっくりするような奇妙な事がみられるのである。(34)

日本近代医学の恩人ポンペ・ファン・メールデルフォールトは、日本の売春制度に関して右のように述べ、ヨーロッパとの違いを強調するとともに驚いている。即ち、「ヨーロッパでは個人が自分で売春するのであって、だからこそ本人が社会から蔑視されねばならない」が、日本の場合は貧しい家の娘が小さいうちに売られていくのであるから本人に罪はなく、「軽蔑されるべきは両親である。〔人身売買を許し、遊女屋の特権を保護している〕幕府である」と。そして、年季の十年を過ごした遊女が再び自由の身となって社会に復帰し、「恵まれた結婚」「至極円満な恋愛結婚」をして主婦となっていくことに非常な驚きを表している。こうした日本の遊女（ここでは丸山遊女）に対する見方はポンペだけではない。これまでに出島商館医として滞在したケンペル、ツュンベリーや商館長メイランなども同様であった[35]。

西洋人のみた丸山遊女については別稿にゆずるとして、近代的倫理感覚・人権意識だけでは遊女の実態解明は不可能だろう。近代的倫理・人権を重視する立場からは、酷い生業に従事させられた悲惨な境遇の遊女しか出てこない。わが国の女性史研究者（女性が多い）も同性への同情や売春制度への怒りからか「女性屈辱の時代」などと表現するのが普通である。しかし、本節で述べてきたように、したたかで、たくましい遊女も多かった。そうしたことが身売り証文変化の背景となっていた。

このことは丸山遊女に限らず、長崎の一般の女性、さらには近世一般の遊女や女性にも通じるのではないか、封建社会の女性蔑視の風潮の中で虐げられていた女性という通説を、大幅に変更する必要があるのではないかと感じている。例えば「三行半」は、夫から妻へ一方的に突きつけられた離縁状、泣く泣く実家へ帰る女性というイメージがあるが、実際は妻が主導権を握って夫に書かせたものも多いという[36]。藤家文書に残っている「離縁ニ付一札」も同様の内容であった。なお蛇足ながら同文書には、オランダ通詞として著名な森山栄之助の三くだり半「去状」もあるが、離縁のいきさつまではわからない。

酷く虐げられた女性は近世にももちろん多くいただろうが、むしろ明治に入って旧民法施行後（明治三十一年（一八九八）〜）増加したような印象を持っている。他地域の遊女身売り証文との比較検討とともに、こうしたことも今後の課題としたい。

注

（1）傾城町「丸山」の起源については、「丸山寄合町由緒書」「延宝長崎土産」「長崎略縁起評」など諸説あるが、古賀十二郎『丸山遊女と唐紅毛人』（長崎文献社、昭和四十・四十四年）に次のようなまとめがある。「当初遊女屋は、市中に散在していた。しかし、寛永の頃には、既に丸山の太夫町と市中の寄合町と、二ヶ所に集められていた。そして、寛永の末頃に至りて、市中の寄合町は、現在の場所に移転を命ぜられた。そうして当初行われていた散娼制度は、遂に集娼制度に展化するに至った」。「丸山の太夫町」は現在の丸山町、「市中の寄合町」は現在の古町に当たる。

（2）『日本永代蔵』巻五（『日本古典文学大系　西鶴集下』岩波書店、一九六〇年所収）。

（3）『世間胸算用』巻四（『日本古典文学大系　西鶴集下』岩波書店、一九六〇年所収）。

（4）注（1）の『丸山遊女と唐紅毛人』及び古賀十二郎『長崎市史　風俗編』（長崎市、大正十四年）に紹介してある。

（5）元禄の頃の遊女揚代でみると、日本行き・唐人行きの太夫が一五匁、みせ一〇匁、並五匁だったが、オランダ行き遊女は、みせ・並に限られ、揚代も三〇匁と割高だった。太夫の出入りは天明二年以降のことである。唐人行き、オランダ行き遊女揚代の変化については後述する。これに対し日本行き遊女の揚代は、一八世紀後半には太夫二五匁、みせ一五匁、並一〇匁になっており、この時点では日本行きが一番高かった。

（6）古賀十二郎は、長崎港警備を担当した筑前黒田藩の台所方用達を代々勤めた旧家に生まれた。長崎商業学校から東京外国語学校（英語科）に学び、しばらく広島中学の教壇に立ったあと帰崎、長崎の歴史研究に没頭した。その間長崎市史の編纂・執筆に携わり、名著『長崎市史　風俗編』を世に出した。古賀十二郎の研究が特に優れている点は、漢文の素養を土台に古文書を読みこなし、その上英語・オランダ語など欧州諸国の言語にも通じ、古今東西の史料を駆使したところにある。その学恩は計り知れず、我々は尊敬の念をもって古賀先生と呼んでいる。

（7）筆者は長崎学について次のように考えている。①南蛮貿易の時代を経て、鎖国期に唯一西洋に開かれていた長崎を中心とする日欧交渉史。②地理的にも中国に近く、鎖国時代には特に濃密な交易・交流が行われた日中交渉史。③長崎遊学などによって外国文化・学術の導入をはかり、また、輸出入品をとおして長崎とつながっていた日本の諸地域と長崎との関係史。近年長崎県では、外国との交渉史が濃密な対馬・壱岐・平戸・島原半島など県全域に広げて長崎学を考えている。

（8）以下、引用史料は、特に注記のない限り、図も含め、すべて長崎歴史文化博物館蔵文書類である。

（9）寄合町の乙名を務めた芦苅氏によって作成された町政資料で、長崎奉行所ほか諸役所との文書往来、唐館・蘭館関係記事、遊女屋・遊女のほか寄合町の庶民の生活関連も細かく記してあり、第一級の史料的価値を持つ。原史料は現在長崎歴史文化博物館蔵

（古賀文庫ほか）であるが、原田伴彦ほか編『日本都市生活史料集成　六・七』（港町編、学習研究社、一九七五・七六年）に所収。

(10)　旧形式の身売り証文マニュアルというべき一紙物が藤家文書にあるので紹介しておく。

相定申書物之事

一私実子之娘何与申女歳何歳ニ罷成候、今度其元江遊女奉公ニ召置度由申入候処未幼少之者故遊女役ニ立不申由御尤ニ存候、就夫親請人達而御断申入候処御承引被成当何ノ何月何日ゟ何ノ何月何日迄唯養ニ被成被召置被下候段忝存候

一右之女何年拾五ニ成候何ノ何月何日ゟ何ノ何月何日迄丸拾年限遊女奉公相勤させ可申候、為其身代銀何程慥ニ受取申所明白実正也、然上者此女ニ付親子兄弟ハ不及申脇方ゟ一言之出入申者壱人も無御座候、若出入ケ間鋪儀出来仕候ハ、何時も我々可承候、若又此女不作法不勤之儀仕候ハ、如何様之品ニも異見折檻可被成候、至其時ニ毛頭申分無御座候、且又遊女役ニ立不申候ハヽ、如何様之下仕ニも年季之内ハ御心侭御召使可被成候、親元又ハ脇方江も逃帰り候節ハ片時も不留置早速召連御手渡可申候、縦令如何様之儀御座候共年季之内ニ此方ゟ隙乞申儀者勿論第一元銀差立隙乞可申抔与難渋ケ間鋪儀決而申間鋪候、自然取逃走り仕候ハヽ、急度尋出盗取候品相改右之女ニ相添相渡可申候、将又其元金銀御入用ニ付右之女書入之質物ニ被成金銀何程御借被成候共又者商売ニ付何国何方江被遣候共右相究之年季之日限之辻さへ御隙被下候得者少も申分無御座候、且又女房歟或者妾等ニも仕度由ニ而身請望申仁有之候ハヽ、此方江不及御届相対ニ而被遣為其礼物金銀何程御取被成候共是又申分無御座候、万一頓死頓病不慮之儀ニ而相果候共両挽ニ而互ニ申分無御座候事

一右之女宗旨ハ元来何宗何寺旦那其紛無御座候、此外如何様之儀出来仕候共
御公儀様内證共ニ其埒承其元江少も御難懸ケ申間鋪候、為後日請證如件

何町何ノ何某借家

年号月日　親置主　何某

請負人　何某

奉公人　何某

(11)　元禄頃から幕末に至るまで、代々桶屋町の乙名を務めた藤家伝来の文書類。寛保二年から文久四年（一八六四）にかけての「桶屋町宗旨改踏絵帳」一〇九冊はじめ、多くの町方史料からなっている。現存する唯一のまとまった長崎町方史料である。藤家の当主は乙名加役として盗賊方を兼務した時期が長く、近世長崎の庶民社会・生活を解明する基礎史料としての一紙文書が一万点以上含まれている。

(12)　困窮した親が幼い娘を売り渡す場合、遊女として働ける年齢に達するまでは（およそ十五歳を目途とする）、先輩遊女の側に仕

えて雑用を勤めた。これを禿《かむろ》という。この期間は唯養《ただやしない》であり、長ければ長いほど身代銀は安く抑えられることが多かった。

(13)「寄合町諸事書上控帳」の天明年間に石見屋次平太の名が頻出し、その前後には記載がない。また、藤家の当主については、原田博二「長崎町乙名一覧」(『長崎市立博物館々報』第二三号、長崎市立博物館、昭和五十七年所収)に詳しい。

(14)寄合町乙名は代々芦苅家が務め、傾城町全般にわたる町政を担っていた。その職務内容については『丸山遊女と唐紅毛人』に記述があり、また本節の後半でも触れる機会があろう。乙名の下には組頭と日行使がいて、乙名を補佐し雑務を処理していた。なお、丸山町の乙名は江戸の中・後期には藤野家が務めている。

(15)「乍憚奉願口上之覚」子十一月、引田屋鉄之助より芦苅高之進へ。

(16)「一札之事」には「もん」(照葉)の年齢が十三歳、身代銀四五〇目とあって、身売り証文記載の十四歳、銭四五貫文とは異なっている。

(17)注(1)の『丸山遊女と唐紅毛人』では「微湿的」となっているが、古賀十二郎自筆の原稿によれば「微温的」と読むのが正しい。

(18)南家は、現在八幡町に住居しているが、かつて麹屋町にあって油屋を営んでいた旧家で、油屋町の大浦家(大浦慶の家)とも姻戚関係を持つ。

(19)「せい」(花雲)の旦那寺は日見村の養国寺。せいは同寺から同じ浄土宗の大音寺に移って人別帳に登録された。実父母は史料に現れないことから、すでに死去した可能性が高く、せいは伯父たちによって身売りされたことになる。

(20)筑後屋は引田屋と並ぶ寄合町では名高い遊女屋で、江戸中期の宝暦年間には四軒の筑後屋があり、上・中・新・角を付けて区別していた。「ぶらぶら節」でも有名な中の茶屋は、中筑後屋の茶屋のことである。その後分家したらしく幕末には七軒に増加していた。

(21)森田家文書。

(22)欠落とは宗旨人別帳から外されることをいう。つまり居住地を出奔していなくなることで、遊女の場合、監視が行き届かなくなる正月などに多かった。

(23)これまで遊女の外出は比較的自由だったが、逃亡防止、風俗取締り(天保の改革)の目的から、唐人屋敷・出島通いの他は外出禁止となった。親病気の際は許されたが、ただし供を連れていく必要があった。

(24)注(1)の『丸山遊女と唐紅毛人』。

(25)注(4)の『長崎市史　風俗編』。

(26)長崎奉行所「犯科帳」。

(27)花街にある遊女を呼んで遊興する茶屋のこと。寄合町の揚屋はだんだん減少して江戸後期には一～二軒となり、一方丸山町は反対に揚屋が中心となっていった。

(28) 注(25)に同じ。芸子については古賀十二郎の研究に全面的に依拠した。

(29) 「控帳」では唐人屋敷に初めて遊女が入ったのは元禄十一年としているが、唐人屋敷に唐商・水主たちが収容されたのは元禄二年(一六八九)であり、遊女の出入りも『唐通事会所日録』(東京大学出版会、一九五五年)には同二年とあることから、ここでは元禄二年を初めとした。

(30) 「控帳」享保十七年に、太夫一五匁、見せ七匁五分、並五匁とあり、これを享保新銀とすれば、唐人行きの太夫宝銀一五匁、見せ宝銀一〇匁、並同前(宝銀一〇匁)と比べて、すでにこの段階で唐人の方が割安になっていた。宝銀には二ツ・三ツ・四ツ宝銀などがあったが差銅が多く、銀八〇パーセントの享保新銀よりも非常に粗悪な銀貨だった。

(31) 「長崎実録大成」。

(32) 「続長崎実録大成」、及び金井俊行『長崎年表』(以文会社、明治二十一年)によった。

(33) 太夫は能の仕舞・謡曲、文学・書の素養など一応の芸事や教養を身に付ける必要があり、容姿ばかりではなかったから、簡単に増減はできなかった。中には先の袖笑のように、頼山陽など一流の文人を相手にできるほどの遊女もいた。

(34) 『ポンペ日本滞在見聞記』沼田次郎・荒瀬進共訳、雄松堂書店、昭和四十三年。

(35) ケンペル『日本誌』(今井正訳、霞ヶ関出版、一九七三年)、『ツンベルグ日本紀行』(山田珠樹訳、駿南社、昭和四年)、メイラン『日本』(庄司三男訳、雄松堂出版、二〇〇二年)。

(36) 高木侃『三くだり半』平凡社ライブラリー、一九九九年。

第三節　会津藩用達足立家について

――幕末長崎の人参貿易商――

はじめに

本節は、幕末の長崎において、和人参を取り扱っていた貿易商足立家についての覚書である。足立家は会津藩用達として会津産和人参を一手に引き受け、清国向け輸出によって莫大な財をなした。かつての屋敷跡や崇福寺裏手の墓所の立派さを見ても、長崎有数の豪商という表現が当てはまりそうである。

足立家の当主は名を仁十郎といい、たびたび会津表に出向いて人参製法を直接指導し、長崎にあっては奉行所や長崎会所などと交渉しながら唐商たちとの取引に当たった。屋号は田辺屋。その足立家も明治維新を境に急速に没落していった。没落があまりに急なため、今日の長崎には豪商足立家（田辺屋）のことはほとんど伝わっていない。むしろ会津若松や仁十郎の出身地但馬で言い伝えられているくらいである。

さて、慶応四年（一八六八）一月鳥羽伏見の戦によって旧幕府は瓦解し、長崎においても最後の長崎奉行河津伊豆守の逃亡の後、列藩代表による長崎会議所が臨時に設置されて長崎市中及び長崎港を掌握した。さらに同年二月、維新政府の地方行政組織としての長崎裁判所が成立し、京都から九州鎮撫長崎総督沢宣嘉及び参謀として長州の井上聞多（馨）が着任した。その井上が着任早々取った処置こそ後述する「足立程十郎人参販売一件」の発端であり、足立家衰亡の契機となったのである。

長崎裁判所には他に、長崎会議所以来の大隈八太郎（重信）、松方助左衛門（正義）、佐々木三四郎（高行）がおり、長崎地役人からも本木昌造、青木休七郎らが名を列ねていた。同年二月長崎裁判所の命を受けた公事方の者たちが、東浜町の足立程十郎の屋敷へ踏み込み、家屋敷を封印の上、後ほど会津産の人参二万四千斤を取り上げてしまった。理由は、このたび朝敵となった会津家には長崎産物会所（旧俵物役所）に対して多額の負債が残っており、今となってはその収納の道も鎖されたからというのである。

足立家の苦難はこの時から始まった。次項以下詳述するように、激動する時代の波と政治権力が足立家（田辺屋）という貿易商を呑み込んでいくのである。

本論に入る前に人参のことを若干述べよう。人参とはもちろん朝鮮人参のことで、貿易商品としては輸入品のイメージが強いが、何分高価な薬用品であり、わが国でも八代将軍吉宗の頃より薬園において試験的に栽培されるようになった。これを和人参といい、輸入品としての朝鮮人参とは区別されている。諸藩のうち特に会津藩では、早くも享保年間幕府より御種人参を譲り受けたとされており[1]、山間の適地を選んで植え付けられ、やがて幕末には漆器に次ぐ重要国産品に成長していた。他に出雲藩における人参栽培もよく知られている。

一　足立程十郎人参販売一件（その一）

長崎の人参貿易商足立仁十郎・程十郎父子を知ったのは「庶務課庶務係事務簿　足立程十郎人参販売一件書類[2]」なる史料を目にしてからである。それによると明治七年（一八七四）五月六日付で長崎東浜町の商人足立程十郎より、時の県令宮川房之あてに次のような嘆願書が提出されている。署名が足立仁十郎ではなく程十郎となっているのは、幕末期すでに仁十郎は人参輸出の功績により会津藩士に召し抱えられ、養子程十郎が会津藩用達を継いで程

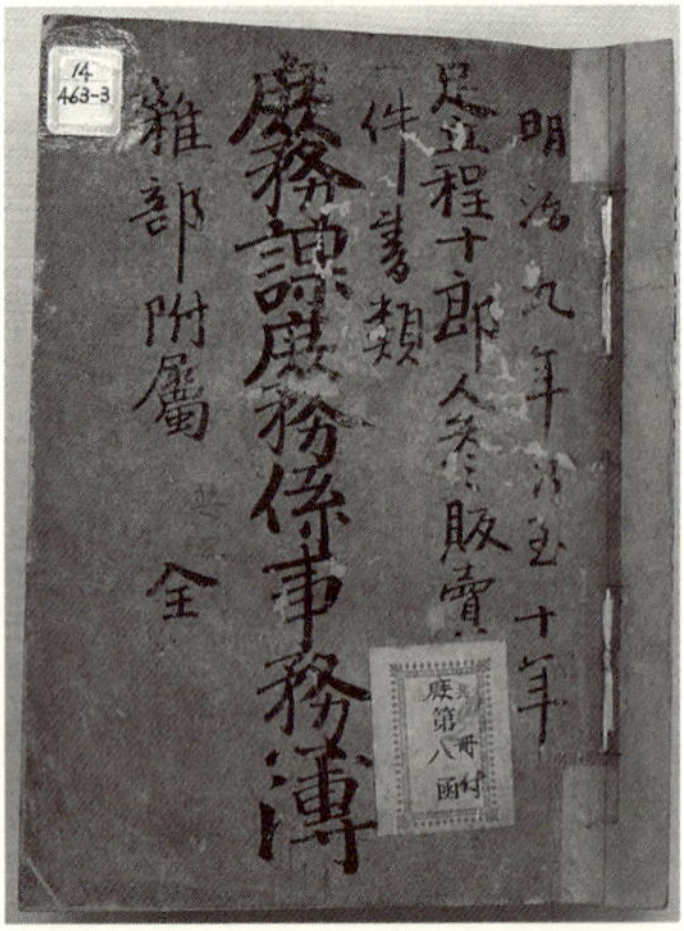

図1－3－1「庶務課庶務係事務簿」

十郎名義で商売が行われていたためである。詳しくは後述するが、以下一連の訴願には、背後に仁十郎の意向が大きく働いており、実質的な訴人は仁十郎であったと考えてよかろうと思う。多少長くなるが本節の起点となる史料として、嘆願書全文(3)を掲載する。

慶応四辰年二月会津産人参代金弐万円御下ケ戻之義奉願候書付

私義先前ゟ会津産人参引請商業相営罷在候処、去ル慶応四辰年二月会津家之義為朝敵之旨を以、其比私持囲罷在候会津産人参弐万四千斤余御召上ケ相成候次第ニ御座候、右御取上ケニ相成候御趣意ニ其元長崎会所ゟ前々会津家江同所人参売込代引当を以、御前貸金拝借年賦　銀千九百六拾貫目辰年ゟ向十四ヶ年賦　銀三千貫目辰年《ママ》ゟ向十五ヶ年賦　両口有之候内、右辰年分未納銀五百四拾貫目ニ御座候、会津家朝敵之訳柄且右者会津之名義有之訳を以、私之所持品一時御封印之上既ニ悉皆御取上ケ相成候ニ付、右人参之義者私ゟ前貸等仕総而買取居候、確実者其比一同御取上ケ相成候諸帳簿中ニ会津人参方役人連印之仕切勘定書等有之候ニ付御取調相成候得者明白可仕段彼是奉歎願候処、其節御聞掛長崎府判事井上聞多殿始末御裁判相成、右人参之義者私買取居候義判然仕候廉ヲ以、右品約定支那人等売払可申旨被御聞済一応御下ケ戻相成候得共、会津家之未納銀ニ引当テ右人参代として金弐万円辰年中上納被仰付候義ニ付、右等判然仕候上者私ゟ上納可仕訳有之間敷ト種々歎願仕候得共、是非上納可仕旨御厳達ニ付、其比同家朝敵御征伐等之折柄、私義先前同家用達之名義も有之候ニ付只恐怖而已強而歎願も

難得仕大金御召上ケ同様之姿ニ候得共、乍残念勢ヒ不得止事、御厳命ニ随ひ他借彼是非常之調金を以両度ニ無是非上納仕置候、其后会津家之義者特別之御寛典を以新ニ家名御取上相成候ニ付、前々ゟ不少取替金も有之旁御下戻之義等同家江相願可申心得ニ御座候処廃藩立県ト相成リ、依而両三年以前ゟ表立歎願書差出度候得共連年苦心其儘差控罷在候、尚熟考仕候処右拝借未納金者全ク会津家之負債タル義者判然致し、且人参之義者私之買請候物品ト申義も前々申上候通、其砌御取調ニ付明白仕候、左スレハ同家之負債償却之為メ私先前之用達タル廉を以私之品物御引上ケ相成候訳者有之間敷奉存候、去ル辛未十月諸藩々負債御取調御布告之趣も有之候ニ付、私ゟ同藩江直調達仕候金銀ニモ候半者直ニ出願可致筈ニ候得共、官ゟ右未納銀ニ引当テ人参御引上之末代金官納可仕旨御厳命ニ随ヒ一時上納仕候義ニ候得者、同藩之負債トハ私ゟ取調難申上義ニ御座候、然ルニ前文申上候通一時非常之金策を以上納仕候処、兼而薄身之私ニ候得者夫カ為メ商業も難取続様成行、今日ニ至方向を失ひ漸々本資乏敷廃業之外無之、然ルニ豊岡県管下但馬国朝来郡夜久野并与布土ト申所人参相応之地味と見請、辛未年ゟ試之為メ植付置候処手入培養等不尠入費相懸り候、尤人参適当之地味ニ拠テ見込も有之盛大ニ植付度奉存候得共、何分本資乏敷夫故是迄植付候人参手入も不行届誠ニ難渋至極罷在候間、右之次第御憫察之上前書弐万円御下戻シ被下度、左候ハヽ右植付方盛大取興シ御国益ニモ相成可申、私ニ於テハ以御蔭商業取続可申、依テ此段偏ニ奉伏願候也

長崎県下
東浜町商
足立程十郎

明治七年第五月七日
長崎縣令宮川房之殿

程十郎の申し立てを要約し、箇条書に整理すると次のようになる。

1　慶応四辰年二月、会津家が朝敵になったということで、自分が持ち囲っていた会津産人参二万四千斤を官に召し上げられた。

2　その趣旨は、旧長崎会所から会津家に対し二口の前貸金即ち、銀一九六〇貫目辰年（安政三年）より十四ヶ年賦、銀三千貫目寅年（慶応二年）より十五ヶ年賦があり、辰年（慶応四年）の未納銀は両口合わせて五四〇貫目あるからだという。

3　自分がこれらの人参はすべて程十郎買取品であって、お取り上げになった諸帳簿中に仕切勘定書などが証拠としてある旨申し上げたところ、

4　長崎府判事井上聞多殿は、程十郎買取品であることをお認めになり、一応下げ戻されることになったが、会津家未納銀に引き当てるため金二万円（両）を今年中に上納するよう仰せ付けられた。

5　私有物であることが判然とした上は、上納しないでもよいのではと嘆願したけれども、是非にとの御厳達があった。

6　その頃会津家は朝敵となって征伐されようとしており、自分は先に同家用達を勤めていたので「只恐怖而已強而歎願も難得仕大金御召上ケ同様之姿ニ候得共、乍残念勢ヒ不得止事、御厳命ニ随ひ」借金など無理して上納する他はなかった。

7　その後会津藩は再興されたので下げ戻しのことも出願しようと思ったが、廃藩立県のため両三年嘆願しなかった。

8　しかし、長崎会所よりの拝借未納金は全く会津藩の負債であって、去る辛未（明治四年）の諸藩藩負債御取調の時も直ちに出願しようとしたが、井上殿の厳命に従い一時のつもりであったが上納したために果たせなかっ

た。

9　辰年の上納金は非常の金策によらざるをえなかったので、商業も続かないようになり今日では廃業の危地に立ち至っている。

10　豊岡県管下但馬国朝来郡夜久野(4)及び与布土(5)という土地は人参栽培に適した地味と思われ、去る明治四年から試作し、さらに盛大に植え付けたいのであるが、資金がなくこれまで植え付けた分の手入れも不十分で困難を極めている。

11　以上の事情を御憫察の上、二万円を下げ戻してくだされば、但馬の人参植え付けも盛大に行うことができ、御国益と同時に自分の商業にも都合よく偏に伏願する次第である。

嘆願書は、慶応四年に上納した二万両は井上聞多からの厳命に従っただけで正当な上納金ではなかったのだと、ことさら強調して下げ戻しを願っている。実際当時を勘案するに、井上の厳命には従わざるをえない状況にあったと考えられ、それは恫喝同様のものであったと思われる。成立したばかりの新政府にとって財政難は最も頭の痛い課題であり、それは地方においても大差なかった。ことに長崎裁判所（府）では、長崎港警備に出費がかさむなど非常に逼迫した財政事情にあって(6)、そうした時朝敵会津家用達という足立の弱みを井上が見逃すはずはなかった。七月には奥州に向けて振遠隊の派遣も実施されるなど出費がかさむ折柄である。

取り上げられた人参はすでに唐商へ売約済みであり、期日までに現品を引き渡さない場合は多額の違約金を支払わねばならず、足立としては嘆願書にもあるとおり非常の金策をしてでも下げ渡してもらう他はなかった。二万両のうち一万両を四月までに先納、残り一万両は八月中に上納するようにし、その根証として足立家所有の家屋敷を引き当てている。足立からの納金に応じて、人参を管理していた産物会所側は漸次人参を蔵出しして足立側へ引き渡した。

さて、会津人参に全面的に依存していた足立としては、戊辰戦争勃発後当然長崎への入荷がなくなるわけで、商売上極めて困難な立場に置かれることとなった。その打開策として仁十郎の故郷但馬国朝来郡与布土やその近くの夜久野ケ原に人参を試作したものの、嘆願書提出時には資金が続かず挫折しかけている。結果としてこの事業はどうもうまくいかなかったらしい(7)。廃業という切迫した状況の中で、足立父子は政府に二万円の下げ戻しを嘆願するという思い切った行動に出たわけである。

当時井上は野に在って、大蔵大輔在任中の行政措置を訴えられた尾去沢銅山事件の調査、裁判が続いていた。足立父子がこの疑獄事件を知っていたかどうか定かではないが、新政府中きっての財政、経済通であった井上にはとかく金銭にまつわる風評が多かった。

一方、突然の嘆願書を受けた長崎県の困惑は想像に難くない。六年余も前の出来事を何を今更と、すぐに次の二点を問いただしている(8)。第一点は、これまで出願せず当節突然出願するとは不都合であること。第二点は、かの人参二万四千斤を私の物品と申すは如何の訳か分明できるかというものである。対する五月十日付足立の回答は、自らの窮状を切々と訴えている。まず、突然の嘆願を次のように申し開きしている(9)。

嘆願書本文にも述べたが、「勢ヒ不得止」「御厳命ニ随ひ非常之金策ヲ以一時上納」せざるを得なかった。「其後一層商業相励」「四方ニ奔走致」「自力ヲ以他借之分速ニ夫々返金可致心得」であったが、「安事目的を失シ利益者勿論布而損失両三年打続殊ニ右他借之利子等相嵩漸々本資乏敷成行実々疲弊当時休商同様」となってしまった。そのため借金も返せない状態で、このまま他人に迷惑をかけては大変申し訳ない。また、但州表植付人参の手入れが不行届のままでは、「破産之外無御座候、依而種々苦配仕候得共手段之通尽果不得止事今更不憚恐御下ケ戻奉願候段其情実御洞察可被下候」というわけである。

第二点について、人参二万四千斤が程十郎私有物である証拠は「慶応二寅年　慶応三卯年　会津産人参買入代差引勘定書」[10]に記してある通りなのであるが、これには慶応二年長崎へ廻送するようになっていた寅年製作人参を、会津江戸藩邸の役人が勝手に横浜にて売り捌いたという問題が大きく関与しており、足立側の弁明もこの問題から入っている。

慶応二年の二月、会津の役人が長崎に出張し、寅年人参の買上代金として三万両を調達してほしいとのことだったので、当方は寅年製作人参を一まとめに長崎へ送るという約定で、例年のごとく三万両を調達し会津へ送金した。その斤高五万斤余、約束通り会津から江戸まで送られてきたところ、会津江戸藩邸の役人共が長崎へ廻すより横浜で売った方が高値で売れ利益も上がる、足立調達金の分は元利そろえて払えば問題はないなどと申し、人参を残らず藩邸に引き取ったという。その際付添役人より会津表へこの件が報告されたものの、かれこれ文書が往復するうちに人参は勝手に横浜にて売り捌かれてしまった。長崎へは一斤も廻送されず、調達金も全く返済されないため厳しく談判したところ、ようやく翌年（慶応三卯年）の六月になって寅年製作人参の売れ残り一万斤余が送られてきたけれども、その代金は一万両程の品で前年調達金の三分の一にもならない。その後の返済もなく、やむをえず長崎を出立、会津表で直接重役と話し合った結果、卯年製作人参三万九千斤余の分を残らず会津表において買い取り、代金は寅年買上代調達金元利その他諸立替の勘定等から差し引き、なお不足分一万三五〇〇両余は改めて人参を調達することになった。寅年卯年会津産人参買入代差引勘定書は別紙の通りである。

以上の一部始終は、人参といっしょに取り上げられた諸帳簿類に記されており、程十郎買入物に間違いないことは当時の取り調べで明白になっていた。自分の申し立てで疑わしい点は、「其頃御聞掛り井上馨殿江御糺被下候半ハ判然可致儀ト奉存候」と結んでいる。別表差引勘定書を一見する限り、多少疑問に思える点もないではないが[11]、卯年製作人参はすべて足立程十郎買い取り済みのうえ、なお一万三五〇〇両余足立から会津家へ払い過ぎになっており、人参二万四千斤が足立私有物であることは争う余地もなさそうである。藩と用達の関係を知る好史料でもあるので全文を紹介する。

慶応二寅年　慶応三卯年　会津産人参買入代差引勘定書

〔足立貸方〕　覚

一金二万両　寅三月為人参買上代并製法金調達之分
此利四千二百両　但寅三月元卯十一月迄〆二十一ヶ月、月一歩利足
一同一万両　右同断寅六月
此利千八百両　但寅六月元卯十一月迄〆十八ヶ月、月一歩利足
一同四千五百六両一歩二朱ト銭六百八十一文
此利八百六十五両三朱ト二匁一分九厘
但去ル丑十二月ゟ卯十一月迄〆二十四ヶ月、八朱之利足
是者丑年人参代買上御調達金差引残金
一同二百四十三両ト一匁四分四厘
是者去ル申年調達金六千三百十二両之内一ヶ年千二百六十五両三歩宛五ケ年割合返済、酉戌亥子四ヶ年
返済残リ千二百六十五両三歩去々丑年ゟ当卯年迄三ヶ年元金借居利払約定之分、去々丑年十一《ママ》月ゟ卯十
一月迄〆二十四ケ月ニ八朱之利息
一同五十七両二歩一朱ト二匁二分五厘
是者去ル卯年調達金三千両一ヶ年三百両宛御返済約定、辰年ゟ子年迄九ヶ年御返済残三百両去ル丑年ゟ
当卯年迄元金借居利払約定之分、去々丑年十二月ゟ卯十一月迄〆二十四ケ月八朱之利息

一同二十一両一歩二朱ト六百四十三文
是者去々丑年御成箇四分一足立監物知行米之内
一同六両二歩
是者足給金寅年分
一同五十六両　此米九十八俵
是者丑初御成箇米町払致候分金十両ニ付十七俵半ニ而如斯
一同二百四十一両二歩　此米二百五十四俵二斗六升　外ニ三俵　興徳寺江遣ス
是者丑年渡御成箇米御買上ニ差出候間金十両ニ付十俵半直
一同二十八両二朱ト三百九十八文　此大豆三十一俵
是者町払致候ニ付金十両ニ付十一俵直
一同三両一歩ト二百文　此油荏一石四斗
是者丑年町払致候ニ付一斗ニ付一貫五百文直
一同百四十両　此米九十八俵
是者寅年初御成箇米町払致候付七俵直
一同二百三十両二歩二朱ト二百九十二文　此米百三俵三斗二升　外ニ三俵興徳寺江遣ス
是者寅年渡御成箇米町払致候ニ付四俵半直
一同五十六両一歩三朱ト二百三十二文　此大豆二十四俵
是者寅年渡町払致候ニ付四俵一斗直
一同三両三歩　此油荏一石四斗

是者寅年分町払致候ニ付二貫七百文直
一同十両二歩ト一貫四百七十文
是者四分一金寅年分
一同六両二歩
是者卯年分足給金
一同五十両
是者先年大坂表ニ而用達ゟ取替置候百八十両高木源之丞殿江取替之分取立方御願申候処、数度御催促之
上漸次右高丈役場江持出相納候分
一同二千五百両
是者江戸表長崎会所ゟ会津江之分此度用達方江人参一纏引請候ニ付、京都表江用達ゟ返納約定之分六月元
ニ候処、帰崎後納候筈ニ而期月不相分ニ付利息此度引迦候事
一同四千両
是者元金三万両御奉行所ゟ御前貸金之分此度無利十五ヶ年賦ニ願取候寅卯両年相納候分
一同二千五百両
是者江戸表長崎会所拝借之分卯九月於江戸表大坪本左衛門殿沼間平六郎殿聞掛ニ而返済致候分
一同百両
是者右二千五百両卯六月ゟ九月迄之利足相渡
一同五十両
是者右二千五百両江戸表長崎会所返済之分十月ゟ十一月迄之利足

一同千五百両
是者寅年中御奉行所始御役々御交代之節御仕向并入江惣助・坂井誠助・小林小三郎旅用金共
一同百両　内　七十両　坂井誠助、三十両　小林小三郎
是者卯十二月雑用入用相渡候分
一同二百二十五両
是者卯二月中千五百両入用之節借受候利分十一月迄〆十ヶ月一歩半利足
一同千七百六十三両
是者御前貸金永年賦願達方ニ付御仕向を始其外出張之者諸雑費共
一同百両
是者坂井誠助鉄砲持参罷登候節運賃并雑用相渡候分
一同二百六十一両二歩三朱ト二百五文
是者豊後町・興善町・銀屋町御旅宿坂井誠助様御滞留中諸入用之分
一同二百四十両二歩
是者桃沢克之允殿・佐藤猪三郎殿長崎表修行料御扶持米代金引当取替置候処、正月九日俄ニ当地引払相成候ニ付京都ゟ御下ケ金間ニ合兼無拠御□人ゟ證文取置候分、追而證文差下候間右高人参代御引合相成度奉願候
一同千両
是者無利息作人共江為手当借付相成候分
合　金五万六千八百六十六両三歩二朱　銭四貫六十文

但此高用達ゟ調達金其外諸取替□ニ〆高

〔足立借方〕

一金三百両

是者去寅年野口屋忠太郎出張之節塗物代ニ当達之上寅十一月中残金より御下ケ相成候分、利足之儀者当

地義助殿ゟ差出候様御談ニ相成候趣ニ付迦候

一同七百両

是者右桁同断

一同千両

此利九十六両　寅十二月ゟ卯十一月迄〆十二ヶ月八朱之利足

是者一万両足立ゟ献金之内五千両申八月繰上納ニ相成候、残五千両戌年より寅年迄五ヶ年一ヶ年千両宛

可被相納之内寅年皆納

一同三百六十四両一朱ト七百三十三文

此利五十八両一歩　寅四月ゟ卯十一月迄〆二十ヶ月八朱利足

是者龍紋并羽二重調儀代并荷造リ駄賃共

一同十二両三歩三朱ト百四十文

此利二両　月元前同断

是者注文蠟燭代

一同十両

此利一両二朱　寅九月元卯十一月迄〆十五ヶ月

是者為平去年中江戸表江登候節御貸渡之分
一同二百五十両
此利二十八両三歩三朱　寅九月ゟ卯十一月迄〆十五ヶ月
是者忠太郎去寅年調儀物有之由ニ而引替御貸渡之分
一同四両二歩
是者注文鎗代之内引替江戸越後屋十右衛門方江相渡候分、委細者同人方ゟ申上候ニ可有之候処、幸ひ糸川
倉次ゟ明細書出し候ニ付御承知被下候分
一同八百七十四両ト一貫九百七十六文
此米三百七十六俵
内
三百五十二俵　是者足立監物御知行米此度新潟小川皆五郎方積船致候分
二十四俵　是者小川皆五郎扶持米代丑年分
是者丑年御知行米其余小川皆五郎扶持米代新潟御廻米御払申受候分
金拾両平均直段四俵三分直
一同十五両
是者去寅年塗物其外米廻し方船廻ニ付御知行所役々江例年之形を以御仕向致候分、委細者藤作ゟ明細書
ニ而御承知被下候分
一同十六両二分
是者寅年御知行米廻し方船配り并御奉行所江願達方ニ付関藤作出役御渡金諸雑用共ニ相渡候分

一同二六両三分二朱ト七百三十五文
是者右同断ニ付新潟御奉行役々江御仕向入用別紙之通小川皆五郎方ニ而取配候分
一同十四両三朱ト四百二十文
是者山銀百四十二匁四分之代両ニ付銀十匁直
一同千三十両
内千両元、三十両利　但卯九月元十一月迄三ヶ月一分之利足
是者此度帰崎ニ付達之上三万両口御下金之内ゟ御渡之分
一同七十五両
是者吉川源次郎注文着込并兜頭巾代積り百二十四両二朱之内同人可相渡分
一同一万五百十六両
是者寅年人参一万二十九斤卯六月長崎廻着代金
一同二万六千八百四十九両一分一朱
是者卯年人参買上代并雑費会津ゟ江戸表迄之駄賃金共
一同千五十両
是者豊後町家屋敷代会津江為差登候分
合　金四万三千二百九十四両三分一朱、残　四貫四文
但此高会津江為差登候分
差引　金一万三千五百七十二両一朱ト五十六文
此高全ク会津家江取替相成候分

右者慶応二年寅同三卯年会津産人参代差引勘定相違無御座候

明治七年第五月

足立程十郎（印）

一通り書類はそろっても長崎県はすぐには上申せず、その可否を検討していたもようで、上申（翌年一月）に至るまでの期間が長いのは慎重な取り調べの他に、この年の八月長崎を襲った猛烈台風のために落成したばかりの県庁新庁舎が倒壊したことも影響していようが、やはり宮川県令をはじめ県側のこの一件への消極的対応がそうさせたものと推測される。後述する北島県令の時の迅速な対応とは大分違っているからである。

その後九月に入って足立程十郎より宮川県令あてに「当第五月出願仕候会津産人参代上納金御下ケ戻ノ義ニ付御推問ノ次第左ニ奉受答候」(12)という書面が提出されている。これまでと重複する内容は省略するとして、その概要は次の通りである。

・推問（一）　人参二万四千斤は私物と言うが、その品は横浜にて売り払うところを、長崎政府に対する負債のため、勘定奉行の厳達によって長崎産物会所へ逓送されたことについて。つまり、会津藩としては横浜で販売する意図があったのだから、程十郎買い取りというのはおかしいのではないかという質問らしい。

対する足立側は、前述の会津家江戸藩邸の役人たちが長崎に廻すべき寅年製作人参を、調達金が先納されているにもかかわらず勝手に横浜にて売却した一件を申し述べ、今回の卯年人参についてもそうした恐れがあること、すると自分の調達金はもちろん、長崎産物会所よりの拝借金返済分についても寅・卯両年ともに未納となるので、奉行所の威権をもって長崎廻送を厳達してもらったのだという意味の受答をしている。

次項でも述べるが、安政の五ヶ国条約締結の翌年、横浜が開港されるとたちまちのうちに海外貿易の主力港となり(13)、鎖国時代唯一西洋に開かれていた長崎に取って替わった。横浜は江戸という大消費地に隣接し、主要輸出品となった生糸の生産地を後背地に持つなどの点で、はるかに有利な条件を備えていた。長崎廻送という手間もさることながら、横浜で人参が高値で売れるとなると、会津藩の財政窮迫ぶりからして再び寅年人参の二の舞となる可能性は十分にあった。この点を特に心配して、奉行所に手を打ったというわけである。

・推問（二）　慶応三年六月、足立監物が会津へ帰国する際産物会所へ出願したことについて。受答の内容からして足立仁十郎が、寅年人参を横浜で一方的に売り捌いた件について会津藩への掛け合いのため長崎を出立する際、この後会津から長崎へ人参が廻送されてきた場合、自分（仁十郎）が戻って来るまで代金を会津役人へ渡さないようにとの書面を差し出していたようだが、その辺の事情を問いただしたものらしい。

これに対し、足立監物（仁十郎）はもともと会津家の人参売捌方用達を勤めていたが、その功により同家々来に召し出され、用達は養子の自分（程十郎）が継いだこと。また、会津から差し廻されてくる卯年人参については、その斤高も分からない状態であり、もし代金を直接会津役人に下げ渡すとなると、自分や市中金主からの調達金あるいは寅卯両年分の年賦金のこともあり、自分と会津家との間で混雑が予想されるので、養父監物が長崎に下ってくるまで代金は会所にて預かってもらいたき旨、監物より書面を入れてもらったというのである。

この受答から判断して、つまり仁十郎より先に人参が届いた場合、代金の受け渡しは仁十郎帰崎の後にしてもらいたいと彼自身出立前に書面を提出していたというのだから、人参取引の実権は依然として仁十郎の手にあったと考えてよい。会津表での談判内容がよくわからないということもあろうが、詳細はともかく大筋ならば仁十郎からの書状で取引は可能である。やはり、程十郎では会津役人との掛け合いが心許ないと仁十郎自身考えたとみるべきだろう。後述する墓碑から判断して、この時仁十郎は六十七歳、養子程十郎は若輩者である。(14)

・推問（三）　元長崎府判事井上聞多殿裁判の上云々。受答からも推問の焦点がはっきりしないが、前掲嘆願書と同じく裁判の経過事情を説明し、当時の会津藩用達という自らの苦しい立場を繰り返しながら、両口の会津家拝借銀についてやや詳しい内容を加えて嘆願に及んでいる。

井上聞多殿が人参は程十郎買取品であることを認めながらもなお没収という処置をしたのは、会津家の両口拝借銀があるためであった。拝借銀の返済方法は、毎年の人参売り捌き代金のうちから年賦銀を上納することになっていたが、一九六〇貫目の口はすでに返済猶予願済みになっている。残る子年（元治元年（一八六四））拝借銀三千貫目（寅年より十五ヶ年賦）の分については、寅卯両年分の未納銀四〇〇貫目（この金四千円）があり、これは卯年廻着人参売り捌き代金の中から上納する約束になっていた。市中金主からの調達金は自分の方から返済するとして、自分と会津家の間の差引勘定は、別紙寅卯年会津産人参買入代差引勘定書にある通り、一三五〇〇円（両）の自分の払い過ぎになっており、寅卯二ヶ年の年賦金四千円は収公されて当然であるが、残金は自分へ下げ渡すのが至当の処置と愚考し、嘆願に及んだ次第である。

足立の意図するところは、井上聞多が没収の理由にした両口拝借銀について一方は返済猶予願済みになっており、残り子年分の年賦銀も人参が廻着した寅卯年分についてのみ上納すればよいのであるから、二ヶ年分四千円を差し引いて残り一万六千円を下げ戻してもらいたいというのである。

井上は、新政府が旧幕府支配下の諸機関をそのまま引き継いだとの立場で、長崎産物会所から会津家への貸渡金は当然新政府に収公すべき筋合いのものであって、会津家が返済不能ならば会津家用達である足立が所持する会津名義の人参を、たとえそれが足立の買取品であったとしても、没収して貸付金返済に引き当てるべきだとの理由により判決を下したものらしい。

こうした井上の論理に対し再度足立の言い分を繰り返すと、まず一九六〇貫目の口はすでに返済猶予願済みである。おそらく幕府のために骨身惜しまず働いてきた会津藩のことであるから、幕閣へ猶予願いが出され聞き届けられたものであろう。そして残りの三千貫目についても、人参が廻着しその売り捌き代金の中から年賦銀を上納するという返済方法を述べて、寅卯二ヶ年分の上納は当然だが、その余は全くの会津家の負債であって自分が上納する義務はないと反論したわけである。

以上、明治七年五月七日の嘆願書提出後、これまで述べたような長崎県と足立側とのやり取りが行われてきた。その後一月余足立側には何の沙汰もなかったらしく、同年十月十三日付で足立程十郎から宮川県令あて催促の書面が差し出されている。この時足立家はよほど逼迫していたようで「身分浮沈ニ属シ候儀ニテ方向相立兼候間至急御所置被仰付度」と一刻も早い処置を待ち望むようすが文面からもうかがわれる。

さて、足立の焦りをよそに長崎県は十二月二十五日に内務省への申稟案を作成。翌明治八年一月十六日付を以て内務卿大久保利通あて上申に及んでいる。

当県下東浜町商足立程十郎ナル者、旧会津藩用達相勤同藩産物人参販売取扱候処、去ル戊辰年会津家朝敵ニ属シ候際程十郎方ニ貯有之人参二万五《ママ》千斤、当長崎府之節官ニ没収シ、右人参程十郎願ニ依リ代価二万円ニテ払下相成候儀ハ別紙第一号之通ニ候、然ルニ今般程十郎ヨリ第二号之通及歎訴候ニ付取調候処、第三・四号の通其名会津産物ニシテ其実程十郎商法ニ係リ名実相反シ居、其節官ニ没収シ候人参ハ私有物之由申立候得共、一体会津産人参販売之儀ハ第五号之手続ニテ会津産物ニ相違ナク相見へ販売方ハ用達へ委任致置候故、用達ニ於テモ人参低当《ママ》年々幾分之調達金致シ人参着之上第六号之通仕切勘定致候儀ト相見へ申候、是ニ依テ今ヨリ之ヲ推考スレハ程十郎申立之通請勘定相済候、人参ハ程十郎之私有物ニモ可有之ニ戊辰年会津産物之名義アルヲ以テ官ニ没収相成候、不得止程十郎ヨリ願出払下ケ相成、程十郎ニ於テハ右人参私有物ニ致シ其上壱万円余之貸金ニ付難渋申立候、情々一応無余儀相聞へ候得共旧長崎産物会所ニ於テモ人参低当多分之貸金有之、一応年賦聞済相成第七号之通請書差出候得共、会津家滅亡之際ニ至リ候得共年賦金而巳上納致シ残金程十郎之私スヘキモノニモ有之間敷、就テハ孰レモ人参抵当之貸金ニ候得ハ其節之人参代二万円ハ人参低当数万円之口々ニ分賦候儀至当ニ可有之相見ヘ候得共、右一件裁判之書類全存在不致ヨリ判然致兼候、乍併名義ニ於テハ会津産物タル儀判然致、右候上ハ今更苦情申立候得共御採用難相成儀ト存候得共、為念別紙書類相副伺候間至急御指令相成度候也

明治八年一月十六日　　長崎県令　宮川房之

内務卿　大久保利通殿

第一号から第七号までの付属書類(15)とともに内務省へ送付された伺いは、長崎県側（おそらく宮川県令）の消極的対応を表しているようで、足立にとって非常に不利な内容になっている。

取り調べの結果一応人参はすべて足立程十郎の私有物であることを認め、理解を示しながらも、会津家が滅亡したからといって年賦金のみ上納すれば残りは程十郎のものであるというわけにはいかないと程十郎の言い分を否定している。そして、旧産物会所からの貸金（会津家拝借銀）は、もともと会津産人参を抵当にしたものだから、会津産物たる二万四千斤の人参代二万円の上納は、両口の貸金数万円に引き当てるためであり至当であったと解釈している。それでもなお、この一件に関する裁判書類は全く存在しないので判断しかねる旨申し述べ、最後は「今更苦情申立候得共御採用難相成儀」と本音を出して指令を仰いでいる。

対する内務省の回答は同年六月二十五日付で出された。

書面伺之趣其管下商足立程十郎申立ノ趣ハ当時憑拠トスヘキ書類無之儀ニ付何分ノ指令ニ難及候事

明治八年六月廿五日　　内務卿　大久保利通（印）

よりどころとなるべき書類がないので指令ができないという簡単な結末にしては、回答までの期間が長すぎるような気もするが、この間井上馨に対して表だった尋問がなされた形跡は管見の限り見当たらない。尾去沢銅山事件で窮地に立たされていた井上は、司法卿江藤新平の下野、佐賀の乱による処刑によって一息ついたものの、なお裁判は継続中である。内務省回答を見ると、井上の財政的手腕を必要としていた新政府が、尾去沢銅山事件と共通性のあるこの人参一件を表沙汰にするのは得策でないと判断したかのような文面である。そうした推測も十分成立する井上を取り巻く情勢であった。

この回答が井上をかばった結果なのか、それとも単に昔の出来事として一蹴しただけなのか分からないが、嘆願はすげない門前払いに終わった。回答は六月末長崎県を通して足立程十郎へ伝達され、この一件も決着したかにみえた。ところが、およそ一年ほどたった明治九年五月三日付で、程十郎代理の足立禮三より再嘆願書が提出され、再度長崎県及び内務省はこの一件への対応をせまられることとなる。これについては、幕末期の人参貿易や足立仁十郎と会津藩との関係等を考察した後続けて述べることにしよう。

二　会津産和人参、長崎会所引き受けの初まり

本項及び次項で述べる会津産和人参の輸出については、第一に前項の足立程十郎人参販売一件の内容をより理解するためであって、貿易構造そのものを理解する目的ではないが、管見史料の範囲で可能な限り再現してみたい。[16]

会津産和人参が幕府の許可を得て、初めて長崎へ差し廻し唐商へ売り込まれるようになったのは文化十四年（一八一七）のことと仁十郎は述べているが、[17]幕府公認は後述するように天保元年（一八三〇）のことである。しかし、この頃から唐商への売り込みが行われていたと考えてよさそうである。享保年間幕府より御種人参を譲り受け、さ

らに雲州からも種人参を買い入れて[18]、会津領山間の適地に植え付けられた藩営の人参生産も、ようやく江戸・大坂販売の他に輸出に向けられるほどの品質と生産量に至ったということになる。

以来十年余、主に大坂商人が会津表で人参を買い付けて長崎へ廻送し、市中取引を経て最後は俵物役所買い上げのかたちで唐商へ売り渡していた。その後和人参取引に統制が加えられ、特に大坂田辺屋兵助他三名の商人が文政十二年（一八二九）から年四二〇〇斤の人参売り込みの免許（御免斤高）を受けることになったが[19]、これには文政六年以来御種人参唐方渡しを独占し[20]、会所上納金為替用達として長崎会所と密接な関係にあった本籠町の貿易商中村嘉右衛門からの働きかけもあったのではないかと推測できそうである。

その他会津藩役人の長崎奉行あて書状によれば、年々七、八千斤ほどの会津産和人参が唐商へ売り込まれていたらしい。また、会津人参の総生産高は、天保元年頃でおよそ二万斤という[21]。

さて、文政十二年八月、会津藩は国元での人参統制を強化、即ち人参の生産・製造から販売までを藩営事業とするために、勘定奉行村垣淡路守を通じて会津人参の長崎会所一括引き受けを要請している[22]。

近年肥後守領内為救領内にて作立候和人参製法等仕覚追々作増、国用之余外是迄江戸大坂表にて領内商人共に売捌方為取計来候得共、手数相掛甚不勝手殊に値段等も高下に致し時々差支候筋も有之候所、追々伝承仕候得ば近年唐商共和人参相好唐船へ持渡候由に付、長崎於会所差支無之筋に候へば別紙値段書之通にて同所へ御買上被下度、尤和人参上中下取交年々出来高大凡壱万斤前後宛引受被成候様仕度、上人参渡方之儀は大坂表へ為差登同所俵物役所へ為取納候様可仕候間、着荷次第右代金之儀は於銅座役所引替に相渡候様被成下度奉願候、左候得ば領内勝手筋にも相成候間願之通被仰付被下度見本値段書差添奉伺候、以上

八月[23]

要請と同時に会津産和人参の見本が会所あて送られ、これらをもとに会所側は受け入れの是非を検討したのであるが、この時のやり取りは会津人参に関してのみならず当時の長崎貿易の状況をよく表していると思われるので、会所が一括引き受けを承諾するようになったいきさつを次に述べてみよう。

会津藩としては、国元で江戸・大坂等の商人に売り渡していたのでは値段の狂いが大きく作人が安心して栽培に励めないこと、また藩の人参役所の役人も事務が繁雑になっていることを理由にあげ、結局それらの人参が長崎へ廻送されて唐商に売り渡されているという現状に基づいて、ひとまとめに直接長崎会所で引き受けてもらえないかと幕閣へ願い出たわけである。

この要請は長崎奉行本多佐渡守から会所へおろされ、会所側では吟味役を中心に取り調べた結果、翌文政十三年春、イ印・ロ印・ハ印・ニ印の四種に限り春・秋の両季合わせて二五〇〇斤を引き取る旨回答した。折り返し二五〇〇斤が廻送されてきたが、同時に会津藩側は、上品のみ引き抜かれては残りの品々の値段が下落し、引き取る商人もいないと再考を求めてきた。そのため会所側は再度唐商たちと協議を重ね、同年八月会津人参を長崎会所引き受けとするにあたってのいくつかの条件を並べ、奉行大草能登守へ答申している。

答申の内容をみると、まず会津人参が新根に見え、その上清国でも近年人参は売り捌きにくくなっている等の理由から唐商たちが引き取りを渋っているという現況を説明し、会所としても再交渉したところ、イ印よりニ印まで四種の上品二五〇〇斤を昆布銀で引き取ることに加え、大稀・小稀も一応引き取るが代銀は各船入津後の払いとすること、ホ印・肉折は見本として持ち帰り模様をみるということで唐商との合意をみた旨申し述べている。

さらに、大坂俵物役所に荷が着き次第、代銀八歩（割）通り前渡しの申し出については、会所銀繰りが苦しい折柄応ずることは困難であると拒否している。唐方渡し諸色代銀は、会所銀繰りがよい時分七月・十二月に渡していたけれども近年は一季遅れになっており、大坂からの海上輸送の際の遅速、品合わせの勝劣、根数の間違いなどの問題もあることから、春出帆の分は七、八月中、秋出帆の分については二、三月中に大坂銅座において会津家用達の商人へ代銀を渡すようにしたいとしている。

他に、人参品合わせ並びに本数など見本通りにしてもらわないと値が下落するとの唐商たちの強い要望を伝え、また長崎は銀勘定であり、金勘定ならば申し立て値段より金一両に付き五匁の値引きがないと取り扱いかねると条件を付けて結んでいる。最後に付帯資料として「右会津産人参会所引請唐方江相渡候代銀取調候処左之通御座候」と具体的な数字でもって調査結果を示している。

一　イノ印人参　七百五十斤　一ヶ年買渡高
　　会津申立直段一斤付百六十八匁
　　　代百二十六貫目
　　唐方買渡直段一斤付二百二十目
　　　代百六十五貫目
一　ロノ印人参　七百五十斤　一ヶ年買渡高
　　会津申立直段一斤付百三十七匁二分
　　　代百二貫九百目
　　唐方買渡直段一斤付百八十五匁
　　　代百三十八貫七百五十目
一　ハノ印同　　五百斤　一ヶ年買渡高
　　会津申立直段一斤付九十七匁五分

代四十八貫七百五十目
唐方買渡直段一斤付百二十五匁
代六十二貫五百目
一　ニノ印同　五百斤　一ヶ年買渡高
会津申立直段一斤付七十七匁九分
代三十九貫九百五十目
唐方買渡直段一斤付百五匁
代五十二貫五百目
会津申立直段
〆三百十七貫六百目
唐方買渡直段
〆四百十八貫七百五十目
△(朱)差引百一貫百五十目　此益銀之積　但三割余
此所ニ
昆布　百二十五万三千七百四十二斤余　代り物昆布ニ而相渡候積
唐方買渡直段一斤付三分三厘四毛替
代四百十八貫七百五十目
元買直段一斤付一分九厘替
代二百三十八貫二百十一匁余

○（朱） 差引百八十貫五百三十九匁余　此高益銀之積　但七割五歩余
△○（朱）ノ印　差引七十九貫三百八十九匁程　会津産人参昆布銀を以相渡候得者書面之
高益銀相減候積

会津人参引き受けの金額で昆布を唐商渡しにした場合七割五分余の会所益銀が出るが、人参は三割余にとどまる旨数字で表すなど、会所側は会津人参の受け入れに積極的でない。大稀人参・小稀人参を同様に計算しても、会津申し立ての値段は締めて八八貫五二〇匁余、唐方買渡しの値段は一一六貫六六七匁で、差引二八貫一六五匁の益銀は、やはり三割余にとどまる。

一方、文政・天保頃の長崎会所（俵物役所）による海産物集荷機構が順調に機能していたわけではない。日本各地の海産物問屋や漁民の間には、会所引き取り値段の値上げを要求する動きが根強かったし、また薩摩藩による俵物・諸色買い付けも北国筋にまで浸透していた。幕末になるにつれ薩摩藩密貿易の海産物取り扱い高は、長崎会所の経営を圧迫するほど多額に上っていたとされている。つまり、長崎会所による海産物独占集荷体制が大きく揺らぎつつあった時期であり、会所役人が唐商渡しの有力な代り物（輸出品）として和人参に着目しないはずはない。実際天保二年の奉行への答申ではこのことに触れている。

積極的でなかった理由として、一つは前にも述べた御種人参取り扱い商中村嘉右衛門の意向、もう一つは権力を背景とした会津藩からの一括引き受けよりも個々の売り込み商人からの買い上げの方が利幅が大きいことが考えられる。あるいは単に唐商たちと結託して、引き受けの条件をより有利にしようという商売上の駆け引きをしたのかもしれない。

ともあれ会津側としては承服しかねる回答であった。人参一万斤の、長崎会所一括引き受け、代金の八割方前渡しという三つの要求が一つも通っていないのであるから、長崎側との交渉は継続された。天保元年寅の十二月、長崎奉行にあてた会津家三宅多門名の書状では、これまで会所が買い上げた人参代銀の支払いと交渉の早期妥結を要請するとともに、前述三つの要求について会所側の配慮を求めている。その中で一年半も代銀が滞っては作人が非常に難渋している様子を述べ、長崎差廻高が決まらないままでは商人共へ売る他はなく、その分はまた長崎へ廻されて唐商渡しとなるだろうが、「在所ゟ会所江直ニ遣し候分者唐商共彼是故障申立速ニ不引受、商人ゟ遣候分無異儀引請候様ニ而者如何敷難心得様ニも御座候」と会所の回答を皮肉っている。さらに、「株人共ゟ唐商江相渡候分者御益納多、在所ゟ遣候分者右之振合ニ不相成義ニ候ハ、何卒商人とも ゟ相納候振合ニ被成下度奉願候」と会所引き受けをあらためて要求するなど、書面には徳川御家門を背景とした態度が表れているように思える。

翌天保二年正月、長崎奉行牧野長門守は会所調役・年番町年寄にあて、差廻斤高その他のことで会津家から申し立てがきているから、よしなに取り計らうように、また買上人参の代銀は二、三月中に大坂表で同家用達の者へ遅滞なく渡すようにとの簡単な達書を下している。

さて、この年の交渉の過程で会津側から村垣淡路守家来へかなり厳しい調子の書状が届けられたらしい。次に記す天保二年十二月の長崎奉行大草能登守の手頭には、かなり動揺の色がうかがわれるからである。

> 会津産和人参唐方渡之儀ニ付去々丑年以来追々申渡置候処今以治定不致、随而此度松平肥後守家来ゟ村垣淡路守家来迄内々差出候書面先達而如相渡置、大坂田辺屋作兵衛其外之者共ゟ肥後守家来共方江申立候次第、右等之儀者可有之筋ニも不相聞候得共、江戸表筋々江相聞候而者如何之事にて難相済次第茂有之候得者、向後商人共ゟ売上候品多分之斤高唐方渡取斗候儀者可為遠慮筋ニ有之〔後略〕

この史料に出てくる田辺屋作兵衛については次項でも述べるとして、田辺屋の屋号（足立家も田辺屋）から大坂の大手薬種問屋で、会津藩とも取引があったと推測される。その田辺屋作兵衛らから会津家へどのような内容のことが申し立てられたかは不明だが、江戸表に聞こえては都合が悪いので、今後売り込み商人からの買上人参唐方渡しは止めた方がよいと言うのだから、長崎会所の商法に関わることは確かだろう。会所と唐商との癒着を糺したものだろうか。

続けて大草奉行は、三割余も利益が上がるのであれば、会津人参を一括会所で引き受け、代銀渡し方については会所銀繰りが苦しいときであるから唐商渡しの分だけでよい、差廻斤高はこれまでの唐商渡しの人参一ヶ年分の斤高から見積もって決めてはどうか、いずれにしても会所益銀が増すよう唐商共に関わりなく「会所益不益之儀厚評議致し早々取調可申聞候」と結論を急がせている。

このような一応の諮問に対して、同月会所側はすぐに奉行の諮問通り次のように答申し、結局これで交渉は決着した。

- 見積もりの結果(24)、会津人参引き受け斤高は一ヶ年一万斤余に定める。
- 代銀支払いは去年八月に申し上げた方法による（唐商渡しの後、大坂銅座で会津家用達の商人へ渡す）。
- 今後は会津人参一口を以て唐商渡しとし、その上なお唐商側が求める場合のみ売り込み商人より買い上げることにする。

交渉決着を受けて翌天保三年、会所側は次のように会津人参の受け入れ体制を整備した（「続長崎実録大成　巻十二」）。

当年会所調役高島四郎兵衛、町年寄久松碩次郎、奥州会津産和人参商法掛被仰付、会所吟味役同請払役唐方大小通事且ツ小通事末席共ノ内ヨリモ同断、唐方渡取計掛リ追々被命之

表1-3-1　会津人参唐方渡し（天保元年～嘉永元年）

	斤　高	代　銀
天保元年寅秋出帆唐方渡	2,116斤	289貫780匁
同 二年卯春出帆唐方渡	2,280斤	214貫725匁
同 三年辰春　同	4,464斤	653貫365匁
同 三年辰秋　同	4,247斤	406貫244匁
同 四年巳春　同	5,182斤	371貫572匁8分
同 五年午春　同	4,170斤	312貫250匁
同 五年午秋　同	10,806斤	315貫767匁
同 六年未秋　同	3,600斤	98貫300匁
同 七年申春　同	9,100斤	628貫80匁
同 七年申秋　同	500斤	44貫400匁
同 七年申秋出帆御直代唐方渡	355斤4合3勺6才	21貫
同 八年酉秋出帆唐方渡	8,381斤7合1才	227貫238匁2分4厘
同 八年酉秋書籍鮫代り唐方渡	1,948斤2合9勺9才	27貫305匁7分6厘
同 九年戌春出帆唐方渡	6,311斤	129貫820匁
同 九年戌春御用物御手当音呼書画幷書籍代	4,100斤2合9勺2才	52貫794匁5分
同 九年戌春御直代唐方渡	675斤	13貫500匁
同 十年亥春出帆唐方渡	2,896斤	55貫600匁
同 十年亥春書籍鮫御用物御誂物代り唐方渡	1,181斤2合	42貫887匁
同 十年亥春出帆後在留渡	2,059斤	27貫432匁
同 十年亥秋出帆唐方渡	3,856斤	214貫195匁
同 十年亥秋鮫書籍代り唐方渡	2,276斤3合1勺6才	30貫668匁8厘
同 十一年子春出帆唐方渡	2,200斤	55貫825匁
同 十一年子春書籍鮫代り	1,250斤	48貫375匁
同 十三年寅春出帆唐方渡	931斤	45貫225匁
同 十四年卯春　同	1,300斤	92貫160匁
同 十四年卯冬壱番弐番船在留渡	1,060斤	87貫350匁
弘化元年辰秋出帆唐方渡	2,123斤	195貫631匁2分
同 二年巳秋　同	2,430斤	226貫180匁8分
同 三年午秋　同	1,822斤	169貫877匁4分8厘
同 四年未冬在留江売込	3,046斤	311貫272匁
嘉永元年申秋出帆唐方渡	5,058斤	444貫148匁4分

以上三ヶ年にわたる交渉を経て、会津産和人参一万斤余の一括長崎会所引き受けが成立したのである。遅れて天保四年には、もう一方の生産国である松江藩の雲州人参も会所引き受けとなっている。[25]その後の会津産人参の会所取扱高は表1－3－1の通り。[26]

アヘン戦争勃発から戦後にかけ、著しく取扱高が減っているのは当然として、その他の年はおよそ一万斤前後が唐商に売り渡されている。イ印・ロ印など高級品が入ると、全体の値も高くなっている。

天保八年からは唐方荷物買い上げのための代り物にも使われることになった。この時は臨時の買い上げのために、その代り物として会津産・雲州産和人参銀三〇〇貫目分を渡し、以後毎年代物替にも使用された。当時は会所銀繰りが更に苦しい状態にあって、会所益銀九〇貫目を引いた残り二一〇貫目が未払いのままになっていたところ、両家役人より催促の申し立てがあったので、とりあえず双方へ五〇貫目ずつ計一〇〇貫目を渡すことにするとある。その他会津人参の輸出について言い尽くせぬこともあるが、次項幕末期の人参貿易を除いて別の機会に譲りたい。

三　幕末期の人参貿易

これから「足立程十郎人参販売一件」に直接関係する幕末期の人参貿易について述べることとする。足立提出書類第五号・第七号を中心に会津人参の増産に関わる前貸金及び唐金紋銀商法を考察し、開国後の長崎貿易の一端にも触れてみたい。

安政の初め頃、会津藩は人参を三万斤に増産した。この一万斤の増産は、[27]唐方渡し代り物が不足しはじめた長崎会所の要望もあったらしく、安政三辰年（一八五六）までに人参植え増しのための手当てとして一九六〇貫目が前貸しされている。前項で述べた拝借銀一九六〇貫目辰年から十四ヶ年賦というのがこれであって、植え増しの資金が長崎会所から前貸しされるというのだから、海産物集荷状況は思わしくないようである。

さらに安政の通商条約締結後、長崎の唐人貿易をめぐる情勢は極めて厳しくなった。俵物の産地では、買い上げ価格が安い長崎向けよりも直接開港場へのルートを開拓しようとした。特に大生産地を背景に箱館奉行所が海産物取引に乗り出し、長崎奉行・長崎会所の強い抗議にもかかわらず西洋諸国の圧力もあって、幕府としては箱館のみならず横浜からの輸出も黙認せざるを得なかった。慶応元年の俵物自由取引公認以前、長崎会所による俵物貿易独占は実質この頃から崩れていたのである。

和人参についても後述する足立仁十郎他二名の上申書によれば、安政五年には「時宜ニ依リ蛮国人ヘモ御代り物ニ御渡方相成候間成丈作リ高相増候様[28]」との達が出され、唐方ばかりでなく西洋人貿易商との取引にも和人参を用いる見通しが述べられている。

実際翌年から入港した諸外国船は「御当地并神奈川箱館ニ於テ相好候趣」と和人参を要求したらしく、幕府筋から神奈川・箱館へも人参を差し廻すように伝達され、これにより相当量の人参取引が行われるようになった[29]。会津としても長崎以外に箱館へも約一万斤の人参を廻して収益を上げようとしたし、領内農民・商人の間には横浜での自由販売を求めて、藩営一括買い上げに反対する動きがあった[30]。

一方長崎では、これまで度々の取締り[31]にもかかわらず市中商人による人参取引が続けられていたが、安政の開港後は西洋人貿易商への売り込みも加わって、こうした勝手売買のために俵物役所が取り扱ってきた会津・雲州産和人参の唐方渡しが減少し、会所益銀の取り立てにも支障をきたすようになった。

そこで文久元酉年（一八六一）より、これまでの人参商法を改めて、会津・雲州家用達の商人に「唐商其外外国人江為売捌、右代銀之一割通益銀取立候仕法[32]」に変更が行われた。かつて会津人参初発の時、代銀の前渡し要求は受け入れられなかったが、この頃は人参廻着後に五割の前貸しがなされており、売り渡し後、前貸し分と一割の会所益銀を用達の者から長崎会所へ納入する手続きになっていた。足立仁十郎が最も手腕を発揮した時期といえるだろう。

　次に、問題の子年拝借（前貸）銀三千貫目の件について考えてみたい。会津藩は長崎側からの要請もあって、開港頃より人参二万斤もの大幅な増産に着手した。これまでの三万斤と合わせ都合五、六万斤も製作できるようにするとして、安政七申年の正月、増産のための諸費用分銀三千貫目の前借りを長崎奉行岡部駿河守に願い出た(33)。松平肥後守内足達《ママ》仁十郎・玉木兵右衛門・八島半助の三名から出された上申書は、三千貫目前借りの理由を次のように述べている。

　このたびの二万斤植え増しは、旧来の畑ではなく全く新規に山野を切り開いて植え付けるもので多数の人夫を使わねばならず、作人共への手当ても含めると非常な出費となるが、「近来異国船御備向ニ付御固場御用被仰付莫太之入費御座候」という時節柄、国元では金繰りに苦心し植え増しが十分に進んでいない。このため今両年新規植増方手当てとして銀三千貫目前貸しをお許しくだされば、諸入用並びに作人共手当方も行き届く。また返済については十ヶ年賦をお願いしたい。

　以上がその要旨であるが、異国船警備が幕命によるもので、そのため会津藩の財政が大きく圧迫されていたことは周知の通りであり、長崎奉行としても海産物の集荷が思わしくなく代り物不足が顕著な時だけに、会津人参の入荷を促すためには申し出を聞き届けないわけにはいかなかった。その後元治元子年（一八六四）までに銀三千貫目の前貸しがなされたのであろう。

　その返済方法について当初は一時に返納することになっていたらしく（会津藩にその意志があったかは別として）、慶応二年に産物会所（慶応元年に長崎と大坂の俵物役所及び、後述する産物所が改組されて成立）あて差し出

された請証文には次のように記してある。(34)

差上申御請證文之事

一、銀三千貫目也

此納方慶応二寅年より向辰年迄拾五ヶ年賦壱ヶ年銀弐百貫目ツ、上納之極

右者去寅年国産人参代御前貸銀今般一時ニ返納可仕処、国元難渋ニ付返納方出来兼無拠年賦割合上納之儀奉願候処、出格之御儀を以右願之通拾五ヶ年割合納御聞済被成下難有仕合奉存候、然ル上者向後人参他港江差廻手捌等仕候儀ハ勿論年々御当地江差廻、右人参売上代銀之内を以前書割合之通聊無相違急度上納可仕候、依之御證文差上申候処依如件

慶応三卯年九月

会津藩用達　松永猪一郎（印）

林　忠次郎（印）

足立程十郎（印）

長崎産物方御会所

前書之通相違無御座候、此後年々製作人参代之内を以約定之通御引取可被下候、為其印形致置候、以上

佐野貞次郎（印）

伊藤忠之助（印）

坂井　誠介

伊藤　清八（印）

芥川　代助（印）

前書之通相違無御座候、依之奥書印形致候、以上
田崎甚五郎（印）
前書之通相違無御座候、依之奥書印形致候、以上
入江庄兵衛
安藤　文助（印）
前書之通相違無御座候、依之奥書印形致候、以上
足立　監物
前書之通相違無御座候
西郷勇左衛門

即ち銀三千貫目は、慶応二寅年国産人参代の前貸銀として寅年人参販売代金の内から一括返納するはずのところ、藩内諸事情によりできかねるので十五ヶ年賦払いに願いたいというものであるが、こうしたことから推測すれば、先の寅年人参横浜売却の件も理解されよう。五万斤（六万斤ともある）の人参を長崎へ送っても会所への返納やすでに足立の調達金が入っていて、実質的な実入りはほとんどない。

一方、会津藩周辺の情勢は緊迫の度を増し、それにともない出費も急増しており、長崎の具体例でもこの頃ドイツ人レーマンから足立仁十郎を介して大量に小銃を買い付けた事実がある。(35)会津藩としては長崎廻送の人参を横浜で売却してでも即金を調達する必要に迫られていたのであろう。

ともあれ、こうした会津の背信行為に対して、長崎側は他港には人参を廻さないという約定のもとに十五ヶ年賦を承諾するほかはなかった。この承諾に際して、前々項別表差引勘定書にある通り多額の賄賂めいた金が関係者に送られていたようだ。すでに俵物の自由取引が公認され長崎における人参の需要が増大していたとはいえ、会津人参初発の頃に比べて随分な変わりようである。

長崎会所が会津人参の確保にこれほど執着するのは、文久三年産物所において開始された唐金紋銀商法のためであった。以下この商法と人参の関わりを述べてこの項を終わりたい。まずは、元治元年四月に出された在館船主か

らの上申和解(36)によって商法の概要をみてみよう。

会津雲州産其外人参買請方之義ニ付

在館船主願出候真文和解

昨来ヨリ御誂被仰付候処、唐金紋銀商法素ヨリ元代引合不申候得共、右代リ品銅俵物ヲ以テ御配当被成下候ニ付テハ纔斗リノ全潤有之候故御請負申上置候処、不斗当節銅代殊之外高直相成不加煎海鼠・干鮑迄モ出劣ニ付テハ、莫太之金子一時繰合モ難出来甚以難渋仕候、銀銭ニテ持帰候テハ不少損耗相立、且又外ニ銀高買請候代リ品モ無御座進退難渋仕候間、私共熟談之上外ニ現銀売商法相立置候間御恩典ヲ以テ格別御憐愍被成下、雲州会津并諸家和人参盡ク産物所へ御請込相成候様御達置被下候ハ丶、唐金紋銀持渡候時々可申請御代リ品不足節ハ、右諸家和人参時相場ヲ以テ御配当成下候ハ丶、御代リ品ニ相立双方之損耗相免、且大銀相滞候憂モ無御座候ニ付、貴国ニ於テ和人参出産之所々厳敷御達不残御取集一纏ニ御揃置被下候ハ丶、相場高下ノ違モ無之様相成、且又唐金銀商法モ永遠取続キ出来可申奉存候間、何卒願之通御許容之上、則左之通現銀商法御取置被下候ハ丶、難有奉存候

覚

一唐金　壱挺　御当地量目九拾七匁五分ニ付代銀銭弐百弐拾枚替

一紋銀　壱貫目　同九百七拾五匁ニ付代銀銭百五拾七枚替

右之代銀ニテ御買上奉願度、尤和人参御配当被成下候ハ丶、可申請銀銭モ市中相場ヲ以テ勘定相立人参ト御交易仕度奉願候

子四月　　在館船主　程稼堂

同　程縵雲
同　楊小坪
和解　李　平三
石崎次郎太
蔡　善助
李　忠次郎

唐商たちは金銀の代り物として銅・俵物を期待しているのだが、銅は異常高値で割が合わず、俵物は近年長崎への集荷量が著しく減少しており、十分な代り物となりえない状況にある。これを銀銭（一分銀）で決済されたのではとても商売にならないとして、彼らは代り物不足分に和人参を求めた。産物所において会津・雲州その他の和人参をことごとく取り集めて囲い置き、代り物不足の場合は時相場で渡してもらいたいとの要請には、西洋商人に食い込まれている人参市場を再び独占しようという意図が働いたとみてよかろうと思う。

上申書を受けた長崎奉行・会所側は、同年六月唐商たちの要請を受け入れ、会津・雲州両家の役人に対して国産人参を一まとめに産物所へ引き渡すよう通達した(37)。両家役人ともすぐにこれを承諾したのであるが、その際足立仁十郎は二つのことを合わせ願っている(38)。一つには品物廻着高に応じ相当の代銀前渡し（八、九割程）、今一つは唐商一手渡しになるので、値段が下落しないようなるべく高値に売り捌いてもらいたいというものであった。会所側でも審議の結果、廻着斤数を増加させ、抜け売り取締りにも有効であるとして、代銀の八割方前渡しと値段引き上げのための囲い置き措置を、奉行あて答申し聞き届けられている。

早速、会津・雲州両家役人は、産物所に対して諸蛮船へ売り渡した残りの人参の引き取りを願い、前貸銀七割（八割の前貸銀から会所益銀一割を差し引いた額と理解される）を受け取っている。ちなみに会津受け取り分をみると、人参一万九六二九斤、この代銀見積もり一六三九貫二七三匁、三割を除いて残り一一四五貫目四九匁一分、金一両に付き銀七八匁替えとして、結局前貸分は一万四六八〇両であった。(39)

開港以来西洋商人の参入により唐商取引はじり貧状態になり、長崎貿易に占める唐商の割合は低下していった。当時の長崎を仁十郎の言葉を借りて表現すると、(40)「御開港以来ハ諸蛮船年数拾艘渡来致シ候ニ付自然ト唐方商売手薄相成御代り物人参之儀モ右ニ準シ候処、両三年暎唐ヘモ望ニ任セ御渡シ被成下多方ヘ可成ニ年々廻高売捌来リ候」。さらに「唐方御代り物払底之趣、殊ニ人参之儀ハ重立御代り物ニ相成候ニ付成丈ケ多斤数相廻シ候様江府并御当地毎々御厳達被仰渡」ということになる。

こうした状況を打開する一策として始められたのが、産物所における唐金紋銀商法であった。輸入した唐金・紋銀を江戸で売却してその差益を稼ぐこの商法には、唐商へ代り物として渡す和人参の確保が必要欠くべからざることだったのである。

四　足立仁十郎とその周辺

この項では足立仁十郎を中心に足立家の全体像を眺めてみたい。まず仁十郎の出身地であるが、すでに第一項で述べたように但馬国朝来郡与布土である。今日でも与布土には、仁十郎の散財ぶりを表す「長崎まき」という言葉が伝えられていると聞いた。長崎で財をなした仁十郎がいわゆる故郷に錦を飾ったときのことを意味するのであろう。

仁十郎が長崎に居を構えるまでの関係史料は極めて限られているが、足立の屋号田辺屋を手がかりに考えてみたい。田辺屋といえば、大坂の薬種問屋仲間の有力者に田辺屋が存在し[41]、しかも文政から天保にかけての田辺屋作兵衛は、第二項で述べたように会津人参を取り扱う長崎売り込み商人の一人であるから、この屋号の一致を偶然とみることはできない。但馬の若者の奉公先は大坂田辺屋とみてよさそうである。それを証明する史料が長崎歴史文化博物館蔵の藤家文書に存在する。「和人参取下御届不仕切解候ニ付始末書　巳二月　大坂本天満町田辺屋作兵衛下代忠兵衛」がそれで、かなり無理な人参売り込みを行って始末書を書かされた東古川町居住の商人忠兵衛こそ仁十郎その人であった。

田辺屋奉公中に認められた仁十郎は、与布土での言い伝えでは主筋の娘婿になったともいうが、やがてのれん分けによって長崎に会津人参取扱業田辺屋を開いたものと思われる。それにともなって、会津藩人参取扱用達も大坂田辺屋より譲られたのであろう。その後おそらく幕末万延頃と思われるが、人参輸出の功により仁十郎は、高五百石若年寄格の待遇をもって会津藩士に召し出され、足立監物と称した[42]。

仁十郎が人参引き取り交渉や製造指導のために会津表へ出向いた際の、藩側のもてなしは大変なものだったと言い伝えられている。京都守護、海防警備等の支出で藩財政が破綻寸前の会津藩にとって、人参輸出の収益は漆器とともに最も重要な財源であったし、仁十郎自身も第一項別表差引勘定書に見えるように万延元年（一八六〇）以降の献金総額は一万両にのぼっていた。藩側厚遇の言い伝えは、これらによっても裏付けることができる。余談になるが、会津の銘菓「会津葵」や会津地方に伝わる「唐人凧」も足立仁十郎と結びつけて語り継がれている。

次に、仁十郎が一代で築き上げた身代について述べてみよう。まず、足立家没落の発端となった例の慶応四年春の事件だが、長崎裁判所によって取り上げられた人参二万四千斤の下げ戻しのため、程十郎に命ぜられた金二万両上納（形式上は足立側からの嘆願）の不足分として差し出された「家屋舗根證文」[43]を紹介したい。

差上申家屋舗根證文之事

一　東浜町　　田辺屋程十郎
表口弐拾三間四寸　但五ヶ所
入町並　但築地共
土蔵
五間ニ三間　　　弐戸前
四間ニ三間　　　壱戸前
三間ニ弐間半　　壱戸前
弐間ニ三間半　　壱戸前
壱間ニ三間　　　壱戸前
〆　六戸前
借家　三軒
代金　壱万弐千両

一　東浜町　　田辺屋程十郎
表口拾間五尺四寸　但弐ヶ所半
入町並　但築地共
土蔵　　三戸前
三間ニ弐間半　　壱戸前

弐間ニ三間　　　壱戸前
三間ニ三間半　　壱戸前
借家　壱軒
代金　四千両

一　本興善町　陽　きみ
表口拾壱間五尺壱寸五分　但三ヶ所
入町並
土蔵　弐戸前
弐間半ニ三間　　壱戸前
弐間ニ三間　　　壱戸前
代金　千三百両

一　本古川町　足立とく
表口二間五尺七寸五分　但七合五勺
入町並
土蔵　壱戸前
弐間ニ三間
代金　五百両

一　東古川町《ママ》　田辺屋程十郎地面
　表口八間四尺壱寸　但弐ヶ所弐合五勺
　入町並
　　代金　三百両
〆金壱万八千両
右者当節御下渡被成下候人参代金壱万両之引当として書面家屋敷土蔵共根證差出候処相違無御座候、然ル上者当八月限御約定之通右壱万両之辻聊無相違上納可仕、若萬々一其節ニ至り納方不束之義も御座候節者、右引当之家屋敷御勝手ニ御引上相成候共一言之異議申上間敷候、為後日根證文差出置候処仍如件

慶応四年辰四月
東浜町
田辺屋程十郎
本興善町
陽　きみ
本古川町
足立とく

御商会所

この根証文に対する普請掛の見分結果は次の通りである。

一〇(朱)　銀五拾壱貫六百目　田辺屋程十郎建家百弐拾坪
一　同九拾壱貫目　右同断　土蔵六戸前

一　同六貫三百目　　　　借家三軒
一　同四拾貫八百五拾目　隣家一軒
一　同三拾六貫目　　　　同　土蔵三戸前
一　同弐拾五貫五百八拾五匁　陽きみ建家
一　同拾壱貫弐百五拾匁　同　土蔵壱戸前
一　同三貫目　　　　　　同　下土蔵壱戸前
一　同六貫四百五拾目　　足立とく建家
一　同拾壱貫弐百五拾匁　同　土蔵壱戸前
一　銀六拾九貫目　　　　程十郎地面五百七拾五坪
一　同三拾三貫目　　　　借家并隣家地面二百七拾五坪
一　同拾五貫百弐拾目　　陽きミ地面百弐拾六坪
一　同四貫八百目　　　　足立とく地面四拾坪
一　銀拾貫三百弐拾目　　本古川町《ママ》程十郎地面八拾六坪
〆　銀四百壱拾五貫五百弐拾五匁
　　此金四千六百拾六両三分永百九拾四文四分
（朱）〇印之分建家別而上等ニ付倍増して
　　銀百三貫弐百目
〆　銀四百六拾七貫百廿五匁
　　此金五千百九拾両壱分永弐拾七文七分

以上、足立側の根証文総額一万八千両に対して、普請掛の見積もりは五一九〇両余と少ないが、屋敷の広さを見ても大変な家産である。特に東浜町の本宅敷地は、右史料が示すように五七五坪もあり、建てられた豪邸と併せて周辺の商家を圧する景観を誇っていた。「東浜町水帳(44)」によれば、明治元年当時隣接する所有地と合わせると、この一画だけで九〇〇坪余、現在の浜屋デパート及び隣接の商店街に当たる。

こうした不動産関連の史料は当時の長崎を知るうえでも貴重であり、本節の主旨から多少はずれるが簡単に述べておく。足立側の見積もりに対して普請掛のそれは、いかにも画一的な処理で、土地は市中どこでも一坪につき一二〇匁、土蔵は一戸前が一一貫二五〇匁と計算している。実際の地価鑑定・売買では通りに面した敷地の長さ、水運の可否等が勘案されたはずであり、おそらく実勢価格より低かったのではないか。また、土蔵の評価は土地・建家に比べておおむね高いようだ。なお、慶応四年四月時点での金銀の比価は一両がおよそ九〇匁で、元治元年の一両、七八匁と比較して金が高くなっている。

ここに「東浜町宅図(45)」とだけ題する屋敷図面がある。慶応元年上棟の裏書がある同図を「東浜町水帳」と対比させて東浜町における位置や屋敷地の面積など検討してみると、足立家の屋敷図面に間違いないことが判明した。先の根証文に照らしてもあらゆる点で合致する。足立本宅は建坪にして一二〇坪もの豪邸である。先の普請掛の見分によれば、この豪邸には「別而上等ニ付倍増して」と、通常の建家の二倍に見積もるという非常に高い評価が与えられている。

この屋敷は長崎県に接収されて、明治九年十二月に長崎県警察所が移転してきたのであるが、「東浜町宅図」には手洗いや事務室の増築を示す張り紙の断片がある。この図面は屋敷引き渡しの際足立家より提出されたものであろう。当時鹿児島の不穏な情勢を前に、長崎県は警察機構の整備を図る必要に迫られており、その中心たる長崎県警察所は、足立の大邸宅をそのまま使用するかたちで設置されたのである。

本宅を手放した足立の家族は本興善町の陽きみ宅に移ったらしい。というのは、後述する足立禮三が明治十年六月に提出した審理督促の願書の住所は、明治九年時の東浜町三一五番地の足立本宅から本興善町三九〇番地に変わっており、別の史料[46]には程十郎も住所が本興善町と記してあるからである。また、東浜町の本宅に続く家屋敷は、すでに明治四年二月には他人名義に変わっていた[47]。明治四年といえば、但馬の与布土・夜久野ケ原での人参試作に取り掛かった時期である。そのための資金が入用だったのだろうか。

さて、足立仁十郎・程十郎父子及び一族・縁者について、崇福寺後山の足立家墓所の各墓碑を中心に考察し、整理しておきたい。ここは崇福寺の廣福庵跡であり、財をなした仁十郎が特別に入手したものであろう。墓所の略図と本節関連の人物の墓碑に刻まれた没年月日、年齢は図1－3－2の通りである。

足立仁十郎智義（会津藩士として監物を名乗り、泉の別名もある）は「明治十四年辛巳九月七日卒　寿八十有二」とあるから、享和元年（一八〇一）に但馬国与布土で生まれたことになる。この墓所ですぐに気付くのは、②の足立程十郎知之がすでに元治元年に死去しており、維新前後の足立程十郎とは別人物という点である。

足立監吾は維新時数えの二十八歳、「監吾」という名からして仁十郎の子であることをうかがわせるが、監吾の存在を示す史料[48]がここにある。明治四年正月、陸奥斗南藩（旧会津藩）から洋学修業のため来崎し、広運館に入門した東市郎なる人物がいるが、このことを長崎県に届け出た人物の署名は斗南藩足立泉・足立監吾となっており、藩士の身分が表記されている。監吾が実子か養子か、程十郎を名乗っていたかどうかはわからない。他に程十郎の可能性が残る人物は明治九年に程十郎代理として再嘆願書を提出した足立禮三くらいで、墓碑や管見の史料からはこれ以上進むことはできない。

足立家墓所でもう一つ気付くのは、陽健三という唐通事陽氏の分家の人物[49]の墓碑が存在することである。すでに「家屋舗根證文」に出てきた本興善町の陽きみについては、墓碑に禮三の妻「起美」が見え、こうした点から足立家

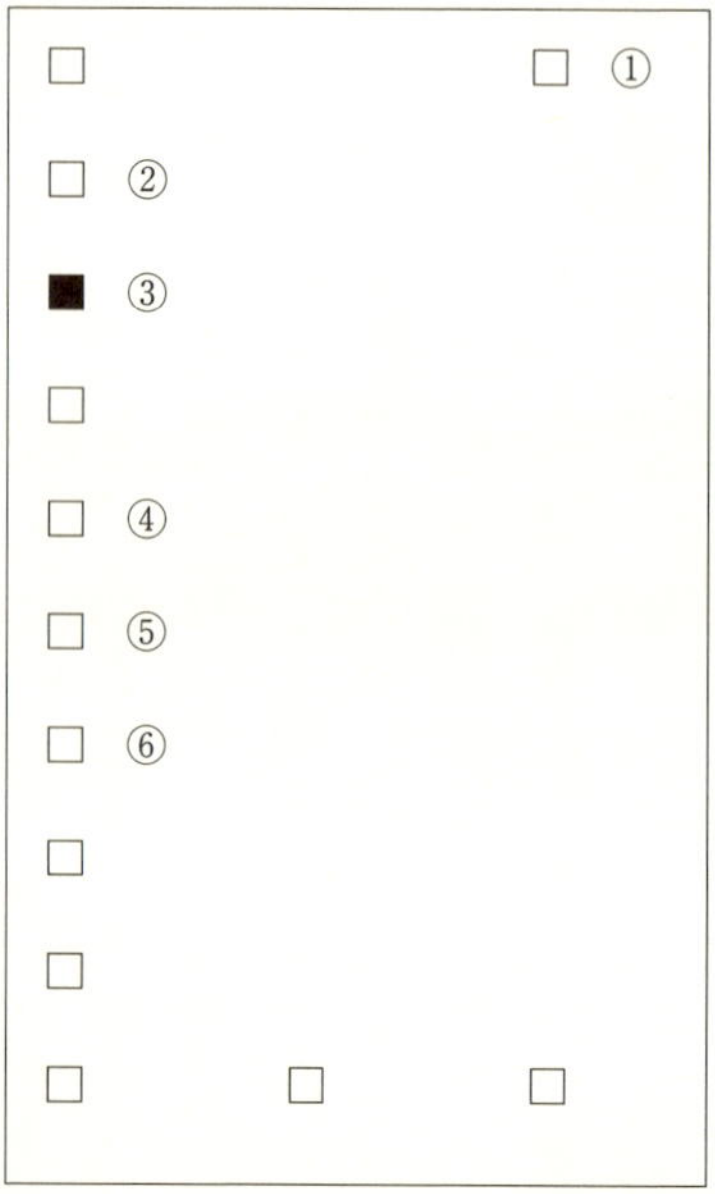

① 足立正枝　大正十年四月十日卒

② 足立程十郎知之　年三十四
元治元年甲子八月十日捐館

③ 足立智義〔仁十郎〕
明治十四年辛巳九月七日卒
寿八十有一

④ 足立監吾　明治二十二年五月一日卒
享年四十九

⑤ 陽健三邦泰　文久三年五月七日
行年三十七

⑥ 足立禮三　大正三年四月二十九日卒
六十六

図1-3-2　墓所の略図と墓碑

と陽家は姻戚関係にあったとみることができよう。開国前の会津人参の輸出先は唐商であり、その取引には必ず唐通事が介在していた。長崎の地に足場を持たない仁十郎から積極的に唐通事陽氏に近づいた結果と考えられる。

最後に①の足立正枝は大正十年の宮中新年歌会始に入選した歌人として知られ、また『長崎市史』の編纂にも関わった文化人である。著書に「長崎風俗考」(稿本)などがある。彼は監吾の息子で広運館に漢学を学び[50]、生前程十郎半顔居士と称していた[51]。しかし慶応年間の正枝は幼少であり(安政六年生まれ)、当時程十郎を名乗っていたわけではない。「家屋舗根證文」にある本古川町の足立とくの墓はここにはないようだ。

ここで、足立家のご子孫筋の方より「足立家々系[52]」の写しをいただいたので紹介したい(図1-3-3)。新たな史料の発見によって、これまで不明だった点が種々明らかになった。

まず、程十郎知之が死去して後、程十郎を襲名したのは監吾ではなく禮三であった。仁十郎の実子である監吾は、父足立監物のあとを継ぐ者として会津家に仕え、田辺屋の商売は仁十郎の養子駒之助（禮三）が程十郎を襲名して名義上行うことになったらしい。しかも駒之助（禮三）は、かつて御種人参取扱商だった中村嘉右衛門の息子であった。長崎を代表する豪商中村嘉右衛門家も幕末期には新興の足立仁十郎と結ぶようになったということになる。また、長崎会所の上級役人である伊東助三郎や、本古川町の乙名藤瀬又兵衛との姻戚関係もこの系図で明らかになった。

ただ気になる史料[53]もあって、幕府瓦解後の足立家の境遇を示すものでもあるので、その意味も併せてここに掲載しておく。

辰四月二日参謀御聞届相成候間其旨相達候事

乍恐奉願口上之覚

一私弟義十郎儀会津家ゟ被抱入於当地同家ゟ送越候人参商法専ら取扱来候処、旧冬ゟ右商法ニ而上坂中不図も同家朝敵と相成奉恐入候、暇取此節帰崎仕候、尤同人儀者一旦会津家ゟ扶持方等貰請候者ニ者御座候得とも全前書商用而巳ニ而聊兵事等ニ差加り候儀ニ茂無御座ニ付、出格之御憐恤被為垂可然御仁恕之御沙汰被仰付候様奉願上候、以上

東浜町

辰四月二日

足立程十郎（印）

御裁判所

この史料からもうかがわれるように当時朝敵会津藩に連なる者たちは、いわゆる針のむしろの状況に置かれていた。足立家では会津藩士たる仁十郎が表に出られず、すべてを商売の名義人である養子程十郎名で処理しなければ

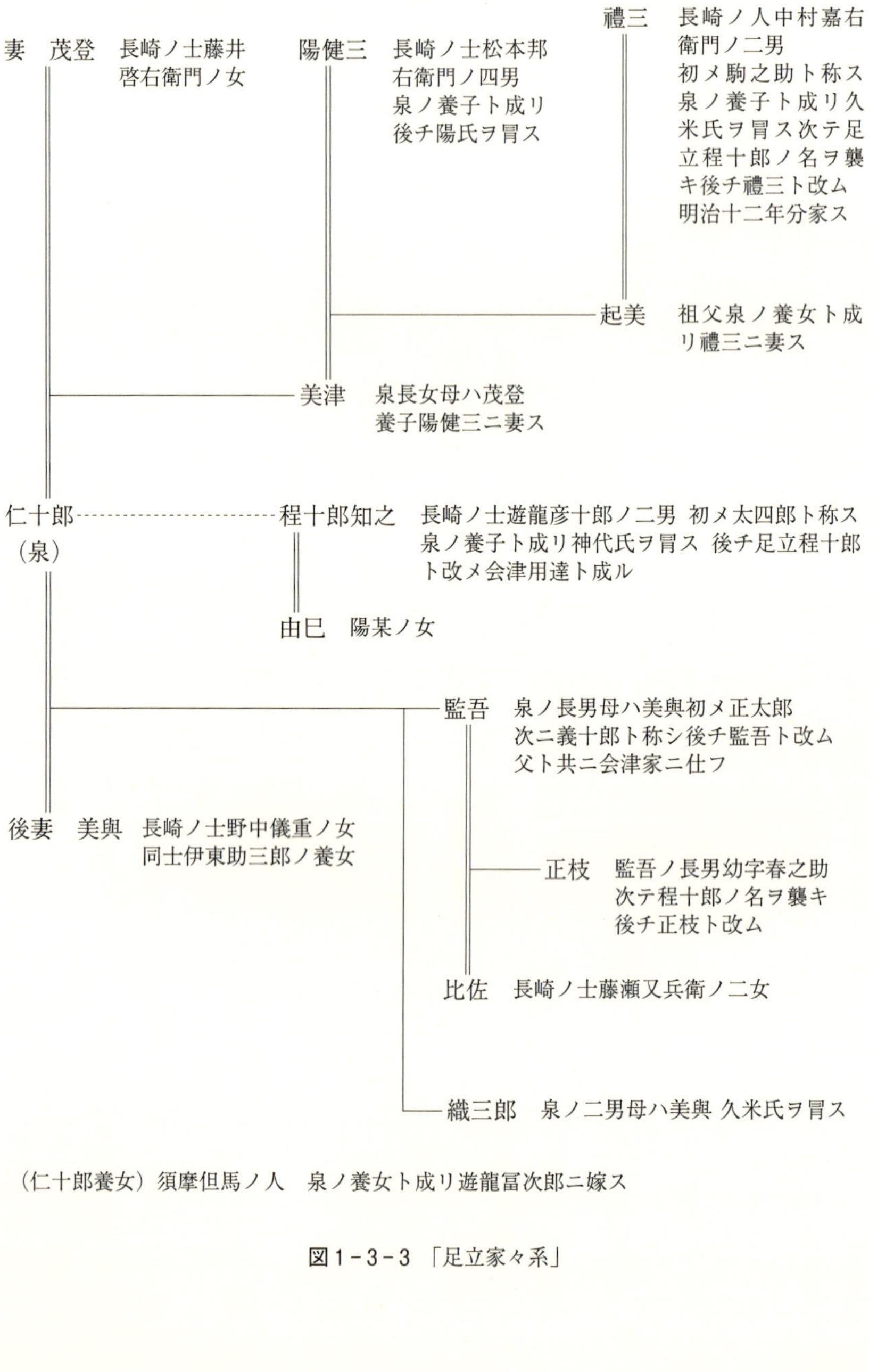
禮三　長崎ノ人中村嘉右衛門ノ二男　初メ駒之助ト称ス　泉ノ養子ト成リ久米氏ヲ冒ス次テ足立程十郎ノ名ヲ襲キ後チ禮三ト改ム　明治十二年分家ス
妻　茂登　長崎ノ士藤井啓右衛門ノ女
陽健三　長崎ノ士松本邦右衛門ノ四男　泉ノ養子ト成リ後チ陽氏ヲ冒ス
起美　祖父泉ノ養女ト成リ禮三ニ妻ス
美津　泉長女母ハ茂登　養子陽健三ニ妻ス
仁十郎（泉）
程十郎知之　長崎ノ士遊龍彦十郎ノ二男 初メ太四郎ト称ス 泉ノ養子ト成リ神代氏ヲ冒ス 後チ足立程十郎ト改メ会津用達ト成ル
由巳　陽某ノ女
監吾　泉ノ長男母ハ美與初メ正太郎　次ニ義十郎ト称シ後チ監吾ト改ム　父ト共ニ会津家ニ仕フ
後妻　美與　長崎ノ士野中儀重ノ女　同士伊東助三郎ノ養女
正枝　監吾ノ長男幼字春之助　次テ程十郎ノ名ヲ襲キ　後チ正枝ト改ム
比佐　長崎ノ士藤瀬又兵衛ノ二女
織三郎　泉ノ二男母ハ美與 久米氏ヲ冒ス
（仁十郎養女）須摩但馬ノ人　泉ノ養女ト成リ遊龍冨次郎ニ嫁ス

図1-3-3「足立家々系」

ならなかった。

「足立家々系」にあるとおり程十郎を禮三、義十郎を監吾とすれば、右の史料の「私弟義十郎」をどう解釈すればよいのだろうか。それぞれの墓碑からすれば、監吾は禮三より八歳年長であり多少の疑問は残るが、当時程十郎（禮三）が一家の当主という立場で嘆願書を作成したものと理解しておきたい。次項で述べる嘆願書「足立程十郎代理足立禮三」は、仁十郎直系の孫である正枝が程十郎を襲名したため、県当局との交渉継承の意味があったものと思われる。

「足立家々系」からもう一つ明らかになったことがある。それは程十郎知之が唐通事の大物遊龍彦十郎の二男で初め太四郎と称していたこと、仁十郎の養子となり唐通事神代氏を継いだこと、その後足立程十郎となり会津家用達となったことである。仁十郎は唐商取引に介在した唐通事のネットワークにも深く食い込んでいたのである。

五　足立程十郎人参販売一件（その二）

明治九年五月三日付、足立程十郎代理足立禮三名で再度会津人参代一万六千円下げ戻しの嘆願書が長崎県に提出された。再願書は、これまでの経過を概略記し、特に寅卯両年（慶応二、三年）の年賦銀四〇〇貫目（この金四千円）は差引勘定書に記載してある通り程十郎より上納するはずであったから、この分はお取り上げになるのが至当と四千円差し引きの件を改めて注記し、しかしながら程十郎所有の人参すべてを召し上げられるのは「不條理ノ御処置」と、去る明治八年六月二十八日付の内務省指令にはどうしても承諾しかねる旨申し述べて、四千円差引残金一万六千円の下げ戻しを重ねて嘆願している。

これに添えて、「若松御出起ニ付約定書之事」(54)という会津役人が足立監物（仁十郎）あて差し出した証書を提出しているが、その提出理由について再願書は「〔寅卯両年の〕精算証書ノミニテハ程十郎買受品タル儀不明瞭トノ御趣意ニモ可有之哉ト相心得候」と述べている。つまり足立側は、この証書（丙号）を寅年調達金に見合う品が不足のため卯年人参はすべて程十郎買上品であることの新たな証拠としたのである。

若松御出起ニ付約定書之事（丙号）

去寅年人参買上代金并諸雑費等迄従前之通足立程十郎調達金を以土根人参都合克買上製法高凡六万斤余有之、右品是迄之通不残足立程十郎方へ売渡、代金者右調達金元利差引精勘定致候様重役衆江も相伺候上長崎表江差廻之手数も相済、則荷物附添役人迄も長崎出張被申付江戸表江荷物持登候処、江戸御屋敷役人ゟ右品取押へ横浜ニ而売捌候半ハ不少御国益も相増当今御必迫之折柄御凌方之一助ニも相成趣挙而申立、右品取押へ程十郎方江者壱斤も不相廻、且亦調達金等も其儘返済不致不都合ニ成行候ニ付、程十郎ゟ厳敷懸合之趣も有之漸当卯六月ニ至寅年人参壱万弐拾九斤余差廻候得共、程十郎ニ於てハ大金調達不相約難渋、殊ニ向々ゟ借入候金主共ゟ願立候抔ト混雑を申立候ニ付、旁以俄ニ其許殿会津表御出張相成、右寅年江戸屋敷之取計振具ニ重役江被申立漸事柄相分、当卯年ゟ製法人参壱斤たり共他港へ不相廻悉皆以後長崎程十郎へ一纏ニ売渡候儀重役始一統評議ノ上相決候ニ付、毛頭相違無御座此後聊右様不都合之儀無御座候、為念如斯御座候、仍而如件

伊藤　精八（印）

慶応二年卯九月

在他邦　阪井　誠介

佐野貞次郎（印）

足立監物殿

前書之通相違無之候、以上

在他邦　入江庄兵衛

安藤　文助（印）

念のため以下に要旨を述べておく。寅年人参については従前のごとく程十郎調達金でもって土根を買い上げ、製法高およそ六万斤余は残らず程十郎方へ売り渡し、代金は調達金元利差し引き、精勘定するようになっていた。荷物は会津から江戸表まで来たところ、江戸屋敷の役人たちが人参を取り押さえ、横浜で売り捌いた方が（高値で売れ）御国益が増し藩財政の助けにもなると申し立て、程十郎方へは一斤も差し廻さず調達金も返済しなかった。そのため程十郎より厳しく抗議され、ようやく卯の六月になって人参一万二九斤を差し廻したけれども、程十郎にとっては大金調達分になお足らず難渋し、そこで其許殿（仁十郎）会津へ出張され、昨寅年の江戸屋敷役人の行為を重役衆へ申し立てられた結果、事の次第が明らかとなり、当卯年より製法人参一斤たりとも他港へは廻さず一まとめに長崎程十郎へ売り渡すことに決まった。今後は一切不都合なきようにしたい。

一方、再願を受けた県側の対応は、先の程十郎出願の時とは大きく異なっているように思える。まず、長崎県警察所が五月九日付で「今般慶応二卯年九月会津役人より当長崎諸役人へ差遣シ候官辺之条約書ヲ以テ憑拠ノ旨申立候得共、右ハ程十郎ノ人参買取候証拠ニハ無之候ニ付其旨申諭書面却下致シ可然哉」と県上層部へ伺いを立てたところ、県参事渡辺徹はそれに同調せず、次の通り再願の件を内務省へ上申すべくその準備を指示した。

此再願書へ付シ差出候丙号之書中ニ当卯年より製法人参壱斤タリトモ他港者不相回云々トアリ、此云々ハ其前段ニ記載スル程十郎調達金ヲ以土根人参都合克買上ケ云々ト云フヲ請ケ結ヒタル文ナリ、就而者該書真物ナレハ今一応左案之如ク相伺候方可然

何々之義ニ付相伺候処何々ト御指令ニヨリ其旨相達候処、此節猶又別紙之通リ願出候条今一応御評議被下度此如上申候也

明治九年五月といえば、十五日付で宮川県令が辞任し二十二日付で北島秀朝が長崎県令に就任した時であり、この異動がこの件の取り扱いにも影響したのではないかと考えられる。先の明治七年程十郎嘆願の際に提出された付属書類のうち「寅年卯年会津産人参買入代差引勘定書」にも会津役人の連印があり、その後の取り調べにおいて江戸屋敷役人による寅年人参横浜売却の事情は明らかになっている。したがって今回の証拠が、これまでの県判断を覆すほどの新証拠とは考えられず、やはり宮川県令離任にともなって県側に対応の変化が生じたとみるべきであろう。

早速翌六月二十四日付、北島秀朝代理渡辺徹名で、内務省へ会津人参代価下戻請求の件について再願に付き、何分の指令を仰ぎたき旨の伺い(55)がなされている。その後内務省と長崎県の間に、一件に関わる付属書類の提出をめぐってかなり興味深いやり取りも行われているので紹介しておく。

まず、内務省からの人参一件付属書類提出の申し入れに対し、長崎県側は明治九年九月十六日付で、すでに本年二、三月中、尾崎図書権頭あて差し出し済みであると回答したが、さらに内務省からは同年十月十七日付北島県令あての照会文書で、先の回答をもとに図書局を調べたけれども指令書のみ来て付属書類は到着しておらず、程十郎出願取調方に差し支えがあるので、至急書類謄写の上送付されたいと伝えてきた。これを受けた長崎県は、明治八年七月の内務省火災後求めにより書類謄写して進達済み(56)であり、かの一件書類は「必ず同省ニ於テ埋没相成候」としながらも、「只様往復ニ日ヲ費シ候而ハ事柄願人ノ迷惑ニモ可相成ニ付」と皆取りそろえて差し出すことにした。

その回答文にも「事柄只様遷延ニ及ヒ候テハ願人ノ迷惑ニ相成候」とあり、最後は「兼而具申致置候通リ本人ノ願意モ無余儀相聞、尚ホ追々困難ノ事情申立候条至急内分ノ御処分相成候様致度、此段御回答旁申進候也」（県令北島秀朝代理渡辺徹）と結んでいる。かつて「今更苦情申立候得共御採用難相成儀」と迷惑気に上申した宮川県令当時に比べて、明らかに足立側に同情的な対処の仕方といえよう。渡辺参事は当時も県参事の職にあったのだから、なおさら宮川県令離任後の変化が目立つ。

さて、明治十年三月十五日付で内務省庶務局長権大書記官松平政直名の照会が送られてきた。それによれば、これまでの差出書類は本人からのもので当時の旧長崎裁判所取り扱いの参照には不十分であるから、旧裁判所からの申し送りもないのであれば、当時取り扱いの官員へ尋問の上裁判に及んだ理由を詳細に取り調べ、至急申し出られたいというのである。

これを受けて長崎県側は、同年六月足立禮三に当時取り扱いの官員名をあげさせ、その動向を調査したところ、井上聞多（馨）は外遊中、大隈八太郎（重信）・横山又之丞・平井義十郎は在東京、岡田吉太夫・本木昌造は既に死去しており、現在長崎にいるのは青木休七郎一名のみで他に尋問する者もいないことが知られた。青木への尋問内容及び受け答えなどは残っていない。

しかしこの他にも、人参押収に当たった元長崎裁判所公事方懸や長崎産物会所に当時在籍していた者たちを取り調べ、人参没収時の事情の解明に努めている。元公事方懸久保山重任・尾上栄文両名の上申書によると、人参没収は次のような経過で行われた。

1　明治元年三月中（記憶しているが）東浜町の商、足立程十郎は、旧会津藩用達にて同藩出産の人参を持ち囲っていると聞き同人宅を取り調べ、人参はもちろんその他皆封印し、程十郎は町預けを申し付け諸帳簿類もことごとく取り上げたが、これらのことはさして難しいことではなかった。
2　その後井上殿より、程十郎所持の人参は皆召し上げるので産物懸へ引き渡すよう命令されたので、解封の上同懸へ引き継ぎ、また伺いの後程十郎の町預けを免じ諸帳簿類もすべて下げ渡したと記憶している。
3　もっとも人参取り上げ方、当人に吟味の上律例に照らして判決したのではなく、おそらく評席を設けて当人へ申し渡したのではなかろうか。

4　その頃人参は程十郎私有物であり、会津藩負債のため取り上げられるのは不服といった意味の書面が差し出されたので、伺いを立てたところ書面差し戻しということであった。

さらに、元産物会所の野口孝清は次の通り上申している。

1　取り上げた人参は産物会所土蔵に入れられ、管理は公事方の者が行っていたが、その後封印が解かれ蔵入りのまま産物会所へ引き継がれた。

2　程十郎は裁判所にあてて、代金二万両にて人参の払い下げを嘆願したので（当方は命を受けて）、彼の納金に応じて人参を蔵出しし漸次渡すよう取り計らった。

3　代金二万両は官納の上、大坂長崎産物会所納のかたちで辰年当県（府）勘定帳に組み入れられた。

結局取り調べは拝借銀三千貫目の返済方法に関して、十五ヶ年賦銀二〇〇貫目は売り捌き代金の多寡に応じて変更されたのかどうか、つまり売却代金が数万両に及ぶ場合でも二百貫目上納は適用されたのかということに集約されてきたらしい。このことについて先の野口孝清は次のように述べている。貸渡銀三千貫目については、会津藩の願により十五ヶ年賦返納のことが長崎奉行所において許可になった上は「其年売捌代金幾万両ニ及ヒ候とも年賦銀弐百貫目之分のみ返納為致残金者悉皆同藩用達江相渡」と売却代金に関係なく年賦銀は二〇〇貫目に定まっていた旨の回答である。同じ頃足立禮三も同趣旨の上申書を提出している。

同年九月には旧奉行所より在来の関係書類の謄写も行われた。おそらく第三項に引用した貿易史料(57)のうち第五号・第七号に属さない、人参長崎廻着後八割方前貸し関連の史料がこれに当たるものと思われる。

以上で県側の取り調べはすべて終了し、同月去る三月十五日付内務省照会に対する回答がまとめられた。その按文に記す長崎県による調査経過及び結果、この一件に対する県側の上陳内容は次の通り足立側に有利なものであった。

当県下足立程十郎ヨリ旧会津藩産人参代下戻之儀及出願候ニ付、客年六月中相同猶又関係之書類及進達候処、右ハ本人ヨリ差出候書類ニテ当時旧裁判所ニ於テ取扱候始末御参照難相成、依テ右一件旧裁判所ヨリ申送等モ無之儀ニ候ハヽ、当時取扱之官員ヘ親シク尋問之上裁判ニ及ヒタル候理由情実詳細取調御回答可及旨、三月十五日附ヲ以テ御照会ノ趣致了承候、則取調候ニ該人参之程十郎ノ所有ニ帰シタル原因ハ旧長崎奉行所ヨリ在来之別帳ニ記載ノ通ニ有之、且其当時取扱ノ官員ハ議官井上馨長崎府判事タリシトキ裁決致シタル儀ニ有之、然ルニ同人儀現今洋行中ニ付当時ノ属吏ヘ及尋問候処別紙一、二印之手続書差出候、抑旧会津藩産之人参ハ従来旧長崎奉行所ニ於テ買得シ、慶応元丑年奉行所ニ於テ会津藩ヘ人参代為前貸銀三千貫目貸渡シ同年産出ノ人参ヲ以返納ノ約ヲ為セシニ、同藩ハ京都守護職中多分ノ費用相嵩シ一時返納難出来ヨリ奉行所ヘ歎願之末該負債十五ヶ年賦ニ返納允可ニ付、産出ノ人参ハ悉皆長崎ヘ相廻シ用達程十郎ニ於テ他ヘ売捌、年賦金一ヶ年銀二百貫目　此金二千円　宛会津藩ノ名義ヲ以テ程十郎ヨリ奉行所ヘ相納、残余ノ人参代ハ仮令数万円ノ高ニ及ト雖モ奉行所ニ於テハ年賦金及益金ヲ領収スレハ残金ハ程十郎ヘ下渡シ、又会津藩ニ於テハ年賦金上納残余ノ人参ハ別紙三印之通程十郎ヘ売渡シ、右勘定書後項ノ通程十郎ゟ一万三千円余会津藩ヘ過納ニ相成、其他四印ノ通別途ニ五千円貸金有之処悉ク滞納ニ相成、然レ共是等之滞金ハ成規ノアルヲ以テ今日ニ至リ程十郎ニ於テ断念候義ニ有之、然ルニ曩ニ没収セシ人参ハ旧奉行所取扱ノ帳簿并属吏ノ手続書及会津藩ト程十郎ト之為取替タル勘定書ヲ以テ見ルニ、該人参ハ既ニ会津藩ノ所有ヲ離レ程十郎ノ所有ニ帰シタル者ニ相見情願ノ趣無余儀相聞、依テ在来帳簿ノ内緊要ノ分移取及属吏ノ手続書等相添及進達候条、何分ノ御詮議相成度此段御回答旁申進候也

年　月　日　　長官

内務権大書記官松平正直殿

後半を要約すれば次のようになろう。

1　慶応元丑年、同年産出の人参を抵当に銀三千貫目が会津藩に貸し渡された。

2　ところが当時同藩は京都守護職にあって費用がかさむため、十五ヶ年賦一年に銀二〇〇貫目返納を申し出、奉行所より許可になった。

3　そのため、人参売却代金がたとえ数万円の高になっても年賦銀二〇〇貫目の額は変わらなかった。

4　当時の足立程十郎と会津藩の間の勘定は、一万三千円ほど程十郎の納め過ぎになっていた。

5　したがって没収した人参は、当時すでに会津藩の所有を離れ、程十郎所有となっていたというべきである。

長崎県側の認識で気になるのは、銀三千貫目が慶応元丑年の前貸金で同年産出（製作後翌寅年廻送）の人参を返納の約束であったという点だが、前述したようにこれは程十郎の言う子年拝借銀三千貫目、即ち二万斤増産のための植え増し手当てのことで、一括返済の約束のところ寅年から十五ヶ年賦に変更されたものである[58]。

北島県令は、自ら按文に朱筆を入れ、付属書類には旧奉行所より在来または会津藩からの書類と明記しなければ内務省において見分けがつかないと注記するなど細かな配慮もしている。県令自身この一件に対する態度が表れているようにも思える。その北島県令だが、西南戦争が終わった直後の明治十年十月十日、病院にコレラ患者を見舞った際感染し死去した。西南戦争中長崎は兵站基地として極めて重要な位置を占め、北島県令はその間の民心の安定、負傷兵の処置等に奔走したという[59]。

さて、会津人参代価下げ戻しの再願に対する中央の指令は、明治十一年三月二十九日付で大蔵省から通達されてきた[60]。大蔵卿はかつての長崎裁判所判事大隈重信、当事者井上馨は未だ外遊中である。

第千六百八号

伺之趣足立程十郎ノ願意ハ特殊之詮議ヲ以聞届金壱萬六千円ヲ新公債證書ノ額面ニテ下ケ渡候条、其旨本人へ
申渡請取方更ニ可申出候
明治十一年三月廿九日　　大蔵卿　大隈重信（印）

別に同日付で郷大蔵大書記官より新公債一万六千円の受け取り方法について問い合わせがあり、代理人足立禮三が上京中であるが、彼に直接下げ渡すのがよければ、程十郎の存意を確かめその旨の上申をするように、また代理人は委任状を本省へ持参するようにとのことであった。足立禮三は私用を兼ねての上京にしろ半年以上も東京に滞在していたことになる。以上「足立程十郎人参販売一件」は、一万六千円を新公債で下げ戻すということで決着したわけである。

結びにかえて

その後の足立家（田辺屋）の動向についてはよくわからないが、ただ明治十一年二月二十三日付で興善町足立程十郎は東浜町井上久兵衛、本紺屋町鹿児島弥吉とともに精米の鑑札を受けており[61]、和人参貿易に代わる新事業への転出をはかったことがうかがわれる。井上久兵衛は明治四年以降に東浜町へ移って来た貿易商で、明治十年代にはかつての田辺屋敷地内の町角に井上久兵衛商店を開き、舶来物小売を営んでいた[62]。また鹿児島弥吉については、明治二十七年十二月一日浦上山里村に鹿児島精米所（合名会社）を設立した鹿児島兵吉なる人物がいるところから、あるいは本業が精米だったのかもしれない。ついでに、この会社は「蒸気々鑵ヲ備へ精米事業ヲ営ム[63]」とある。この井上・鹿児島との精米事業も足立家には利をもたらさなかった可能性が強い。

ところで、下げ戻された新公債一万六千円の使途だが、明治七年の程十郎嘆願書にあるように、かなりの負債を抱えその利子にも困っていたところから、大部分返済に充てられたものと思われる。足かけ五年にわたる嘆願の末ようやく得た下戻金も新規の事業資金にまでは回らなかったらしい。明治十年から二十年代にかけて、長崎の外国貿易商・事業家の名簿(64)に足立（田辺屋）の名はない。

豪商田辺屋の没落が、慶応二年寅年の人参を会津藩役人に横浜で売り捌かれ長崎に来なかったこと、及び維新時井上聞多によって強制的に人参二万四千斤を取り上げられたことに起因することは改めて言うまでもない。長崎田辺屋も他の多くの商人がそうだったように、激動する時代の波をまともに受けて破産したのである。しかし、時代の変化に対応できない足立家の体質、即ちほとんど会津人参だけを取り扱って会津家用達を勤め、さらには仁十郎が会津藩士に召し出されるなど、会津藩と一心同体のような営業形態が致命的だったとも考えられる。何より長崎県への嘆願書文面を見ても、会津藩に対する恨みがましい言葉はなく、また明治四年に斗南藩の広運館留学生の保証人として県に届け出るなど、むしろ会津家からこれまでに受けた恩顧といったものが見え隠れするのである。そうした意味合いで、足立仁十郎一族（長崎田辺屋）は近代商人へ脱皮できなかった封建体制内の商人であったとみることができよう。

以上で本節を終えることにするが、なお特に気にかかることが二点ある。それは新公債一万六千円下げ戻しの決定に、慶応四年春当時長崎裁判所の判事にあって井上のやり方を傍観していた大隈重信の意図が働いたのではないかということである。今一つは、先に明治九年五月の足立再願後長崎県の態度が変化したことを述べ、それは宮川県令の離任、北島県令（水戸藩出身であることを申し添えておく）の赴任によるものではないかと考えたのであるが、それに加えて足立本宅が長崎県警察所の本署となったことが関係してはいないか、つまり警察所本署の設置を急いでいた県側が足立と人参代価下げ戻しの件で取引をしたのではないかというわけである。明治新政府、とりわけ大久保利通を頂点とした内務官僚が非を認めて下げ戻したとは考えられず、右二点を今後の課題として結びにかえたい。

注

（1）『福島県史　第二巻近世1』福島県、昭和四十六年。
（2）以下の史料引用で、付属書類第一～七号とあるのは、「庶務課庶務係事務簿　足立程十郎人参販売一件書類」所収のものである。また、この史料も含めて、以下、注記のない引用史料は、図表も含め、すべて長崎歴史文化博物館蔵である。
（3）注（2）の史料中、明治七年嘆願翌八年上申の際の、付属書類第二号。
（4）兵庫県朝来郡和田山町。夜久野ケ原という台地が兵庫県から京都府にかけてあり、京都府にも夜久野町があるが、ここと違う。
（5）兵庫県朝来郡山東町与布土。仁十郎の出身地である。
（6）井上馨侯伝記編纂会『世外井上公伝』内外書籍、昭和九年。
（7）後述するように足立（田辺屋）は明治十年代の貿易商のリストになく、また程十郎は精米業の鑑札を受けている。注（46）・（64）参照。
（8）付属書類第三号。
（9）注（8）に同じ。
（10）付属書類第六号。
（11）①調達金三万両の利息が、慶応二卯年に人参が廻着した後も全額分について計算されていること、②長崎奉行所（会所）への未払い金四千両、つまり年賦銀返済二ヶ年分銀四百貫目（この頃は金一両に付き銀一〇〇匁で換算）を払い済みのように記していることである（後日程十郎自身訂正）。
（12）付属書類第四号。
（13）石井孝『幕末貿易史の研究』日本評論社、昭和十九年。幕末貿易の概要についてはこの著作を参考とした。
（14）第四項で述べているように、先代程十郎知之が元治元年に死去し、程十郎を襲名してなお日が浅くもあった。
（15）第二・三・四・六号はすでに紹介、第五号は次項で、第一・七号は第三・四項で紹介・引用する。
（16）「会津産人参唐方買渡記録」、「会津雲州人参初発書付」、「天保元年寅秋出帆唐方渡」。今村鞆『人参史』全七巻、朝鮮総督府専売局、昭和十三年。
(17) 付属書類第五号。
(18) 注（16）『人参史　第三巻人参経済編』。
(19) 「会津産人参唐方買渡記録」。以下この項に限り、注記がない場合はこの史料によるものとする。
(20) 注（18）に同じ。
(21) 金井俊行『長崎年表』（『長崎叢書　第三・四巻』長崎市役所、昭和元年所収）。
(22) 注（19）に同じ。
(23) 『日本財政経済資料　三』大蔵省、大正十三年。
(24) 田辺屋作兵衛外三名の売込商人の実績は、二ヶ年で七七〇〇斤余、一年に直せば三八八〇斤余。会津産の分、去年の寅秋から当年卯春まで四三四〇斤余。双方にて一ヶ年八二〇〇斤余の高になるから、今後の見積もりを一ヶ年出来高一万斤余に決めるとある。
(25) 「会津雲州人参初発書付」。
(26) 「天保元年寅秋出帆唐方渡」より作成。
(27) 注（17）に同じ。
(28) 注（17）に同じ。
(29) 注（13）に同じ。
(30) 注（1）に同じ。
(31) 「手頭留」嘉永六年三月、安政五年十二月（森永種夫校訂『幕末史料大成3』長崎文献社、昭和四十五年所収）。
(32) 注（17）に同じ。
(33) 注（17）に同じ。
(34) 付属書類第七号。
(35) 「獨逸人レーマンより旧会津藩足立泉相手取小銃代金滞一件」、これによれば慶応三年四月（一八六七年五月）に会津藩は、シェンド・ナールド・ケウェール銃千三百挺を購入している。
(36) 注（17）に同じ。
(37) 注（17）に同じ。
(38) 注（17）に同じ。
(39) 足立程十郎人参販売一件付属書類の第一号から第七号に属しない旧長崎奉行所在来の貿易史料（再願上申時の付属書類）。

(40)　注(17)に同じ。
(41)　大阪薬種業誌刊行会『大阪薬種業誌』昭和十一年。
(42)　会津若松市史出版委員会『会津若松市史　第四巻』昭和四十一年。
(43)　付属書類第一号。
(44)　「水帳惣坪図面帳　東浜町」慶応四辰年改。
(45)　この図面は長崎奉行所から長崎県への引き継ぎ文書・絵図類ではなく、長崎県行政資料に属するものであると考えられる。
(46)　「鑑札渡原簿　質屋　諸会社　商社」。
(47)　注(44)に同じ。
(48)　「広運館医学校生徒入門書類」明治四年。
(49)　『訳司統譜』(『長崎県史　史料編第四』吉川弘文館、昭和四十年所収)。宮田安『唐通事家系論攷』長崎文献社、昭和五十一年。
(50)　注(48)に同じ。これによれば、斗南藩足立監吾倅監十郎、当未拾三歳とあり、年齢からして正枝に間違いない。
(51)　長崎市小学校職員会『明治維新以後の長崎』大正十四年。
(52)　「足立家々系」は、東京都調布市にお住まいの石重章氏より提供されたものである。貴重な史料をご提供くださり、ご教示いただいた石重章氏に深く感謝申し上げる。
(53)　「御用留」慶応四年。
(54)　足立禮三再願時に提出した付属書類丙号。甲号は付属書類第六号即ち「慶応二寅年　同三卯年会津産人参買入代差引勘定書」と同じ内容だが旧会津藩役人作成書類、乙号は前嘆願に対する明治八年一月十八日付内務省指令。
(55)　「官省指令留　会計課」明治十一年。
(56)　「上局伺留」明治九年。この史料に、内務省火災により再提出すべきところ検索中にて差し出さずにいたが、ようやく調べ出したので、二名の者に足立程十郎人参販売一件書類を謄写させてよいかとあり、長崎県がすでに進達済みとしているのは間違いなさそうである。
(57)　旧長崎奉行所在来の書類で、再願書上申後の取り調べで特に足立側提出でない公辺の書類を捜し出したものと思われる。
(58)　元治元年六月の仁十郎上申書(第五号中)に「数年ノ間手当致シ既ニ行届兼候節ハ御当地へ役人共度々出張致シ御前貸金相願候処其時々拝借被仰付」とあって、植え増し二万斤分に対する拝借銀が長崎奉行所(長崎会所)から支出されたことが明記されており、この総額が銀三千貫目ということになろう。長崎県側でこれを慶応元丑年前貸銀としたのは、注(57)の書類によったものと思われるが、八割前貸しというのは、人参が長崎に廻着した後、渡される仕組みになっており、それは第三項ですでに述べた通りである。

(59) 藤田倉雄編『県令北島秀朝』北辰図書出版、昭和五十六年。
(60) 注(55)に同じ。
(61) 注(46)に同じ。
(62)「長崎名商店社寺版画」(商工技芸崎陽の魁)。
(63)「商事会社台帳」明治廿六年六月起。
(64)「勧業課商工掛事務簿」明治十三年〜十六年の中の長崎区外国貿易商人名簿など。

第四節　貿易都市長崎の祭り「長崎くんち」

一　「長崎くんち」とは

長崎の氏神諏訪神社の秋の大祭「長崎くんち」の起源は、寛永十一年（一六三四）に丸山遊女高尾と音羽が神前で小舞を奉納したことにさかのぼるという。当時の長崎はキリシタン禁制下にあって、徳川幕府による過酷な弾圧政策が行われていた。一方、キリスト教に代わる宗教的よりどころとして長崎奉行所による神社・寺院への保護施策がなされたが、その一環としての長崎くんちは、長崎奉行の特別な肝いりもあってだんだん華やかになり、年月を経るとともに市民の祭りとして定着・繁栄していった。

鎖国時代の長崎くんちの特色は、第一に出し物や衣装に唐蘭貿易の影響が濃厚に表れている点にある。江戸町の阿蘭陀兵隊さん、本籠町の龍踊り、西浜町の龍船、本石灰町のアニオーさんの行列などは、その代表的なものであり、身に付ける衣装・布地はオランダ・中国からの舶来品が多かった。他都市の祭りの出し物が京都祇園祭の影響もあって山車が主流となっていくなか、一見地味な通り物（行列の出し物）が遅くまで残った理由はここにある。

第二に、貿易都市長崎は博多・佐賀・柳川など九州各地、京・大坂・堺といった上方とも密接な関係にあり、やはり出し物・囃子などが大きな影響を受けた。シーボルト『日本』にも描かれている長崎くんちの華、樺島町のコッコデショ及び万屋町の鯨の潮吹きは、それぞれ上方（おそらく淡路島）の太鼓台、肥前呼子の鯨曳きが基になって長崎らしく洗練された出し物に仕上がっている。

第三の特色は、長崎くんちが流行に敏感な「風流のまつり」[1]であり、「変わらないように変わる」[2]という側面を持っていることである。国内外の風が交差する長崎の市民は、常に最先端の出来事、新鮮な話題をくんちに取り込んできた。江戸・上方で当たりをとった歌舞伎狂言の名場面を簡易舞台の上で演じたり、桶屋町が傘鉾の飾り（ダシ）にカラクリ仕掛けの時計付き白象を据えて市中を驚かせるなどしている。

以下、江戸時代の長崎くんちについて可能な限り史料に基づいて紹介したいと思う。

二　くんちを支える惣町と町衆

諏訪社祭礼は、九月七日（旧暦）大波止の御旅所に神が「お下り」（渡御）し、新たな霊力を宿して九月九日「お上り」（還御）する神事が中心である（寛政五年（一七九三）から九日と十一日に実施、ただ『長崎歳時記』[3]によれば寛政六年からとある。維新後はもとの日取りに戻る）。「お上り」「お下り」の行列のほか祭り全体を取り仕切る町を当人町（年番町）といい、町印である傘鉾を先頭に奉納する出し物を擁してお供する町を御供町（神事町・踊り町）という。

長崎の惣町は、貿易の発展とともにその数を増していったが、八〇ヶ町に固定されたのは寛文三年（一六六三）の大火後、長崎奉行牛込忠左衛門によって進められた都市再生事業、新規町割りの結果である。くんちの資金源の一つでもある箇所銀・竈銀（貿易利銀の長崎地下配分）を平等にする目的もあって大町はこの時分割された。

御供町をつとめるのは出島町と遊女町二町を除く七七ヶ町。丸山・寄合の遊女町二町は、高尾・音羽の神前奉納という来歴から毎年出演、残りの七七町が一一町ずつ七年に一度登場する仕組みが寛文十二年から始まったが、踊り町が七年に一度回ってくるというのは基本的に今日も変わっていない。各町では六年間エネルギーを貯めて七年目に爆発させるのである。御供町の順番は表1－4－1のとおり[4]。これは幕末まで変わっていない[5]。

表1－4－1　「年々踊順番」

浦五嶋町・引地町・堀町・新町・本石灰町・桶屋町・大井手町・船大工町・袋町・酒屋町・出来大工町
舟津町・本博多町・樺島町・平戸町・八幡町・麹屋町・北馬町・万屋町・西浜町・銀屋町・諏訪町
榎津町・西古川町・本紙屋町・新大工町・磨屋町・新橋町・出来鍛冶屋町・大村町・本五嶋町・今町・金屋町
油屋町・今石灰町・下筑後町・今篭町・今鍛冶屋町・西中町・東中町・豊後町・本下町・外浦町・島原町
新興善町・今下町・西築町・東上町・南馬町・大黒町・新石灰町・東浜町・東古川町・中紺屋町・本古川町
東築町・桜町・小川町・内中町・西上町・八百屋町・勝山町・恵美酒町・今紺屋町・炉粕町・伊勢町
本大工町・今博多町・本紺屋町・今魚町・本篭町・材木町・古町・上筑後町・後興善町・江戸町・本興善町

さて、箇所銀・竈銀の箇所とは地所をいい、竈は世帯をさす。したがって箇所銀は土地持町人に配分され、竈銀は各世帯に配られた。その額は「文政六年惣町明細諸雑記」によれば一箇所（表口四間、奥行き一五間が基準）あたり年間一三四匁、一世帯あたり約三七匁で、これから町入用その他が差し引かれるから、まるまる長崎町人の懐に入ったわけではない。くんちと箇所銀の関わりを、代々桶屋町の乙名を務めた藤家文書にみると、諏訪社祭礼御供町へ長崎会所から銀一貫五〇〇目の拝借銀が与えられ、その後箇所銀の内から年々三〇〇目ずつ引き取り、五ヶ年賦で返済したことがわかる[6]。つまり、くんちの主たる担い手は各町の箇所持町人であった。本番では、箇所持町人は上下《かみしも》を着用、いくら金持ちでも箇所持町人でない者は羽織での参加、町内の若い者はハッピ・股引姿で荷物運びなど下働きをしたようだ。

御供町の年になると、六月一日の小屋入り以来、町を挙げて出し物の稽古、神事のための諸準備に励んだことが容易に想像できる。一通り準備が整ったところで、九月二日に仕上がり具合を披露する「人数揃い《にぞろ》」（リハーサル）が行われた。長崎ではダラダラと続くことを「人数揃いの客のごたる」というが、人数揃いに招待された客は次の史料に「御勝手宜時分」とあるように、何時行ってもよかったらしい。八幡町の乙名木下勇之助から桶屋町藤昇一郎にあてた案内状を紹介しておく。

漸秋冷相催候処益御安康奉賀候
然者来ル二日町内踊人数揃ニ付麁酒差上度候間
御勝手宜時分御光駕被成下候ハヽ忝存候
右御案内申上度如斯御座候、以上
八月

ところで、出し物の衣装などを飾る今日の「庭見せ」は明治以降の行事であって、江戸時代の九月一日夜、すなわち人数揃いの前夜に行われた「庭おろし」(7)が転化したと考えられる。キリシタンでないことを明らかにするために、家庭を開放したというのは後世作られたもののようである。

三　くんちと長崎奉行

寛政九年の自序がある野口文龍の『長崎歳時記』及び、文政年間以降に書かれた長崎奉行所文書「分類雑載」のなかの「御神事一件」によって、長崎くんちの公的な部分と長崎奉行の関わりをみておこう。寛政五年以後の史料であるから「お下り」は九日、「お上り」は十一日、神事能は十三日に行われた。

九日、遊女町両町と各御供町は次の順序で踊り場所を廻った。第一諏訪社、第二西役所、第三御旅所、第四立山役所（安禅寺御霊屋で奉納踊りが行われた場合は、この後となる）、第五代官所。以上の場所において踊り順は丸山町・寄合町を先頭に決まっていたが、それより後は各町で町年寄の屋敷や乙名の親類・知音の家を訪ねて踊りを披露した。いわゆる庭先廻りである。

この日早朝、立山役所の長崎奉行の家老が奉行名代として諏訪神社の桟敷に座り、長坂下で行われた奉納踊りを見分した。その後名代は町年寄らと神輿の行列に同道する。一方、奉行自身は勘定方・長崎代官など諸役人とともに西役所へ出向き、設えてある桟敷で江戸から来た新着の長崎奉行と並んで各町の出し物を見物、各町の乙名は踊りの前後に桟敷の前に出て御礼をした。続く御旅所での奉納踊りが済む頃にお下りが行われ、行列は両馬町・勝山町・桜町・豊後町・新町・堀町・島原町・外浦町を通って御旅所に入った。つまり、両奉行は三体の神輿のお下りを御旅所に近接した西役所で出迎え、神輿の到着後揃って参拝したのである。

十一日は、御旅所→西役所→諏訪社の順で奉納踊りが展開し、あとは九日と同じ順序であるが異なる点も多々ある。この日の朝、今度は西役所の奉行の家老が名代として御旅所桟敷へ出座し、奉納踊りを見分した。また、両奉行は揃って諏訪社の桟敷へ出向き（後日の踊り場は前日の長坂下ではなく一の鳥居の上という）、踊り見物後お上りを迎えた。この日の行列は、外浦町・大村町・本博多町・堀町・豊後町・桜町・勝山町・両馬町を通っての諏訪社入りであった。両奉行は神輿還御の後、社殿に上がって参拝。続いて湯立て神事が行われ、湯をかき混ぜるのに使った笹が群衆の中に投げ入れられると、人々は争って奪い合い、お守りとした。

一連の神事が終わると流鏑馬が勇壮に繰り広げられた。松の森天満宮に至る参道を馬場として、三所に竹に挟んだ四半を三本ずつ立て、都合九本の的を射るのであるが、馬場の左右は大勢の見物人がひしめき、中には竹で馬の尻を打つ侠客もいた。奉行の前ではあってもはばかることなく、古来よりの神事の例ということで規制はなかったという。九つの的のうち、第一に射るを諏訪明神の的と定め、次の二枚は両奉行、その次は代官所と地元の南馬町・北馬町、「ばかひ的」と名付けられた残り三枚は、その年の運気が強くなる縁起物とて見物人たちが争って奪い合った。南北馬町の二枚は、町内の若者たちが地役人や富貴の家に持って行き、祝儀として銀一枚（四三匁）ほどを遣わされたとある。

十三日は、朝卯の刻頃より諏訪社能舞台において神事能が行われた。両奉行以下部下の吏員、代官・勘定方・普請役などの幕府役人が、幕を廻らし毛氈を敷いた桟敷に並び、町年寄・宿老ら地役人や神主・社用人も参列。また、舞台の左右には市中の男女が毛氈を敷き、弁当など携えて詰めかけた。神事能の番組は毎年替わるが、その昔邪宗をたいらげた諏訪明神の神徳を讃える謡曲「諏訪」が一番にうたわれたと『長崎歳時記』は記す。番組は五番まで、有名な三番叟などが演じられ、一番終わるごとに狂言が加わった。能太夫以下役者たちは長崎地役人であり、一応の生活が保障され芸をみがくことができる環境にあった。

以上概観したように長崎奉行にとって、くんち期間九・十一・十三日の神事への参列は公務であった。江戸からの奉行到着は九月初旬が多いが、これはくんちに間に合わせたものである。お下り・お上りへのお供は、それぞれの家老を名代として分担させ、両奉行は神輿を迎えて参拝する役割を担った。おそらく奉行の負担を減らす方向で検討され、マニュアルが作られたものと推測される。

さて、これまでは『長崎歳時記』「御神事一件」といった編纂史料をもとに述べてきたが、別の角度からの史料で確認しておきたい。文化九年（一八一二）九月七日、新任奉行として長崎に着いた遠山左衛門尉景晋の、くんちに関する行動を彼の「文化日記四」によってみてみると、西役所の桟敷で神輿を迎える際「神輿通行之節着座之侭平伏、三社有之」とあり、また十一日、土屋紀伊守が立山役所を出るのが遅く「途中ニ而出会之筈之処立山出立遅候間先江桟敷江罷越」といった具体的な記載が随所にあるものの、総じてマニュアルに沿っている。不思議なことに、出し物についての記述は「踊十一番有之」とあるだけだが、神事能については、差し出された「番組明細書」をもとに翁・諏訪・萩大名・経政・樽開・羽衣・井礑、（中入）、善知鳥・祝之弓八幡という演目が細かに記されている。遠山景晋の興味・関心の一端をかいまみることができよう。

弘化二年（一八四五）の京都宿老巨智部氏の「要録」によれば、この年の神事能演目は「翁」「諏訪」「田村」「夕顔」「野守」と祝言能「弓八幡」、そして狂言が「佐渡狐」「伯養」「祢宜山伏」であった。「翁」「諏訪」は毎年演じられていたようだが、『長崎歳時記』が記すごとく必ずしも「諏訪」が一番ではなかったようだ。

次に、町年寄（会所調役）福田安右衛門の「御取締向手元目録」（天保七年（一八三六））に記載されている前日の西役所・御旅所及び後日の諏訪神社の各桟敷図面を紹介し、両奉行や奉行所役人、長崎代官・町年寄らの配置をみてみよう。

この年は九月九日が雨天のため前日が十一日に延期された。この日五ツ時（午前八時）頃、立山役所より久世伊勢守が来て戸川播磨守とともに西役所の桟敷へ上がり、各町の踊りを見分した。八ツ（午後二時）過ぎ頃踊りが済んで食事、その後両奉行は御旅所へ参謁した。後日は西役所から戸川播磨守が諏訪神社の桟敷へ行き、立山役所の久世伊勢守とともに奉納踊りと流鏑馬を見分した。

図1-4-1が前日の西役所桟敷の配置図、図1-4-2も前日の御旅所の配置図、図1-4-3は後日の諏訪神社桟敷の配置図である。図1-4-3右下の朱点が入った図は、前日の西役所桟敷の拡大図である。

踊り場の順序については藤家文書の中に「御神事諸書付」という史料がある。弘化四年のくんちで桶屋町は御供町をつとめ、本踊りを奉納した。そのときの踊り場所順は次のとおり。

- 九日　諏訪社→御桟敷→御旅所→出島→用屋鋪→岩原→御代官（引き続き町年寄屋敷などを庭先廻り）
- 十一日　御旅所→西御役所→御桟鋪→安禅寺→用屋鋪→岩原→御代官（右に同じ）

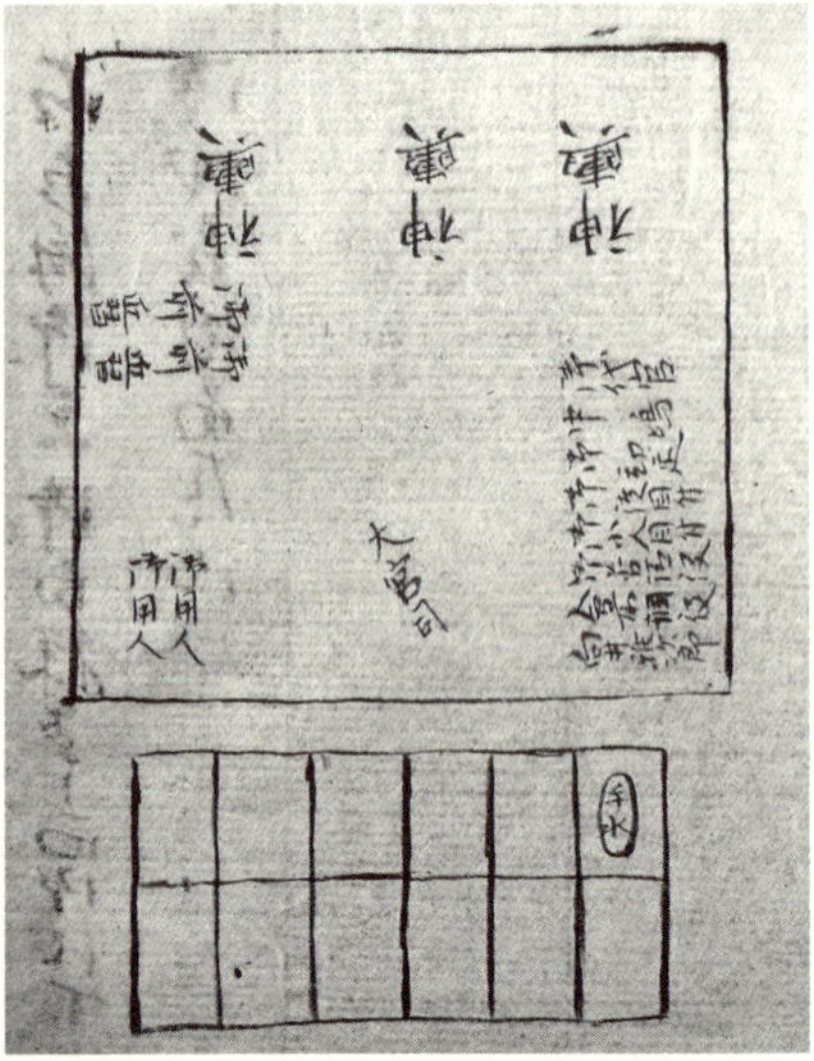

図１－４－２　前日の御旅所の配置図

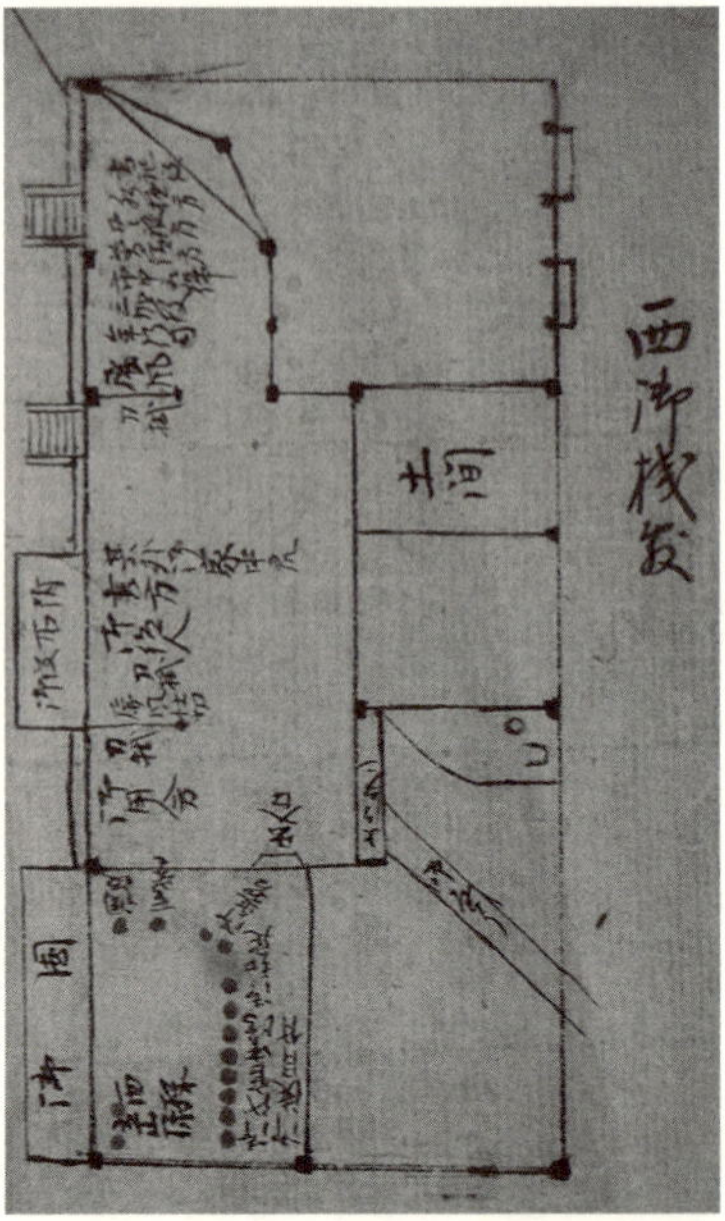

図１－４－１　前日の西役所桟敷の配置図

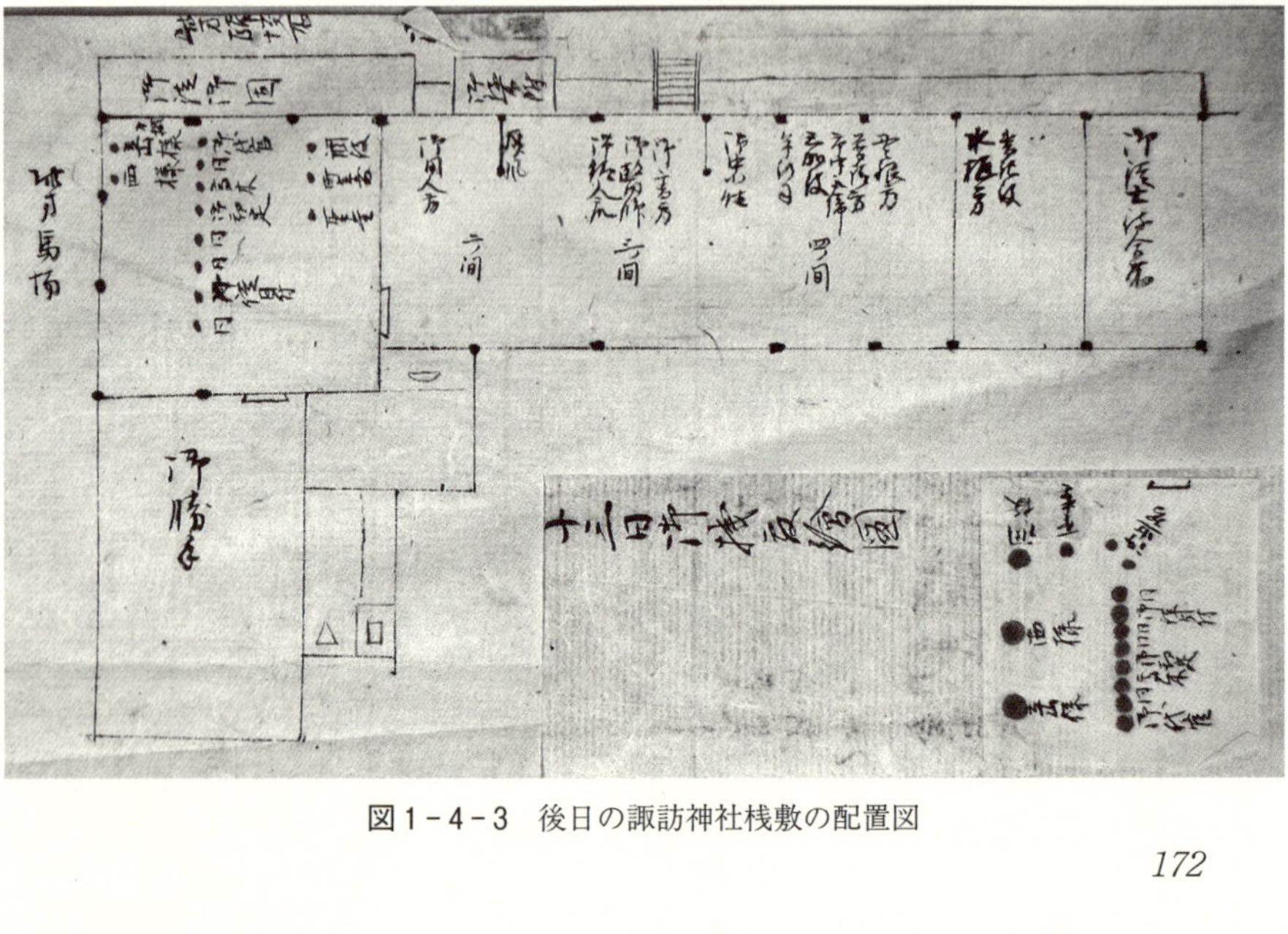

図１－４－３　後日の諏訪神社桟敷の配置図

九日の「御桟敷」は西役所桟敷、十一日の「御桟鋪」は諏訪社の桟敷のことで、どちらも両奉行が出座する場所という意味合いから、「御桟敷（鋪）」と表記したようだ。「用屋鋪」のところは、『長崎歳時記』では立山役所に相当することから、役所に隣接する普請方用屋敷のことをいい、おそらく役所門前の石畳あたりが踊り場所だったのであろう。

「岩原」とは岩原目付屋敷のことで、正徳五年（一七一五）の長崎新令によって長崎目付の在勤が決まったが、その後常勤していたわけではなかった。弘化四年当時は高島秋帆事件のために在勤していた長崎目付がこの年の正月に発って不在だったにもかかわらず、引き続き踊り場所になっていたものと思われる。

「出島」は文字どおり出島オランダ商館の要請によって踊り場所に設定されたもの。上級商館員は御旅所の桟敷で見物することができたが、それも必ずというわけではなかった。わずか四千坪足らずの出島で暮らす商館員たちが娯楽として歓迎したのは当然としても、弘化三年に出た江戸町の「阿蘭陀兵隊さん」（弘化元年、オランダ国王の国書を持参した使節コープス一行の行列に触発された出し物）に本国から取り寄せた衣装を提供するくらいだから、くんちに対する知識も関心もあったようである。

衣装の提供と言えば、本篭町の龍踊りの衣装・用具一式は唐人屋敷の唐人から提供されたものという。ただ、西役所・御旅所近くの出島と違って、唐人屋敷は長崎八〇ヶ町域外にあるためか踊り場所にはなっていない。

四　絵画史料にみる長崎くんち

江戸時代の長崎くんち（諏訪社祭礼）を、現存する祭礼屏風・絵巻、来崎した外国人の著作、日本人の記録などの史料によって概観してみよう。なお、絵画史料については国立歴史民俗博物館のビデオ『風流のまつり　長崎くんち』を参照した(8)。

（1）諏訪神事祭礼図屏風（料亭富貴楼所蔵）

元禄の頃描かれたもので、比較的古い形態の長崎くんちを知ることができる貴重な史料である。まず、傘鉾の飾りが小さく、垂れも短い。右隻の部分には諏訪神社踊り場が描かれ、薩摩踊りや相撲踊りといった出し物を見ることができる。左隻の御旅所の桟敷の一画では唐人屋敷の唐人たちがくんちの出し物を楽しみ、またVOC東インド会社の幕を張った中ではオランダ人が酒を飲み、クレーパイプを手に持つ姿が描かれている。

（2）長崎諏訪祭礼図屏風（国立歴史民俗博物館蔵）

何の祭礼を描いたものか不明だったが、最近「南馬町」の町名を記した番小屋の幟から長崎くんちであることが確認された。傘鉾の飾り・垂れともまだ小さく、元禄期からそれほどたっていない一八世紀前半頃と思われる。多くの参拝・見物の人々が諏訪境内では履き物を脱いでおり、祭礼時は特別なハレの空間となっていたことがわかる。九日のお上りの後に松の森天満宮参道で行われた流鏑馬、十一日の諏訪神事能といった今日見ることができないくんち関連諸行事が詳細に描かれているなど重要な情報を伝えている。

（3）諏訪祭礼図絵巻（長崎市所蔵）

御供町（踊り町）には、お上り・お下りの先導を勤める役割があった。この絵巻には傘鉾を先頭にした各御供町が描かれ、御旅所へ向かう諏訪・住吉・森崎の三体の神輿行列が続く。神輿をかつぐのは惣町の周囲に位置する長崎村一二郷の若者たち。さらに後には長崎奉行所の役人や長崎地役人らが列をなしている。一連の絵巻は長崎くんち全体を理解するための好史料といえる。ちなみに長崎村一二郷とは岩原（立山）・西山・木場・片淵・夫婦川・馬場・本河内・中川・伊良林・高野平・小島・十善寺の各郷をいい、交代で神輿守を勤めた。

（4）諏訪神事御伴道行之図屏風（長崎県所蔵）

やはり江戸時代中期のくんちを描いた屏風絵で、長崎奉行所犯科帳の研究で著名な森永種夫氏旧蔵。傘鉾を見る限り、やや大きく垂れも長くなっており、一八世紀後半に大型化する前のくんちの様子がうかがえるのではないか。描かれている出し物の一つ獅子舞と唐子踊りは熊本県八代の妙見祭で見ることができる。八代の商人が長崎からもたらしたものという。なお、この祭りでも九つの傘鉾が登場するが、飾りに長崎の影響は認められるものの、傘鉾自体が人が持てないほど大型になり山車化している点は異なっている。

（5）長崎名勝図絵（文政年間）

一九世紀に入って、今日のくんちと同じ形・大きさの傘鉾が一三並んでいる。長崎くんちの傘鉾は、町印として一人で持てるぎりぎりの大きさで止まり、山車化することはなかった。先頭の丸山町の傘鉾は近代のものと異なる意匠だが、二番目の寄合町の傘鉾はほとんど変わっていない。他に船大工町・本石灰町と思しき傘鉾もあるようだ。長坂下の踊り場には風流獅子舞踊りが描かれているが、この他の出し物として本踊り・唐子踊り・羅漢踊り・韃靼踊り・薩摩踊り・角力踊りが記されている。羅漢踊りは竹をよじ登って踊るとあるから、今日若宮稲荷の大祭で行われている竹ん芸のことらしい。韃靼踊りは唐子踊りの一種とある。また、各町の出し物について「種々の趣向時に取りて一様ならず」とも表現しており、くんちが「風流のまつり」であることを説明している。

五　外国人のみた長崎くんち

（1）ケンペル『日本誌』[9]（日本滞在期間一六九〇～九二年）

各町内の住民は、その町内の出し物を次のような形で上演する。まず最初に町名を書き込んだ立札を真中に高く掲げた絹張りの天蓋傘が、町内の幟として持ち出され、芝居開始の合図となる、これに続いて、揃いの法被を着た頰被り姿の囃子方が舞台に上る。囃子は、笛と太鼓と人声で構成され、時折大太鼓、鉦、鈴が加わる。このお囃子は、神々には結構楽しいものなのであろうが、音楽通の耳には味気なく、たわいないものとしか聞こえない。

ここに元禄期の町印としての傘鉾の形体が描写されているが、富貴楼所蔵の「諏訪神事祭礼図屏風」に描かれた傘鉾の解説と考えればよい。また、ケンペルは日本の囃子がお気に召さなかったようだ。

歌は、ある種の台本によって、時々調子を変え、ゆっくりした踊り、表情、手振り足振り、身のこなしにはよく合っているが、歌い方はいかにも下手で、歌っているというよりは、まるでだらだらと単調な旋律で唸ったり吼えたりしているようにしか聞こえない。足のこなしは、とてもフランスの噺り場で練習したようなものではなく、農家の納屋で習い覚えた足どりみたいである。

ケンペルの日本観察は細かくすばらしいとしても、日本を十分に理解しないままの記述、感想であることを指摘しておく。ドイツ人であり、短期間の日本滞在だったから仕方のないことではあるが、彼は通り物というものが分かっていなかった。ヨーロッパの舞踏と通り物とは踊りの性格が違う。

一人でようやく担げるほどの大道具が持ち出される。一人で背負えるようにできるだけ薄い材料を用いてあるが、大きさはみたところ本物そっくりに見えるように似せて作ってある。登場する人物は、この大きな道具を背負っている他に、胸に大きな太鼓を下げたり、鉦を敲いたりしながら、皆踊るような足取りで歩くが、軽く作ってあるとは言っても嵩が大きいので相当に重く、舞台の上で高く躍り上がることはできず、登場の前後には途中に設けてある台に荷物を載せて休息しないではおれないほどである。これらの芝居道具は次の通りである。

消防器具万端を揃えた竜吐水。梁に掛けた竜頭の大梵鐘。頂上に鷲がとまっている竜頭型の雪山。二四ポンド砲の砲筒および附属砲具一式。日本風の旅行用菰荷一二個の積み重ね。大皿に載せた鯨。一人でようやく担げるほどの巨貝、蝸牛、果実など。

江戸前期から大正期まで続いた息の長い長崎くんちの出し物大薩摩の描写である。いつしか勝山町の出し物として定着し、市中の人気を集めてきた。ケンペルは、くんちの出し物を第一場から第一二場まで説明しているが、これはその第一二場。第一一場に曲芸らしい出し物が登場する外は、具体的にどのような芝居・踊りなのかよくわからない。

(2)　ティチング『日本風俗図誌』[10]（日本滞在期間一七七九〜八四年。商館長三期）

この祭礼は九月七日に始まる。長崎の町のうちの十一町の町と、遊女屋のある二つの町とがかわるがわる毎年、大きな広場で厳かな踊りを行うのである。お祭りの着物を着せられた子供たちは上品に、また正確に踊って自分たちの役目を果たす。この踊りは、神道の神である「お諏訪様」O-souva-sama をたたえるためのものである。〔中略〕この祭りは神のとりなしによって、オランダ人やシナ人との貿易が何の障害もなく続けられ、住民たちにとって儲かる、割のよいものになるように、ということを神に祈るために行われるものである。

後半の記述は、いかにも対日貿易の継続・発展をはかるオランダ人らしい祭りの解釈だが、受用銀や諸手当など唐・オランダ貿易からの収益に依存する立場にあった長崎地役人の中には、このようなことをティチングに言った者がいたのかもしれない。

(3) フィッセル『日本風俗備考』[11]（日本滞在期間一八二〇〜二九年）

音曲と演技が始まるが、その費用は長崎の十または十一の町によって輪番制で負担されており、各町が負担する際には少しでも華美と荘厳と楽しみとに役立ちうるものに対してはいささかも物惜しみするようなことはしないのである。〔中略〕先頭には巨大な怪物すなわち羅紗の傘鉾が行進するが、羅紗は輪の周囲に固く結びつけられてまわりに垂れ下げられている。それを竹の先につけて担ぎ歩いている人間は足だけしか見えない。

御供町（踊り町）の心意気と負担、傘鉾の描写は非常に的確である。「先頭には巨大な怪物」の表現もおもしろい。フィッセル自身滞在期間が長いうえ、何よりオランダ人には、これまでの日本（長崎）理解の蓄積がある。

（4）メイラン『日本』[12]（日本滞在期間一八二六～三〇年）

豪華な会食と酒宴の中頃に公衆の踊りとその他の展示が町の通りに沿って行なわれる。そのために順番に従って十一の通りの住民たちが費用を負担せねばならないのである。諏訪の神は、ぜいたくに着飾った踊りの一団によって寺社から引き出され、そして町の役人たちによって、同じくまたたくさんの聖職者たちによっても付き添われ、堂々と行列を作ってねり歩くのである。

長崎の町は通りをはさんだ両側町が多い。「十一の通りの住民たち」というメイランの長崎の町割に対する理解は、その意味で正しい。

（5）シーボルト『日本』[13]（初回の日本滞在期間一八二三～三〇年）

樺島町コッコデショ（太鼓山）が初めて諏訪祭礼に出たのは、寛政十一年のことらしい。鎖国時代、泉州堺の廻船は、長崎と上方を結ぶ重要幹線に就航していた。大波止に近い樺島町には船宿が多く、そこに宿をとった堺船の船乗りたちによって堺檀尻即ちコッコデショが伝えられたという。元々泉州の檀尻はぶつかり合うような荒々しさを特色としており、泉州の船が寄港した瀬戸内海各地にそうした檀尻祭りが存在するが、長崎の場合、本家の堺檀尻とはかなり変わった洗練された太鼓山となってくんちにお目見えした。太鼓たたきの衣装などに上方の影響は残るものの、長崎市民をうならせるような独特の担ぎ物に仕上がったのである。最近入手した情報を勘案すると、おそらくは淡路島の太鼓台が原型ではないか。堺廻船と関係の深い淡路島の水主衆が直接の伝達者ではないかと思われる。

なお、図1‐4‐4を見る限り、檀尻を高く放り上げる演技は当時も行われていたようだ。先頭の傘鉾、後の

図１－４－４　コッコデショの図（『日本』）

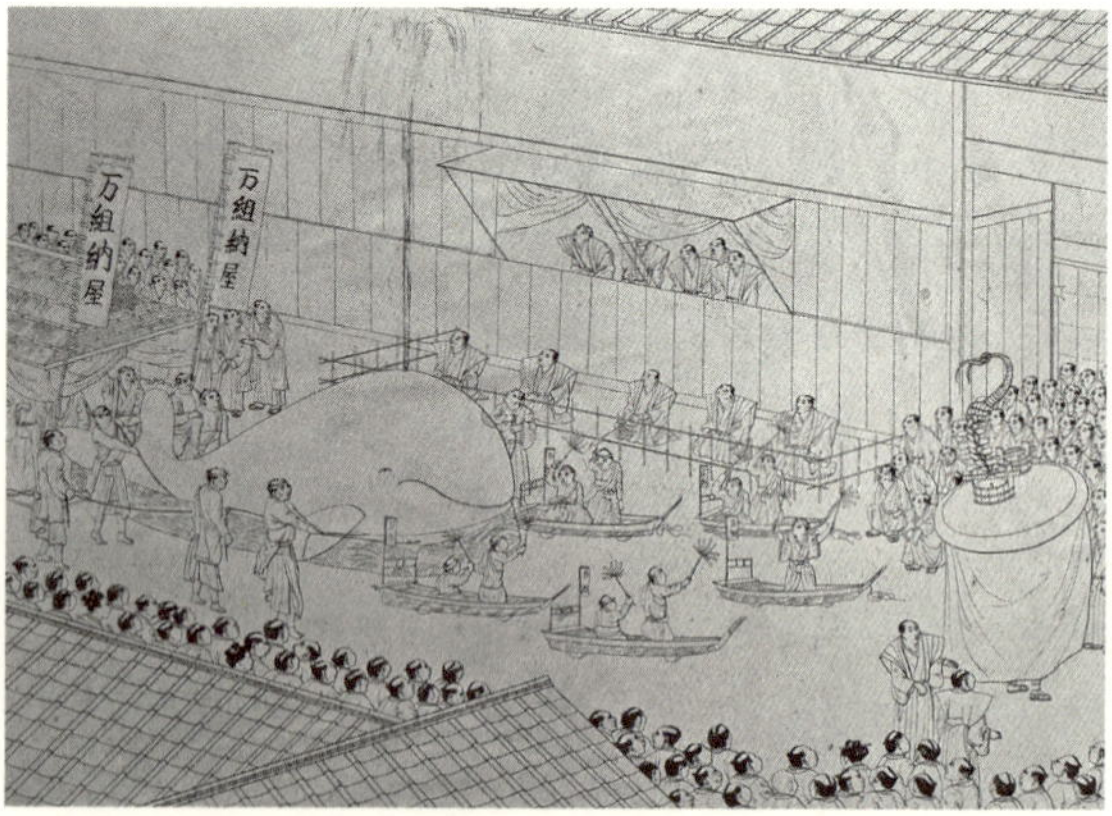

図１－４－５　鯨曳きの図（同上）

シャギリという奉納踊りの構図もきちんと描かれている。

一方、万屋町の鯨曳きは安永七年（一七七八）の初登場。唐津藩領小川島で鯨組を経営する中尾甚六の勧めにより、呼子の祭りに出ていた鯨曳きを奉納したところ大変な評判をとり、以後万屋町は毎回鯨曳きを奉納するようになったという。図を見ると、まず万組の幟をたてた勢子船らしい鯨船が五艘、ついで大きな鯨の曳き物、後に続く万組納屋は底抜け檀尻となっており、囃子を担当している。つまり、出し物全体の構成が西海の鯨捕りを表す一連の通り物になっていた。鯨の曳き物は、竹組みで形を作り、水に強い黒繻子を張って仕上げたものである。中の空洞にはポンプが設えてあり、人が入って鯨に潮を吹かせる仕掛けになっていた。この出し物を鯨の潮吹きというのはこのためで、『日本』の図にも潮吹きの様子が描かれている（図１－４－５）。なお、町印の傘鉾の飾りは角樽に鰹節一連で今日も変わっておらず、また垂れは長崎刺繡の魚尽くしだったはずだが描かれていない。

六　唐津城下材木町年寄のみた長崎くんち（その一）

唐津の材木町年寄平松儀右衛門は俳句・茶の湯を楽しむ粋人である。元治二年（一八六五）三月、儀右衛門は俳句仲間や知り合いと都合八人で長崎見物に出かけることになった。一行には唐津藩医保利文溟も加わっていた。

この年の長崎くんちは変則で、前年九月九日に行われるはずが長州征伐のために延期され、三月十九日に行われた。九月も例年どおりであったから、くんちが一年に二度ということになる。こうした情報は唐津にも届いていただろうから、儀右衛門一行は名高い長崎くんち見物を目当てに長崎行きの日程を決めたものと思われる。

儀右衛門は大変おもしろい長崎旅日記「道中日記」を残していた。[14] これが、おもしろいだけでなく、わが国初の陸蒸気（汽車）走行を証明する極めて貴重な史料であることは、すでに拙稿「トーマス・ブレーク・グラバー考」[15] で述べたとおりである。儀右衛門の旅日記には、三月十九日に諏訪神社の桟敷で見たくんちの一部始終が記してある。管見の限り旅人の記録としては、江戸時代のくんちを詳細に知ることのできる唯一の史料ではないか。原文を交えながらみてみよう。

儀右衛門一行は、唐津から医学修行に来ている石崎道太郎の案内で諏訪の桟敷へ行ったところ、思わぬトラブルに遭った。事前の約束では七、八人のはずが、二人増えて一〇人だったため、桟敷の主が代金一分を三分にすると吹っ掛けてきた。旅人ということで足元を見られたようだ。案内役の石崎道太郎が、それは法外というものと顔を真っ赤にして怒った。「我はどこぞとおもふナア、築町のモノバナ、ソンギャンコトイイナハンナ」と喧嘩腰で詰め寄ったところ、桟敷主の仲間が仲裁に入って、二朱だけ人数分を増したらどうかと和らかに言えば、石崎も態度を和らげ、それでは一朱増すことにしようと押し切った。

さて、無事桟敷に上がった儀右衛門一行は巻き寿司をつまみながら踊りを待ったが、このときの御供町は、油屋・今石灰・下筑後・今籠・今鍛冶屋・西中・東中・豊後・本下・外浦・島原の各町がつとめ、先に遊女町二町が登場した。まず、初めて傘鉾を見た儀右衛門の観察・感想を紹介しよう。

笠鉾五尺さし渡し位の丸にして、作り物の縁丸ミの所縁造り、藁にて大注連縄を輪にしたる、黒のびろふどに丸縫ニして金紗を以て町名を縫うたるもあり、色々美なり、また一間余の下り物、火羅紗・猩々緋・白らしゃの類にいろいろの縫を入、誂ニ金銀を厭わず美麗を盡す事言語に絶たる次第也
真先に笠鉾を三人位ニて代り持と見へて助ケ人附添りんを振りて歩行、附添の者も対のタッツケに似たる物着用、上へ重くして持方むつかしき故か棒の根に皆耳白のヱリ銭を皆五六貫文位も結付てあり

赤獅子・鯛などを載せた豪勢な曳山の祭りとして有名な唐津くんちを見慣れた儀右衛門の目にとまったのは、羅紗・猩々緋といった舶来の織物を使い、それに独特の長崎刺繍をほどこした垂れ（下り物）であった。「美麗を盡す事言語に絶たる次第」という一節に儀右衛門の驚きが表現されている。また、一〇〇キロ前後の傘鉾をバランスよく持ち歩く難しさにも言及し、上の飾りの重さとバランスをとるために棹の根元に一文銭を多数結び付けてあることを記すなど、儀右衛門の観察は的確で細かい。

傘鉾持ちは江戸時代から長崎近郊の力自慢の男たちによって担われてきた。単なる腕力ではない、体全体の総合力とバランス感覚がものをいう。今日も六組の傘鉾持ちの組が在って伝統を守っており、矢上・戸石地区のシャギリ（くんちの音曲）の組織とともに長崎くんちを支えている。

さて、御供町（踊り町）一一町のうち、傘鉾の記載がある八町を紹介しておく。

・下筑後町　とまり鷹、出来宜
・今籠町　磯わし
・今鍛冶屋町　かじや道具、金敷ニ大槌小槌也
・西中町　木地の玉垣の内に生榊ニ白紙の大幣
・東中町　生榊に尺四方位の角もの三ツに東中町と書きたる
・本下町　芒に金の玉
・外浦町　獅子に牡丹
・島原町　百なり瓢箪金なり

「長崎市踊惣町諏訪神事笠鉾」という明治十四年（一八八一）から同二十年にかけての各踊り町の傘鉾を描いた史料がある。油屋町～島原町の組は明治十四年に出ているが、八町のうち西中・本下・外浦の三町は元治二年春と大きく異なっている。特に、本下町の「芒に金の玉」は油屋町の誤りと考えられ、この時の本下町の傘鉾の飾りは、後述するように出し物の歌舞伎「浦島」からして明治十四年と同じ亀に玉手箱だった可能性が強い。平松儀右衛門旅日記のくんち見物の部分は、同行の一人畳屋貞平が矢立を持参して記したメモを基にしたもので、多少混同したところがあるようだが、実地の見聞記であることに変わりはない。

ところで、儀右衛門が八町の傘鉾の中で唯一詳細に記述しているのは今鍛冶屋町の垂れであった。「下もの、画絹にして山水の文人画詩文上にありて唐人の能書・能画を選ミ寄合書ニて、金銭にてハ書ざる人物達へ書せたる由、うら白らしゃ也」と、唐人屋敷の唐人が寄せ書きした長崎ならではの異国趣味・意匠を印象深く語っている。また、この垂れに「立山御奉行」が執心しており、おそらく差し上げることになるだろうとの風評まで記すなど、今鍛冶屋町の垂れに対する関心はずば抜けて高かった。

七　唐津城下材木町年寄のみた長崎くんち（その二）

次に各町の出し物をみていこう。まずは遊女町の丸山・寄合両町から。

・丸山町　十四・五位の女子二人が烏帽子着て、ふり袖の美なるを着し、舞扇を以てのふ〔能〕風の踊り也、白足袋踏て土地に舞ふ也
・寄合町　是も前ニ準じ
・油屋町　仙台萩ニて鼠の中より日記〔仁木〕弾正出るの所也〔歌舞伎「先代萩」〕、仕舞際踊り子のあるだけ皆出て一ツ所ニ踊れバ夫が仕舞、此踊りに用ゆる手掛皆白ちりめん也〔所望踊りのこと〕
・今石灰町　十二人花籠負踊り、此花皆作り物、立派ニして髪も同じ風に結、襷・衣類も対ニして花籠不負もあり、鐘太鼓拍子を揃えて打懸、声一同にして道ハ二行になりて通る、踊る所ニては鐘太鼓打に手振・体の動き方に面白き事也、六ツ七ツより十六、七迄ニて跡〔後〕ほど年嵩之もの也、大作り花台に乗せ、牡丹と松二ツ荷ひ歩行也
・下筑後町　獅子踊り、大人四、五人も中に有て是を遣ふ事自在也、玉持子供是も前と同じく大小の子供也、玉持之子ハ功者になけれバ玉を慕ふのふりを遣ふ獅子なればなり、〔この筑後獅子も〕通りものか、皆対ニて衣装立派なり
・今籠町　いざり敵討、奴筆助場〔歌舞伎「箱根霊験躄の仇討」、筆助は「儲け役」〕
・今鍛冶屋町　梅野芳兵衛作り替か、又綱五郎・長五郎ニ女形ともに三人也〔歌舞伎世話物「梅の由兵衛」〕
・西中町　壬生村石川五右衛門場、駄荷のつづらを負て秀吉と別れて後つづらを剱、釣瓶に似たるものニて釣上げ宙よりつづら開けバ、五右衛門出て早かわりの仕打あり〔歌舞伎「壬生村」〕
・東中町　狐忠信の報場にてきつね三度早がわり〔歌舞伎「義経千本桜」〕
・豊後町　扇や一ノ谷とて扇やニ敦盛女に化して熊ケ谷扇買に来たるの場にて、熊ケ谷の芸衣装別而美也、三枚か腰を抜、上着ハ金錦の高縫にて此一人の衣装に凡百両余といふ風聞なり〔歌舞伎「扇屋熊谷」〕

・本下町　花踊り、亀を台引ニして六ツ玉川に似たる踊り也、玉手箱開けて浦島太郎踊り出る、恵比寿のテヤリ〔手槍か〕美婦、うら島を慕ひ来たる場にて稽〔芸〕題わからず、人数多ふし、六人位か〔浦島太郎の七変化が見どころの歌舞伎「浦島」と思われる〕

・外浦町　大人二人白の唐木綿ニて体中巻たて狐面を冠り白狐二疋也、尺余の竹二本建て其上のとつ先に登りいろいろの芸を尽す、其前に子供三人右の白狐にて竹へハ登らず二間位の台の上に積ものして、其上にてうしろ前に反りかえりする事よくも馴たるもの也

・島原町　芸題仕舞にて見物右往左往して一向わからず、残念

以上、一三ヶ町の出し物をみてきたが、遊女町は伝統的な本踊りとして、残り一一の御供町の出し物には歌舞伎狂言の名場面を取り入れたものが大半であることに気づくだろう。江戸時代の庶民にとって歌舞伎は日常生活の一部であった。長崎奉行所のたびたびの禁令にもかかわらず、長崎の町衆が風流の祭りであるくんちの出し物に歌舞伎を取り入れたのは自然の成り行きであった。こうした出し物は、演じ手だけでなく見物人もよく分かっていなければ成り立たない。儀右衛門たちも一見しただけで、あの歌舞伎のあの場面であると理解していたようだ。各町では、早変わり、廻り舞台、せり上げなどの趣向を凝らし、見物人をアッと言わせようと知恵をしぼったのである。「先代萩」の仁木弾正、「躄の仇討」の筆助、「壬生村」の石川五右衛門、「義経千本桜」の狐忠信、「扇屋熊谷」の熊谷直実・平敦盛といったスターたちの諏訪の踊り場登場に、長坂や桟敷の見物人は「所望ヤレ」、「モッテコーイ、モッテコイ」を連呼したのかもしれない。

熊谷直実の衣装は、長崎刺繡がほどこされた高価なものらしく百両余が正しいかどうか分からないが、今日残っている長崎刺繡のくんち衣装から想像しても、唐津から来た見物人にとっては目を見張るほどの豪華さだったのであろう。

一方、歌舞伎の出し物と並んで長崎くんちの特色である通り物もなお健在である。今石灰町の花籠負踊り、それに付属した牡丹と松の作り物は、一七世紀以来続いている伝統的な形態を残している。儀右衛門は下筑後町の獅子踊りも通り物と見ていたようだ。

外浦町の出し物はいわゆる「竹ん芸」。八百屋町も伝統的にこれを奉納しており、なかなか人気の出し物であった。小狐の仕種に儀右衛門は感心しているが、子供が可愛いのは、いつの時代も変わらない。

それにしても、しんがりを勤めた島原町には気の毒だった。帰りを急ぐ見物人の右往左往で、儀右衛門には芸題が何なのか全く分からなかった。小屋入り以来懸命に稽古してきたのに、踊り子たちにとっては折角の晴れ姿が台無しである。後日の御旅所は順序が逆になり、島原町が丸山・寄合町の次に登場して油屋町が最後になるが、こうした踊りの順番は毎年一一町の御供町の制度が定まって以降ずっと変わっていない。

平松儀右衛門の旅日記には、他にもグラバー邸見聞記、丸山探訪記事など色々あって興味は尽きない。このような有意義な史料を残してくれた唐津の材木町年寄平松儀右衛門に、あらためて感謝したいと思う。

結びにかえて――通り物と曳き物――

安政二年（一八五五）八月、長崎奉行川村対馬守修就の家臣として長崎入りした酒巻興敬（当時は御近習竹前管蔵として来崎）が、明治の終わり頃主君の活躍ぶりを振り返って書いた「おもい出草」にくんちに関する一節がある。(16)

九月十五日は鎮守諏訪神社の大祭にて実に盛大なるものにて出し〔山車〕、印鉾〔傘鉾〕、だんじり、踊屋台、支那人行列、和蘭人行列抔は珍敷く鯨の模型は数十人の行装なり。又、ふとん太鼓の出しは他になきもの、或いは支那の「ボサアゲ」〔菩薩揚げ〕と云う行装抔は殊に珍の珍なるものなりし。家老中村豊之進は御名代として神輿の跡へ二本道具の行列にて美々敷く練り行くなり。踊りは十四・五歳の女児手振りおかしく、修就君の詠に

乙女子が立ち舞う袖もゆたかなる
　御代長崎をいのる神わざ

この年の御供町は舟津町・本博多町・樺島町・平戸町・八幡町・麹屋町・北馬町・万屋町・西浜町・銀屋町・諏訪町の一一町、「ふとん太鼓」即ちコッコデショ、「鯨の模型」の行装は鯨曳きのことであり、ともに長崎くんちの花形が登場していたことが分かる。詳しい見聞記がないので他にどういった形態の出し物があったのかよく分からないが、「和蘭人行列」「ボサアゲ」など通り物が目に付き、また「踊屋台」「支那人行列」は併せて西浜町の龍船を中心とした通り物だったのかもしれない。

シーボルト『日本』の解説で述べたように、万屋町の鯨曳きは、鯨船・鯨・鯨納屋からなる一連の鯨捕りの情景を表したものであった。西浜町の龍船はアニオーさんの通り物に使われた曳き物だったという。諏訪神社に奉納されている絵馬、遣唐使「吉備真備入船図」に描かれている龍船も同様である。明治十九年奉納の龍船を見る限り行列の中の曳き物で、龍船そのものが主役ではない。「長崎古今集覧名勝図絵」に描かれている東浜町の象の曳き物にしても、これを回して観客にアピールするようなものではなかった。つまり、鯨も龍船も象も、通り物の中で生まれ活用された曳き物であって、その点本踊りに使われた作り物（飾りの置物）と同じ構成要素ではないかと思われる。

今日の長崎くんちにおいて出し物の主役になっている曳き物の船回し、すなわち豪快に横車を押し回す演技の起

源はよく分からないが、おそらく幕末に登場した川船あたりにあるのではないかと推測している。これに限らず、今後も江戸時代の長崎くんち史料の発掘に努めていきたい。さらに、今後の長崎くんち研究の方向だが、貿易都市長崎の社会構造や住民生活との関わりを社会史の観点から解明してゆきたいと思っている。

注

（1）国立歴史民俗博物館「風流のまつり　長崎くんち」二〇〇〇年度国立歴史民俗博物館民俗研究映像（ビデオ）より。

（2）長崎くんち塾。

（3）野口文龍「長崎歳時記」（『長崎県史　史料編第四』吉川弘文館、昭和四十年所収）。

（4）長崎歴史文化博物館蔵文書より。以下、特に注記のない引用史料は図表も含め、すべて同館蔵文書類である。

（5）前日は上から順に御供町（踊町）を勤め、後日は一番下に記した町から奉納が始まった。こうした奉納の仕組みは、少なくとも江戸後期においては不動である。

（6）御供町拝借銀の仕組みがいつから始まったかは不明だが、銀二貫五〇〇目をその年十二月の箇所銀から五百目宛五ヶ年賦で返納していた。寛政三年に一貫五百目に減額され、寛政十年からは二貫三〇〇目となったが、その後一貫五〇〇目となった。ここで使用した藤家文書のくんち史料は天保・弘化のものである。

（7）「庭おろし」の庭の意味は、この場合家の出入り口、店先の土間をいい、草木を植えた庭園のことではない。「庭おろし」とは新しい衣装を人数揃いを前に初めて披露することをいい、これが明治以降「庭見せ」に変化していった。「庭先まわり」の庭も同様に考えられる。

（8）一連の絵画史料のなかに「寛文長崎図屏風」はあえて入れなかった。寛文十二年に貿易再開を求めて来航したイギリス船リターン号が描かれていることから、「寛文長崎図屏風」と呼ばれる有名な屏風で、長崎くんちも描かれているが、傘鉾の描き方が気になる。傘鉾らしいものを二人の男が持って歩いており、これは一人の傘鉾持ちが持てるギリギリの大きさにまで進化したという通説と異なっている。（1）～（5）の絵画史料やケンペル『日本誌』の傘鉾の記述から構築できる長崎傘鉾とは違うのではないか。おそらくこの屏風は、リターン号来航、長崎奉行所立山役所が建設された寛文十三年（延宝元年）の長崎を狩野派の画家が描いたもので、実地に長崎くんちを見聞せず、情報をもとに想像を交えて描いたものと考えている。

（9）ケンペル『日本誌』今井正訳、霞ヶ関出版、一九七三年。

(10) ティチング『日本風俗図誌』沼田次郎訳、雄松堂書店、一九七〇年。
(11) フィッセル『日本風俗備考』庄司三男訳、沼田次郎訳注、平凡社、一九八一年。
(12) メイラン『日本』庄司三男訳、雄松堂出版、二〇〇二年。
(13) シーボルト『日本』初版本、一八三二～一八五八年。
(14) 九州大学附属図書館六本松分館蔵、檜垣文庫。この史料をご提供くださった九州大学の高野信治先生に厚く御礼申し上げる。
(15) 本書第三章第二節に収録してあるので参照されたい。
(16)『初代新潟奉行川村修就』新潟市郷土資料館、一九九七年。

第二章　長崎蘭学とオランダ通詞

第一節　蘭学及び医学教育の原点と長崎遊学

はじめに

高校日本史の教科書のうち「蘭学（洋学）の発達」の記述には、どうも腑に落ちないところがある。分かりやすく人物で表すと、新井白石・青木昆陽に始まり、杉田玄白・前野良沢らによる『解体新書』の翻訳・刊行から江戸蘭学が著しく発達したこと、その後玄白・良沢の弟子である大槻玄沢や、宇田川玄随、稲村三伯、宇田川榕庵らが江戸で活躍したことが書かれている。この間、長崎の蘭学者は志筑忠雄がニュートンの万有引力の法則を紹介した「暦象新書」の著者として登場するのみで、オランダ通詞の業績に関する記述はほとんどない。

授業をしていて、蘭学が江戸で発達したという教科書の主旨はおかしいのではないかと感じた。長崎の高校での授業は教科書どおりでは物足りないと思い、著名なオランダ通詞数名をあげ、その業績とともに紹介した。この件に関しては次節を参照してもらうとして、蘭学は長崎で生まれたこと、その担い手はオランダ通詞であること、鎖国時代多くの遊学者が長崎を訪れ、オランダ通詞にオランダ語や医学を学び、また通詞が江戸に招かれて蘭学を教授したことは確認しておきたい。

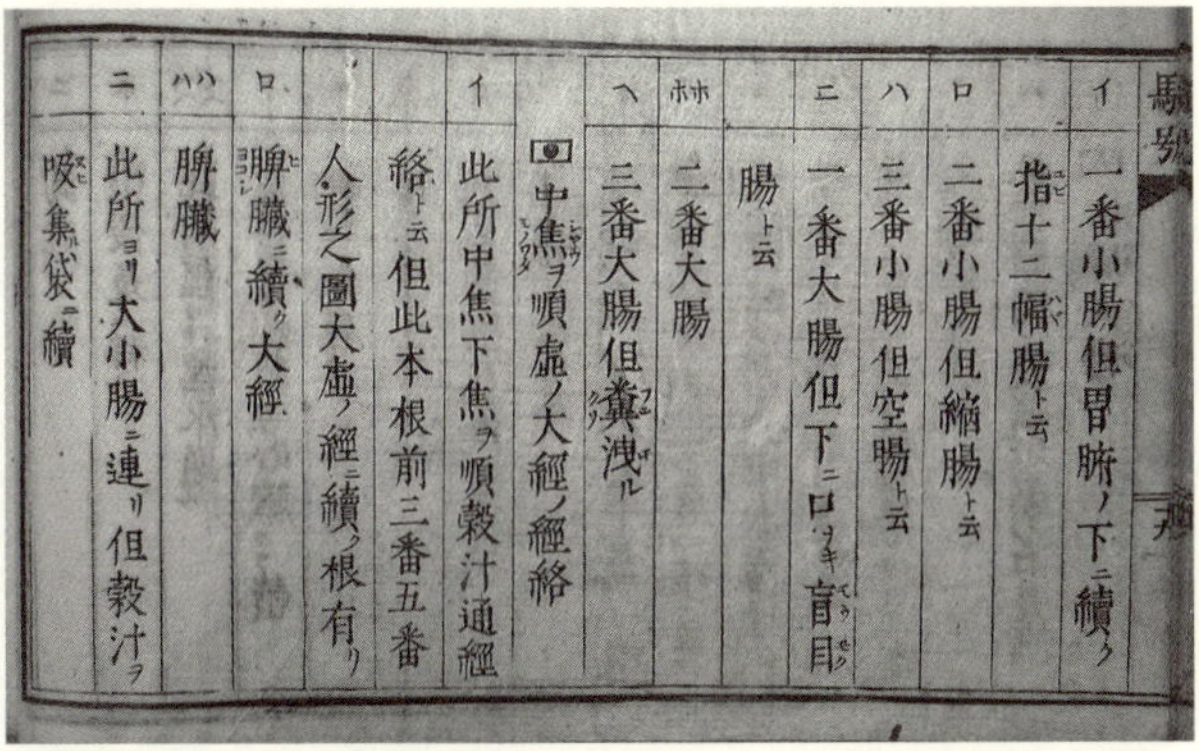

図2-1-1　『和蘭全躯内外分合図験号』（長崎歴史文化博物館蔵）

一　オランダ通詞に蘭学を学ぶ

この項では、古賀十二郎の『長崎洋学史』[1]『西洋医術伝来史』[2]をもとに、特に業績のあるオランダ通詞四人と、彼らに学んだ主な人物を紹介しよう。

（1）本木良意（一六二八～九七年）

ドイツのレメリンの解剖書の蘭訳本を、商館医テン・ライネの教えを受けて翻訳し、「阿蘭陀経絡筋脈臓腑図解」と題して幕府要人に献上した。その時期は天和の頃といわれるが、これがわが国最初の翻訳解剖書である。

『洋学史事典』[3]の説明では「不完全ながら」が「わが国最初」の前に付いているが、何をもって完全とするのか、『解体新書』は完全なのだろうか。例えば指十二幅一番小腸と十二指腸、盲目腸と盲腸は、前者が良意の訳、後者が『解体新書』の訳で今日使われている医学用語だが、前者があって初めて後者が成り立つと杉本つとむ氏も言っておられる。[4]また『解体新書』の用語が全て今日通用しているわけではない。

良意が解剖書を翻訳してから、およそ九十年後の明和九年（一七七二）

図2－1－2　吉雄耕牛像
（名古屋市立博物館蔵）

周防の医者鈴木宗云が各地の写本を調査し、『和蘭全躯内外分合図』（図2－1－1）と題して刊行した。それでも『解体新書』の二年前である。

長崎に遊学して良意の翻訳解剖書を写した医者の一人に筑前藩医原三信がいる。その子孫が経営する病院には貞享四年（一六八七）の写本が現在も所蔵されており[5]、同様な写本は秩父等でも発見されている。長崎遊学の医者によって筆写され、各地に伝わった良意の翻訳解剖書は『解体新書』に先立って有益な西洋の医学知識を提供したのであり、もっと評価されるべきではないだろうか。

（2）吉雄耕牛（永章）（一七二四〜一八〇〇年）

最も著名なオランダ通詞を挙げるなら、それは一八世紀に活躍した吉雄耕牛ではないか。通詞としてのオランダ語の実力、蘭方医としての業績、カピタン部屋より立派と評判の平戸町吉雄邸二階の阿蘭陀座敷、どれをとってもオランダ通詞の「巨擘」（大槻玄沢）と呼ばれるにふさわしい。

歴代の出島商館医のうち、最高の学者と言われるチュンベリー（スウェーデン人、植物学者リンネの高弟）に親しく学んだ彼が、梅毒の水銀水療法を伝授され、それを実際の診療に応用したことは[6]、梅毒の流行に悩む当時の日本にとって朗報だった。

また、オランダ語の医学書を種々訳出し研究した結果、検尿による病気診断法を確立した功績も大きい。吉雄耕牛口授の内容を刊行した「因液発備」には、尿の質・分量・音・臭・味・色や、血・精・膿などの「非常含蓄セルモノ」などで病気を診断する方法が解説してある。この他整骨法、膏薬法など多方面の紅毛医学を修め、吉雄流外科の祖と呼ばれている。

彼の私塾成秀館に学んだ門人は千人を数えるというが、残念なことに名簿は残っていない。それでも多くの遊学者が、耕牛に学んだこと、阿蘭陀座敷に案内されて驚いたことを書き残しており、そのうち何人かを紹介しよう。先の玄沢も阿蘭陀座敷に驚いた一人だが、他に吉雄邸を訪れた人物には、近年ユニークな思想家として注目されている三浦梅園、長崎遊学を『西遊日記』に表した洋風画家司馬江漢、エレキテルの平賀源内などがいる。『海国兵談』の林子平も耕牛の仲介で出島商館長らから海外情報を仕入れたという。(7)

関連して『解体新書』翻訳の実際の中心は前野良沢と言われるが、どういうわけか刊行に際して名前を入れなかった。その良沢は、かつて商館長江戸参府に随行した耕牛に医学を学び、さらに長崎に遊学して教えを受けた。『解体新書』の序文は耕牛が書いている。その中で耕牛は、杉田玄白から校閲と序文を依頼されたことを述べているが、おそらく良沢の希望によるものであろう。

(3) 本木良永（一七三五～九七年）

良意の孫（娘の子）で医家西氏の出自、良固の養子となって本木氏を継いだ。その業績の第一は、翻訳によってわが国に初めてコペルニクスの太陽中心説（地動説）を紹介したことである。(8)

安永三年（一七七四）に「天地二球用法」の翻訳によって太陽中心説を紹介、約二十年後の寛政四年（一七九二）には別の新しい天文学書を翻訳し、西洋の自然科学に対する自己の理解するところを付して「星術本原太陽窮理了

図2－1－3　本木良永夫妻像（長崎歴史文化博物館蔵）

解新制天地二球用法記」を著した。この過程で「恒星」「惑星」「彗星」といった今日我々が使う天文用語が誕生したのである。翻訳に適当な和漢の用語がなければ、新しく作らねばならない。良永はこれを義訳といっているが、漢語の素養と科学の知識がなければできないことであって、こうした翻訳の姿勢は弟子の志筑忠雄に受け継がれた。

長崎歴史文化博物館には良永の自筆稿本が収蔵されている。また、同館には良永の子正栄が編纂した、わが国初の英語辞書「諳厄利亜語林大成」など、良永・正栄父子の自筆稿本がまとまって所蔵されており、極めて貴重な蘭学資料との評価が高い。

良永に学んだ遊学者として、耕牛と重複するが、司馬江漢や大槻玄沢などがいる。なお、三浦梅園との接触はないが、彼の思想形成には大きな影響を与えたと言われている。

(4) 志筑忠雄（一七六〇～一八〇六年）

鎖国時代、蘭学者として最も優れた人物を選ぶなら、それは志筑忠雄ではなかろうか。日本史の教科書にオランダ通詞として唯一人登場する理由は、彼の業績もさることながら、オランダ稽古通詞の職にあった期間が一年余りと短く、旧姓中野に復して閉居三十年と言われる学究生活を送ったことが学者として評価されたためだと考えている。

彼の業績は大きく分けて三つの分野からなる。第一にオランダ語の文法的解明、即ちオランダ語学の確立である。今日我々が何気なく使っている「動詞」「代名詞」なる文法用語は志筑忠雄に端を発している。また、彼が翻訳した「静詞」「虚静詞」「形動詞」などは、馬場佐十郎らの弟子たちや孫弟子たちによって、それぞれ「名詞」「形容詞」「副詞」と表記が改められたが、文法の基本はほとんど変わっていないという(9)。長崎を出なかった志筑の後継者として、文化五年（一八〇八）馬場佐十郎が幕府天文方に出仕し、本格的なオランダ語学を江戸に伝えた。これ以降江戸蘭学界は活況を呈することになる。

いま一つは、天文学・数学・物理学の分野である。イギリスのJ・ケイルの科学書（オランダ語版）を翻訳し、随所に「忠雄曰云々」と解説を付けて自己の理解するところをまとめた「暦象新書」を著した。その中で、ニュートンの万有引力の法則を紹介したわけだが、この書はそれだけではない。ギリシャのピタゴラス・アリストテレスの学問がアラビアに受け継がれ、アラビア科学がヨーロッパに伝わってコペルニクスの地動説やケプラーの法則の発見につながったという科学史の知識をきちんと習得したうえでの著作であった。

紙数の関係で簡略に記すが、「暦象新書」中編の凡例に「引力・重力・求心力・遠心力・動力・速力等ク名ハ義訳ニ出タリ」とあって、これらの科学用語が志筑忠雄の翻訳というより造語であることが記されている。彼の功績については、これだけで多言を要しないだろう。

さらに、国際情報・認識に関係する研究・著作も一つの分野をなしている。一八世紀末のロシアの南下を契機に志筑忠雄はケンペルの『日本誌』の一部を訳した「鎖国論」を著し、さらに最晩年にはロシアと清国が結んだネルチンスク条約について紹介した「二国会盟録」を著している(10)。

志筑の弟子は前出の馬場佐十郎の他、耕牛の息子吉雄権之助、科学分野を継承した長崎地役人末次忠助などわずか数人と言われている。遊学者の代表として、志筑のオランダ語学を江戸にもたらした一人である大槻玄幹（玄沢の息子）を挙げておこう。

なお、「鎖国」という言葉も、志筑忠雄の「鎖国論」からきていることを付け加えておく。

以上、四人を代表としてあげたが、関連して登場した馬場佐十郎・吉雄権之助・本木正栄も、なかなかの実力者。この他にも実力のあるオランダ通詞はおり、そうした実力が諸国の遊学者を長崎に引き寄せたのである。

二　シーボルト「鳴滝塾」と遊学者たち

文政六年（一八二三）七月、ドイツ南部のヴュルツブルグ大学医学部を卒業してオランダ陸軍外科少佐に任官した二十七歳のシーボルトが長崎に着任した。最新のヨーロッパ医学の知識・技術を身につけた若きシーボルトは、オランダ政府から対日貿易拡大のための産物調査という特命を受けており、商館長スチュルレルは長崎奉行に対して次のような申し入れを行った。今度の新任外科医はオランダにおいても高名な医者であり、希望があれば日本人の診療を行ってよい、ついては薬草の採取も許可願いたい。ときの奉行高橋筑前守がこれを容認したため、シーボルトは出島から出てある程度の行動の自由を確保することができた。その後長崎郊外の鳴滝に別荘を購入し、時々出向いて講義や診療、また植物栽培を行うようになった。これが鳴滝塾となるわけである。

シーボルト来日の情報は、早速江戸の蘭学者が知るところとなり、また日本各地の蘭方医へも伝えられた。当時江戸では、馬場佐十郎（シーボルト来日の前年、三十六歳にて惜しくも病没）の活躍もあって、蘭学隆盛期を迎えようとしていた。全国的にもより高度な医学知識が求められていた時機である。

鳴滝塾に集まった主な俊才たちは次のとおりである。

- 美馬順三（阿波）　鳴滝塾々頭
- 高良斎（阿波）　シーボルトの助手的役割
- 二宮敬作（伊予）　富士山・温泉岳の高さを測定
- 伊藤圭斎（尾張）　植物学者として有名
- 岡泰安・研介兄弟（周防）　鳴滝塾高弟
- 高野長英（陸奥）　翻訳に秀でる、著書『夢物語』
- 石井宗謙（備前）　昆虫の研究論文も提出

江戸後期の代表的な私塾に大槻玄沢の芝蘭堂（蘭学）、広瀬淡窓の咸宜園（漢詩文）、少し下って緒方洪庵の適塾（蘭学）などがある。これらの塾はいずれも師の居宅内もしくは隣接地に教育施設があり、師と塾生が生活を共にして指導がなされていた。鳴滝塾の教育システムは多少異なり、出島からのシーボルトの出張講義は週一度程度であったから、高度な知識・技術を効率よく習得するためには、一定レベルの語学力や医学・自然科学の知識が必要不可欠であった。それを可能にしたのが、語学の達人吉雄権之助の語学塾であり、吉雄幸載や楢林栄建・宗建兄弟の医学塾であった。つまり鳴滝塾に学ぶ者は、こうした長崎市中の塾に日常通いながら語学力を研き、知識の習得に励むことによって直接シーボルトに学ぶことができたわけである。繰り返すが、シーボルトの鳴滝塾は、最新の西洋医学知識・技術を持ったシーボルトのもとへ全国から俊才が集まったというだけではなく、その間に長崎市中のオランダ通詞及び通詞一族の蘭方医がいた。長崎蘭学という教育環境の中で鳴滝塾の教育システムは機能したのである。

シーボルトに提出するオランダ語の論文を指導したのは吉雄権之助だったという。シーボルト『日本』には、医学にとどまらない日本に関する多方面の情報、たとえば茶の栽培、日本古代史、勾玉記、婦人の風俗（礼儀・華道・化粧・結婚）、南島（琉球）風俗、蝦夷風俗などを記した弟子たちの論文が引用されており(11)、その意味では吉雄権之助も『日本』成立に貢献したことになる。

シーボルト鳴滝塾の医学教育は、日本の蘭学のレベルが向上した時機をとらえたという意味で非常なインパクトがあった。異文化の衝撃を度々受けていた長崎にあっても、シーボルトのそれは際立つものであったということができよう。

シーボルトの帰国に際して発覚したシーボルト事件[12]の衝撃も大きかった。この事件の取り調べの影響もあって吉雄権之助は病死、吉雄忠次郎は米沢藩に、馬場為八郎は秋田亀田藩に流されるなど多くのオランダ通詞が処罰され、長崎の蘭学界は消沈してしまったようだ。また、この後牛痘をもたらしたモーニケまで有為な商館医は来日しなかった。蘭学の中心は江戸に移ってしまったのである。

三　長崎医学伝習所は近代医学教育の始まり

安政四年（一八五七）八月、幕府がオランダに注文していたヤパン号が長崎に入港した。このコルベット艦は咸臨丸と名付けられ、海軍伝習の練習艦に使用された。そのヤパン号の第二次海軍伝習教官団の中にポンペ・ファン・メールデルフォルトがいたことは、日本にとって非常な幸いだった。その理由を以下に述べたいと思う。

オランダのユトレヒト陸軍軍医学校を卒業した二十八歳の若きポンペが、長崎奉行所西役所の一室で幕府奥医師見習松本良順ら十数名に医学伝習を開始したのは同年九月のことである。後に教場は旧町年寄高島屋敷の長屋、小島郷佐古へと移転した。ポンペは、「内科医学ならびに外科医学に属する全課程を規則正しい方法で行いたい[13]」と、基礎医学から臨床までを体系的に講義する方針を立てた。講義科目は年によって異なるが、病理学・内科学・外科学（手術）・解剖学・生理学・薬理学から、物理学・化学・鉱物学などに及び、時には数学も教授したという。決して当代一流の医学者というわけではなかったが、その熱心な指導と、体系的な医学教育の実践によって、今日も「日本近代医学の父」と讃えられている。

長崎に医学伝習所が開設されたという情報は、シーボルト来日の時と同じく全国に伝わり、シーボルトに学んだ次の世代が、最新の西洋医学を求めて続々と長崎に集まってきた。幕府関係者だけでなく、諸藩の医学生や町村医も松本良順に弟子入りする形でポンペの指導を受けることができた。その総数は名前が判明している者だけで、およそ百三十名余(14)、実際はもっと多いだろう。幕府関係者を除いた主な遊学者を挙げておく。

- 司馬凌海（佐渡）語学の才能豊かな、良順の助手的存在
- 荒瀬幾造（周防）三田尻の町医者
- 佐藤尚中（下総）順天堂佐藤泰然の養子
- 長与専斎（大村）日本の衛生行政の基礎を確立
- 緒方平三（大坂）緒方洪庵の息子
- 関寛斎（上総）順天堂の高弟、赤貧の医者
- 八木称平（薩摩）島津斉彬に登用された医者
- 岡口等伝・楢林三圭（平戸）平戸藩医

図2-1-4　ポンペ肖像
（長崎歴史文化博物館蔵）

ついでながら、ポンペに学んだ地元長崎の医者も紹介しておきたい。吉雄圭斎・吉雄幸沢・楢林栄叔はオランダ通詞の別家の医者、特に圭斎は種痘の普及に功績があった。竹内東庵・岡田耕耘・奥田道有は町医者、郡元之進・郡豊は地役人の医師である。

それでは、基礎医学と臨床医学に関する具体的な重要事例を紹介し、ポンペの業績を確認しておきたい。

安政五～六年頃の時間割では、解剖学の講義が火木土の週三日、午前中二時間行われたが、死体解剖の実習はなかなかできないままであった。ようやく奉行所から実地の解剖が許可され、安政六年八月十三日、西坂の丘で刑死した男性の解

剖が実施された。ポンペは屍体を前にして、実習はまじめな態度で行うこと、不作法は死者を冒瀆し、医師の品位を落とす行為であると訓戒した[15]。ポンペの人間性をかいま見るようである。なお、長崎大学医学部には、ポンペの講義に使用された人体解剖模型が保存されている。

臨床医学に関する最大の功績は小島養生所の設立である。もともとポンペは、臨床重視の立場から病院の建設を要望していたが、安政五年の夏長崎で猛威をふるったコレラの流行が後押しとなり、また、最後の商館長ドンケル＝クルチウスの申請もあって、安政六年正式に幕府の許可が下りた。二年後、小島郷佐古の地（現在佐古小学校）に、わが国最初の西洋式病院である小島養生所が完成した。敷地内には医学所も建設され、基礎から臨床までの医学教育機関が出現した。長崎大学医学部の前身ということになる。

後年、ヨーロッパに留学した森鷗外（林太郎）がポンペに出会っている。森のドイツ語論文「日本における脚気とコレラ」に、その時のことが書かれているという。ポンペは森に向かって「私が数年前、あなたの祖国、日本にいた間に行なったところのものは、今では歴史上の価値をもつにすぎません。が、当時わたしは堅忍不抜の精神をもって一生懸命それにあたったのです[16]」と言ったという。

また、ポンペの学恩に深く感謝した三田尻の町医者荒瀬幾造は、帰郷後死ぬまでポンペ祭を営んだ。そのような真摯な教育をポンペは長崎において行ったのである。

しかしながらポンペは、帰国後医師としての活躍はほとんどなく不遇な晩年を送った。日本での五年間で、人生のエネルギーの大半を使い果たしたかのような生涯であった。

結びにかえて

鎖国時代の長崎は、唐・オランダと交易を行っていた唯一の貿易都市であり、当然色々な目的をもって長崎を訪れる人は多かった。まず、公用・商用で訪れる人々がいる。長崎奉行所の支配勘定として赴任した大田直次郎（蜀山人）は、この代表例である。次に、唐人屋敷・出島という日本の中の異国、湊に浮かぶ唐船・オランダ船といった異国情緒に惹かれた旅人も多かった。

本節で紹介したのは、長崎に存在した知識・情報を学び、取得するために訪れた遊学者たちのことであった。言いかえれば、多くの遊学者を引き付ける人材が長崎には多かったということになる。それは唐通事・オランダ通詞などの地役人であり、また、唐人屋敷の唐人や出島のオランダ人もそうであった。

つまり、貿易都市長崎のもう一つの側面がここに表れている。長崎では、輸出入品の流通とともに、貿易業務にかかわる外国人や長崎地役人がいて、そこに学術・文化の交流も存在していた。遊学者たちは、その交流に加わり、新しい学問・芸術を学び習得して、日本の各地に伝達したのである。

注

（1）長崎学会編、長崎文献社、一九六六～一九六八年。
（2）形成社、一九七二年。
（3）日蘭学会編、日蘭学会学術叢書第6、雄松堂書店、一九八四年。
（4）杉本つとむ『長崎通詞物語』創拓社、一九九〇年他。
（5）原三信編『日本で初めて翻訳した解剖書』六代原三信蘭方医三百年記念奨学会、平成七年。

（6）片桐一男『江戸の蘭方医学事始』丸善ライブラリー、平成十二年。
（7）注（6）に同じ。
（8）注（4）に同じ。
（9）注（4）に同じ。
（10）鳥井裕美子「『鎖国論』・『二国会盟録』に見る志筑忠雄の国際認識」『志筑忠雄没後二〇〇年記念　国際シンポジウム報告書』長崎大学・ライデン大学・長崎歴史文化博物館、二〇〇七年。
（11）緒方富雄『シーボルト『日本』の研究と解説』講談社、一九七七年。
（12）文政十一年八月、シーボルトが帰国のため乗船予定だったオランダ船が、台風（シーボルト台風という）のため稲佐海岸に座礁した。その積荷からは伊能図（日本地図）の写しなど禁制の品々が発見されたため、シーボルトは出島に軟禁され、取り調べの後、翌年国外追放となった。また、彼の弟子やオランダ通詞など関係者数十人が捕らえられて処罰された。「犯科帳」（長崎歴史文化博物館蔵）をもとに作成した次表を参照。

役職	人名	判決	判決理由	備考
阿蘭陀小通詞並	堀　儀左衛門	役儀取放百日押込	高橋作左衛門よりの書状をシーボルトへ手渡す	
阿蘭陀大通詞	末永甚左衛門	大通詞取放五十日押込、元株ニ而町年寄支配無役	江戸参府の際、シーボルトの病気治療時など見廻りを怠り、御制禁の品持ち越し不取締（これらの理由は、以下登与助まで共通の事項）、供の医師敬作につき監督不行届	
同　小通詞	岩瀬弥右衛門	百日押込		
同　小通詞並	名村八太郎	右に同じ	矢上駅での蘭人荷物改め不行届、御制禁の品出島持入。供の医師幸造につき監督不行届	

同　小通詞末席	岩瀬弥七郎	右に同じ	矢上駅での蘭人荷物改め不行届、御制禁の品出島持入	
阿蘭陀稽古通詞見習	荒木豊吉	五十日押込		
同　内通詞小頭見習	田中作之進	右に同じ		
同　同	菊谷藤太	右に同じ		
（医　師）	（二宮）敬作	江戸を構長崎払	嶋原温泉山の高低測量	
（医　師）	（高）良斎	居町払		
（医　師）	幸造	急度叱り		
（出島出入絵師）	登与助	叱り		川原慶賀のこと
阿蘭陀大通詞	馬場為八郎	（江戸町奉行引渡）	高橋作左衛門よりシーボルトへ渡された日本地図の件	永牢、秋田亀田藩預け
同　小通詞末席	稲部市五郎	（江戸町奉行引渡）	高橋作左衛門よりシーボルトへ渡された日本地図の件	永牢、上州七日市藩預け
同　小通詞助	吉雄忠次郎	（江戸町奉行引渡）	高橋作左衛門よりシーボルトへ渡された日本地図の件	永牢、出羽米沢藩預け
阿蘭陀大通詞見習	吉雄権之助	急度叱り	シーボルトより高橋作左衛門に贈られた渾天儀（天球儀）を吉雄忠次郎から頼まれ、作左衛門へ届ける	

(13) 沼田次郎・荒瀬進訳『ポンペ日本滞在見聞記』雄松堂書店、昭和四十三年。

(14) 鈴木要吾『蘭学全盛時代と蘭疇の生涯』東京医事新誌局、昭和八年。

(15) 宮永孝『ポンペ』筑摩書房、一九八五年。

(16) 注(15)に同じ。

第二節　長崎蘭学と歴史教科書

はじめに

かつて筆者が勤務した高等学校において、オランダ通詞の業績を調査・研究する機会があった。それまでも漠然となぜオランダ通詞は教科書に載らないのかという疑問はあったが、長崎学の泰斗古賀十二郎をはじめとする先行研究者の著作を一通り学んだ後は、日本史の授業をしていて教科書の記述がおかしいと感じるようになった。一口で言うと、江戸蘭学の展開がそのまま教科書の「蘭学（洋学）の発達」の記述になっているからである。その内容については次項で紹介するが、ここでは分かりやすく登場人物をあげておく。全国で最も使用されていると思われる山川出版社の高校日本史教科書（『詳説日本史　改訂版』平成十二年）を例にみてみよう。

まずは西川如見・新井白石の西洋地理書に始まって、青木昆陽の蘭語研究、その弟子の前野良沢と杉田玄白による『解体新書』の訳出事業を重点的に記し、これを契機に江戸蘭学が大きく発展したことを強調する。その後良沢・玄白の弟子大槻玄沢の芝蘭堂を中心に稲村三伯らが活躍したこと、関連して玄白と交遊があり奇人としても有名な平賀源内、精密な日本地図作成に業績のあった伊能忠敬、門下から幕末維新の人材を輩出した緒方洪庵らがあげられている。長崎からは、蘭学者の最高峰ともいうべき志筑忠雄がオランダ通詞としてただ一人登場するが、版を重ねるにつれ本文での記載と注の部分での記載をいったりきたりしている。また、シーボルトも必ず取り上げられているが、何故長崎から志筑忠雄とシーボルト、また西川如見なのかについては後ほど述べるとして、要は教科書の「蘭学（洋学）」の記述がオランダ通詞の業績をほとんど評価しないまま明治期以降今日に至っていることを指摘したいと思う。

筆者は、日本史教科書の「蘭学（洋学）」の項は江戸蘭学を中心に記述するのではなく、長崎蘭学その他の地域の蘭学をも総合的に客観的に判断して構成すべきであると考える。

西洋解剖書の翻訳・刊行を例にあげてみよう。前述したように教科書は『解体新書』を掲げるが、実は初めての翻訳解剖書は『解体新書』ではない。そのおよそ百年程前に、オランダ通詞本木良意がドイツのレメリンの解剖書（蘭訳本）を翻訳し、「阿蘭陀経絡筋脈臓腑図解」と題して幕府要人に献上している。これは長崎に遊学した諸国の医者によって筆写され、各地に伝播した。これを明和九年（一七七二）、周防の医者鈴木宗云が『和蘭全軀内外分合図』として刊行した。それでも『解体新書』刊行の二年前である。第二章第一節でも述べたが、『和蘭全軀内外分合図』「験号」によれば指十二幅一番小腸・盲目腸と訳されたものが、『解体新書』では十二指腸・盲腸となっている。前者はいかにも直訳、後者の訳の方がすっきりしているが、後者は前者を参考にした可能性があるのではないか。

百歩譲って本木良意の翻訳解剖書は不完全であるから、本格的なものということで教科書は『解体新書』を取り上げたとしよう。それでは次にオランダ辞書を例に考えてみる。蘭学の研究に辞書は不可欠である。幕末期に最も使われた辞書は、『福翁自伝』にも登場する「ズーフハルマ」であろう。十八年余も日本に滞在した商館長ヘンドリック・ズーフ（ドゥーフ）と、吉雄権之助らオランダ通詞が総力を挙げて作り上げた本格的な蘭日辞書である（長崎ハルマともいう。完成はズーフ帰国後）。ところが、教科書には初めての蘭日辞書として稲村三伯の『ハルマ和解』（江戸ハルマ）が取り上げられている。こうしてみると教科書執筆の際の選択基準は、「わが国初めて」とか「本格的な」ではなく、江戸蘭学の範疇か否かということになっている。ついでながら、『ハルマ和解』の原稿作成を指導したのは元オランダ通詞の石井恒右衛門（馬田清吉）であることを付け加えておく。

教科書の「蘭学（洋学）」に収録される情報量に限りがあることは承知している。しかし、以下に記すように現在使われている高校日本史の教科書・中学の歴史教科書の内容が、明治初期以降大枠でほとんど変わっておらず、その後の近現代の蘭学研究の成果が十分に反映されていない点を問題提起したいと思う。

一　現行歴史教科書「蘭学（洋学）」の内容

(1) 高校日本史教科書『詳説日本史　改訂版』（山川出版社、平成十二年）

山川出版社の高校日本史教科書「洋学の発達」の項を、他社の教科書と比べてみると細部では異なるところもあるが、大略変わりはない。一つには大学入試に対応しなければならないという制約があるためである。とすれば、ほとんどの現行日本史教科書（日本史B）において、戦前の教科書にあった史実の誤りは訂正され、戦前戦後の蘭学研究の成果は多少盛り込まれているものの、蘭学発達の基本線は、後述するように大槻兄弟が作成した教科書と大差はないようである。つまり、新井白石に始まり、青木昆陽、前野良沢・杉田玄白、大槻玄沢を経て、宇田川玄真、坪井信道、緒方洪庵に至る江戸蘭学の系統が共通して述べられている。

(2) 中学歴史教科書『新しい社会　歴史』（東京書籍、平成十三年）

掲載写真は『解体新書』扉、オランダと東洋の解剖図比較、伊能図の三点。この他に「外国船を打ち払う」の項で、それを批判した蘭学者として高野長英・渡辺崋山が登場する程度である。現在の中学二年では、一年間で日本史と簡単な世界史を学習する。したがって、「蘭学」だけを見てもわかるように、後述する旧制中学初級用教科書に

高校日本史教科書『詳説日本史　改訂版』（山川出版社，平成十二年）

洋学の発達　鎖国下にあることから西洋の学術・知識の吸収や研究は，困難であったが，西川如見や**新井白石**①が世界の地理・物産・民俗などを説いてその先がけとなった。ついで将軍吉宗は，漢訳洋書の輸入制限をゆるめるとともに，青木昆陽・野呂元丈らにオランダ語をまなばせたので，洋学は**蘭学**として発達した。

いちはやくとり入れられたのは，実用の学問としての医学で②，1774（安永3）年，**前野良沢**や**杉田玄白**らが西洋医学の解剖書を訳述した**『解体新書』**は，その画期的な成果であった。続いて**大槻玄沢**や宇田川玄随がでて，蘭学は各分野でいっそう隆盛をみせ③，玄沢の門人**稲村三伯**は蘭日辞書である**『ハルマ和解』**をつくった。そのほか平賀源内は長崎でまなんだ科学の知識をもとに物理学の研究を進めた。

幕府も18世紀半ばに**天文方**において，天文・測地のほか，洋書の翻訳をはじめた。天文では18世紀末に天文方の高橋至時に寛政暦をつくらせた④。測地では18世紀末から19世紀初めにかけて**伊能忠敬**に全国の沿岸を実測させ，『大日本沿海輿地全図』を作成させた。翻訳ではとくに**蛮書和解御用**⑤という一局をもうけ，洋書の翻訳にあたらせた。このような動きのなかで，民間でも蘭学研究への関心が高まり，19世紀前半には，オランダ商館医であったドイツ人**シーボルト**が長崎郊外に診療所と鳴滝塾をひらき，**緒方洪庵**は大坂に適塾（適々斎塾）をひらいて多くの人材を育成し，のちの西洋文化吸収の土台をつくった。

しかし，洋学研究は**シーボルト事件**⑥や蛮社の獄などにより規制をうけ，幕府の外交政策を批判することや政治運動に直接結びつくことなく，その後は医学・兵学・地理学など実学としての性格を強めた⑦。

①イタリア人宣教師シドッチは，1708（宝永5）年にキリスト教布教のため屋久島に潜入してとらえられ，江戸小石川のキリシタン屋敷に幽閉され5年後に死んだ。白石は，その尋問で得た知識をもとに『采覧異言』と『西洋紀聞』の2著をあらわした。
②医学では，元・明の医学を重んじる当時の流れに対し，臨床実験を重視する漢代の医術にもどろうとする古医方があらわれた。その一人の山脇東洋は，18世紀中ごろ，刑死人の解剖を行わせ人体内部を直接観察し，日本最初の解剖図録『蔵志』をあらわした。
③大槻玄沢は『蘭学階梯』という蘭学の入門書をあらわし，江戸に芝蘭堂をひらいて多くの門人を育てた。宇田川玄随は西洋の内科書を訳して『西説内科撰要』をあらわした。
④ほぼ同じころ，長崎通詞の志筑忠雄が，『暦象新書』をあらわし，ニュートンの万有引力説やコペルニクスの地動説を紹介した。
⑤天文方の高橋景保の建議によって設置され，のちに蕃書調所となった。また医学では，蘭学者が建てた種痘館をのちに幕府が直轄にして種痘所と改称した。
⑥1828（文政11）年，シーボルトは帰国のさい，持ちだし禁止の日本地図を持っていたために国外追放の処分をうけ，地図をわたした幕府天文方の高橋景保らの関係者も処罰された。シーボルトは帰国後，『日本』などをあらわして日本研究の第一人者となった。
⑦幕末の開国論者佐久間象山は「東洋道徳，西洋芸術（技術）」を説いたが，そこにも西洋文明の移入を科学技術面に限定する思想がうかがわれる。

おもな著作物（洋学・その他）

蔵　　志	山脇東洋
華夷通商考	西川如見
采覧異言	新井白石
西洋紀聞	〃
解体新書	前野良沢・杉田玄白
蘭学階梯	大槻玄沢
西説内科撰要	宇田川玄随
ハルマ和解	稲村三伯
暦象新書	志筑忠雄
舎密開宗	宇田川榕庵
大日本沿海輿地全図	伊能忠敬
蘭学事始	杉田玄白
戊戌夢物語	高野長英
慎機論	渡辺崋山

洋学者系統図

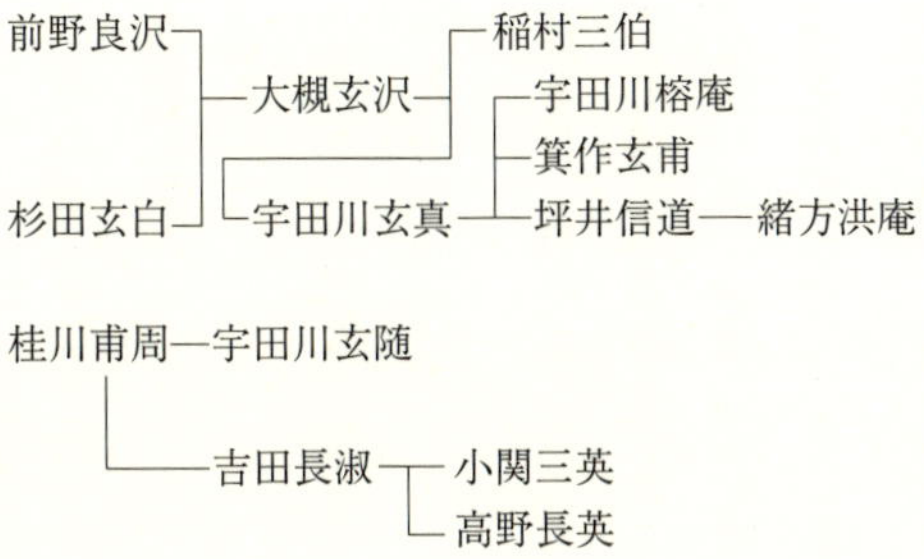

※系統図は，教科書では実際の年齢を加味して作成してある。他に大日本沿海輿地全図の写真掲載。
ゴシック体は教科書の表記どおりである。注は通し番号に変えている。

中学歴史教科書『新しい社会 歴史』（東京書籍，平成十三年）

国学と蘭学

同じころ，杉田玄白らが「解体新書」を翻訳・出版し，オランダ語で西洋の文化を学ぶ**蘭学**の基礎が築かれました。こののち，オランダ語の辞書や文法の書物もつくられ，近代的な学問や技術が学ばれるようになりました。19 世紀はじめには，伊能忠敬が，西洋の測量術を取り入れて，はじめて全国の沿岸を実測し，日本全図をつくりました。

※国学部分は省略。

比べてもかなり簡略である。近現代史・社会経済史部分が増加したこと、他教科との授業時間の兼ね合い、現行中学校は義務教育であることなど理由はいくつもあり、一概に全体のレベルが低下したとはいえないが、「蘭学」の教授内容を現行と比較するならばやはり高校日本史ということになろう。

二　『蘭学事始』の影響

杉田玄白が『蘭学事始』（蘭東事始ともいう）を書き終えたのは文化十二年（一八一五）四月、八十歳をとうに過ぎていた。『解体新書』訳出の中心的役割をなした前野良沢は既に亡く、同じく苦労を共にした桂川甫周・中川淳庵も死去していた。近年の蘭学隆盛にいたる歴史を回顧したこの書は、江戸蘭学の重鎮としての地位を固めた玄白による自慢話の類とみることができよう。四十年以上前の『解体新書』の訳出・刊行の事情を知っている者は玄白ただ一人であった。

『蘭学事始』に事実に反することが多く含まれている例証として、翻訳の苦心を述べた有名な「フルヘッヘンド」の部分を紹介しておく(1)。

或る日、鼻のところにて、フルヘッヘンドせしものなりとあるに至りしに、この語わからず。これは如何なることにてあるべきと考へ合ひしに、如何ともせんやうなし。その頃ウヲールデンブック（釈辞書）といふものなし。漸く長崎より良沢求め帰りし簡略なる一小冊子ありしを見合せたるに、フルヘッヘンドの釈註に、木の枝を断ち去れば、その跡フルヘッヘンドをなし、また庭を掃除すれば、その塵土聚まりフルヘッヘンドすといふやうに読み出だせり。これは如何なる意味なるべしと、また例の如くこじつけ考へ合ふに、弁へかねたり。

時に、翁思ふに、木の枝を断りたる跡瘉ゆれば堆くなり、また掃除して塵土聚まればこれも堆くなるなり。鼻は面中に在りて堆起せるものなれば、フルヘッヘンドは堆（ウズタカシ）といふことなるべし。然ればこの語は堆と訳しては如何といひければ、各々これを聞きて、甚だ尤もなり、堆と訳さば正当すべしと決定せり。その時の嬉しさは、何にたとへんかたもなく、連城の玉をも得し心地せり。

これほど詳細に苦心談を述べているにしては、『ターヘル・アナトミア』の鼻の部分に「フルヘッヘンド」なる単語は記載されていないのである。この一点をもってしても、『蘭学事始』の内容には疑わしい点が多い。『ターヘル・アナトミア』の鼻の解説部分に出てくる単語は「vooruitsteekend」であり、これをあえてカタカナで表記すると「フォーアウトステーケンド」となり、[2]「もちあがった、つき出た」の意味だそうである。玄白のいう「フルヘッヘンド」（verhevene, フルヘーヘン）は、少し後の鼻背のところに出てくるが、この部分は『解体新書』では省かれている。玄白の記憶違いであり、[3]オランダ語学力の乏しさを表しているようなものではないか。

また、玄白はオランダ通詞に対して、単なる通訳で学者・研究者ではないという偏見が強かった。『蘭学事始』によれば、オランダ通詞は「かの文字といふものを知らず、たゞ暗記の詞のみを以て通弁し」ており、西善三郎・吉雄幸左衛門（耕牛）らが横文字を習うことを幕府に願い出て許可され、これが「和蘭渡来ありてのち百年余にして横文字学ぶことの初めなるよしなり」と、とんでもない虚偽が書かれている。文字を知らずに、先に述べた本木良意の解剖書の翻訳や、パレの外科書（蘭訳本）を参考に著した楢林鎮山の「紅毛（夷）外科宗伝」などできるわけがない。吉宗が禁書の一部を解禁したのはキリスト教に関係のない漢訳洋書であって、蘭書の輸入がこのとき解禁されたわけではない。長崎通詞を低く見ようとする玄白の意図が明白に表現されているようだ。

さらに玄白はひどいことを言っている。「蘭学といふこと江戸にて大いに開けしといふこと、通詞家などにては

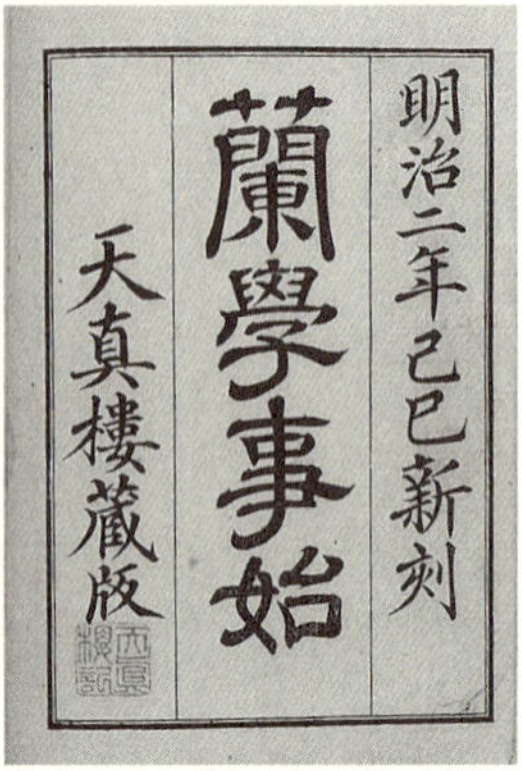

図2－2－1　『蘭学事始』
（長崎歴史文化博物館蔵。以下の図も同館蔵）

忌み憎みしよし。さもあるべし」。「かの家々は通弁までのことにて、書物読みて翻訳するなどいふこともなかりし時節にて」、「医説内景などのことに至りては、誰一人知る人なき筈なり」。「翁が輩、関東にて創業の一挙ありしにより、其根元たる西肥の通詞輩の志をも大に引立しかと知らる、なり」。事実を無視して、よくも通詞の悪口を並べたものだ。そのうえ、自分たちの江戸蘭学の隆盛が長崎の通詞に刺激を与えたというのである。玄白らによる『解体新書』訳出以前から、長崎の通詞本木良永らは本格的な蘭本の訳出作業を行っていた。前野良沢が学び、玄白自身『解体新書』の序文を請うた吉雄耕牛の、医者としての実力を玄白が知らないはずがない。

オランダ通詞をこき下ろしている玄白も、志筑忠雄とその弟子馬場佐十郎だけは特別らしい。本木良永ですら「一、二の天文暦説の訳書有リとなり。其余は聞くところなし」と素っ気ないが、良永の弟子志筑忠雄に関しては「性多病にして早く其の職を辞し、他へ遜り、本姓中野に復して退隠し、病を以て世人の交通を謝し、独学んで専ら蘭書に耽り、群籍に目をさらし」、「本邦和蘭通詞といへる名ありてより前後の一人なるべしとなり」と、非常に好意的である。しかし、こうも付け加えている。「若し此人退隠せずして職にあらば却てかくまでには至らざるべきか」。つまり、志筑忠雄が通詞の職に長くあったならば、業績を上げることはできなかっただろうというのである。さらに言う。自分たちの影響で、「かの人も噴発せるの為すところかとも思はる」。その傲慢さには呆れるばかりである。

こうした志筑忠雄に対する評価を改めて考えてみると、彼だけが日本史教科書に登場する理由が明らかになってくる。稽古通詞をわずか一年余でやめ、中野忠雄（柳圃）として閉居三十年の学究生活を送った彼は、特別に学者と認められたのである。このことについては次項でも触れる。

また、志筑のオランダ語文法を受け継いだ馬場佐十郎について「先年臨時の御用にて江戸に召し寄せられしが数年在留し、当時御家人に召し出され、永住の人となり、専ら蘭書和解の御用を勤め、この学を好めるもの、皆その読法を伝ふることとなれり」と、オランダ語を江戸の蘭学者たちに教授したことを述べている。実際、玄白の子杉田立卿も佐十郎について文法を学んだ。江戸における蘭学者たちのオランダ語読解力は、佐十郎の指導によって飛躍的に向上したといわれている。

以上のような虚構性の強い『蘭学事始』であるが、福沢諭吉の援助もあって明治二年（一八六九）日本近代化の象徴として刊行[4]されて後は、異様に強い影響力を有するに至った。それが明治期以降現代までの歴史教科書にまで及ぼしているのは不幸なことと言わねばならない。なお、これまで『蘭学事始』は杉田玄白による表記として述べてきたが、杉田家の『蘭学事始』原本は焼失したとされており、一部に弟子大槻玄沢の加筆・補正があるのではないかとの研究[5]が存在することを付け加えておく。

三　大槻修二・文彦兄弟の業績と影響

大槻玄沢の孫に当たる修二・文彦兄弟は明治期を代表する学者・知識人。特に弟文彦は、日本最初の近代的な国語辞書『言海』の編者として高名である。

（1）大槻修二（如電）（一八四五〜一九三一年）

明治九年九月、大槻家では祖父玄沢の五十年祭が執り行われた。これに合わせて大槻修二は、玄沢がわが国の蘭

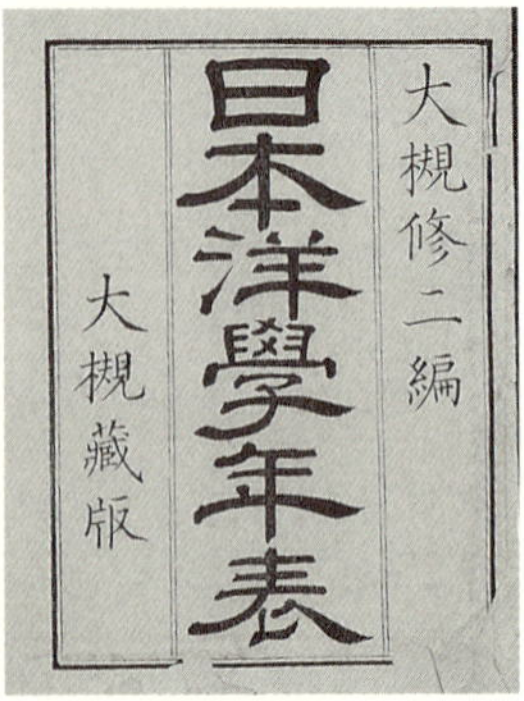

図2-2-2
『日本洋学年表』

学の発達に及ぼした功業を含む年表を作成し「追遠の料」とした。これを翌年十一月、『日本洋学年表』[6]として刊行したわけである。大槻修二が各種史料・文献を集め、厳密に学問的に執筆したことは疑いないが、その動機は先祖顕彰であり、また時間的にも制約があり、今日からすれば疑問点は多い。

その第一は、年表が杉田玄白の『蘭学事始』を基礎に構成されている点である。玄白の一番弟子が祖父玄沢であって、師玄白から『蘭学事始』草稿の校訂を任されたほど密接な関係に玄沢はあったから当然としても、『蘭学事始』の虚構性については、すでに述べたとおりであり、『日本洋学年表』の基本的な部分に問題が残る。繰り返すが、『蘭学事始』は江戸蘭学の隆盛を誇る玄白の自慢話の類であり、特に長崎のオランダ通詞を不当にも低く扱う姿勢で書かれているからである。

第二に、いかに実証的な姿勢で執筆したとしても、祖父玄沢の過大評価は免れない。『日本洋学年表』「序論」に、およそ次のような日本蘭学発達史に占める大槻玄沢の功績が記されている。

青木昆陽がはじめて吉宗の命を受けて蘭学を学び、その教えを受けた前野良沢がさらに発展させて蘭書の翻訳が行われるようになった。杉田玄白・桂川甫周・宇田川玄随らにも各々翻訳書・著作があるが、皆医学関係に限られた。そうしたなかで大槻玄沢は「実ニ蘭化〔前野良沢〕ノ説ヲ拡メテ蘭学階梯ヲ著シ、其字句接続ノ法ヲ述ヘ横文解ク可キヲ世人ニ示ス、是此学ノ中興ニシテ但翻訳局創設ノ時其主選ニ当レリ」と、オランダ語学の分野を確立した「此学ノ中興」と位置づけられ、『蘭学階梯』を最初のオランダ語入門書と評価している。玄沢後、その門から宇田川玄真が出て翻訳の方法を確立し、続いて坪井信道、緒方洪庵と出て、この系統が「伝統ノ大綱」をなした。さらに箕作阮甫も玄真の門から出、杉田成卿は信道の門から出て、両人は洋書調所の教授を勤めた。一方、長崎にプロシアの医者シーボルトが渡来して医学を直伝し、伊東玄朴・戸塚静海ら多くの弟子が医学を発展させた。また、砲術において高島秋帆が新式の伝習を行い、「銃隊ノ進退、砲車ノ運転等古来ノ兵法火技ヲ一変」させた。この門から江川太郎左衛門・下曽根金三郎が出て砲術は盛んになった。

以上が、大槻修二の記す日本蘭学の発達史である。歴史教科書の「蘭学（洋学）」との関連は後述するとして、大槻玄沢の評価に関して多少触れておきたい。

ここでも最初の入門書ということで『蘭学階梯』が教科書に記載されているのであるが、オランダ語学の分野で最も進んでいたのは志筑忠雄、それを江戸で普及させたのが馬場佐十郎、江戸の蘭学者では宇田川玄真が第一と考えるのが妥当ではないだろうか。蘭学者の評価史料としてよく引用される尾張の蘭学者野村立栄の「免帽降乗録」(7)を参考にしたい。その「江戸蘭学徒」の項に、文化十三年の話として次のように記してある。

紅毛学第一　津山　宇多川玄真
死　紅毛読書達人　公義御抱馬場佐十郎
仙台　大槻玄沢
因幡　田中祐碩
阿波　富永晋二
治療ノ方ヨシ　加賀　吉田長淑佐侯
翻訳ノ方ヨシ　同　藤井芳亭
同　大高玄哲

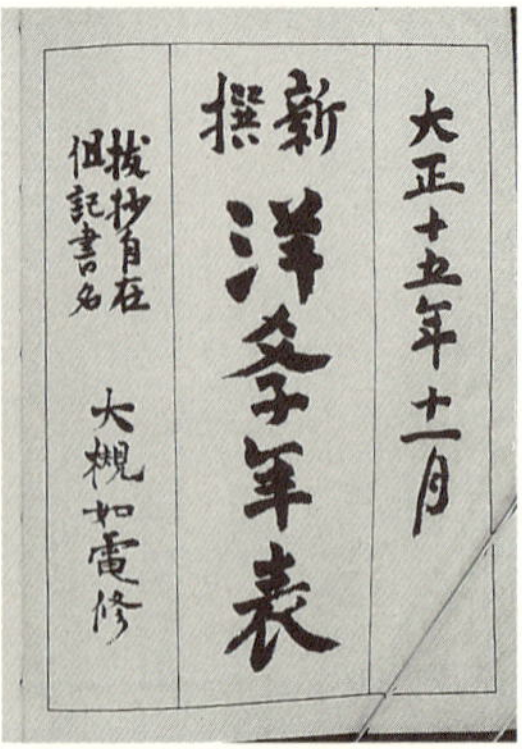

図2-2-3
『新撰洋学年表』

この史料が絶対的に正しいというわけではないが、玄沢の語学力は研究諸論文によっても玄真・佐十郎に比べてかなり劣り、注記がないのは妥当であるという。ただし玄沢には政治力・指導力が備わっていたようだ。

これまで『日本洋学年表』に対しては種々疑問を呈したものの、学者としての大槻修二個人は、『蘭学事始』がオランダ通詞に対して悪意ともいうべき記述をなしているのと異なり、彼らの事績を理解しようとする態度が十分にうかがえる。同年表「例言十則」に「長崎訳官ノ事実ハ洋学ノ要件ナレトモ長崎志ハ官事ノミヲ記シタレハ先民伝以後各人ノ行事ヲ得ルニ由ナシ、故ニ諸書ニ散見セシ者ノミヲ挙ケテ他日ノ補正ヲ待ツ」とあって、長崎通詞について紹介不足を認めている。

しかし、この段階の「遺漏も多く誤謬亦少なからず[8]」という不十分な内容が、そのまま歴史教科書の「蘭学（洋学）」に反映され、今日に至っていることに問題が存在することも事実であって、大槻修二が『日本洋学年表』の補正に掛かり、それが完成して『新撰洋学年表』として刊行されたのは、実に初版から五十年後、昭和二年（一九二七）一月のことであった。この年は祖父玄沢の満壱百年忌に当たっている。

その「あとがき」に興味深いことが書かれている。「（四十五年前）当時長崎の斯学に及ばざりしは長崎は通詞世界と従来心得居たればなり、今回新撰年表を浄書せんずる当り今一度取調べんと出かけたれど依然たる長崎にて文学上にはさして効能なし、仍て蔵書中より見出し星学・語学に就き西・本木・吉雄・中野諸氏を新書に加へたり、見てたべ　大正十年三月　七十七叟大槻如電」。実際、その前年の大正九年（一九二〇）に大槻修二（如電）は長崎を訪れ、後に長崎学の三羽烏といわれた古賀十二郎・永山時英・武藤長蔵そして斎藤茂吉らと会い、記念写真を撮っ

図2-2-4　大槻修二来崎記念写真
※右から斎藤茂吉，國友鼎（長崎医専教授），武藤長蔵（長崎高商教授），
大槻如電（修二），古賀十二郎，永山時英（県立長崎図書館長）

ている。「さして効能なし」の意味には深入りしないが、四十五年も前の宿題を忘れずに来崎したことを評価したいと思う。

ところで、大槻修二自身『国史要略』[9]という高等小学校用の歴史教科書を執筆している。東京集英堂蔵板で明治二十六年印刷・発行、翌年二月「誤謬訂正ノ上不都合ナシト認ム」として文部省の検定認可を受けたこの教科書から、修二の歴史に対する考え及び「蘭学（洋学）」の記述を紹介しておく。

冒頭の「総説」に、「大日本帝国ハ、太祖神武天皇ヨリ、今上天皇ニ至ル、一百二十一帝、二千五百五十余年、其一皇系ヲ以テ、斯ク永遠ノ年代ヲ伝ヘタルハ、世界万国倶ニ比スベキ者ナシ、但シ其ノ年代ノ間ニ、現レタル治乱・興亡ノ事蹟ヨリ、文化ノ進否ト、武略ノ盛衰トハ、之ヲ既往ニ徴シテ、国運ノ沿革ヲ覚リ、之ヲ将来ニ鑑ミテ、国威ノ維持ヲ謀ル、之乃チ歴史ノ必用ニシテ、此国ノ民タルモノ、此国ノ変遷ヲ知ラズバアル可カラズ、而シテ国ノ沿革ヲ知ラント欲セバ、其大変遷ノ幾回ナリヤヲ、定メザル可カラザルナリ」とあって、後掲の十年ほど前に刊行された弟文彦の『校正日本小史』「総論」の記述によく似ている。お互い影響し合っているのだろう。蘭学関連を拾うと「和蘭学」の項に次のように記述してある。

吉宗頗ル天文・暦算ニ通ジ、和蘭ノ其術ニ精シキヲ知リ、特ニ禁書ノ禁ヲ解キ、其天文書ヲ貢セシム、竟ニ青木文蔵敦書号昆陽、評定所儒者ニ命ジテ、横文ヲ読マシム、長崎訳司阿蘭陀通詞ト云フハ、言語ノミニ通ゼシカバ、吉雄幸作　西善三郎　本木栄之進ノ諸氏、相共ニ文蔵ニ就キ、蘭書ヲ修ムルコトヲ許サル、之ヲ洋学講習ノ初トス

この部分は、まだ『蘭学事始』の事実誤認を引きずっている。また、「前野良沢・杉田玄白・蘭学階梯」の項は次のとおり。

蘭学ノ起ルヤ、前野良沢号蘭化　杉田玄白号鷧齊　相共ニ、横文翻訳ノ業ヲ創メ、安永中始テ解体新書ヲ訳述ス、大槻玄沢号磐水　其学ヲ拡メテ、蘭学階梯ヲ開版セシカバ、世人始テ蘭文ノ読ベク訳スベキヲ知ル

高等小学校レベルということもあろうが、青木昆陽、前野良沢・杉田玄白、大槻玄沢と繋がる蘭学「伝統の大綱」の主要部分を列挙するにとどめている。しかし、蘭学に関しては、他の教科書執筆者へ大きく影響したであろう。

(2) 大槻文彦（復軒）（一八四七～一九二八年）

弟文彦の影響は兄以上に大きい。彼の年譜[10]によれば、次のとおりである。

文久三年（一八六三）十七歳で仙台藩々校養賢堂に入り文武修行。二十歳のとき仙台藩より洋学稽古人を命じられ、養賢堂にて蘭学及び英学を修める。明治維新・戊辰戦争前後、江戸・京都・大坂・仙台・横浜の間をめぐるしく動き、合間に洋学修行。明治三年（二十四歳）、東京大学南校に入り英学・数学を修める。

明治五年、文部省に出仕、常用漢字の数を減ずる新撰字編修に従事し、また英和対訳辞書の編修を命じられる。

翌年師範学校出勤、教科書の編修を行う。さらに宮城師範学校設立を命ぜられ、校長となる。同八年文部省に帰り、日本辞書の編修に当たる。同十三年文部省編輯局勤務（文部一等属）。明治十四年、兄修二らと白石社を建て、新井白石の遺書を出版、文彦「采覧異言」「西洋紀聞」を校訂する。同十五年、『日本小史』刊行。同十八年、『校正日本小史』刊行。明治二十四年四月十日、日本辞書『言海』刊行。六月芝公園内紅葉館にて『言海』出版祝賀会が開かれる。同年仙台同郷会副会長。翌年宮城県尋常中学校長（同二十八年まで）。明治三十一年兄如電の次男茂雄を養嗣子とする（茂雄は『新撰洋学年表』を県立長崎図書館に寄贈している）。同三十二年三月、文学博士の学位を受ける。

以上、本節に必要と思われる事項を年譜から選んで列挙したが、その博学多才、『言海』に代表される業績からして明治期最高の学者の一人である。なお、文部省の教科書編修の責任者でもあり、また「仙台」へのこだわりも相当なものであることに気付く。

その大槻文彦が著した歴史教科書『校正日本小史』を、『日本教科書大系近代編』所収のものを参考にみてみよう。[11]まず、同書の解題は『校正日本小史』の特色について次のように記す。

従来の天皇歴代史・編年史ではなく、明治十四年文部省頒布の「小学校教則綱領」によって記事本末体をなし、その「内容項目がこれから後に検定制下の小学校歴史教科書の内容項目を立てる前段階をなしたと認められる」こと、その点から検定前の小学校歴史教科書を代表する本書は、「これ以前の日本歴史教科書とは時期を画するものをもっている」と評価している。小学校の歴史教科書とあるが、それは高等小学校用のことであり、後に尋常中学・師範学校初級用教科書としても使用されたレベルである。

つまり、文部省教科書編修の責任者の立場にあった大槻文彦が、その博識・文才を生かして歴史教科書の見本を作成したと理解すれば分かりやすい。それほどこの歴史教科書の形式及び内容は、それまでの教科書とは異なる画期的なもので現行の教科書に限りなく近い。

文彦自身この教科書の「凡例」で工夫した点をあげている。「必シモ旧例ニ拠ラズ、凡ソ、時勢ノ大変、史上ノ重事ト認ムル者ヲ挙ゲテ、題ヲ設ケ、段ヲ立ツ」、また「本書記事取捨ノ体、頗ル従来普通ノ史ノ撰ニ異ナル所アリ、普通ノ史ニ多ク詳ニスルモノモ略スルアリ、略スルモ詳ニスルアリ、其繁簡詳略ノ鈞等ハ、スベテ作者ノ見ヲ以テ断ジテ、世ニ大関係アリトスルモノヲ掲グ」と著者の判断・見識で執筆したこと、そして「普通ノ史ト異ナル所アルヲ怪シムベカラズ」とも述べて、この教科書が画期的な内容を有することに対して自信を覗かせている。

「総論」冒頭には文彦の歴史観、歴史を学ぶ意義が記されている。

　史トハ、人間世上ニ起コリシ種々ノ事ノ変遷ヲ書ニ記セルモノナリ、此書ハ、日本国ノ史ヲ簡略ニ記シタルモノナレバ、日本小史トハ名ヅケタリ、凡ソ、此国ノ開闢ヨリ、今ニ至マデ、数千年ノ間ニ現ハレタリシ人民智識開化ノ進否、或ハ政治教化ノ美悪、或ハ治乱盛衰ノ始終等ハ、略々記シテ漏スコト無シ、抑々此幾多ノ変遷ヲ熟知シテ、因テ往時ノ由来ヲ鑑ミ又、後来ノ形勢ヲモ察スベシ、コレ史ヲ学ブノ本旨ナリ

まさに、完璧なまでに何故歴史を学ぶかということが書かれている。『言海』の原稿執筆の傍ら、このような歴史教科書を成した大槻文彦の才能には驚かされるばかりである。

先に『校正日本小史』の内容項目が後世の教科書に影響を与えたことを述べたが、上・中・下三巻のうち「下の目録」江戸時代分を紹介しよう。右傍線での強調表記も今日的である。下に現行の中学歴史教科書の内容項目を対比させる意味であげてみる（表2-2-1）。

現行の歴史教科書には社会経済史的分野が加わっているため、一見かなり異なっているようであるが、政治史・文化史分野は、内容はともかく項目立てはほとんど変わらない。『校正日本小史』が天皇歴代記・将軍歴代記中心の歴史とは大きく異なる画期的な歴史教科書といわれる所以である。

それでは「蘭学及ビ海防ノ説起ル」のうち、本論の「蘭学」の記事を掲げる。

初メ長崎ニ西川如見アリ、江戸ニ新井君美アリ、各々書ヲ著ハシテ、五大洲ノ地理 歴史風俗ヲ記セリ、コレヲ我国ニテ万国ノ事ヲ言フ初トス

将軍吉宗、技能多ク、善ク天文ニ通ズ、嘗テ阿蘭陀亦和蘭トモ書ス ノ図書ヲ覧テ、其精美ナルニ感ジ、遂ニ其ノ学術ヲ窮メムトスル志アリ、始メテ青木文蔵昆陽 ニ命ジテ、長崎ノ和蘭人ニ就キテ、横文字ヲ読マシム

将軍家重家治ノ世ニ至リ、医人前野良沢蘭化ト号ス 杉田玄白鷧齋 桂川甫周月池 大槻玄沢磐水 等、亦同時ニ起リ、蘭人ニ従ヒ、苦心シテ蘭書ヲ解シ、大ニ西洋ノ医学ヲ弘ム

是ヨリ、世人、洋書ノ読ムベキコトヲ知リ、和蘭ノ学芸ヲ窮ムル者次第ニ多シ、後来、日本開化ノ道実ニ此ニ基セリ

これに加えて蘭学関係では「外寇論起ル」のところで次のように記している。

〔前略〕然レドモ、志士ノ蘭学ヲ講ジテ、西洋各国富強ノ事情ヲ知ル者モ多シ

渡邊登崋山 高野長英等出デ、、外船ヲ攘フハ国ニ大難ヲ起サンヲ論ジ、書ヲ著ハシ、ガ、遂ニ罰セラル

天保十一年 同時ニ、高島四郎太夫秋帆 アリ、始メテ和蘭人ニ就キテ、砲術ヲ学ブ、コレ西洋新式砲術伝来ノ始メナリ、然レドモ又罰セラル

表2-2-1　『校正日本小史』と『新しい社会歴史』の項目対比

<table>
<tr><th>『校正日本小史』</th><th>『新しい社会　歴史』（東京書籍、平成十三年）</th></tr>
<tr><td>徳川家康将軍トナル
琉球ヲ征服ス
大坂冬夏ノ陣　豊臣氏滅ス
徳川氏治平ノ功
文学制度
徳川氏控御ノ方
秀忠家光ノ政
南蛮紅毛　切支丹宗
天草島原ノ乱
人材多ク出ズ
綱吉ノ政
文学盛ニ興ル
吉宗ノ中興
天明ノ弊政
寛政ノ政
和学及ビ尊王ノ説起ル
蘭学及ビ海防ノ説起ル
魯人蝦夷ニ逼ル
蝦夷ヲ開ク
文化文政ノ政
外寇論起ル
米利堅来ル
攘夷開国ノ論併ビ起ル
外国交通ヲ許ス</td><td>第4章　近世の日本
2．江戸幕府の成立と鎖国
①江戸幕府の成立と支配のしくみ
江戸幕府の成立、幕府と藩、大名や朝廷の統制
②さまざまな身分と暮らし
武士と町人、村と百姓、きびしい身分による差別
③貿易の振興から鎖国へ
朱印船貿易と日本町、禁教と貿易統制の強化、島原天草一揆と鎖国
④鎖国下の対外関係
鎖国下の貿易、朝鮮と琉球、アイヌの人たちとの交易
3．産業の発達と幕府政治の動き
①産業の発達
農業の進歩、諸産業の発達、町人の台頭
②都市の繁栄と元禄文化
江戸・大坂・京都、綱吉の政治、元禄文化
③享保の改革と社会の変化
享保の改革、貨幣経済の広がり、百姓一揆と差別の強化
④幕府や諸藩の改革
田沼の政治、寛政の改革、諸藩の改革
⑤新しい学問と化政文化
国学と蘭学、化政文化、地方の生活文化</td></tr>
</table>

井伊直弼ノ武断 五国条約ヲ許ス 徳川氏ノ衰世　攘夷ノ乱 長州ヲ征ス 将軍政権ヲ奉還ス 王政復古 伏見鳥羽ノ戦 江戸降ル 奥羽箱館ノ戦	⑥外国船の接近と天保の改革 外国船を打ち払う、大塩の乱、天保の改革 第5章　開国と近代日本の歩み 1. 欧米の進出と日本の開国 ④開国と不平等条約 ペリーの来航、不平等な通商条約、開国の影響 ⑤江戸幕府の滅亡 尊王攘夷運動の高まり、倒幕への動き、大政奉還と王政復古

※世界史分野はのぞいた。

「蘭学」の項目のあらすじが、兄修二の洋学年表を基礎に組み立てられているのは明白である。

また、国防が国家の最重要問題であった明治期にあって、「日本開化ノ道実ニ此ニ基セリ」と、日本近代化の基礎をなした蘭学とその応用である海防論は、歴史教科書の内容項目としてふさわしい分野であった。長崎の高島秋帆が入っているのはそのためである。彼は幕府の命により江戸徳丸ケ原で砲術演習も実施した。もう一人、天文・地理に通じた長崎人西川如見は、将軍吉宗の命で江戸に召し出されている。

つまり、高島秋帆・西川如見には、共に江戸で活躍したという共通点を見出すことができるが、一方、オランダ通詞は『校正日本小史』に一人も記載がない。馬場佐十郎のように蛮書和解御用を勤めて江戸蘭学者のオランダ語読解力を飛躍的に向上させ、御家人にも昇進した通詞がいるにもかかわらず無視されたかたちとなっている。

オランダ通詞の悪口を並べたてた『蘭学事始』の影響、その大枠は変わらない『日本洋学年表』、兄の年表を基礎に執筆された画期的な歴史教科書『校正日本小史』の「蘭学」の項、いずれも江戸蘭学を擁護・顕彰する立場の人が書いたものである。

大槻文彦の蘭学発達史についての基本的な認識は、この後も変わることはなかった。明治四十五年五月、早稲田大学での文明源流表彰展覧会に際して行われた彼の講演「日本文明の先駆者」が『文明源流叢書』[12]に収録してあるが、その構成は次のようになっている。

「一　洋学の濫觴」、「二　青木文蔵」、「三　前野良沢・杉田玄白」、「四　大槻玄沢」、「五　玄沢門下の諸名家」、「六　蘭学の系統」、「七　長崎の蘭学」、「八　辞書類の刊行」、「九　現在文明の基」。

何やら先に紹介した現在の高校日本史「洋学の発達」の内容を見るようだ。講演内容は、『校正日本小史』の「蘭学」に「長崎の蘭学」「辞書類の刊行」など新たな蘭学研究の成果が付け足してある。

講演全体からすればほんのわずかであるが、「長崎の蘭学」では西善三郎・本木栄之進（良永）・吉雄耕牛の名前だけがあげられ、吉宗以後洋書を読むことを許されたため「学者が出来て来た」と、これまでと違った表現をしている。オランダ通詞がそれ以前から洋書を読んでいたことは本木良意・楢林鎮山・今村英生の業績をみれば自明であり、そうした『蘭学事始』以来の誤認は講演の随所に散見されるが、すでに何度も述べたことでもあり、ここでは取り上げない。ただ通詞のなかに「学者」がいるとの評価は注目される。

中野柳圃（志筑忠雄）については、天文に関する「暦象新書」、オランダ語の文法書「和蘭品詞考」を業績として紹介し、特に後者に対して「これは西洋の文法書を見たのでも何でもない、和蘭の書物を読むには斯うしなければならんと云う、自分の新発明であります。此の中野の文法が出てから、和蘭の学問は一変した」と絶賛している。国語学者である大槻文彦が純粋に志筑忠雄を評価し、それは一応戦後の教科書に反映された。ただし、蘭学を一変させた文法分野ではなく、天文・物理学分野「暦象新書」の著者、ニュートンの万有引力の法則を初めて日本に紹介した人物としてであった。志筑忠雄の天文・物理学分野での業績はもちろんすばらしいのであるが、もしもう一つのオランダ語文法に関する業績を正当に取り上げれば、青木昆陽→前野良沢・杉田玄白→大槻玄沢という蘭学発達史の中心がずれる恐れがあるからではないかと勘ぐりたくなる。

文彦は講演で次のようにも言っている。「蘭学の系統を尋ねて見ると、青木昆陽の門人が前野良沢、其門人が大槻玄沢、其門人が宇田川玄真、其門人が坪井信道、其門人が緒方洪庵、斯う云ふ系統になって居る」。ここにも兄如電が明治十年『日本洋学年表』で述べていた「伝統ノ大綱」が生きていた。

現代においても歴史教科書の執筆者は、「蘭学（洋学）」に限っては大槻兄弟が設定した蘭学発達史の枠に縛られているのではないだろうか。

四　旧制中等学校の歴史教科書「蘭学（洋学）」の変遷

本節構想の当初は、『校正日本小史』の「蘭学」の内容がずっと今日まで続いているのかと予想していたが、そうとばかりもいえないようだ。以下、旧制中等学校の歴史教科書から「蘭学」の項を中心に内容の変遷を概観してみる。

周知のとおり、近代歴史教科書の記述には、日本国内の状況、日本をめぐる国際環境が色濃く反映され、明治、大正、昭和と下るにつれて文部省の指導・統制が強化されていった。しかし、小学校の教科書が教科書疑獄事件を契機に国定化されたのに対し、中等学校の場合は検定制度のまま推移したためレベル・用途に応じた複数の教科書を見ることができる。統制強化によって歴史の項目立ては共通であっても、内容には著者の姿勢・裁量が反映される余地が存在したのである。

本節は歴史教科書の歴史を考察するものではないが、一通り明治以降第二次大戦以前の状況を確認しておきたい。

（1）明治前期の歴史教科書

明治維新後、近代教育制度のもとで中等教育が行われるようになったのは、明治十年代に入ってからであり、本格的には明治十九年の中学校令施行後であった。それまでの歴史教科書は新井白石の『読史余論』、頼山陽の『日本外史』、また『大日本史』『国史略』など江戸時代の藩校や郷学校で使用されていた教科書が継続されていた。

明治十年三月に文部省は、おそらく高等小学校・中等学校用として、木村正辭編集の『国史案』[13]を刊行している。やはり同人編集で文部省が刊行した小学校用の『史略』『日本略史』に続くものと位置付け、文部省の新しい歴史教科書の構想、すなわち従来の天皇歴代記に替えて日本国の歴史を具体化して表現しようというものであったようだ。

同書「凡例」に「本書ハ日本国ノ史ニシテ皇帝ノ本紀ニアラズ、故ニ天皇ノ御事跡ト雖ドモ全国ノ利害得失ニ関セザル者ハ記セズ、其人民ノ言事モ一人一家ノ事ハコレヲ記セズ、但奇異非常ノ事ニ於テハ一人一家ノ事ト雖ドモコレヲ記シ以テ其人物ト時勢トヲ想像セシム」とあって、『校正日本小史』以前から文部省は天皇歴代記を中心とした教科書の改訂を考えていたことがわかる。

しかし、『国史案』は明治十二年一月刊行の二巻目（平家滅亡まで）で中止された。同年夏に明治天皇の教育聖旨に示された、西洋の摂取から儒教道徳による仁義忠孝を基とした教育への方針変革も影響しているかもしれない。忠孝の道を説く道徳教育には歴史上の人物が欠かせないからである。

同十四年、「小学校教則綱領」制定に際しては、明治天皇自ら歴史分野の綱領原案に対して修正を求めた。第一に日本史が乱・役といった戦争で占められていることへの是正、第二に王政のはなやかなときを取り上げるべきこと、第三は「建国ノ体制」を最初に入れるようにとのことであった[14]。

これを受けて、「神武天皇ノ東征」は「神武天皇ノ即位」、「南北朝ノ乱」は「南北朝ノ両立」に改められ、新たに「仁徳天皇」や「延喜天暦」が加えられた。「建国ノ体制」神話が「神武天皇」の前に入ったことは言うまでもない。『校正日本小史』が「小学校教則綱領」によって執筆されたことはすでに述べたとおりである。明治十九年に検定制度が始まったとき、中等学校用教科書のための具体的・統一的な基準はなく、高等小学校用の教科書が『校正日本小史』のように中等学校初級用として検定を受けて認可されることも多かった。その意味では、明治天皇の聖旨を受けて制定された「小学校教則綱領」が、この後の歴史教科書に及ぼした影響は大きく、それによって執筆された『校正日本小史』の形式・内容は検定のための一定基準を提供していたと考えられる。

(2) 明治二十七年の文部省改正

明治二十七年三月には「尋常中学校ノ学科及其程度ニ関シ改正スルコト[15]」が出され、初めて統一的な指導がなされたが、それでも歴史教科に関しては「歴史及地理ノ授業時間ヲ増シタルハ歴史ニ重キヲ置クカ為ナリ、蓋歴史教育ノ精神ハ我国体ノ貴重ナルヲ知ラシメ宇内ノ大勢ヲ詳ニシ古今ノ変ニ通スルノ能力ヲ養成スルニ在リ、而シテ尤中等教育ノ要点ヲ占ムル者ナリ」と、最重要教科であるとの認識を示したのみで具体的な指導はなかった。

この当時の歴史教科書をいくつかみてみよう。まず、『校正日本小史』は『増訂日本小史』(明治二十九年)となって、尋常中学校歴史科教科書として明治三十年二月検定認可されている。その序文に大槻文彦は「本書ハ元ト高等小学三・四学年、尋常中学・高等女学初級、商業学校予科其他同程度ナル諸学校ノ教科用ニトテ編シタルモノ」と書いている。形式・内容ともほとんど変わっていない。

明治二十七年文部省検定済の尋常中学校・尋常師範学校教科書『中等教科日本歴史』(田中稲城・赤堀又二郎編纂、

東京文学社）には、「蘭学（洋学）」の項目がない代わりに「長崎の貿易」が入っている。それも貞享二年（一六八五）の定高制、即ち清商銀六千貫目、蘭商金五万両の制限高を記し、続いて新井白石が概算した貿易による金銀の流失高、銅も含めた国の財貨の喪失総額をあげ、それを防止するために白石は新令を発したこと、また新令の具体的な内容を紹介するなど現在の高校日本史以上に詳しい。

本書目次の近世徳川時代は表2-2-2のとおり。『校正日本小史』とはかなり違い、後述するように明治三十五年以後とも異なっている。むしろ、旧タイプの天皇歴代記を引きずり、徳川将軍歴代記を中心とした構成になっている。対比させる意味で、同じく文部省検定済教科書『皇国史要』（勝浦鞆雄編著、吉川半七蔵版、明治二十八年訂正三版）[16]から同時代の目次を表2-2-2に挙げるが、蘭学は「欧羅巴の学術」の中に含まれている。なお本書は尋常中学一・二年用として編集されたものである。

表2-2-2　『中等教科日本歴史』と『皇国史要』の目次対比

『中等教科日本歴史』	『皇国史要』
徳川家康将軍となる附江戸城	三十八　徳川家康海内を定む
徳川氏の政略並武家法度	三十九　家康幕府を開く
後水尾天皇即位附朝廷諸法度	四　十　家康法制を立つ
大阪冬陣並夏陣　豊臣氏滅ぶ	四十一　文学
家康薨ず　其性行	四十二　徳川氏外戚となる
秀忠並家光　幕府の権勢益々定まる	四十三　家光業を固む
徳川氏初政の外交及貿易	四十四　外交切支丹
山田長政　濱田屋彌兵衛	四十五　海外へ渡航せし人々の事跡
耶蘇教の禁　其通商上における影響	四十六　外交禁止
天草の乱	四十七　琉球、支那

明正天皇並後光明天皇
四代家綱　由井正雪の変
明暦の大火　市街の改正
諸侯の相続及内訌　酒井忠清
綱吉文学を起す
綱吉の弊政
徳川光圀　大日本史の編纂
赤穂の義士讐を復す
家宣及家継弊政を釐革す
長崎の貿易
八代吉宗　幕政の中興
九代家重　式部大弐等の獄
十代家治　田沼意次の専権
光格天皇尊号の議
十一代家斉　寛政の治
諸藩の良主　寛政の三奇人
辺警始めて起る
十二代家慶　大塩の変　天保の改革
英米魯の使船来港　海岸の警備
始めて条約を結ぶ　桜田の変
水戸の党争　浪士の暴動
幕政の改革　攘夷の実行
京師の変　両度の長州征伐
今上天皇御践祚　大政返上
衣食住并風儀、農業、工芸、商業并交通
貨幣、教育、文学、政治、租税、法律

四十八　吉宗の中興
四十九　刑法、租税、貨幣
五　十　徳川の極盛
五十一　商業、土木
五十二　実業に功労ありし人ども
五十三　暦、数、本草、医の大家
五十四　諸大名の状
五十五　美術工芸
五十六　風俗
五十七　風俗の二
五十八　支那文学
五十九　支那文学の二
六　十　国学
六十一　欧羅巴の学術
六十二　京都の御有様
六十三　尊王攘夷の説
六十四　外交を開く
六十五　幕府継嗣の争
六十六　嶋津氏都に入る
六十七　攘夷の布告
六十八　長州征伐
六十九　坂本龍馬の計画
七　十　将軍職返上

『皇国史要』の「緒言」で、著者勝浦鞆雄は「世界に多かる国々の中に、君臣の差別正くして、当初より、他の国人に侮られしことも辱められしこともなく、世々の紀念の花も美く流も潔きこと、皇国のやうなるはあらず。そは、皇国は、年の数すら知られぬ神代より、その種もすぐれ、其の源も澄みて、外国に類なくめでたき故なりけり」と述べて、「国体ノ貴重ナルヲ知ラシメ」る意図を強調している。明治二十七年の改正を踏まえて執筆された教科書ということができる。それでは蘭学関係を詳しく記した「欧羅巴の学術」の部分を紹介しよう。明治期の各種教科書のうち管見の範囲では、この『皇国史要』の記述が最も分量が多い（図2－2－5）。

かく支那文学の進み、皇国の古道もまた明になれるかたわらに、欧羅巴の学術もやうやう開初めたり。南蛮と交通を断ちにしより後も、宣教師等が、病癒せる方を見聞きし者ども、南蛮流とてその手術を伝へしもあれど、切支丹禁制の掟いと厳なりければ、学芸はもとより、文字知れる者もたえてあらざりき。

紀元二千三百六十八年宝永五年に、彼の国の教弘めむとて、大隅へ渡来し「よはむ」と云へる宣教師ありて、切支丹牢に繋がれたり。幕府はその来れる故由を問質さむがために、新井君美をもて主任となしぬ。此の時、君美、外国の状を聞明らめ、次で地図に就きて蘭人にもさまざま問ひただして、西洋紀聞、采覧異言など云ふ書を著したりき。

八代将軍吉宗いたく心を暦術・天文・地理の上に傾け、蘭人が献りし図画の詳密なるに驚き、紀元二千三百九十九年元文四年に、寛永の掟を緩め、教に関らざる書物に限りて持渡ることを許し、浪人青木文蔵を長崎へ往かせて、蘭書を読習はしめき。文蔵、通詞西善三郎等といたく力を尽し、あまたの月日を費ししかど、知得つる語文の数はいと少かりきとぞ。

二千四百二十年の頃、前野良沢、文蔵の教をうけ、のち蘭人に就き苦学して、そを桂川甫周・杉田玄白等に伝へぬ。良沢等幕府に請ひ、はじめて刑せられし人を解剖して、蘭書の正きに驚き、社を設け日を定めて集まり、その知れる語文より推究して、四年の間に十度ばかり稿本を書改め、解体新書と名づけたる翻訳書をぞ物しける。

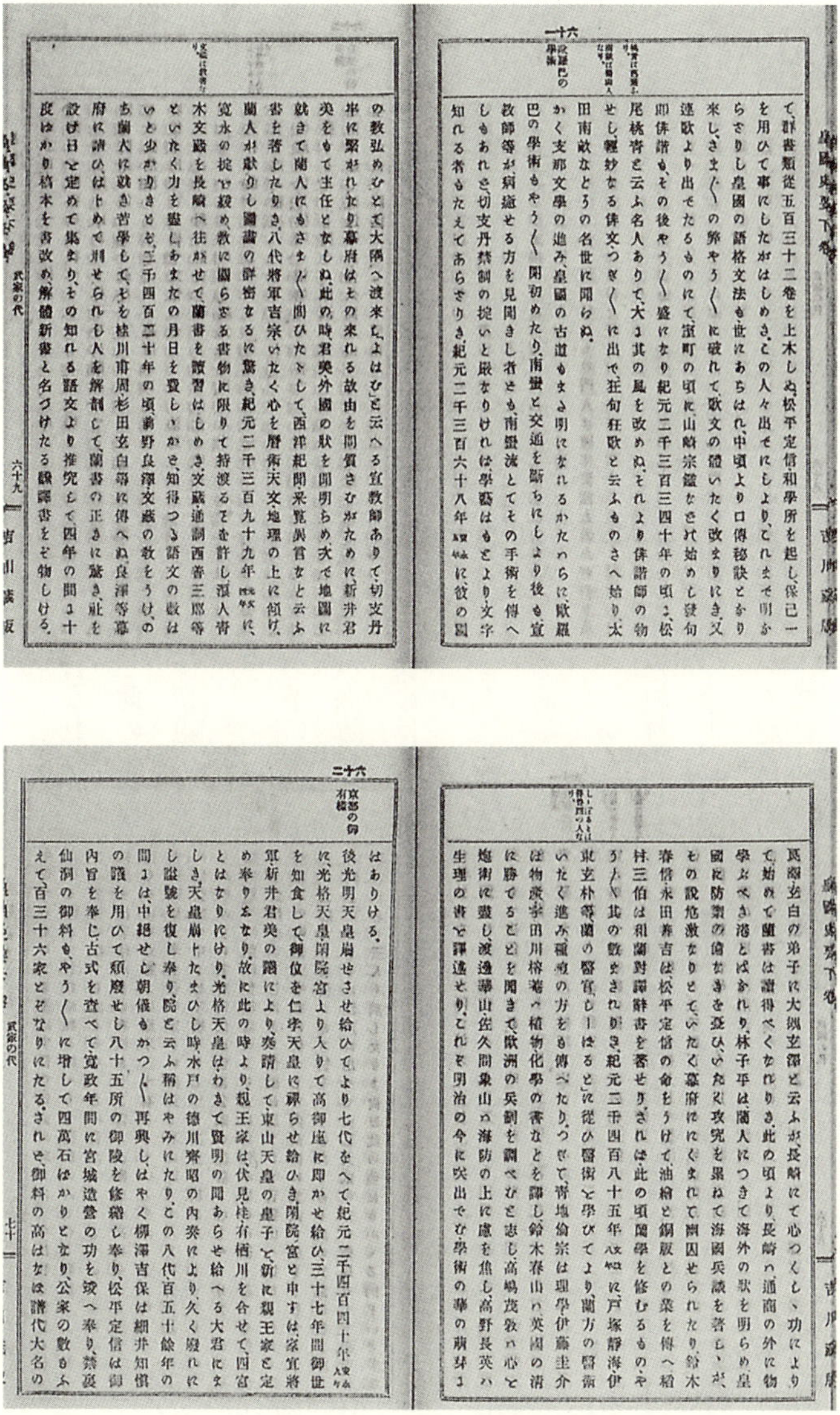
て、群書類従五百三十二巻を上木しぬ。松平定信、和學所を起し、保己一を用ひて事にしたがはしめき。この人々出でにしより、これまで明かならざりし皇國の語格文法も世にあらはれ、中頃より口傳秘訣となり來し、さまざまの弊やうやうに破れて、歌文の體いたく改まりにき。又連歌より出でたるものにて、室町の頃に、山崎宗鑑などされ始めし發句即俳諧も、その後やうやう盛になり紀元二千三百三四十年の頃には、松尾桃青と云ふ名人ありて、大に其の風を改めぬ。それより俳諧師の物せし、輕妙なる俳文つぎつぎに出で、狂句狂歌と云ふものさへ始り、太田南畝などうの名世に聞らぬ。

かく支那文學の進み、皇國の古道もまた明になれるかたはらに、歐羅巴の學術もやうやう開初めたり。南蠻と交通を斷ちにしより後も、宣教師等が病癒せる方を見聞きし者とも、南蠻流とてその手術を傳へしもあれど、切支丹禁制の掟いと嚴なりければ、學藝はもとより文字知れる者もたえてあらざりき。紀元二千三百六十八年に、彼の國の教弘めむとて、大隅へ渡來し、「よはひ」と云へる宣教師ありて、切支丹牢に繋がれたり。幕府はその來れる故由を問質さむがために、新井君美をもて主任となしぬ。此の時、君美外國の狀を問ひたゞして、西洋紀聞・采覽異言など云ふ書を著したりき。八代將軍吉宗いたく心を暦術・天文・地理の上に傾け、蘭人が獻りし圖書の群密なるに驚き、紀元二千三百九十九年に、寛永の掟を緩め、教に關らざる書物に限りて持渡ることを許し、又人青木文藏を長崎へ往かせて、蘭書を讀習はしめき。文藏通詞西善三郎等といたく力を盡し、あまたの月日を費しゝかど、知得つる語文の數はいと少かりきとぞ。二千四百三十年の頃、前野良澤、文藏の教をうけ、のち蘭人に就き苦學して、之を桂川甫周・杉田玄白等に傳へぬ。良澤等幕府に請ひ、はじめて刑せられし人を解剖して、蘭書の正きに驚き、社を設け日を定めて集まり、その知れる語文より推究して、四年の間に十度ばかり稿本を書改め、解體新書と名づけたる飜譯書をぞ物しける。

[illegible]玄白の弟子に大槻玄澤と云ふが、長崎にて心つくし、功によりて、始めて蘭書は讀得べくなれりき。此の頃より、長崎へ通商の外に物學ぶべき港とはなれり。林子平は、蘭人につきて海外の狀を明らめ、皇國に防禦の備なきを憂ひ、ひたすら攻究を累ねて海國兵談を著しゝが、その說危激なりとて、ふたたび幕府ににくまれて幽囚せられたり。鈴木春信・永田善吉は、松平定信の命をうけて、油繪と銅版との業を傳へ、稲村三伯は和蘭對譯辭書を著せり。されば此の頃蘭學を修むるもの、やうやう其の數まされりき。紀元二千四百八十五年に、戸塚靜海・伊東玄朴等、蘭の醫官「しーぼると」に從ひ醫術を學びてより、蘭方の醫術いたく進み、種痘の方をも傳へたり。つぎて、青地林宗は理學、伊藤圭介は物産、宇田川榕菴は植物化學の書などを譯し、鈴木春山は英國の清に勝てることを聞きて、歐洲の兵制を調べむと志し、高島茂敦は心を砲術に盡し、渡邊華山・佐久間象山は海防の上に慮を焦し、高野長英は生理の書を譯述せり。これぞ明治の今に咲出でたる學術の華の萌芽にはありける。

後光明天皇崩ぜさせ給ひてより七代をへて、紀元二千四百四十年に、光格天皇閑院宮より入りて高御座に即かせ給ひ、三十七年間御世を知食して、御位を仁孝天皇に讓らせ給ひき。閑院宮と申すは、家宣將軍、新井君美の議により奏請して、東山天皇の皇子と、新に親王家と定め奉りしなり。故に此の時より、親王家は、伏見・桂・有栖川を合せて、四宮とはなりにけり。光格天皇はわきて賢明の聞あらせ給へる大君にましき。天皇崩じたまひし時、水戸の徳川齊昭の内奏により、久く廢れにし諡號を復し奉り、院と云ふ稱はやみにたり。この八代、百五十餘年の間には、中絶せし朝儀もかつがつ再興し、はやく柳澤吉保は細井知慎の議を用ひて頽廢せし八十五所の御陵を修繕し奉り、松平定信は御内旨を奉じ、古式を査べて、寛政年間に宮城造營の功を竣へ奉り、禁裏仙洞の御料も、やうやうに增して四萬石ばかりとなり、公家の數もふえて、百三十六家とぞなりにたる。されど、御料の高はなほ譜代大名の

図2-2-5 『皇国史要』

良沢・玄白の弟子に大槻玄沢と云ふが、長崎にて心つくし、功によりて始めて蘭書は読得べくなれりき。此の頃より、長崎ハ通商の外に物学ぶべき港とはなれり。〔中略、林子平・鈴木春信などの記述あり〕稲村三伯は和蘭対訳辞書を著せり。されば、此の頃蘭学を修むるもの、やうやう其数まされりき。紀元二千四百八十五年文政八年に、戸塚静海・伊東玄朴等、蘭の医官「しーぼると」に従ひ医術を学びてより、蘭方の医術いたく進み、種痘の方をも伝へたり。つぎて、青地倫宗は理学、伊藤圭介は物産、宇田川榕庵ハ植物・化学の書などを訳し、鈴木春山ハ、英国の清に勝てることを聞きて、欧州の兵制を調べむと志し、高嶋茂敦ハ心を砲術に尽し、渡邊崋山・佐久間象山ハ海防の上に慮を焦し、高野長英ハ生理の書を訳述せり。これぞ明治の今に咲出でむ、学術の華の萌芽にはありける。

今日の研究レベルからすれば誤認も多少あり、また分量の割にはオランダ通詞に触れていないなど不満もあるが、尋常中学初級用にしては、かなり詳細な内容である。

この頃の中等学校歴史教科書は、「蘭学（洋学）」の項目立てが一般化していたのではなく、著者によって取り扱いが異なっていた。もう一例、検定不認可となった教科書がある。『新體日本歴史』（湯原元一校閲・上田東編述、積善館）は、尋常中学校歴史科初級用として明治二十八年十月に検定を受けたが、「本書ノ書キ方ハ藪ヨリ棒ヲ突出ストイフ趣アリテ唐突ナル事甚ダ多シ」との理由で「不認可」となった。この教科書にも「蘭学」の項目はない。吉宗の解禁によって「是より洋書を解し、西洋の事情を知る者あるに至れり」と述べる程度である。

（3）明治三十五年、同四十五年の中学校教授要目

いわゆる日露戦争前後の世界情勢・国内情勢を反映した中等学校歴史教科書の内容と、その中の「蘭学（洋学）」

表2－2－3　中学校教授要目、近世部分の対比

明治三十五年中学校教授要目	明治四十五年中学校教授要目
日本歴史、第二学年（初級） 徳川家康、関ケ原ノ役 江戸幕府、諸侯 天主教、島原ノ乱、通商貿易 後水尾天皇 文学ノ復興、徳川光圀、著名ナル学者 元禄時代、奢侈、風俗、新井君美 徳川吉宗ノ治、実学及殖産ノ奨励 田沼意次ノ執柄、松平定信 諸藩ノ治附著名ノ藩侯、国学、尊王論 蘭学、海防策、露人ノ寇、英船其ノ他ノ来航 米国使節ノ来朝、開港・攘夷ノ論 安政ノ大獄、井伊直弼ノ武断 幕府ノ衰頽、討幕論 元治ノ変、長州征伐 大政奉還、伏見ノ戦、戊辰ノ役	日本歴史、第二学年（初級） 徳川家康、関ケ原ノ戦、豊臣氏ノ滅亡 江戸幕府、徳川家光 海外諸国トノ交通、天主教ノ禁、島原ノ乱 徳川綱吉、徳川吉宗 江戸時代ノ仏教・文物、西洋学術ノ伝来 諸藩ノ治 国史古典ノ研究、尊王論 露国人ノ来航、海防論、蝦夷地ノ開拓 亜米利加合衆国使節ノ来朝 開港・攘夷ノ論、和親条約 安政ノ大獄、幕府ノ衰頽 長州征伐 大政奉還 鳥羽・伏見ノ戦、明治戊辰ノ役
日本歴史、第五学年（上級） 江戸時代ニ於ケル主要ナル事蹟ノ概括 江戸幕府ノ諸制度 辺境ノ事情、洋学 維新ノ原因及其事蹟ノ概括	日本歴史、第五学年（上級） 江戸時代朝鮮ノ来聘 江戸時代ニオケル外国貿易 鎖国政策、辺境ノ事情 開港ノ顛末 幕府ノ衰亡、王政復古

の項を紹介しよう。明治二十七年の改正と違って、これ以後は文部省から内容項目が示されているが、同三十五年、四十五年それぞれ日本史近世部分をあげてみる[17]（表2－2－3）。

教授要目全体を見ると、初級が日本歴史の概説、上級が現実の内外情勢に即応した近現代重視の内容を教科書に要求している。その一端は近世の「朝鮮」に関する項目にも顕著に表れており、明治四十五年の教授要目では「江戸時代朝鮮ノ来聘」が入った。現代部分では当然ながら「韓国ノ保護」、「韓国併合」の項目が記されている。

さて、東京帝国大学史料編纂官辻善之助の『新編国史教科書　初級用』（金港堂書籍、明治三十八年）と、同じく『新編国史教科書　上級用』（同）から「蘭学（洋学）」の記述内容をみてみよう。辻は日本文化史・仏教史の専門であり、彼の教科書はこの後長く使用された。

初級用は、「君美の学問」「吉宗の実学奨励」で蘭学が盛んになったことを述べた後、第十五節「蘭学と海防策　露人の寇及英船其他の来航」の「蘭学」部分では「是より先き、新井君美によりて、端を開かれたる蘭学は、将軍吉宗の洋書解禁よりこのかた、大に発達して青木敦書・前野良沢など、洋学に精通せるもの、前後輩出し、民間には、海外の事情に通ずるもの、漸く多く、皆辺防の急なるを憂へて、海防の策を建てたり」と簡略に記している。ここには杉田玄白・大槻玄沢も、解体新書・蘭学階梯も登場しない。

上級用第十七章「辺境の事情及び洋学」の記述は次のとおり。

時に、外国にありては、さきに、新井白石の采覧異言・西洋紀聞等によりて、端を開かれたる蘭学は、将軍吉宗の洋書解禁以来、漸く発達して、青木敦書・前野良沢・桂川甫周・杉田玄白・大槻玄沢等、蘭学の大家輩出し、医薬・天文・地理・理化学等の書、漸次翻訳刊行せられ、西洋事情に通ずるもの少なからず。

『日本洋学年表』の成果によっているものの、蘭学者を淡々と並べているだけで、大槻修二著『国史要略』のように解体新書・蘭学階梯の蘭学史上の意義など記されていない。

辻と同じく日本史学の大家で、『国史大系』の編纂者たる黒板勝美の『新訂日本歴史　初級用』（吉川弘文館、明治三十九年訂正五版）はどうだろうか。第六〇章「儒学国学及び蘭学の発達」とあるから、章立ては教授要目と同じではない。「蘭学」部分は次のとおり。

蘭書は吉宗のころ外書の禁を弛べ、青木文蔵長崎に至り之を学びしより、その萌芽はじめて生じ、ついで前野良沢・杉田玄白等相ついで之を研究し、医学・物理をはじめ、化学・博物等の書を翻訳し、西洋の学術漸く我が国に入ぬ。されば蘭学者の中には、海外の事情に通じ、開国の意見を有せるもの少なからず、のち攘夷論起るに及び、高野長英・渡辺崋山の如きは、濫りに外船を打ち攘ふべからざるを論じて刑に処せられき。

「青木文蔵長崎に至り」と同様な事柄はこれまで紹介した教科書に何度も出てくるが、実際は青木昆陽は長崎には来ておらず、江戸でオランダ通詞にオランダ語を学んだだけである。黒板勝美の記述は大筋で『校正日本小史』に近い。しかし、解体新書、大槻玄沢、蘭学階梯などには言い及んでいない。

もう一つ、上級用教科書『帝国史要』（木寺柳次郎著、水野書店、明治三十七年）をみてみよう。日露戦争のただ中、明治三十七年十月一日印刷のこの教科書には、「旅順口を占領し、露軍を満州の野より駆逐しぬ」と、期待なのか予想なのか、とにかく翌年の出来事まで書いてあり、「今少シク早シ」なる検定意見の張り紙もあって、当時の歴史教科書の実態を表すようで興味深い。

さて、第二十三章「辺境の事情、洋学」中の「蘭学」部分を次にあげる。

家光の時、洋書の輸入を禁じたるより外国の事情を知るに由なく、家宣の時新井白石始めて西洋紀聞・采覧異言等を著はせしが、吉宗は洋書の禁を解き、青木文蔵を長崎に遣はし蘭人につきて其学を習はしめしより蘭学始めて起り、医学には前野良沢・杉田玄白・桂川甫園《ママ》等あり、大槻玄沢は蘭語に通じて幕府の翻訳局を掌りぬ、これより漸く諸名家輩出し外国語を習ふもの多かりき、此頃独逸人「シーボルト」長崎に来りて誘導する所多かりしかば博物学・物理学・兵学・露語・仏語・英語等に通ずるものも亦出でぬ。

この教科書の特色はシーボルトへの評価と、語学教育の重視であろう。「外国語の講習」が蘭学に続いている。

然るに洋学は儒学の徒の為めに一時頓挫を来さんとせしが、米艦の渡来せしにより気運一変して幕府は翻訳局を蕃書取調《ママ》所と改め、後開成所といひ諸藩の子弟を入学せしめ、長崎には語学所を設けて清・蘭・英・仏・露の五国語を講習せしめたり。

一方、明治四十五年改正の教授要目に基づく教科書については、法制史の大家三浦周行著『中等教育日本史教科書』（開成館、大正二年）の初級用と上級用を検討することにする。日露戦争に勝利し、世界八大強国の一国となった大日本帝国政府は、国民のプライドをくすぐるとともに、新たな帝国主義競争に立ち向かうべく、一層の国民教化策を必要としていた。

まず、初級用教科書第七章「江戸時代の仏教及び文物、西洋学術の伝来」のうち、蘭学関係は次のとおり。

鎖国政策のために国民は外国の事情に疎くなりしが、新井白石は和蘭人に就きて西洋諸国の形勢を聞き、西洋紀聞・采覧異言などを著せり。その後、将軍吉宗、天文学を好みて、西洋学術の精しきことを知り、先に天主教と共に洋書を禁じたりしを弛めて、天主教に関係なき洋書の輸入を許し、また青木文蔵をして長崎に往きて和蘭語を学ばしめたり。

これより蘭学漸く起り、将軍家治の時、前野良沢・杉田玄白等は刻苦して蘭語を研究し、始めて人身解剖書を翻訳し、ついで将軍家斉の時、大槻玄沢は和蘭文法書を著せり。かくて蘭学ますます興りて、西洋の学術・技芸次第に盛に伝り、将軍家慶の時には、高島四郎太夫・江川太郎左衛門等、西洋の兵学・砲術に通じたるもの出でたり。

ほぼ人物的には今日の歴史教科書と同じ程度の名前が出揃っており、蘭学階梯はないが、和蘭文法書を著すとあるなど大槻玄沢の取り扱いも定着してきている。しかし、新井白石が就いた外国人には、日本に潜入したイタリア人宣教師ヨハン・シドッチもおり、ここがオランダ人だけなのはおかしい。青木昆陽に関する誤りもすでに指摘したとおりである。高島・江川はまさに時機を得た業績の人物として処遇されたものであろう。

同じく上級用教科書第十二章「辺境の事情」のうち「蘭学及び海防論」を紹介する。

寛永鎖国後、およそ七十年を経て、長崎の人西川如見の華夷通商考、新井白石の西洋紀聞・采覧異言など出て、国人は稍海外の事情を知ることを得たるが、幾ばくもなく、将軍吉宗が西洋の学術を好みて、洋学の禁を弛めてより（二三八〇）蘭学漸く起り、かくて世界の事情に通ずるの便ますます多くなれると共に、識者の間には、わが国の状態を顧みて、外寇の襲来を憂ふるものあり。

紀元二千四百年代の中頃、林子平は海国兵談を著して、海国としてわが国に必要なる防備を説き、また三国通覧を著して朝鮮・琉球・蝦夷の事情を述べたり。これより憂国の士の海防を論ずるもの漸く多くなれり。

初級の蘭学の学習を基礎に、ここではむしろ海防に重点が置かれている。初級の高島秋帆とともに長崎の人西川如見が登場しているが、どちらも江戸で活躍した実績が認められたものであろう。オランダ通詞については研究が進んでおらず、大槻如電の『新撰洋学年表』が出るまでは教科書記述の対象外だった。

(4) 昭和六年、同十二年の教授要目改正

昭和に入って文部省は二度にわたる教授要目改正を行った[18]。昭和前期のこの時期、昭和六年(一九三一)といえば国内的には昭和恐慌のただ中、対外的には満州事変の翌年であり、同様に十二年は二・二六事件、日独防共協定の翌年にあたり、また、この年七月には日中戦争に突入する。

昭和六年の歴史分野に関する改正は、小学校での人物史学習を受けて、全面的に文化史学習を採用したことに特色がある。これまでと違って二つのコースがあり、国史→外国史→国史を要目(甲)、外国史→国史→「文化ヲ中心トシタル国史」に終わるコースを要目(乙)といった。特に、国史について高学年では「文化史的ニ批判総合スルモノ」との注意があり、さらに「外国文化ノ伝来ニ就テハ常ニ之ガ取捨ヲ謬ラズシテ我ガ国ノ文化ヲ培養大成シタルコトヲ知ラシムベシ」などと付記されている。

欧米の科学技術を導入して、米・英と肩を並べるような軍事大国となった日本は、次のステップとして日本文化の高揚、一等国の国民としての自信を歴史教育の目的に設定したのである。

遺憾ながらこの時期の教科書を見ていないが、「蘭学(洋学)」は、要目(甲)の第一学年において「江戸時代ノ文化」に入っているものと思われる。第五学年では「江戸時代ノ内治外交」「江戸時代ニ於ケル諸藩ノ治」の二項目しかない。要目(乙)では、第四学年の「洋学ノ発達」、第五学年の「鎖国後ニ於ケル文化ノ発達」で学習していたようだ。

昭和十二年には「師範学校・中学校・高等女学校教授要目改正ニ関スル件」が出され、「国体ノ本義ヲ明徴ニシ一層国民精神ヲ作興シ兼テ時代ノ進運ニ伴フ教授内容ノ刷新充実ヲ期スル」として、前回の改正からわずか六年後に

実施された。内外情勢が急展開したことの反映である。先の教授要目では甲・乙二通りあったが、文化史の要素を残しながら今回は（甲）に統一された。

その例として、日蘭交渉史研究の大家板沢武雄の『新體皇国史』中学校第一学年用、同上級用（盛林堂書店、昭和十六年修正四版）を取り上げてみよう。まず第一学年用教科書の「六　勤王思想の勃興と洋学の活用」の中に簡略な「洋学の発達と活用」が入っている。

オランダ人は、わが鎖国時代を通じて唯一の西洋人として貿易に従事し、日本人は、このオランダ人を通じて僅に西洋文化とり入れ、朧げながら世界の大勢を知ることが出来たにすぎなかった。しかし、将軍家治のときに杉田玄白・前野良沢などが解体新書を翻訳してから、所謂蘭学といって、わが国における西洋学術の研究がひらけ、幕末になると更に広い洋学が起り、医学・博物学・天文学・兵学等の発達を見るに至った。この洋学を日常生活に活用し、一方わが国人の世界的知識も漸く広くなった。

これは上級用教科書へのつなぎ程度であろう。しかし、次に紹介する上級用の洋学関係記述、「第十四章　文教の発達」の中の「洋学の発達」は非常に詳しい。写真も江戸参府（ケンペル『日本誌』より）、解体新書、杉田玄白木像、シーボルト肖像（再来日時）と四点が掲載されている。

二世紀半にわたる鎖国の間、ヨーロッパ人としては、オランダ人のみと交通していたわが国民が、世界の事情に疎かったことはいふまでもない。しかし、全然世界の事情について理解がなかったわけではない。蘭学若しくは洋学と呼ばれた西洋学術の研究が、この間に発達しつつあったのである。

長崎のオランダ通詞（オランダ語の通訳官）や奉行所の役人等は、常にオランダ人と接したから、おのづからオランダ人及びオランダ語を通じて西洋の事情を知ることが出来た。また、出島の商館長（甲比丹といふ）は毎年江戸に参府したから、江戸においても特別な人々はオランダ人に接することが出来、学者などはその機会に学問上の質問をすることも出来た。

また風説書といって、商館長からオランダ船の入港毎に、ヨーロッパ及び東洋方面の情報を幕府に上った。それ故幕府の当局者は簡単ながら絶えず世界の事情を知ることが出来た。

また、好学の通詞は、語学ばかりでなく、医学・本草学・博物学等をも研究していたが、片手間のことであるから十分に発達しなかった。

しかるに、明和八年（二四三一）から江戸において前野良沢・杉田玄白・中川淳庵等の医者が、ドイツ人の著した解剖書の蘭訳から訳述を企て、四年の苦心を重ねて解体新書を完成した。蘭学という言葉は、これらの人々の主唱したものであったが、ついで大槻玄沢等の蘭学者が出て、蘭学は年と共に発達・普及した。幕末になってオランダ語以外にフランス語・英語・ロシア語等も研究せられ、蘭学者の研究の範囲が拡大されてからは、洋学という言葉も用ひられるようになった。

幕末のわが学界に、最も影響を与えたものは、ドイツ人でオランダ商館の医者として長崎に来たフィリップ・フランツ・フォン・シーボルト（文政二年より同十二年まで滞在、安政六年再渡来）とオランダの医官で、長崎の海軍伝習所の教官となったポンペ・ファン・メールデルフォールト（安政四年より文久元年まで滞在）とであった。各藩の優秀なる学生が彼らの指導を受けて、西洋学術の研究は発達・普及し、わが国の科学の発達を促し、国民の世界的知見を広める上に役立った。

さすがに日蘭交渉史の専門家が執筆しただけあって、オランダ風説書の研究など最新の研究成果が盛り込まれている。しかし、好学の通詞に言及しておきながら、「片手間のことであるから十分に発達しなかった」との表記は、なお『蘭学事始』の域を脱していないようだ。

残念なことであるが、それでもフォン・シーボルトと並んでポンペ・ファン・メールデルフォールトを登場させたのは、当時気鋭の研究者だった板沢の見識である。実際日本近代医学の発達への貢献という観点からすれば、ポンペの業績はシーボルトを上回るといっても過言ではない。弟子たちに教授する代わりに、日本の物産・歴史民族情報という対価を弟子たちに求めたシーボルトと違って、ポンペの場合報酬以外に得たものはほとんどなかった。基礎医学から臨床医学までを体系的に情熱的に教授したことで、まさに日本近代医学の発展のために献身したのである。

そのころの他の上級用教科書、『新制中学国史』（渡辺世祐著、東京六盟館、昭和十六年）、『中学生用皇国史』（長沼賢海著、三省堂、昭和十三年）を見ても、ドイツ人シーボルト（ジーボルト）は記されているが、ポンペは見あたらない。教授要目の改訂は昭和十二年、前述したように日独防共協定締結の翌年である。つまり、ドイツ人シーボルトは日独友好の象徴として日本歴史教科書に定着したとみてよいのではないか。

旧制中学歴史教科書紹介の最後に、長沼賢海の『中学生用皇国史』上級用を見ておきたい。ちなみに、長沼は日本中世史が専門の九州帝国大学教授である。「文教の発達」の中の、「五　蘭学の興隆」に次のような記述がある。

> 将軍綱吉の頃、長崎奉行の訳官西川如見は、元禄八年（二三五五）に華夷通商考を著はして西洋の事情を述べ、又四十二国人物図説を著はした。正徳の頃新井白石は采覧異言・西洋紀聞等を著はした。これより先、将軍吉宗は青木文蔵等を長崎に派して蘭学を修めしめた。
>
> 青木文蔵の門下に前野良沢・杉田玄白が出て、やや遅れて桂川甫周・大槻玄沢等の大家があらわれた。白石・

昆陽・良沢・玄白を蘭学淵源四先生といふ。

ついで寛政の頃には蘭学がいよいよ盛んとなった。その頃大槻玄沢は蘭学階梯を著はし、稲村三泊は蘭和対訳辞典を刊行した。蘭学階梯は蘭語を解く法を教えた書である。

ついで天保の頃には、宇田川玄真その門人坪井信道・箕作玄甫等が出て、信道の門下から緒方洪庵・杉田成卿等があらわれ、みな斯道の大家である。

又文政の頃、長崎にいた和蘭の医官、独逸人ジーボルトに就て学ぶものが多く、高野長英はその門人であった。又理学博士伊藤圭介もその門下から出た博物学者であった。


日蘭交渉史の専門家である板沢の教科書と異なり、この教科書には大槻兄弟の影響が濃厚に表れており、概説的かつ時代を反映した構成となっている。掲載写真は「四十二国人物図説」からオランダ人の図、再来日時のジーボルト肖像、前野良沢肖像の三点。四十二国人物図説を本文にも写真にも登場させるところは、長崎に近い九州帝国大学教授の著作らしい。ただし、西川如見は糸目利であって通詞ではない。

蘭学の次に、「六　科学の発達」が続き、西川如見・正休父子、稲生若水、野呂元丈、平賀源内、工藤平助、林子平に関する記述があり、およそ、現在の高校日本史の教科書に近い内容・レベルとなっている。

これまで、戦前の中等学校歴史教科書から「蘭学（洋学）」の記述の変遷を追ってきた。まとめは次項で述べるとして、国体明徴運動と関連した昭和十年代の歴史教育の意義の一端を、長沼賢海の言葉を借りて紹介しておく。「多種多様の海外文化を摂取し、これを醇化して国民文化を創設し来ったのであって、そのためには政治・経済その他の文化の総合的互助に俟たなければならなかった。而して外国文化の相互扶助的総合をなすに当たっても、つねに日本精神がその原動力となっているのである」。

おわりに

大槻兄弟の歴史教科書に始まり、明治・大正・昭和前期と下って第二次大戦前の中等学校の日本史（国史）教科書を概観し、「蘭学（洋学）」の記述内容を検討した結果をここでまとめておきたい。

これまでの検討で明らかになったように、現行の高校日本史教科書は「蘭学の発達」をきちんと伝えていないのではないか。少なくともオランダ通詞の業績と長崎蘭学の展開、それが江戸蘭学はじめ日本各地の蘭学の発展に大きな影響を及ぼした点は明記していただきたいと思う。

明治前・中期までは、大槻兄弟の教科書も含めて各教科書に多様性が存在していたことはすでに述べたとおりである。しかし、明治三十五年に中学校教授要目が制定され、「蘭学（洋学）」という項目が入ってのち、各教科書執筆者が「蘭学（洋学）」の部分を書くときは、杉田玄白の『蘭学事始』及び、大槻修二の『日本洋学年表』を参考にしたと思われる。また参考にせざるを得なかった。他にまとまった蘭学発達史の研究書が存在しなかったからである。

大戦後の昭和二十二年、緊急に文部省が編纂した中等学校用の歴史教科書『日本歴史』(19)の江戸時代の「科学の発達」の項目に、戦前の教科書とは全く違った記述があって、従来の蘭学の発達に加えて新しい人物・事項が入っている。全文掲載は長くなるので、戦前の教科書にはほとんど登場しない人物・事項を列挙してみよう。

オランダ大通詞西吉兵衛・玄甫父子、乾坤弁説、ドイツ人ケンペル、通詞吉雄幸作、重訂解体新書、京都の人小石元俊、土浦藩士山村昌永、大阪の人橋本宗吉、大槻玄幹、蘭学凡、藤林泰助、譯鍵、豊後日出藩士帆足萬里、窮理通、尾張の吉雄常三、粉砲考、長崎の志筑忠雄（中野柳圃）、暦象新書、ラランデの暦書、ノエル＝ショメルの百科全書、厚生新編。

解体新書を蘭語翻訳の初めとするなど、なお『蘭学事始』を脱却していないが、長崎はじめ日本各地の蘭学研究者を意識的に意欲的に取り入れた構成となっている。また、「禁書といっても、キリスト教関係のものにとどまり、医術の方面は鎖国後といへどもこれを伝へるもの」があるとして『蘭学事始』が述べるところの吉宗による洋書解禁を否定し、「白石自身は洋書が読めなかった」と記すなど、これまでにない内容が見られる。興味深いのは、ドイツ人ケンペルの記事があるのに対し、シーボルトが登場しないことである。執筆者はおそらく伊東多三郎[20]であり、彼の判断だろうが、日独友好の象徴として持ち上げられた戦前の反動だったかもしれない。

しかし全体的には、少ない時間でそれまでの蘭学研究を網羅したためか急ごしらえの感は免れず、この後の教科書では共通項として「長崎の志筑忠雄」（通詞とは書いていない）、「暦象新書」が残ったのみであった。各人物の業績評価が十分でなかった段階での執筆だったため改訂を必要としたが（このことは教科書全体の問題だったようだ）、果たされないままに終わった。

これからの教科書執筆者に要望したい点は、江戸蘭学「伝統ノ大綱」の影響を排除したうえで各蘭学者の業績の再評価を実施し、その結果必要ならば「蘭学（洋学）」の内容構成を検討してほしいということである。

最近の日本史教科書は「蝦夷」「琉球」の歴史を重点的に取り上げており、それぞれの地域史を学ぶ必要性も説いている。日本史の主たる構成要素が、古代は畿内、中世は鎌倉と京都、近世は江戸と上方、近代は東京にあることは否定しない。しかし、日本史の普遍性は地域史にも内在し、地域の影響が中央を上回る時期・事態が存在したことも事実であって、それは戦乱・事変の類に限られたものではなく、文化・産業面でも十分に考慮しなければならないはずである。

現在の日本史教科書編纂の好ましい傾向を、是非「蘭学（洋学）」分野にも振り向けていただきたいと思う。これまで述べてきた筆者の主張が、長崎地域ナショナリズムとして切り捨てられることなく、識者の一考を願えれば幸いである。

注

(1) 緒方富雄校註『蘭学事始』(岩波クラシックス、一九八三年)の本文を参照した。
(2) 大分大学教育福祉科学部教授鳥井裕美子先生の教示による。
(3) 注(1)の「註」解説、及び杉本つとむ『知の冒険者たち『蘭学事始』を読む』八坂書房、一九九四年。
(4) 明治二年己巳新刻『蘭学事始』天真樓蔵版(長崎歴史博物館蔵)。
(5) 注(3)に同じ。
(6) 大槻修二編『日本洋学年表』大槻蔵版、明治十年十一月三十日出版(長崎歴史文化博物館蔵)。
(7) 杉本つとむ「蘭学資料『免帽降乗録』の小察」(『国文学研究第五十二集』昭和四十九年)に掲載されている史料を使用した。
(8) 大正十五年十一月『新撰洋学年表』抜抄自在但記書名、大槻如電修、昭和二年一月発行(長崎歴史文化博物館蔵)。
(9) 東京書籍株式会社附設教科書図書館、東書文庫所蔵。以下、戦前の教科書で注記のないものは同文庫所蔵の教科書を使用した。
(10) 冨山房百科文庫『復軒旅日記』所収の年譜をまとめた。
(11) 『日本教科書大系　近代編第一八巻』(講談社、一九六三年)の「所収教科書解題」より引用。
(12) 国書刊行会発行、大正二年。
(13) 県立長崎図書館所蔵資料。
(14) 注(11)の「歴史教科書総解説」を参照した。
(15) 官報第三一九九号、明治二十七年三月一日、文部省令第七号。
(16) 県立長崎図書館西高文庫、旧制長崎中学校旧蔵教科書。
(17) 文部省内教育史編纂会編修『明治以降教育制度発達史　第四・五巻』昭和十三・十四年。
(18) 注(17)の第七巻(昭和十四年)及び『文部省例規総覧』(昭和十三年)の「師範学校・中学校・高等女学校教授要目改正ニ関スル件」(昭和十二・三・三一発普五一号文部次官通牒)。
(19) 『文部省著作社会科教科書　日本歴史』日本図書センター発行、昭和五十六年復刻。
(20) 注(19)の『解説』(山住正己)に『日本歴史』近世担当は伊東多三郎とある。

第三節　オランダ通詞本木氏について
――庄左衛門正栄を中心に――

はじめに

平成十年（一九九八）長崎の旧家泉屋家より、本木氏旧蔵と思われる史料群[1]がシーボルト記念館に寄贈された。家屋解体の際畳の下から発見され、泉屋家で保管されていたものという。翌年秋、同史料の整理が概略終わって仮目録が作成され、全国の研究者に公開された。そこで、これらの史料群のうち一点を紹介し、これが正しく本木氏内向きのものであること、他の史料も良永・正栄・昌造の自筆文書を含む第一級史料であることを報告したい。

その一点とは「家君香祖堂様　御一廻忌御法事客案内并諸書留」という横半帳の史料である。筆者がこの史料に初めて接したとき、シーボルト記念館の尽力で文書の固まりが解き剝がされ、一紙・断簡の状態にあった。それらの続き具合を検討した結果、一五丁程が確定したので、これに順序不明部分のうち史料的価値が高いと判断したものを併せて紹介することにする（以下「諸書留」と表記。なお、史料は、一紙・断簡の状態にあるため、順序を表す数字のみ付した）。

この史料から次のようなことが考察できるだろう。まず、オランダ通詞本木氏及び正栄の親類や個人的・社会的付き合いの関係を知ることができる。次に一回忌の形態、それも本木正栄という有名人の法事の内容を具体的に知ることができる。いずれにしても近世都市長崎の社会史の史料として有意義ではなかろうか。

後者の考察は町乙名藤家の法事史料などと比較・検討することとして、ここでは「諸書留」に記されている人物について、現時点での判明分を記したい。名門オランダ通詞の付き合いは、儀礼上も含めて会所調役・町年寄から通詞附小使・使用人まで常識的な範囲ではあるが、それでも多彩な人脈を見ることができた。

なお、オランダ通詞本木氏については、渡辺庫輔『阿蘭陀通詞本木氏事略』(2)に詳しい基礎研究がある（以下『事略』と表記）。この研究書に基づき、「諸書留」その他の史料から更に進めてオランダ通詞本木氏の諸様相を、庄左衛門正栄を中心に考察したい。

図2－3－1　本木正栄夫妻像（長崎歴史文化博物館蔵）

一　史料紹介

文政六癸未年三月

家君香祖堂様

御一廻忌御法事客案内并諸書留　（半横帳）

三月十二日昼　1

皓臺寺

蜜素和尚

右今日法華経読誦相頼

万屋町

祖桂師

同夜
御逮夜ニ付皓臺寺江施餓鬼
相頼

2
三月十三日　御斎
　　發心寺
三部御経読誦　源光寺
有之候　　諦聞師
〆
林猪三太様　　徳見傳助様
徳見武兵衛様　同　常吉郎様
徳見庄八郎様　北嶋三弥太様

3
中村嘉右衛門様　池正之助様
村岡東吉郎様　　官梅才十郎様
楢林栄哲様　　　中村作五郎様
吉雄幸載様　　　品川梅次郎様
植村作七郎様
〆十八人

以手紙啓上仕候、然者明後十三日

4
麁菜之御斎差上申度奉
存候、依之近頃御苦労御儀奉存候
得共御来駕被成下候ハヽ、難有奉存候
右御案内申上度如斯御座候、以上
　三月十一日
猶以御内室様江者麁菜之御非時
差上申度奉存候、依之御苦労御儀
奉存候得共御来駕被成下候ハヽ、難有
奉存候、已上

5
同十三日　御非時
林様御内　　新町徳見様御内
築町徳見様御内　　築町断徳見様若御内
北嶋様御内　　籠町中村御隠居様
籠町中村様御内　　村岡様御内
吉雄後室様

6

断荒木覚次郎様　西山大右衛門様
城亀次郎様　断中村勘吉様
嶋山茂太夫様　断増永清太郎様
今村忠蔵様
〆十七人
以手紙啓上仕候、然者明後十三日
麁菜之御非時差上申度奉
存候、依之近頃御苦労奉存候得共

7

御来駕被成下候ハヽ、忝奉存候、右
為御案内如斯御座候、已上
三月十一日
同晩
吉蔵　茂七　幾助
断源之助　善吉　茂兵衛
送菓子遣ス

8

保右衛門　与八　喜太郎
断重吉　茂助　宗七

送菓子遣ス
断国平　喜右衛門　傳左衛門
送菓子遣ス
萬八　源蔵　力太郎
市蔵　夘吉　寅蔵
茂兵衛内　保右衛門内　茂助内

9

義七内　国平内　源蔵内
おまさ　利助後家　市蔵内
爐粕町 乳母　矢柄町 弥八　むめ
おミや　弥吉　えん
〆　三十六人
口上

10

明後十三日夜麁末之御茶進上
申度候間、乍御苦労御出被下候ハヽ、
忝存候、已上
三月十一日　本木

御斎案内之向断之内江
御茶御菓子送り遣ス

林猪三太様　徳見傳助様
徳見武兵衛様　中村作五郎様
御非時右同断
徳見様若御内　荒木覚次郎様
中村勘吉様　増永清太郎様

11

御斎
御非時　御卓子献立
しのべいしん
から麩

12

御鉢　緑竹の子
せん川茸
かいふん
枝さんしやう

小揚豆腐

13

二
とせん
木くらけ
はり生姜
味噌御吸物碗
おとし
三
胡麻豆腐
岩たけ
玉からし
からし酢
けんちえん
中鉢
とさかよせ
桔梗

大坪瑠碗
そゝろ麩
五
生椎たけ
葉わさひ
しのいも巻
六
まつ茸

14

せんミやうか
砂糖
七　西国米
花生姜

小菜　15
けん　つけ揚
こはく糖　かんとふふ
せん大根　こん布
岩たけ
板麩
濱まつ　ゆあへ
ゆり
うり　松露
大根　しゆんさい

黒豆　ひたし物　16
こふりこんにやく　葉けし
紅生姜　せん人参

はす
御菓子
縁高ニ載セ
まんちう　二
羊かん　一
あるへへる　一
〆

同晩　御献立　17
丸へいしん
竹のこ
御鉢　川たけ
揚麩
わらひ
小あけとふふ
とせん
木くらけ
はり生姜

からしす
けんちえん
中鉢　よせあらめ
さらしとせん
いも巻
四　せんミやうか
椎たけ
つと豆腐
五　皮牛房
ふき

18

砂糖
六　玉あられ
花生姜
小菜
とさかよせ　つけあけ
せん大根　かんとふふ
岩たけ　久年母
青ミ

19

けん
黒豆　うり
こふりこんにやく　大こん
紅生姜
ひたし物　あへ物
葉けし　はす
せん人参　せんまい
こんにやく
御茶菓子

20

まんちう　二
牛房餅　一
大花ほふる　一
新町
御祖母様江　御提重
紺屋町
御叔母様江　御提重
〆

21

到来之覚

三月十二日

一　とさか一重　　北嶋三弥太様

爪大根粕漬

同日

一　孟宗竹の子一篭　　増永清太郎様

唐線香一箱

同日

一　いさら麩　五ツ　　牟田幾助ゟ

22

与八

保右衛門

虎蔵

源蔵

同日

一　まんちう　　宗七

百五拾　　茂重

夘十郎

義七

23

同日

吉蔵

茂兵衛

〆十人

一　まんちう廿六　　植村作七郎様

同日

一　いさら麩　　築町 えん

同日

吉雄幸載様

一　同　　同人　母

24

三月十三日

一　蠟燭　一包　　吉雄獻作様

同日

一　同　一包　　末永甚左衛門様

同日

一　菓子　一重　　城亀次郎殿ゟ

同日

一　白銀壱枚　　新町 御兄様

25

同日
一　同　壱枚　　中村嘉右衛門様
同日
一　□□一重　　徳見傳助様
　蠟燭三斤　　徳見武兵衛様

26
同日
一　唐線香一包　　田中富右衛門様
同日
一　塩松茸一重　　品川梅次郎様
　わらひ
同日
一　唐線香一箱　　馬場為八郎様
同日
一　まんちう三十　　荒木覚次郎殿

27
同日
一　同　壱箱　　石橋
同日　〔破損〕

一　上茶一重　　木屋
同日
一　唐線香三把
同日
一　長線香三把

〔以下、順序不明史料〕
三月十二日
　御茶　送り遣ス向々
　御菓子
　　〔様〕
高島四郎兵衛様　高島作兵衛□
久松喜兵衛様　名村八左衛門□
吉村安之進様　吉雄権之助□
石橋助左衛門様　馬場為八郎□
末永甚左衛門様　加福新左衛門様
中山作三郎様　西田□右衛門□
〔破損〕

御伯母様　　菊谷藤太殿
松尾嘉市殿　　安川吉左衛門様
〔破損〕
井手茂平次様　　名村進八様
〔破損〕
西松渓様　　楢林栄左衛門様
延命寺権僧正様　　木屋浅右衛門様
木屋市兵衛様
蒲池文四郎様　　前園
〔破損〕
大光寺庵　　十人町
智尚様　　日高亀三郎様
大光寺本寺　　茂傳之進様
濱武駒之助様　　森郊之助様
村岡東吉郎様　　吉田清左衛門様
御祖母殿
潁川後室様　　仕立屋寅吉殿
吉雄獻作様

御茶　　大片木ニ載セ遣ス
御菓子
まんちう　二
羊かん　　一
あるへへる一
〆

御布施
三月十二日　　皓臺寺
一　白銀壱両　　蜜素和尚江
右御法華経読誦相頼候ニ付遣ス
同日
一　同三匁弐分　　大光寺庵江遣ス
同日
一　同四匁五分　　大光寺江遣ス
同日
一　同三匁四分　　延命寺江遣ス

三月十二日　　万屋町

一　銀弐分　　祖桂師江遣ス
　御逮夜ニ相見候ニ付遣ス
同日　　大光寺
一　同壱匁五分　　諦聞師江遣ス
　　右同断
同日　　皓臺寺
一　同三匁七分五厘　　方丈様江
同十三日
一　同四匁三分　　發心寺江
同日
一　同四匁三分　　源光寺江

- - -

同日
一　同四匁三分　　諦聞師江遣ス
三月十二日夜
一　白銀壱枚
　右皓臺寺江御逮夜ニ付施餓鬼
　相頼候ニ付遣ス、其節皓臺寺江参詣之
　人数

　庄八郎様　　おまき様
　御姉様　　東吉郎
　おゆき様　　俊作様
　およふ様　　茂兵衛内

- - -

同十三日
一　鳥目弐百文　　源光寺
　　　　諦聞師
　　　　　共者へ遣ス
一　銀半両　　傳左衛門江
一　銀壱両　　喜太郎江
一　同壱両　　茂助江
一　同壱両　　茂兵衛江
一　同壱両　　寅蔵江
一　同半両　　元無江
一　同半両　　爐粕町うは江
　右当十二日十三日格別
　太義仕候ニ付遣ス
一　銀弐両　　源蔵江

右ハ三日程よふかんねり
彼是格別太義仕ニ付
則弐両程遣ス
一　銀三両　保右衛門江
一　銀弐両　與八江
右ハ両日料理致シ呉
保右衛門義ハ万事心配
致し候ニ付右之通遣ス
一　銭四百文　下女壹人
相雇合ニ付
太義料として遣ス
一　銭八百文　久蔵江太義料
但四日分

二　法事の招待客

「諸書留」の作成主体は、正栄の子昌左衛門(3)か、その妻であろう。三月十二日夜の逮夜に晧臺寺に参詣した人物のうち、弟村岡東吉郎を「東吉郎」としているのは昌左衛門らしいが、同じく「御姉様」という表現を見ると女性かもしれない。『事略』によれば、後に昌左衛門の妻は本木家を出たらしく、出自・名前は不明である。念のため言い添えるが、正栄の妻綾は文化十年（一八一三）七月に死去している。

それでは文政六年（一八二三）三月十三日の正栄一回忌の「御斎」に招かれた客から見てみよう。

- 發心寺　本木氏の旦那寺大光寺に隣接した浄土真宗の寺。当時は大光寺の役僧。
- 源光寺　大光寺の役僧で、一代限り寺号を許可されていた(4)。

- 諦聞師　大光寺の役僧。御布施を見る限り、とくに本木氏と親密だったようだ。
- 林猪三太　正栄の妻綾の姉妹の夫。文政三年の「長崎役人分限帳」(5)には糸割符宿老見習とある。
- 徳見傳助　傳助正興は正栄の妻綾の父である宿老徳見茂四郎尚芳（尚茂）の養子で、実は茂四郎尚栄の従兄弟。東築町にあって、文政三年には小城・長府・清末・徳山・津和野・浜田の各藩の用達を兼ね、文政七年頃と思われる「長崎諸役人帳」(6)（以下「諸役人帳」と表記）では御貸付銀手伝役とある。財政状態が不如意(7)な本木、宿老徳見両家にとっては重要な人物であった。
- 徳見武兵衛・同常吉郎　徳見傳助の息子と思われるが、詳細は不明。
- 徳見庄八郎　正栄の長男。文化十年母綾の弟徳見茂四郎尚栄の養子となり、宿老徳見氏を継いだ。この時庄八郎は小通詞末席。後に昌八郎と表記した。
- 北嶋弥三太　正栄の養女茂の夫で、新大工町乙名。
- 中村嘉右衛門　正栄の娘信の夫。本籠町にあって薬種商を営み、長崎会所上納金為替用達なども勤める当時の長崎商人の代表。
- 池正之助　文政三年当時、長崎会所筆者小頭助。
- 村岡東吉郎　正栄の養子。「諸役人帳」では書記役。
- 官梅才十郎　正栄の養子常次郎の養父か。文政六年、小通事末席退役(8)。
- 楢林栄哲　分家楢林の四代高連。佐賀藩医を勤め、栄建・宗建の父(9)。
- 中村作五郎　本木の屋敷があった外浦町の乙名。「諸役人帳」では年行司肝煎。
- 吉雄幸載　医者を専業とした樺島町吉雄家当主。蘭方医学を本家の吉雄耕牛に学ぶ。正栄の子嘉吉郎の養父(10)。
- 品川梅次郎　吉雄耕牛の長男献作の子。品川氏を嗣ぎ、「諸役人帳」では稽古通詞(11)。のち藤兵衛と改名。

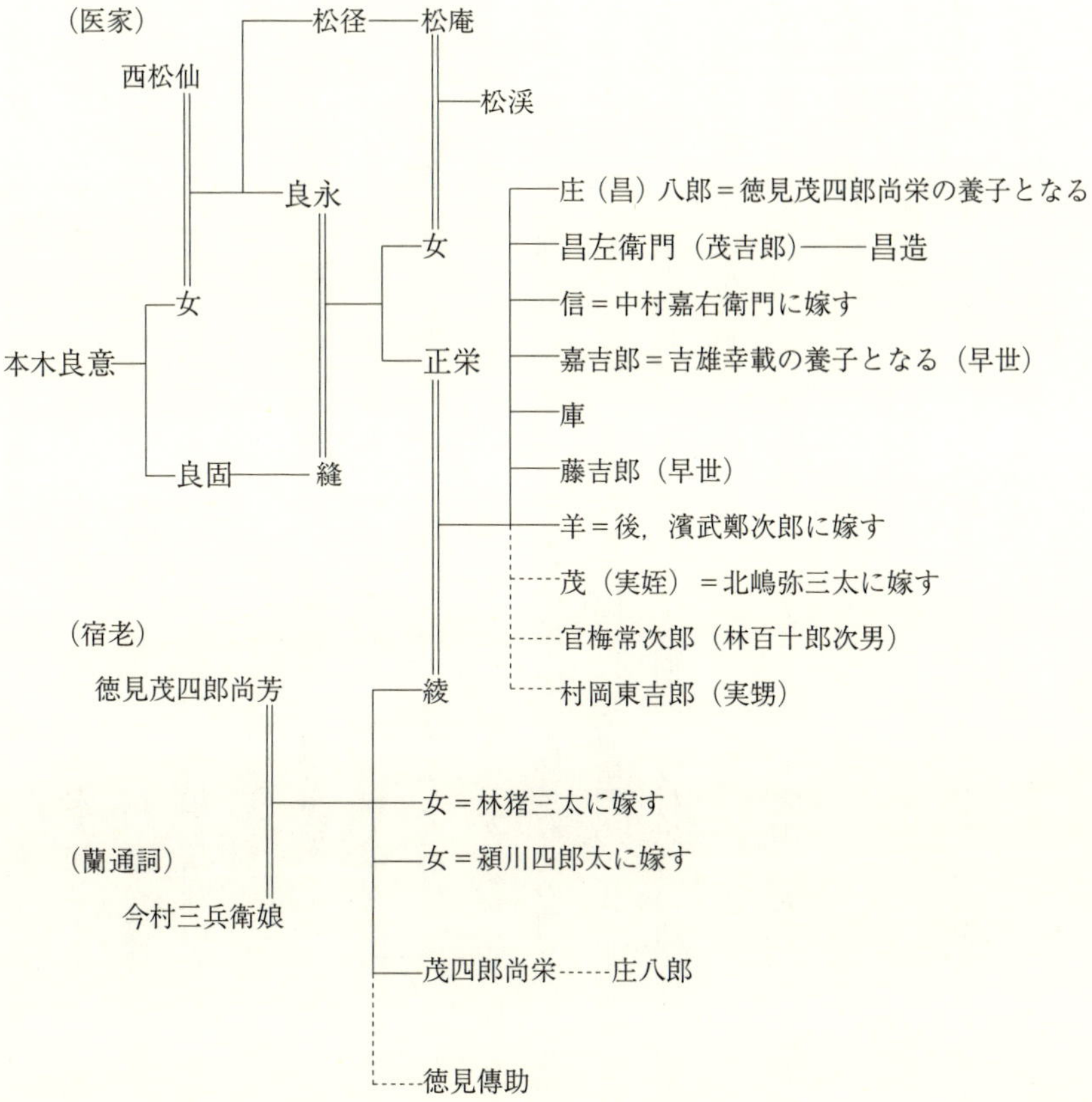

（医家）
西松仙
松径
松庵
松渓
良永
女
本木良意
良固
縫
女
正栄
庄（昌）八郎＝徳見茂四郎尚栄の養子となる
昌左衛門（茂吉郎）
昌造
信＝中村嘉右衛門に嫁す
嘉吉郎＝吉雄幸載の養子となる（早世）
庫
藤吉郎（早世）
羊＝後，濱武鄭次郎に嫁す
茂（実姪）＝北嶋弥三太に嫁す
官梅常次郎（林百十郎次男）
村岡東吉郎（実甥）
（宿老）
徳見茂四郎尚芳
綾
（蘭通詞）
今村三兵衛娘
女＝林猪三太に嫁す
女＝頴川四郎太に嫁す
茂四郎尚栄
庄八郎
徳見傳助

図2－3－2　本木氏系譜

※ --------は養子関係を表す

•植村作七郎　「諸役人帳」では小通詞並。

「御斎」に招かれた客を中心に本木氏の系譜を作成してみた（図2－3－2）。糸割符宿老・オランダ通詞・唐通事・医家・豪商・乙名と、その親類関係は多彩である。この後、羊が濱武氏に嫁すことを合わせると、宿老四家のうち三家と縁戚関係にあり、また良永の出た医師西氏や、吉雄・楢林のうちでも医家と特に関係が深いことが特徴と言えるだろう。

本木正栄は、文政三年解毒剤テリヤカを「和蘭譯官香祖堂謹製」の「回生丹」と名付けて大坂でも販売したが[12]、その経緯・内容は通詞というより商人そのものである。薬種輸入から国内販売までに必要な役職・業務関連の人物は、縁戚関係で網羅されているようだ。これについては後述したい。

続いて午後の「御非時」に招かれた客を見てみよう。林猪三太・徳見庄八郎（新町）・北嶋三弥太・中村嘉右衛門・村岡東吉郎の各内室は問題ない。築町の「徳見様御内」は徳見傳助の内室だろうが、「若御内」は蠟燭三斤の到来物が来ている武兵衛の内室だろうか。籠町中村御隠居は嘉右衛門の先代、吉雄後室は吉雄幸載の母であろう。

残る七人のうち、西山大右衛門・城亀次郎・中村勘助・今村忠蔵の四人は、現在までのところ判断できる材料がないが、荒木・嶋山・増永は判明した。

•荒木覚次郎　文政三年、糸割符宿老筆者　　　•嶋山茂太夫　「諸役人帳」では通詞附筆者

•増永清太郎　麹屋町居住、コンプラ仲間の有力者[13]

〆十七人とあるが実際は一六人である。

十三日夜には、法事で苦労を掛けた使用人や通詞附小使など三六人を招待して慰労を行った。義七・幾助・重吉の三人は通詞附小使の可能性が高い[14]。

三　本木家の儀礼的交際範囲

到来物の差出人リストは「諸書留」破損のため完全ではないが、およそ次のとおりである。

・北嶋三弥太　・増永清太郎　・牟田幾助（通詞附小使か）　・与八以下十人
・植村作七郎　・吉雄幸載・同人母　・吉雄獻作（吉雄流医師）　・末永甚左衛門
・城亀次郎　・新町御兄様（庄八郎のこと）　・中村嘉右衛門　・徳見傳助
・徳見武兵衛　・田中富右衛門（諏訪社用人）　・品川梅次郎　・馬場為八郎（通詞）
・荒木覚次郎　・石橋　・木屋（以下破損）

史料を見てのとおりお供えは、線香・蠟燭・まんじゅうなど大したものではなく、豪商中村嘉右衛門と実兄徳見庄八郎の白銀一枚（四三匁）が最高と思われる。当時の社会的儀礼の範囲とみてよいだろう。

順序不明史料ではあるが、三月十二日の御茶・御菓子の届け先は興味深い。文書の破損のため全容を知ることはできないにしても、当時の本木家が気遣いした人物、特に親しい人物が挙げられている。役職は「諸役人帳」に記されたものである。

・高島四郎兵衛・高島作兵衛　長崎会所調役　・久松喜兵衛　町年寄
・名村八左衛門　阿蘭陀大通詞助書物和解掛　・吉雄権之助　阿蘭陀小通詞
・石橋助左衛門　諸立合阿蘭陀大通詞　・馬場為八郎　阿蘭陀大通詞
・末永甚左衛門　阿蘭陀大通詞　・加福新左衛門　阿蘭陀大通詞助
・中山作三郎　阿蘭陀小通詞　・楢林栄左衛門　阿蘭陀小通詞助

・蒲池文四郎　長崎会所請払役助
・茂傳之進　阿蘭陀通詞目附
・濱武駒之助　長崎糸割符宿老
・森郊之助　長崎糸割符宿老

他に、菊谷藤太は文政十年内通詞小頭見習[15]、名村進八も阿蘭陀通詞であるが、当時の役職がはっきりしない。本木家の儀礼的交際範囲は、町年寄・宿老の他さすがにオランダ通詞が目立つ。おそらく小通詞以上はほとんど入っているのではないか。

旦那寺大光寺の他に延命寺権僧正、親類では西松渓[16]・村岡東吉郎・潁川後室の名があるが、破損がなければもっと多いだろう。前園と読めるのは西古川町乙名前園廻助のことかもしれない。西田・松川・安川・木屋（桜町の薬屋？）・吉田などの人物を、今後調査しなければならないことはもちろんであるが、諸賢のご教示もお願いしたい。

御布施は、大光寺（發心寺・源光寺・諦聞師）の他晧臺寺・延命寺と三寺にわたっている。数は大光寺関係が多いが、額は逮夜に施餓鬼を頼んだ晧臺寺への白銀一枚が目立つ。普通の御布施は、銀一両（四匁三分）が基本額だったようだ。

興味深いのは法事の協力者・使用人に対する心遣いで、一〇人の男女に対し、銀三両～銭四〇〇文を渡している。特に、三日程羊羹ねりをした源蔵には銀二両、料理を担当した保右衛門には銀三両、同じく與八にも銀二両。御布施と比較しても、結構な金額のように思われる。

結びにかえて

大光寺の庫裡裏にある本木墓地に行くと、その墓碑の立派さに驚かされる。本木家先祖墓・庄太夫良意（栄久）・仁太夫良永の三基は町年寄クラスで、長崎の唐・蘭通詞の墓碑ではずば抜けて大きく、ここ十年ばかり疑問に思っていた。

本節を書くにあたって、渡辺庫輔氏の『事略』を精読すると、正栄がテリヤカを販売する史料が目に止まった。「回生登摂記」のことである。『事略』には概略しか紹介していなかったが、細かく読むと正栄のテリヤカ商売は中途ではない、薬種販売は本木歴代の事業ではないかと思えるに至った。立派な墓碑は、その結果かもしれない。

英語・仏語など語学面での正栄の業績は、何人も認めるところであるが、その一方で遊び好きの粋人でもあった。また、商館長ドゥーフの記録にも、文化元年に来航したロシア使節レザノフの回顧録にも、庄左衛門正栄の印象は好意的に表現されていない。(17) 父良永に比して、あまり芳しくないオランダ通詞のようだが、そこが却って魅力的な人物のように思える。つまり、通詞であり、学者・薬剤師でもあり、遊び人にして商売人でもあった。今後、庄左衛門正栄の興味深い各種断面をもう少し明らかにしていきたい。

注

(1) 詳細はシーボルト記念館の発表に譲るとして、これら一連の史料群を一口でいうと草稿の草稿、本木が内向き所蔵していた文書類ということになろう。今後、長崎市立博物館の本木氏関係史料との突き合わせが必要になってくる。洋学史研究の基本史料として評価できるのではないか。
(2) この著書は、渡辺庫輔著作集として氏の死後昭和三十九年に編纂された『崎陽論攷』(新和文庫第七号、新和銀行済美会)に再録された。
(3) 文政六年時昌左衛門は茂吉郎を名乗り小通詞末席であった(「長崎諸役人帳」長崎歴史文化博物館蔵。以下、特に注記のない限り、使用する史料はすべて同館蔵である)。
(4) 「寺院経営之部上、大光寺」の項、『長崎実録大成』長崎文献社、昭和四十八年。
(5) 渡辺文庫。文政三年の役職は、この史料からの引用である。
(6) 確定はできないが、文政六年前後の地役人名簿と思われる。

（7）『事略』にその旨の記述がある。
（8）「譯司統譜」文政六年条。
（9）『阿蘭陀通詞並阿蘭陀医楢林氏事略』（『崎陽論攷』再録）を参照されたい。
（10）古賀十二郎『西洋医術伝来史』形成社、一九七二年。
（11）注（10）に同じ。
（12）「回生登摂記」（渡辺文庫）。
（13）「増永義寛書上諸事凡書留」（渡辺文庫）。
（14）注（6）に同じ。
（15）「長崎諸役人帳」（渡辺文庫）による。同じタイトルだが、注（6）の史料とは別。
（16）注（2）に同じ。
（17）大分大学の鳥井裕美子教授、日露交渉史研究家大島幹雄氏の教示による。

付記
本節に関連して『九州の蘭学』（思文閣）の「本木正栄」の項に、多面的な正栄像を多少書かせていただいている。同書刊行後、参照されたい。

第四節　オランダ通詞石橋氏と「石橋助左衛門御絵像」

はじめに

平成十七年（二〇〇五）二月、この度、オランダ通詞石橋氏のご子孫である石橋政氏より「石橋助左衛門御絵像」を県立長崎図書館に寄贈していただいた。保存状態も良好で、長崎県にとってまことに幸いなことであった。寄贈の経緯は次のとおりである。

平成十六年冬、名古屋市にお住まいの上田はる氏から、石橋助左衛門肖像の寄贈についてご相談があったときは仰天した。作者は、あのシーボルト抱えの絵師デ＝フィレニューフェ。しかも石橋家に代々伝えられたもので、由緒来歴、作者とも第一級の絵画資料である。石橋家では今後の保存のことを考慮し、どこか公的な機関への寄贈について、いとこに当たる上田はる氏に相談があったという。

その際筆者は、平成十七年秋に新博物館（現長崎歴史文化博物館）がオープンすること、その展示ではオランダ通詞の業績をきちんと蘭学の発展の歴史に位置付けること、そして県立長崎図書館の古文書類をはじめ長崎学関係資料は新博物館に移管する予定であることを申し上げ、蘭学コーナーの実物展示資料として県立長崎図書館へのご寄贈をお願いした。

概略そうした経緯があり、平成十七年二月一日、上田ご夫妻は神奈川県の石橋政氏から助左衛門肖像を託され、

図2-4-1　石橋助左衛門御絵像
（長崎歴史文化博物館蔵）

そのまま長崎まで持参してくださった。

肖像画の写真は、上田はる『石橋家の人々』[1]に掲載されていたが、持参していただいた実物「石橋助左衛門御絵像」を見て改めて驚いた。蘭学コーナーでは、吉雄耕牛・本木良永・本木正栄ら通詞の肖像とともに展示替えの資料として使わせていただくつもりであったが、美術史に素人の筆者でも、これまで見てきた御絵像とは違って、写実性が際立った肖像画であることは理解できた。具体的には次項で述べるとして、ともかくも「石橋助左衛門御絵像」は、ご子孫のご芳情によって長崎に里帰りしたわけである。今後は貴重な資料の保存と活用に心がけねばならない。

なお、御絵像とは、先祖顕彰のため絵師に描かせた肖像画で、石橋家では正月に「石橋助左衛門御絵像」を床の間にかけていたという。

一　「石橋助左衛門御絵像」について

当時の県立長崎図書館郷土課には、「本木仁太夫良永並同夫人之絵像」（伝若杉五十八筆）（図2-1-3参照）、「本木庄左衛門正栄並同夫人之絵像」など本木家に伝えられたと思われる軸物が数点あり、他に肖像画では来舶清人「江稼圃肖像絵」（斉藤秋圃筆）もあった。しかし、「石橋助左衛門御絵像」（以下、「御絵像」）は、西洋画の技法で描かれているという点で、これらとは全く異なっている。有名な「シーボルト肖像」（二点、楠本家寄贈）もあるが、そのうち一点は伝川原慶賀筆、もう一点は当のデ＝フィレニューフェ筆の油絵である。

さて、「御絵像」は箱書きに「泰雲院」なる助左衛門の院号があり、また底に「明治十六年一月　石橋氏」と記されている。明治十六年（一八八三）とは、おそらく軸装した年代だろうが、その頃の当主石橋政方は東京在住の外務省官吏であったから、政方が「御絵像」の修復をしたとすれば東京ということになる。ただ気になるのは、見ていただいた修復の専門家が、これは中国様の軸装だと言われた点である。そうすると、長崎で軸装が行われた可能性も留保しておきたい。

寄贈を受けてから、幾人かの専門家に「御絵像」を見ていただいた。文化庁の佐々木利和主任調査官、神戸市立博物館の岡泰正・勝盛典子両学芸員、長崎県美術館の福満葉子学芸員（所属はいずれも当時）、といった方々である。そのコメントをまとめると、肖像は水彩の顔料を塗った西洋紙にコンテ（黒チョーク）を使って描かれている、背景は黒の水彩、または墨かもしれない、作者のデ＝フィレニューフェには西洋画の基礎的素養・技術があった、極めて記録性が高い写実的なデッサンである、西洋紙にしては折れが少ない、等々であった。

修復方法については意見が分かれた。もともとが軸装であるから、太巻きの軸装にすべきであるという意見がある一方、これまでの資料とは異なる点があることから、危険を避けてそのまま額装にした方がよいという意見もあった。

岡氏は、この絵について「日本の近代絵画史上に（先魁として）これから登場する資料である」と評された。詳細は、先の「シーボルト肖像」に関する考察と併せて、岡泰正「川原慶賀とデ・フィレニューフェ――石橋助左衛門の肖像画をめぐって――」(2)を参照されたい。

二　オランダ通詞石橋氏について

「阿蘭陀通詞由緒書」（明和八年（一七七一））[3]によれば、石橋氏は平戸の出自、オランダ商館の出島移転にともなって長崎へ来住したとある。これは通詞目付の職にあった六代助次右衛門が提出したものだが、親類の項をみるとオランダ通詞加福氏、同西氏の他、本紙屋町乙名など地役人と縁戚関係にあったことが分かる。

大通詞にのぼりつめた七代助左衛門が提出した享和二年（一七一七）の「阿蘭陀通詞由緒書」[4]では次の事柄を知ることができる。扶持は五人扶持、受用銀一一貫目、住宅は磨屋町、この年までの助左衛門の昇進・褒賞の経歴、そして先祖のことなどが記されている。

石橋氏歴代については、「元祖　阿蘭陀大通詞　石橋庄助」、「先祖　阿蘭陀大通詞　石橋庄九郎」、「高祖父　阿蘭陀稽古通詞　石橋庄助」、「曾祖父　阿蘭陀稽古通詞　石橋内蔵之助」、「祖父　阿蘭陀稽古通詞　石橋三郎右衛門」、「父　阿蘭陀通詞目付　石橋助次右衛門」とあって、このうち大通詞となった元祖庄助、先祖庄九郎は、助左衛門と改名している。

こうしてみると、石橋氏は四人の大通詞（八代助十郎も大通詞となる）、一人の通詞目付を輩出した名門の家柄といってよい。大音寺後山にあった墓所は戦後の無縁墓地整理によって現存していないが、古賀十二郎のノート「名家墓所墓所一覧　二」[5]に戦前の調査内容が記されており、江戸時代の墓地・墓石をほぼ再現することができた。一代政方以後の石橋家墓所は東京谷中の天王寺に移されている。

石橋氏歴代のうち、七代は「御絵像」の助左衛門であるから次項で述べるとして、二代助左衛門（庄九郎）と一代政方について簡単に触れておきたい。

二代石橋助左衛門の名を刻した銅貿易に関する極めて重要な金石文史料である梵鐘が、長崎の郊外日見の養国寺にある。総高九六・五センチメートル、口径五三・〇センチメートルの小振りなこの鐘は、戦時中非常用の半鐘として使用することを認められ、供出を免れたという。養国寺は大音寺の末寺として建立された現在も浄土宗の寺院である。長崎の代表的な鋳物師である安山国逵製作の梵鐘には次のように刻まれている。

日見山養国寺四世　松蓮社向誉上人岩貞和尚
于時元禄四辛未歳正月二十五日
施主　石橋助左衛門克明
銅屋中

このとき、助左衛門は大通詞の要職にあって、オランダ貿易に深く関与していた。銅屋は大坂の住友などの銅吹き商人のことで、輸出銅販売業者である。養国寺への梵鐘寄進は、銅輸出に関わるものであったと考えられる。同様な梵鐘が長崎市香焼島の円福寺（真言宗）に存在し、これには元禄五年（一六九二）の年紀、「銅屋中間」と唐通事関連の人名が刻まれている。これら二つの金石文史料は、元禄期の銅貿易についての基本史料[6]として、今後より深い検証が必要となろう。平成十九年には養国寺梵鐘も長崎市指定文化財となった。

一一代石橋政方は幕末から明治前期にかけて活躍した人物である。いち早く英語の重要性を認識してその習得に励み、神奈川詰の万延二年（一八六一）には『英語箋』を世に出した。維新後は外務省官吏として出仕、外務大書記官さらに太政大臣秘書官にまで昇進している。

維新後、長崎の唐・蘭通詞のうち実力ある者は中央に呼ばれて官吏になるケースが多かった。本木昌造のように長崎で活躍する者も少数いたが、平井義十郎・名村泰蔵ら多くの人材が流出したのである。石橋政方もその典型的な一人といえよう。

三　「御絵像」の大通詞石橋助左衛門なる人物

七代助左衛門が活躍した時代は、欧米列強の極東進出が顕著になり、徳川幕府の鎖国体制が大きく揺らぎ始めたときである。文化元年（一八〇四）にはロシア使節レザノフが来航、幕府に通商を求めた。文化五年には、オランダ船を装ったイギリス軍艦が長崎港に侵入して狼藉を働くというフェートン号事件が起こり、長崎港警備の再編を迫られることになった。

さらに文化十年、オランダのアジアにおける拠点バタヴィアを占領していたイギリスのジャワ副総督ラッフルズによる出島オランダ商館乗っ取り未遂事件も起こった。やっと入港した「オランダ船」には前商館長ワルデナールが乗船していたが、実はこの船はイギリス船で、ドゥーフに出島商館の引き渡しを要求したのである。

こうした一連の事件に際して、商館長ドゥーフは冷静に適切に対処し、長崎奉行所を支えるとともに、よくオランダの国益を守ったといえるが、助左衛門はドゥーフの最も信頼する大通詞として、ともに協力して難問題に当たったことが『長崎オランダ商館日記』に克明に綴られている。

助左衛門とドゥーフの親密な関係をあらわす象徴的な史料として一つの文書を紹介しよう。

文化三年から四年にかけて、長崎での通商を拒否され怒ったレザノフの部下が北方の樺太や蝦夷・千島で騒動を起こした。幕府は全蝦夷地を直轄領にするなど種々対抗策をとったのであるが、こうした情勢下にあって助左衛門は、文化四年十一月、本木庄左衛門（正栄）とともに出府し、幕府秘蔵のオランダ砲術書「ボスシキテレイ・コンスト（Het nieuwe licht der bosschieterye, zijnde een volkomen onderwijsinge van het konstapelschap, so ter see als te lande)」[7]の翻訳を命じられた。

二人は別々に翻訳を行ったようだ。本木正栄は、幕府鉄砲方井上正清や大槻磐水の協力を得、文化五年夏までに「砲術備要」として訳出した。わが国最初の本格的な西洋砲術書翻訳として評価されている。

一方、助左衛門も翻訳書「ボスシキテレイコンスト国字解」を成したようだが、管見の限り「砲術備要」ほど影響を与えた形跡はなく、未定稿だった可能性が高い。助左衛門は長崎帰郷後、きちんとした訳をなすためだろう、商館長ドゥーフに協力を依頼したようだ。これに対するドゥーフの意見書（オランダ語）を訳したのが次の史料である。[8]「辰十月」はフェートン号事件の直後、非常に緊迫した状況の時期であった。

御用蛮書ホスシキイテレイコンスト和解

就御用蛮書ホスシキイテレイコンスト和解石橋助左衛門江被仰付候間、対談仕相調候様先達而以御書付被仰渡奉畏、則可相成丈出精可仕奉存、右書面熟覧仕候処、右書者至而古キ著述ニ而其比相用ひ候火術之説并火箱・火薬等之名目ニ至迄多く者古語古文を以て書載有之、其上火術之儀者元来不学ニ付畢竟難解所間々有之、深く相考候而後漸くニ其事を探得候儀も有之、了解仕候分者同人江談合仕居候儀ニ御座候

然処此節者先達而えけれす船渡来以後事多く且又病気等ニ而此儀ニ委ネ候間合も無御座候、追而居り合候上者尚又熟読心之及候丈相考了得仕候も御座候ハヽ、追々ニ申上候様可仕候

一　阿蘭陀船入津之上者炮術等相心得候者共も乗渡り可申候間、薬法・火箱製作等新規相伝之筋も有之候ハヽ、是又談合候様被仰渡奉畏候、然処当年入津無之候ニ付来秋入津之上相調子申上候様可仕候、将又前条和解之儀も術士不乗渡候ニ付格別ニ心を砕申候儀ニ御座候、此段以書付申上候

かひたん
　へんてれきとうふ

右之通かひかん横文字以書付申上候ニ付和解仕差上申候、以上

〔文化五年〕辰十月　　　　　石橋助左衛門

ドゥーフが言うには、例の砲術書は古語古文が多く難解である、その上自分は砲術に詳しくないが、熟読のうえできるだけのことをしたい、新しい砲術技術に関する件も併せて、来年入津の船に砲術に詳しい者がいれば調査して報告したい。

この訳に助左衛門自身の上申書が付いている。内容はドゥーフの言を分かりやすくしたものだ。差し出した「別冊」については定かでない。

当夏於江府被仰渡候蛮書ボスシキイテレイコンスト和解之儀連々奉申上候通百十四、五年以前著述仕候書ニ而彼邦之古語古文等相交り居候而兎角ニ難解事有之、畢竟之所者其筋案内之阿蘭陀人共江対談不仕候而者翻訳難相成所も間々有之候ニ付、阿蘭陀船入津之上火術相心得候者共江承糺候上和解仕可差上旨申上置候処、当年者入船も無之候ニ付在館之かひたん并外阿蘭陀人共も談合仕候得共其筋相弁候者無御座、尤かひたん儀者石火矢之放方等者本国ニおいて相学候儀も有之候得共、火術之儀者相心得不申由ニ而則別紙横文字を以申上候通ニ御座候、依之此節和解出来之分別冊を以申上候、尚又取調子追々ニ申上候様可仕候、依之此段以書付奉申上候、以上

辰　十月　　　　　石橋助左衛門

以上の史料に限定して考えると、助左衛門にはオランダ語の実力があり、砲術書翻訳を期待されていたが、砲術

に関する知識はなく、かねて親密なドゥーフらオランダ商館員の力を頼みとしていた、ということになる。助左衛門の人柄の良さもかいま見ることができよう。文化六年四月には、ドゥーフなどからの情報を携えて隠密御用で出府しており、オランダ通詞として高く評価されていたと考えられる。

この点同じ通詞仲間の本木正栄とは対照的で、レザノフもドゥーフも「正直者」[9]の助左衛門には信頼を寄せるが、正栄に対する目は非常に厳しい[10]。助左衛門と正栄の関係は、もう少し史料を掘り下げないとよく分からない。

文政四年（一八二一）、助左衛門は六十五歳で諸立合大通詞に就き、その二年後にはシーボルトが来日する。助左衛門はシーボルトとも親交深く、『日本』にも最上徳内らとともに彼の肖像が収録されていることはよく知られている。デ＝フィレニューフェが石橋助左衛門をデッサンしたとき、助左衛門がそれを欲しがったため、普段のよしみもあって特別に絵をもう一枚描いて与えたものと推測される。

おわりに

長崎歴史文化博物館開館記念「長崎大万華鏡」展で初めて公開された「石橋助左衛門御絵像」がきっかけとなり、このような日本人肖像画の資料が他に出現する可能性があるかもしれないし、あるいは「御絵像」が洋画としては唯一のものだったかもしれない。今後どのような反響があるのか期待して筆を擱きたい。

なお、「御絵像」は結局軸装の形態を残したまま修復・額装して長崎歴史文化博物館に収蔵されている。

注

(1) 上田はる『私の史料探訪（2）石橋家の人々』発行者上田英三、平成十六年六月一日発行。
(2) 長崎歴史文化博物館企画展『長崎大万華鏡図録』平成十七年十一月所収。
(3) 『長崎県史 史料編第四』吉川弘文館、昭和四十年所収。
(4) 注（3）に同じ。
(5) 長崎歴史文化博物館蔵、古賀文庫。
(6) 岩崎義則（当時県立長崎シーボルト大学助教授）「元禄四年養国寺の梵鐘銘」（住友史料館における報告）。
(7) 日蘭学会のイサベル・ファンダーレン氏の教示による。
(8) 長崎歴史文化博物館蔵。企画展「長崎大万華鏡」の前に、文書修復技術者富川敦子が裏打ち補修を行った。
(9) 「ヘンドリック・ドゥフの秘密日記」日蘭学会編著『長崎オランダ商館日記　五』雄松堂出版、平成六年所収。
(10) レザーノフ『日本滞在日記』（大島幹雄訳、岩波文庫、二〇〇〇年）に、「彼（正栄）の毒のある嘲笑」、「この卑劣漢は」とあり、またドゥーフの「秘密日記」にも「多吉郎と庄左衛門がこの陰謀をたくらんでいる」、「二人の悪党」などと書かれ、正栄の評判は非常によろしくない。父良永と違って丸山に通うことも多かった。しかし、俳句をよくする粋人で、商才にも長けた魅力ある人物のように思える。一言、正栄のために申し添えておく。

第三章　長崎と外国人

第一節　ドンケル＝クルチウスと安政二年「萬記帳」

はじめに(1)

幕末の激動期、ヤン・ヘンドリック・ドンケル＝クルチウスが出島商館長として長崎に着任したことは、わが国にとって非常な幸いだった。

開国前後の長崎港にはロシア・イギリス・フランスの艦隊が頻繁に入港を繰り返し、長崎奉行はプチャーチンやスターリングらとの交渉に追われたが、その際ドンケル＝クルチウスは交渉の間に入って文書の翻訳等を行った。長崎奉行にとって未曾有の難事の連続だったにもかかわらず、ドンケル＝クルチウスのサポートもあってか衝突にいたることはなかった。大袈裟な言い方になるが、オランダ領事官としての彼の存在が、諸外国との衝突を未然に防ぐ一因だったのではなかろうか。

幕末の日本で活躍したアメリカのハリス、イギリスのオールコックやパークスらに比べて、商館長ドンケル＝クルチウスの知名度は格段に低いが、日本に対する貢献度は彼らの比ではないように思える。ドンケル＝クルチウスや、長崎海軍伝習所の設立に直接貢献した海軍中佐ファビウスその他のオランダ人も含めて、彼らの業績を客観的に評価し、日本史に正しく位置づける必要があると考える。

「萬記帳」(2)は、出島対岸の江戸町にあったオランダ通詞会所において記録されたものである。会所では年番大通詞・小通詞が管理者となって、出島乙名や町年寄など関係方面との連絡・調整に当たった。そうした内容及びオランダ通詞各人の動静・情報が非常に詳しく記されている。本節はその「萬記帳」を翻刻した『オランダ通詞会所記録　安政二年萬記帳』（以下『安政二年萬記帳』と表記）の刊行に際して、ドンケル＝クルチウスを中心としたオランダ人の動向と、安政二年（一八五五）前後の長崎及び出島情勢に焦点を当てた覚書である。

一　最後の商館長ドンケル＝クルチウス

嘉永二年（一八四九）、漂流民の受け取りのためアメリカ軍艦プレブル号が長崎に入港し、ラナルド・マクドナルド及び難破捕鯨船ラゴダ号の乗組員を収艦して退去した。ラゴダ号乗組員は鎖国体制下の長崎で軟禁されるなか、脱走を繰り返すなどして長崎奉行所を困惑させたが、帰国後彼らは、長崎で監禁されていたことを訴え、プレブル号艦長も同趣旨を議会で証言した。こうしたことを受けて、アメリカ合衆国政府は日本開国のための艦隊派遣を決定、生じた状況によっては江戸湾で砲艦外交に及ぶ可能性もあった。

アメリカ艦隊の日本派遣情報を得たオランダ政府は、二百年以上に及ぶ日本との修好関係もあり、また、これまで対日貿易を独占してきた既得権をできるだけ確保すべく、日本の開国に向けたプログラムを模索した。

この難事に当たる人材として日本に派遣されたのが、ヤン・ヘンドリック・ドンケル＝クルチウス（一八一三〜七九年）である。オランダの名門の出でライデン大学法学部出身、当時バタヴィア高等法院司法官の任にあって、法律はもちろん幅広い教養を持ち、英・仏・独語にも堪能だった。ちなみにドンケル＝クルチウスとは、ドンケル家とクルチウス家が合体してできたもので、今日も四男のご子孫が横浜に健在である（ドンカー＝カーチス家）。

嘉永五年夏、ヘンリエッテ・アン・コルネリア号で長崎に入港、着任したドンケル＝クルチウスは、再度の開国を勧めるオランダ東インド総督ダイマール＝ファン＝トゥイストの書簡を長崎奉行に提出した。

アメリカの圧力に屈して条約を結ぶ前に「日蘭条約」を締結することの有利さを幕府に説く秘密の総督書簡は、ペリー艦隊の来航を予告する「別段風説書」とともに急ぎ江戸に届けられたが、老中阿部正弘以下の幕閣は何ら有効な方策を講じることができなかった。ちなみに新任商館長ドンケル＝クルチウスが携行した条約案はシーボルトが起案したもので、長崎一港の開港、長崎会所貿易の存続などオランダの既得権確保を目指したものであった。

こうした経緯は、フォス美弥子編訳『幕末出島未公開文書――ドンケル＝クルチウス覚え書――』[3]に詳しい（以下『覚え書』と表記）。最初の部分「覚え書以前　出島書簡」には、秘密の総督書簡を長崎奉行がなかなか受け取ろうとしなかったこと、書簡が「別段風説書」の中のアメリカ人記事と関係あることを通知し、オランダは日本の力になりたいと願っていると訴えたこと、江戸幕府に書簡の受け取りを申請するための請願書を提出したこと、返書を要求しないという条件で書簡が受理されたこと、等々が記されている。

一方「嘉永壬子年咬𠺕吧都督ヨリ長崎奉行江書上」にも同様のことが記されており、日本側の史料からドンケル＝クルチウスの着任と総督書簡の取り扱いを見てみよう。

新カピタン「とんくるきゆるしうす」は前任商館長ローゼと連名で、オランダ国王の命を受けたジャガタラ総督の書簡を持参した旨を報告し、これは御国にとって「至極大切成事柄」であるから是非受理していただきたく、江戸表への伺いなどは「急速御沙汰之程伏而奉願候」と迅速な処理を求めている。

『覚え書』解説に記載のある総督書簡の要旨とはニュアンスが異なるが、西吉兵衛・森山栄之助が訳した（大半は森山栄之助だろうが）総督書簡を簡略に紹介する。

オランダ国王がヨーロッパで聞いた風聞では、北アメリカ共和政府が軍船を日本に差し向け「商買相遂度所存」という。同国の勢威はヨーロッパの強国と異ならない。軍船は蒸気船と帆船からなり、「殺罰之始末ニ不及柔順振ニ仕候哉何共難申上候」。オランダ国王が考えるに「日本往々之御煩御用心専一之事と奉存候」。オランダ国王は数百年来日本に寵遇をこうむってきたことを忘れることができない。既に一八四四年、先代（ウィレム二世）が日本の君に「幸福之日本御患を御除テ為外国人之事ニ付御趣意御緩宥ニ相成候様」との親書をお送りしたが、この度も日本に対する懸念を黙止がたく、「日本之官府篤与御用心御危患御防之御趣意専要之御事ニ奉存候」。この書簡は、日本の危急な状況を報告するため、オランダ国王の命でオランダ領インド総督が認め、新カピタンに託して差し出した次第である。これまでの寵遇に報いるため、一つの方便を差し出している。もちろんこれは「御威勢強き日本国家ニ而取定尤御法度ニ聊不可有御安全御案之儀ニ御座候」。この件につき、オランダ領インド大裁判所評定役を勤めていた有能なトンクルキユルシウスを新カピタンに任じて日本政府向きの御用を申し付けており、前条の「御策之方便」についてオランダ国王の趣意を申し上げるはずである。

図３－１－１　ドンケル＝クルチウス

「殺罰之始末ニ不及柔順振ニ仕候哉何共難申上候」の部分は、『覚え書』では「決して武力を用いないとは断言できないような装備をしている」となっている。西・森山両人の翻訳の苦労をかいま見ることができそうだ。また「御策之方便」とは、前述した日蘭条約案を提示してアメリカ艦隊来航前に条約交渉をすることであろう。つまり、日本の国法に違反しない「御安全御案」をオランダは考えており、そのために対日交渉の全権を委任したドンケル＝クルチウスを派遣したというわけである。

さて、長崎奉行牧志摩守は弘化のオランダ国王親書の受け取りで決着しており、更にオランダからの書簡を受け取ることは国法に反する、自己の責任にもつながると躊躇っていた。

これに対しドンケル＝クルチウスは、奉行の要請を容れて書簡の受け取りについて江戸への伺いを願う秘密書簡を提出、その中に「別段風説書」のうち最も重要なアメリカ艦隊来航に関する部分を入れて奉行や幕府の関心を引こうとした。

ようやく奉行牧志摩守も、年番通詞西吉兵衛・森山栄之助を通じて差し出された「紅毛新かひたんより差出候封書横文字真之物」（総督書簡）の受け取りについて江戸幕閣へ伺い出たが、その中には最も気になるアメリカ艦隊来航のことが書かれていた。

「北亜墨利加共和政府より近々之内使節を送通商并石炭貯所等之儀願出可申殊ニ右使節上陸囲軍之用意等も仕罷在候哉ニ有之」。

こうした「別段風説書」の内容が江戸へ伝えられたにもかかわらず、「上陸囲軍」を用意したアメリカ艦隊の来航という危急な情勢にどのように対応するかではなく、書簡そのものをどう処置するか形式面で右往左往した様子がうかがわれる。

結局、「筆記ニ而返事等望不申候段横文字差出候間外ニ差支も無御座候付差出方別段風説書同様手続ニ而請取」とあって、返書はしないという条件で受け取った。和解も江戸へ送られ、幕閣では阿部正弘はじめ海防懸一同の評議が行われたが、その結果がドンケル＝クルチウスに届くことはなかったようである。

ジャガタラ総督の秘密書簡は秘密のうちに処理されて、それで終わった。アメリカ艦隊の来航という情報を得ながら、幕府は具体的な準備・対応を施すことができなかった。

翌嘉永六年六月、四隻の巨大な黒船を率いて浦賀沖に現れたペリーは、大統領フィルモアの親書を手交して幕府に開国を迫り、再来航を約して去った。三八〇〇トンのサスケハナ号、三二〇〇トンのミシシッピー号という当時世界最大級の蒸気軍艦の圧力は、英明の誉れ高い老中首座阿部正弘をもってしても、どうにもならなかった。安政元年（一八五四）三月、日米和親条約が結ばれてオランダの目論見は狂ったものの、ドンケル＝クルチウスは冷静に適切な諸施策を実施していった。

それらは当時の日本にとって必要かつ好ましいものばかりで、オランダの国益を優先させたとしても、日本への〝貢献〟〝親切〟と表現できそうである。以下、ドンケル＝クルチウスの日本滞在八年間の事跡を箇条書きにしておく。

1　幕府海軍の創設を提言
- 蒸気軍艦スンビン号を幕府に譲渡（船体引き渡しは安政二年八月二十五日）
- 幕府発注の軍艦二隻をオランダで建造――後の咸臨丸と朝陽丸
- 士官乗員養成のための海軍伝習所設立――日本の科学技術の発展

2　「日蘭和親条約」「追加条約」「日蘭通商条約」の締結など外交業績
- 英・仏・露艦隊と長崎奉行所の交渉を援助し、外交顧問的役割を果たす
- アロー号事件などの国際情報を的確に幕府に伝え、通商条約締結を促す
- とくにアヘンの流入防止と金銀レートの是正を助言
- 踏絵制度の撤廃に幕府を導く（安政五年）

3　『日本文典』の執筆――語学の才能にも恵まれ、日本語も堪能だった

このうち日蘭条約交渉については後述するとして、「日蘭条約書」について補充しておきたい。日米・日英・日露に次いで四番目に締結された和親条約だが、ドンケル＝クルチウスの自署がある条約書原書（羊皮紙）及び一

三冊の関係文書は、昭和五十七年（一九八二）一括重要文化財に指定され、現在は長崎歴史文化博物館に保存されている。安政二年十二月二十三日（一八五六年一月三十日）、長崎奉行川村対馬守他三名と、対日全権領事官の資格を付与されていたドンケル＝クルチウスとの間で調印された日蘭条約書は、長崎奉行所から維新後長崎府・長崎県に引き継がれて保管されていた。羊皮紙の条約書も四つ折りにされて他の奉行所外交文書とともに綴じ込んであったらしい。上下四つの綴じ穴があり、羊皮紙周辺部の汚れが顕著である。余談だが、「長崎県蔵書印」は上下逆に押されている。大正六年（一九一七）、「犯科帳」など約千冊の県庁資料（奉行所文書）を初めて県立長崎図書館が受託した中に「日蘭条約書」も含まれており、その後昭和十年、国の重要美術品に指定された。

二　長崎海軍伝習所の設立

安政元年、ペリー艦隊は江戸湾に再来航し、交渉の結果日米和親条約（神奈川条約）が三月三日に締結された。一方長崎にも、ロシアのプチャーチン艦隊が再来航し、幕府全権川路聖謨らと国境問題を含む条約交渉を行ったが、妥結に至らず退去していた。この年夏にはイギリスのスターリング艦隊が長崎に来航し、八月二十三日には日英和親条約が締結された。簡単な条項のものであったが、長崎で結ばれた最初の条約である。

こうした緊迫した情勢のなか幕府（長崎奉行）とドンケル＝クルチウスは、前年幕府の軍艦注文を受けてドンケル＝クルチウスが提言した洋式海軍の創設を実現すべく、蒸気軍艦による伝習計画を話し合った。そのため、バタヴィアから派遣されたのがスンビン号であり、その艦長はファビウス中佐であった。

ヘルハルドゥス・ファビウス（一八〇三～八八年）については、フォス美弥子編訳『海国日本の夜明け――オランダ海軍ファビウス駐留日誌――』(4)に詳しい。

同年七月に入港したスンビン号ファビウス艦長は、ドンケル＝クルチウスと協議し、より具体的に洋式海軍創設への道筋を献策した。その結果、スクリュー式蒸気軍艦二隻の建造、スンビン号の幕府への譲渡、長崎における海軍伝習が決定し、早速ファビウス自ら蒸気機関等について伝習を行った。わずか三ヶ月足らずの予備伝習であったが、幕臣・長崎地役人の他、長崎警備を担当していた佐賀藩・福岡藩などの藩士も伝習に参加した。中でも佐賀藩の熱意は高く、後に日本海軍の中枢を担った人材が輩出している。

ファビウスの蒸気機関の講義に関する史料を紹介しておく。「グ・ファビウスの蒸気機関講義聞書」には、スンビン号に積まれた蒸気機関をモデルにファビウスが講義した内容が記されているが、その一節に「西洋初学のものハ先器物を図して自分考ること也、絵の好拙を論セす自分図して考ふれハ用法も自つしらるへし」とあって、初めて蒸気機関の原理・運用術を学ぶ日本人への的確な学習法が示されている。ケートル（湯釜）、ストームカップ（蒸気覆）などの図が随所に書き込まれてあり、受講者の熱意が伝わってくるようだ。

翌安政二年六月、ファビウス中佐はヘデー号艦長としてスンビン号とともに再び長崎に入港、熱心に伝習を再開した。こうした実績が日蘭協約（仮条約）や日蘭和親条約締結につながったとしてドンケル＝クルチウスの評価も高い。『覚え書』によれば「今日まで一日も伝習を怠らず、かつまた日本に有益な指針を提言するファビウス中佐の疲れを見せぬ努力と行為に対して、極めて丁重にそして何度も繰り返して感謝の意を表した」とある。感謝したのは長崎奉行・目付であり、特に長崎海軍伝習所の監理者である目付永井尚志は個人的にファビウス中佐へ種々教示を懇請したという。

ここで、オランダ海軍蒸気軍艦スンビン号が幕府の蒸気御船観光丸となった経緯をまとめておきたい。スンビン号は一八五〇年に建造された外輪式蒸気船であり、安政元年ファビウス艦長によって開始された海軍予備伝習の練習艦として使用された。「献貢蒸気船スームビング真上ヨリ見取図」によると、中央部に蒸気機関釜が二基、舷側左右に外輪がついている。船の長さは一六丈二尺。別の資料には一五〇馬力、七八〇トンとある。「萬記帳」を見ると、新任長崎奉行川村対馬守が到着した翌々日八月十四日の条にドンケル＝クルチウス、ファビウス中佐、国王近臣両人ファン＝リンデン伯爵、ファン＝ハルデンブルック男爵が西役所に呼ばれ、書院において川村対馬守、新目付浅野一学と対面。通例の挨拶の後、スンビン号及び国王肖像画の献上を受け入れる手頭が読み渡され、年番大通詞志筑龍太が通弁したところ、オランダ側は次のように申し述べた。

かひたん・船将次官　此節献上蒸気船被為成御受納難有奉存候、国王江申遣候ハ、大慶可仕段御請御礼申上候
国王近臣　此度献上国王之像被為成御受納難有奉存候、何れ帰国之上国王江申聞候ハ、嘸大慶可仕段御請御礼
　　　中上候

一方『覚え書』には、「昨日招待状を貰った私は今朝派遣隊司令官、国王副官、侍従武官たちとともに将軍がオランダ国王肖像画とスムビン号を受領する公式通告を奉行から受け取る謁見式に出かけた」とあり、翻訳文の比較ではあるが、日蘭双方の立場がよく表れている。「萬記帳」の「献上」その他の表現には、オランダ通詞の作文・作為があるとみるのが妥当であろう。

さらに『覚え書』の「一八五五年十月五日（安政二年八月二十五日）」には、「今日国王蒸気艦スムビン号を将軍へ贈呈する式典が挙行された」とあり、白地の縮緬に赤丸を入れた日本国旗を掲げたスンビン号の船体が、火薬庫の鍵とともに日本側に引き渡された。

しかし、「萬記帳」にはスンビン号献上の式典の記述が見当たらない。日蘭条約締結交渉もそうだが、オランダ通詞会所に直接関係のない事柄、重要な政治・外交向き懸案条項は「萬記帳」に記載はなく、別に文書が作成されていたようだ。スンビン号が幕府所有の艦となったことを示す「蒸気御船」の表記は九月十六日が初出となっている。

さて、和名観光丸となったスンビン号は、引き続き海軍伝習の練習艦として使用されることになった。ファビウス中佐を中心に行われた伝習を予備伝習とすれば、ヘデー号が長崎を出港した後、オランダ人教官団長ペルス＝ライケン少佐のもとで第一次海軍伝習が始まったのは、安政二年十月末のことである。

教授科目としてペルス＝ライケンが担当した航海術・運用術の他、造船・砲術の実技、天測の実技、数学、蒸気機関、銃砲調練、鼓手の訓練などがあった。これを受ける伝習生は永持亨次郎・矢田堀景蔵・勝麟太郎（後の海舟）ら幕臣、佐野栄寿左衛門（常民）ら佐賀藩士、その他福岡・薩摩・長州・津など諸藩士や長崎地役人。水主として瀬戸内海の塩飽衆も参加した。当初伝習生はオランダ語に苦労し、アラビア数字による計算に戸惑ったが、徐々に伝習の成果を上げていった。

藤家文書に残る一紙物(5)によれば、第一次伝習の安政四年の時間割は、月曜～土曜まで表3―1―1のように行われていた。おそらく閏五月を含む三月～六月の時期と思われる。

表3―1―1　第一次伝習の時間割（安政四年）

	午前	午後
日	休	
月	船具・蒸気機械	造船・算術・リーニースコール（備之事）
火	築城・算術・ハタイロンスコール	砲術・航海
水	造船・算術・蒸気機械（銃陣之事）	運用・ハタイロン
木	船具・下等士官心得方	築城・算術・蒸気機械（下等士官心得方）
金	運用・算術・調練	砲術・蒸気機械・算術
土	稲佐調練・航海リーニー・蒸気機械	稲佐調練・蒸気機械・航海リーニー

通訳に当たるオランダ通詞は、表3－1－2に示すように、科目毎に担当が決まっていた。かなり専門的な用語・知識が要求されたであろうが、彼らには通詞としての能力もあったという証拠である。

表3－1－2　各通詞の科目受け持ち分担

科目	通詞
航海・算術	楢林栄左衛門
築城・砲術・造船	西吉十郎
運用・船具	横山又之丞
蒸気機械	荒木熊八・三嶋末太郎
リーニースコール・ハタイロン	西冨太

当時の日本にとって幸いだったのは、商館医ファン＝デン＝ブルックの存在である。シーボルト事件後、しばらく有為の商館医は来日しなかったが、牛痘をもたらしたモーニッケ（嘉永元年来日）に続いて、嘉永六年ファン＝デン＝ブルックが商館医として赴任した。以来安政四年の離日まで、医学というより科学技術の基礎を伝授した功績は大きい。海軍予備伝習から第一次伝習の時期に当たる。

彼はロッテルダム医学校卒業後外科医開業の傍ら、物理学専門雑誌の編集を担当していたくらい物理関連諸科学に造詣が深かった。そのため予備伝習開始前から幕府関係者、佐賀・福岡藩士などが出島に出入りし、電磁電信機の修理と実験、蒸気機関の理論と雛型製作、溶鉱（反射）炉の理論と雛型製作、石版印刷機の操作など多岐にわたる知識・技術の教授を受けた。近代医学導入の恩人と評価されるポンペに対して、ファン＝デン＝ブルックは窮理分離学（物理・化学）、応用科学分野で恩人といってもよいだろう。

「外科阿蘭陀人申出候伝習ノ儀ニ付申上候横文字和解」によれば、長崎奉行所は商館医ファン＝デン＝ブルックに対して分離窮理・測量・算術などをオランダ通詞ら六名に教授するよう依頼した。メンバーは大通詞品川藤兵衛、小通詞西慶太郎・本木昌造・楢林栄左衛門、小通詞並塩谷種三郎、蘭方医吉雄圭斎という当時の長崎ではトップレベルの人材である。これに対してファン＝デン＝ブルックは、彼らは蘭語学者であり、興味があれば通訳しながらでもマスターできるので、年若の者一〇人に教授した方が有益である、教示・試験の手間、費用などは、一人も一〇人も同じだからと申し立てている。該当史料は次のとおりだが、「萬記帳」にも簡単な記載がある。

於出嶋千八百五十五年第十二月十日

卯十一月二日

大通詞品川藤兵衛小通詞西慶太郎本木昌造楢林栄左衛門小通詞並塩谷種三郎町医師吉雄圭斎、右之者共分離窮理測量算術石炭坑鉄製造方其外御国益ニ可相成儀かひたん并外科蘭人相心得居候趣ニ付、銘々心掛有之筋を手分いたし相学候様申付候間、外科蘭人江可申聞置候事

一　右之趣ニ而相察候者日本御奉行所ニおいても前条之学術規則相立相学候様有之度御主意ニ相見申候、然る処右御達ニ付右之通拙者心付候段不申出候而者不相成儀と存候

第一　御奉行所において右之儀被仰付候通詞衆之儀者通弁役にて蘭語学者に有之候間、外に年若之日本人十人斗も拙者手許江被遣候方可然儀ニ存候

左候ハヽ、右学術之桁々其年若之人に教示致し、右通詞衆分離或は窮理術被相好候人者夫々之通弁被致事柄をも被相学、物之名目をも相覚可被申、左候得者有益之事ニ可有之候、若又右通詞衆之内算術測量之業被相好候人者教示之折節其作業も被致候儀に可有之候

教示いたし方者壱人ニ而も拾人ニ而も同様にて、試験致し方も壱人ニ而も拾人ニ而も同様ニ有之、猶雑費も

労も同様ニ有之多人数ニ候得者稽古之励ニも相成可申候

〔中略〕

役医師

於日本物産吟味方　イカファンデンブルック

右写方致し候

於日本和蘭商館

第三等助役　ペキニユットル

科学技術教育は若年の者に施した方が効果的と、ファン＝デン＝ブルックは考えていたようだが、こうした要望は結局実現しなかった。

ところで、来日当初はドンケル＝クルチウスを褒め称え、緊密な関係にあったファン＝デン＝ブルックだったが、次第に両者の仲は疎遠になり、出島に住まいながらも直接会話を避けて文書を往復させるような状況が続いた。何が直接の要因か不明だが、ファン＝デン＝ブルック他二名がドンケル＝クルチウスとの交流を回避して反対派を形成している、不快のいたりであると、ファビウスは「メデュサ号日誌」(6)（一八五六年八月九日）で批判的に記している。

帰国後もファン＝デン＝ブルックは、日蘭条約締結が遅れたとしてドンケル＝クルチウスを批判しており、両者を隔てた溝は埋まらなかった。何事にも慎重かつ冷静に対処した外交官に対して、科学者はそれを非効率とみたのだろうか。故国を遠く離れた四千坪足らずの出島の中で、オランダ人同士の確執があったことをフォス美弥子論文(7)は明らかにした。日本側の史料には全く出てこない事柄である。

三　安政二年の日蘭交渉と「出島」

安政二年は、日蘭間の貿易・文化学術交流の拠点であった「出島」にとって、大きな変革の年であった。周知のとおり出島は、寛永十三年に二五人の出島町人と呼ばれる有力町人の出資によってポルトガル商人の収容を目的に築造され、島原の乱後、ポルトガル商人が追放されると、平戸からオランダ商館が移転してきた。以来鎖国時代、オランダ人は四千坪に満たない扇形の築地で不自由な生活を余儀なくされた。同じく外国人を収容して長崎の一部に異界を形成している「出島」と「唐人屋敷」であるが、出島が町人によって築造されたのに対し、唐人屋敷は長崎奉行所（幕府）の造作による点が大きく異なり、このことは管理体制や文書伝達方法にも影響しているようだ。

長崎奉行所の監督・監視のもと、出島を直接管理しているのは町年寄である。したがって「萬記帳」には、安政二年の年番町年寄薬師寺久左衛門が数多く登場し、次いで高島作兵衛・福田猶之進も多い。『安政二年萬記帳』(8)に掲載してある石尾和貴作成の表4「萬記帳に登場回数順」をみると、薬師寺久左衛門は年番大通詞志筑龍太の一八九回には及ばないものの一一四回登場し、オランダ通詞や小使など通詞会所関係者の当番を除けば、志筑龍太に次いで第二位の頻度となる（同じく表5「当番以外に登場する人名の回数順」参照）。伺い・文書伝達等は年番町年寄を通して行われることが多く、薬師寺久左衛門の手代と思われる真野甚助は取り次ぎ等を勤めるため登場回数も五四回、第一〇位である。

なお、真野家は代々出島番を勤めていたというが、幕末の長崎諸役人帳・分限帳の類には唐人番はあっても出島番の項目は見当たらない。出島が町年寄の管理下にあった傍証になるだろう。

また、「唐阿蘭陀申渡」の一連の記事によれば、通常の申し渡しは出島の場合年番町年寄を通し、一方唐人屋敷の場合は唐通事年番を通して行われている。重要と判断されるものについては、出島には用人または検使、唐人屋敷には検使が直接出向いていた。

さて、不自由な出島の生活を解消する日蘭条約の交渉過程は、前述したように「萬記帳」には一切記述がない。『覚え書』によって、その概略をまとめておく（この部分についての月日は新暦）。

一八五四年十月二十二日、ドンケル＝クルチウスは奉行から日米和親条約の和文・蘭訳文及び七月三十日付奉行あて書簡の返書を受け取った。その際次のように記している。「今私はオランダ国王陛下から全権を委任された使臣として、日本施政者に対して働きかけられる最初の機会が訪れたと感じている」。また、日本側との交渉について「辛抱強く、そして慎重に対処すれば必ず事情が改善されると考え」ていた。そして、次の記述に彼の対日交渉姿勢が示されている。「日蘭条約締結問題は私の念頭を去らず、常に注意を払っている。それどころか、早急に締結しないことが不利ではなく、かえって有利であると考えるようになった」。

十一月六日、ダイマール＝ファン＝トゥィスト東インド総督あての添書には「神奈川条約には長崎の私たちがまだ獲得していない有利な条件が含まれていると考えられます。私たちも箱館と下田の港湾でその分け前にあずかることができます。オランダに他国より不利な条件を与えないという約束を貰いました。つまり他国が長崎における条件を要求した場合、私たちが直ちにそれを要求するだけで同じ条件が与えられるということです」と、最恵国待遇を日本側に約束させたことを述べている。

一八五五年六月二十三日、ドンケル＝クルチウスは日蘭交渉の重点事項を個人的「内聞」のかたちで文書にして長崎奉行に提出した。スンビン号の再来航をひかえ、長崎海軍伝習所の設立を前に、オランダ人教官の行動の自由を保証する条約交渉が必要不可欠だったからである。『覚え書』から具体的な事項を挙げてみる。

一、下田と箱館港湾で許されるように、制限を受けずに長崎の町とその周辺を遊歩する自由を認める。
二、長崎港湾に停泊するオランダ船と出島との行き来を完全に自由にする。
三、すべての身体検閲の廃止。
四、出島がオランダ商館に売却される場合も、同地は引き続き日本国土として存続する〔中略〕。オランダ政府はオランダ人の行動の自由に関する事項の改善をきわめて重視している。私はこの事項の修正を含んだ日蘭条約を締結する用意がある。

七月二十一日、ファビウス艦長の軍艦ヘデー号と、幕府に贈呈されるスンビン号が入港してきた。ドンケル＝クルチウスは、すでに対日条約交渉の全権を委任されていたが、改めて「特命全権領事官」の肩書と海軍大佐の軍服着用を許可する旨伝えられた。「萬記帳」には以後「かひたん　於日本和蘭領事官　とんくるきゆるしうす」と記されている。

八月三十日、ドンケル＝クルチウスとファビウスが奉行所に提出する日蘭条約の草稿を条項ごとに審議したことが「ヘデー号日誌」(9)に記されている。その結果についてファビウスは言う。「一言一句にいたるまで、私はすべての条項の趣旨と内容に同意した」。またドンケル＝クルチウスの日本への配慮についても記す。「草案は他国に権利を請求させたり、他国を押し退けることにより、日本を苦境に落とす誘因を作らないことに、慎重を期したものである」と。草案がオランダ人の行動の自由を重視したものであることはもちろんであるが、各条項には水門の鍵をオランダ側が保管すること、出島全島の買収、信仰の自由に関することなども見える。

九月七日、ドンケル＝クルチウスは「今日日蘭条約草案に本日付の書簡を添えて奉行に提出することができた」と記した。条約交渉は最後の詰めに入った。

十月三日、国王肖像画贈呈式の後ファン＝リンデン伯爵らを出島へ帰し、ドンケル＝クルチウスとファビウス中佐が残って、長崎奉行川村対馬守（荒尾石見守は病気のために退座）、目付永井尚志・浅野一学と、海軍伝習及び日蘭条約について交渉した。ドンケル＝クルチウスは奉行に対して「条約締結が優先すること、そしてそれは日本のためにも有益である」と説き、また「条約が締結されなければ、私たちは派遣隊を残留させることができない」旨を伝えた。永井らがファビウスに丁重な謝意を表したのは、この会談である。

十一月九日（安政二年九月三十日）、待望の日蘭協約（仮条約）が調印された。『覚え書』は記す。「昨日協約の交渉が終り、今日奉行所で署名した」。

協約調印については「ヘデー号日誌」に詳しい記述があり、多少長くなるが引用しておく。「長崎奉行とオランダ領事官が協約を締結することにより、二世紀半にわたって耐え忍んできたオランダ人の屈辱と辛苦に終止符が打たれる。ついにわれわれは自由の保証を獲得した」。「オランダ領事官がかつて日本に長期滞在した者やなお滞在中の者などの多数の意見に逆らって、品位を保ち、慎重に、粘り強く、使命完遂を図った結実といえる。ドンケル＝クルチウス氏が日本で多くの大名やその家臣たちから信頼され、敬愛されてきた収穫であることは疑う余地がない」。「彼が成就した業績とオランダに開いた前途について、最大の賛辞を贈るべきだと考える。オランダ国民の感謝に値するものとして、私は彼の功績を高く評価する」。ドンケル＝クルチウスへの評価について、これ以上付け加えることはないだろう。繰り返すが、ドンケル＝クルチウスとファビウスは、オランダの国益を優先しながらも、列強の進出に苦しむ日本への配慮を忘れることはなかった。

協約の調印を確認すると、ファビウスはヘデー号のマストに日章旗とオランダ国旗を掲げ、二一発の祝砲を放った。「萬記帳」に記載があるのは、このことだけである。「安政二年九月二九日、御年番所より御用切紙ニ付志筑龍太罷出候処、左之御手頭御渡ニ相成候ニ付乙名方江写為持遣ス、明晦日阿蘭陀蒸気船ニ而祝炮いたし度旨船将願出承届候間得其意向々江可相触候」。念のため記しておくが、御年番所は町年寄薬師寺久左衛門の役所、志筑龍太は年番大通詞、船将はもちろんファビウス艦長をさす。

こうして結ばれた日蘭協約（仮条約）が長崎海軍伝習所の開設に間に合わせたものであることは言うまでもない。江戸幕閣の承認を得た、ほぼ同じ条文の日蘭和親条約締結については、すでに述べたとおりである。

ところで、ドンケル＝クルチウスと長崎奉行の間に入って通訳や草案の翻訳、細部の交渉に当たったオランダ通詞は誰だったのだろうか。筆者はこれまで江戸詰通詞の時、下田からドンケル＝クルチウスあてにロシアやアメリカの情報を送り、帰崎の翌日訪ねてきた本木昌造を思い浮かべていた（『覚え書』）。ドンケル＝クルチウスの信頼を得るだけの実力も備わっている。その答えは『海国日本の夜明け』の刊行ではっきりした。「ヘデー号日誌」の一八五五年十一月六日の記述に「今日も引き続き通詞の藤兵衛と昌造と会議を行い」、同月七日に「今日もまた、通詞藤兵衛と昌造と協約締結についての会議を重ねた」とあって、小通詞本木昌造に加えて大通詞品川藤兵衛（安政二年の年番小通詞だったが大通詞へ昇格、年番小通詞は荒木熊八に代わった）が該当の通詞だったのである。品川藤兵衛もなかなかの実力者であり、吉雄流外科の祖として著名な吉雄耕牛の孫にあたる。

翌年ドンケル＝クルチウスが幕府に提出した秘密文書（「阿蘭陀告密」）の訳者も、この二人であった。ちなみにその内容は、自由貿易（緩優交易と表記）について述べ、通商条約の締結が避けられない世界の趨勢を説いたものである。安政四年に結ばれた日蘭追加条約（実質通商条約）、また、安政五年の五ヶ国条約締結につながる秘密文書であろう。

これまで安政二年の日蘭交渉については、全面的にドンケル＝クルチウスとファビウスの残した史料に依存してきた。長崎奉行所で作成された日蘭交渉の文書は現在までのところ不明である。ただ、出島水門の鍵をオランダ側に引き渡す件は「萬記帳」にかなりの記事があるので紹介しておきたい。つまり、出島水門の管理はオランダ通詞会所が関与する範囲だったからである。

日蘭協約が調印された翌々日（陰暦十月二日）、西役所からの品川藤兵衛・本木昌造あて切紙を川原又兵衛が持ち帰った。切紙には出島水門鍵をカピタンへ渡すべき旨書かれており、両人からカピタンに伝えられた。同日、年番町年寄を通して関係機関に次のような手頭が布達されている。

出嶋水門之鍵者以来かひたん江預ケ置候積、且商売船按針役以下船方之者共是迄之通表門出入身許相改水門本船ニ而者右改無之并和蘭船人別改者入津出帆両度いたし出嶋ニ而者無之事

水門の鍵をカピタンに引き渡すことによって水門の管理権はオランダ側へ移ることになり、それに伴って身体検閲も廃止されることになった。

ファビウス「ヘデー号日誌」十一月十一日（陰暦十月二日）にも、「午後、奉行の使者がドンケル＝クルチウス氏に水門の鍵を届けにきた。二世紀半にわたって、出島のオランダ人を水際に幽閉してきた日本人番士は退去した。出島のオランダ人は身体検閲、つまり身体触検から解放されたのである」とある。身体触検とは探番の改めであろう。

ところが、十月二十日に出島乙名・オランダ通詞あてに出された達では、水門の開閉に乙名・通詞が立ち合うこと、水門が開いているうちは見廻り等取締りを怠らないことが記されている。この史料を見る限り、水門管理権の全面移譲ということではないようだ。

此度かひたん江出嶋水門鍵相渡候ニ付而者、朝夕水門開閉之節出嶋乙名通詞共江かひたんより及沙汰候筈其都度都度乙名立合見届、水門明置候間者乙名者勿論組頭共ニも心付折々見廻り乙名附筆者小役之者検使場次之間

ニ為取締相詰可申、且夜中水門明候儀も有之候ハ、是又同様相心得都而不取締無之様可入念候

この項の終わりに、オランダ商館による出島の購入計画について言及しておきたい。『覚え書』一八五五年十月二十六日に、「今朝二人の通詞が来て、スムビン号の返礼として出島をオランダに贈呈する幕府の着想について私の意見を聞きにきた。彼らは返礼の選択に困っていたが、私が出島購入案を提起したことから、この発想が沸いたのだそうである」とあり、続いて領土の譲渡ではなくオランダ商館への無期限貸借の形で提供する場合、「出島はオランダ国王への返礼として相応しい価値を備えているであろうか」とドンケル＝クルチウスに打診してきた。これに対しドンケル＝クルチウスは、返礼についての配慮は無用、蒸気艦贈呈はオランダ国王の将軍への厚意であり、むしろ国王陛下は条約草案の締結こそ返礼としてお喜びになるだろう、と回答した。

同様の記事は「ヘデー号日誌」にもあり、『覚え書』を補っておく。まず二人の通詞とは本木昌造と品川藤兵衛であった。終始この二人が日蘭交渉に重要な役割を果たしていたことは間違いない。ファビウスはドンケル＝クルチウスの返事に賛意を表するとともに、さらに、出島をオランダ領・オランダ居留地とすれば日本と諸国の間に摩擦を誘致しかねないが、日本政府がオランダ商館に土地使用権を譲渡する貸借契約ならば契約解消、撤退も容易で、異存はないとしている。海軍軍人の立場から列強との関係を思いやってのことであろう。

「出島購入案」の提起とは、すでに述べた一八五五年六月二十三日の「内聞」のかたちで差し出された文書の四の項目である。この時ドンケル＝クルチウスは、「長崎のオランダ人が監禁生活を忍んでいると引証しているのを遺憾に思っている」と日米和親条約の第五に触れ、これを解消する方便としてオランダ商館による出島買い取りを提案したのであろう。

結局、オランダ商館による出島の買い取りは実現せず、一八六三年一月一日より形式的には外国人居留地に編入

されたが、特別にオランダの既得権が認められたわけではなかった（「出嶋取扱御用留」）。

結びにかえて

安政二年という年は、ペリー来航・日米和親条約締結と、安政の五ヶ国条約締結の谷間にあって、これまでそれほど注目されてこなかったようだ。しかし、あらためて着目するとフランス艦隊の来航、英国スターリング艦隊の来航、日英和親条約批准、長崎海軍伝習所の設立、日蘭協約・日蘭和親条約の締結と、少なくとも長崎・出島にとっては大きな転換期であった。

繰り返し述べてきたように「萬記帳」はオランダ通詞会所の守備範囲を記したもので、日英和親条約批准や日蘭外交交渉などの記載はない。それでも外国艦船の出入り、滞船中の出来事、海軍伝習関係の諸記事は、安政二年の外交に関する基本史料であり、さらに、『安政二年萬記帳』掲載の附属史料「仏人応接書」や、解説論文に引用された「襍書《ざっしょ》」「横文和解」等と合わせることによって一層史料的価値が高まる。

擱筆にあたり、「萬記帳」の中から興味深い事柄をいくつか指摘して結びにかえたい。

一つは、情報伝達（廻文・廻状・廻章）の仕組みである。例えば五月晦日条に「御代官所より御廻文を以て去寅十二月渡ゟ当夘四月渡迄拝借米請取高内訳帳例之通相調来月五日迄之内可被差出候旨御掛合之段、唐方ゟ廻文継来候ニ付即刻附ケ札を以乙名方江小使豊次郎を以継く」とあるが、拝借米の場合、唐方から廻文が来て（出島）乙名へ廻したことが記されている。また四月十四日の勘定方・普請役の諸場所引継に関する廻状は、乙名方から来て俵物方へ継いだと本文にあることから、次の順序で廻った可能性がある。

・御救銀会所請払役→長崎会所役人→出嶋乙名→紅毛年番通詞→俵物方掛→米蔵預り→御国籾米方掛乙名→同会

所役人→新地取締掛→新地頭人→唐人屋敷乙名・組頭→唐年番通事

一方、四月二十七日の廻章を次に記すが、これは本文に長崎会所へ継ぐとあるだけで順達ルートは不明。

天気次第明廿六日於南瀬崎御蔵所刻限五ツ時御扶持米相渡候、此廻状早々順達留ゟ可被相返候、以上

四月廿五日　　　御代官　御役所

長崎会所役人中　紅毛通詞年番中

唐通詞年番中　異国通詞中

確認を要する廻状は、「順達留ゟ可被相返候」という仕組みになっており、それぞれの役所・機関でも「御書出帳」や「諸廻章帳」といった文書に写されて保存されていた。「萬記帳」は、こうした今日流行りの情報伝達システムの研究にも十分な史料を提供できるだろう。ついでに、オランダ通詞以外から登用された「異国通詞」も未開拓の分野である。

二つには、通詞会所の記録であるから当然といえば当然だが、オランダ通詞の個人情報が満載である。すでに述べた品川藤兵衛の大通詞昇格と荒木熊八の年番小通詞就任、中山兵馬が作三郎に、楢林栄七郎が栄左衛門に、猪俣傳之助が宗七郎に改名したこと、また、病気の本木昌造(10)が江戸から帰る代わりに当面楢林量一郎が派遣されるようになったこと等々枚挙に暇がない。

さらに、各通詞が受け持った加役・諸掛がすべて記載されており、秘密の業務を除いて安政二年におけるオランダ通詞個人の職務内容の大半が判明するのではないか。

それにしても「家学修行」「月並家業集会」「家学御試」といった記事の多さが目につく。オランダ通詞の人材不足・学力低下については、かなり深刻な状況にあったようだ。オランダ語教育の面でもドンケル＝クルチウスの献

身的とも言える働きが「萬記帳」に「於かひたん部屋家学修行有之」など数多く記されている。あえて乱暴に書かせてもらえば、日蘭交渉に携わった本木昌造・品川藤兵衛、ドンケル＝クルチウスの書簡和解を数多く担当した楢林栄左衛門・荒木熊八あたりは安政二年当時一流の実力を備えた通詞として異論はないとして、これに加えファン＝デン＝ブルックの伝習に名前が挙がった西慶太郎・塩谷種三郎、海軍伝習の通訳を勤めた西吉十郎・横山又之丞・三嶋末太郎・西冨太、さらに江戸詰・浦賀詰・下田詰・箱館詰通詞として赴任または指名された楢林量一郎・立石得十郎・中山作三郎・猪俣宗七郎・名村常之助・田中三四郎・品川藤十郎・北村元七郎も一定レベルに達した通詞と思われる。これに通詞目付・大通詞クラスも実力を備えているとして他に数名を加えても、五六名（六月にトンキン・シャム・モウル通詞の四名がオランダ通詞となり、六〇名となる）のオランダ通詞のうち二十数名が実力を持った通詞ということになろうが、この程度では浦賀・下田・箱館への通詞派遣、頻繁な外国船の入港、外交交渉といった時代の要請にとても応じきれなかったのである。

なお、ペリーとの交渉で通訳を勤めた森山栄之助は、幕臣に取り立てられて普請役となり多吉郎を名乗ったことが「萬記帳」に見え、この年日米外交文書の処理問題で入牢した堀達之助の名も散見していることを付け加えておく。

三つには、福岡・佐賀・薩摩・熊本・大村などの諸藩士・藩医の動向である。前年行われた海軍伝習が、この年六月にヘデー号艦長として再来日したファビウスによって再開され、ヘデー号出航後は観光丸（スンビン号）を練習艦として継続されたことはすでに述べた。この間、多くの藩士・藩関係者が奉行所の許可を得て出島に出入りしたが、その書付が必ず通詞会所に通達された。そのため「萬記帳」の各藩関係者の名簿には、これまで知られていない人物の記載がないか検討を要する。松江藩などは新史料ではないか。

ところで、商館医ファン＝デン＝ブルックの伝習はオランダ軍艦が入港していない時期にも続けられ、テレカラーフ（電信）、蒸気機関、フレットモーレン（圧延機）、反射炉などの科学技術教育が効果を上げていった。彼に学んだ各藩の藩士は多いが、やはり藩医の出島出入りが目立つ。佐賀藩の楢林蒼寿、福岡藩の岡正節・河野禎造、大村藩の尾本孝同らが特に多く、薩摩の相良靖洲、長州の松嶋瑞益もいる。彼ら藩医が学んだのは、医学の分野もあっただろうが、むしろ科学技術分野の習得を国元では期待したかもしれない。こうした藩関係の個々の事例については、それぞれの地域史・洋学史に先達の研究があるだろうから、今後『安政二年萬記帳』の刊行を機会として、さらに連携をはかっていきたいと考えている。

注

（1）後掲のフォス美弥子文献以外に、主として以下の文献を参照した。
中西道子「ヤン・ヘンドリック・ドンケル・クルティウス　その一・その二」『日蘭学会会誌』二三号・二四号、一九八七・一九八八年。

藤本レイ「商館長ドンケル・クルチウスの研究」『日蘭学会会誌』二一号、一九八六年。

藤井哲博『長崎海軍伝習所』中公新書、一九九一年。

海舟全集刊行会『海軍歴史』改造社、昭和三年。
（2）「萬記帳」は長崎片淵の郷土史家福田忠昭氏旧蔵資料で、入手の経緯等については『オランダ通詞会所記録　安政二年萬記帳』（県立長崎図書館郷土史料叢書一、二〇〇一年）に記してある。詳しくは同書を参照されたい。また、「萬記帳」を含め、以下、文中に引用した文書史料は、図も含め、特に注記のない限り、すべて長崎歴史文化博物館蔵である。
（3）新人物往来社、一九九二年。
（4）思文閣出版、二〇〇〇年。
（5）藤家文書一紙物を県立長崎図書館で整理した際、この史料が担当者の目に付き、「海軍伝習方書類、書簡其外」（藤文庫16－13）として目録に掲載された。
（6）注（4）に所収。
（7）「J・K・ファン＝デン＝ブルックの遺文」有坂隆道編『日本洋学史の研究Ⅸ』創元社、一九八九年。

「ファン＝デン＝ブルックの伝習」有坂隆道編『日本洋学史の研究Ⅹ』創元社、一九九一年。

「ファン＝デン＝ブルック悶着事件」有坂隆道・浅井充晶編『論集日本の洋学Ⅲ』清文堂出版、一九九五年。

（8）『安政二年萬記帳』には、同書編纂委員・執筆委員による解説が収録されている。
鳥井裕美子「安政二年の対外交渉と通詞」。

岩崎義則「安政二年の対仏外交史料の紹介――県立長崎図書館所蔵「雑書」所収の和解について――」。

織田毅「幕末オランダ通詞の諸様相」。

石尾和貴「安政二年『萬記帳』に登場する人名の数量的分析」。

本馬貞夫「ドンケル＝クルチウスと安政二年萬記帳」。

（9）注（4）に所収。

（10）幕末期、特にペリー来航後は、森山栄之助・堀達之助など長崎の有為な人材が幕府に呼ばれ、通訳・翻訳業務に当たっていた。本木昌造もその一人で、下田における日露和親条約締結交渉に関与したらしい。その後昌造は病気を理由に帰郷したが、長崎着の翌日にはドンケル＝クルチウスを訪ねるなど「病気の気配は全く感じられない」（注（8）鳥井論文）とある。もしかしたら仮病だったのかもしれない。昌造がこの後果たした役割、活版印刷技術・鉛活字鋳造等の業績を考えれば、長崎にとって幸いであった。

付記

「萬記帳」翻刻のための編纂委員会において、編纂委員・執筆委員による研究発表が行われたが、その成果に本節は導かれている。各委員に謝意を表したい。

第二節　トーマス・ブレーク・グラバー考

一　グラバーの虚像と実像

歴史的著名人には史料の裏付けのないまま虚像がつきまとうことが多い。長崎の女性貿易商として著名な大浦お慶は、一晩で婿を追い出したなどと面白おかしく語られてきた。これは講談師の作り話であったが[1]、世間一般では、史料・根拠のない虚像がまことしやかに流布したのである。

幕末の冒険商人トーマス・ブレーク・グラバーにも同様の虚像がありそうだ。しかし、彼の場合は好意的なものがほとんどである。その理由は、グラバーが幕末から明治にかけて長崎居留地のリーダーとして活躍し、更に岩崎弥太郎・弥之助兄弟との親交から三菱の顧問的存在だったことによるものだろう。また彼の息子冨三郎が、グラバー商会倒産後の業務・役割を引き継いだホーム・リンガー商会の重役として長崎経済界で活動したことも大きい。冨三郎については後ほど触れる機会を持ちたい。

それでは虚像・実像が入り交じったグラバー像を整理してみよう[2]。

1　幕末の混乱のなかで薩長とイギリスの接近を謀り、徳川政権を倒した維新の功労者

2　幕府や諸藩に大量の武器、艦船を売り込んだ兵器商人

3　小菅ソロバンドックの建設や、高島炭坑の開発に尽力した日本近代化の恩人

図3-2-1　グラバー
（長崎歴史文化博物館蔵）

4　妻ツルなど日本人女性とのロマンスや、港を見晴らす丘に建つグラバー邸の雰囲気が〝マダム・バタフライ〟に結び付けられ、長崎観光に貢献する異人さん

1〜4のうち、2と3については史料的に裏付けられている。ただ2については単に儲け主義だけの商人だったのか、特に幕府との武器取引に関して政治的判断が存在したのか、検討する余地を残している。

1の主たる根拠は、2とも関連するが、旧長州藩の歴史編纂及び伊藤博文・井上馨の事績資料収集の目的でグラバーらから聞き取りをした「デ・ビー・グラバ氏談話速記」[3]であった。「馬鹿なグラバ自分の歴史は一つもありませぬ」で始まるこの対談は、明治維新の評価が定着し、薩長藩閥政府が権威を誇っていた時代の聞き取りであり、グラバーの自己弁護が含まれていることは疑いないことから、これを根拠とした1のグラバー像は前提としないほうが賢明ではないか。「自分の一番役に立ったということは、ハーリー・ハークスと、それから薩長の間に立って、壁を毀はしたのが、自分のした一番の手柄であった」、「自分は終始昔から思って居った、徳川政府の叛逆人の中でハ、自分が最も大きな叛逆人だと思った」というグラバーの回顧をそのまま受け入れることはできない。

ただし、事実を積み上げた結果としてグラバーが徳川幕府崩壊に関与したとの結論にいたる可能性は留保しておく。少なくとも、伊藤・井上の申請でグラバーが勲二等旭日重光賞を受けた明治四十一年（一九〇八）頃には、維新の功労者という事績が定着していた。

4はグラバーの史的評価には全く関係しない。『マダム・バタフライ』の著者ジョン・ルーサー・ロングが、この短編を執筆するに当たってピエール・ロチの『マダム・クリサンテーム』（お菊さん）を参考にしたのは明らかである。蝶々夫人に特定のモデルがいたとしても、グラバー夫人のツルや冨三郎の実母といわれる加賀マキは、そうではないと思われる。おそらくロングは、長崎の姉から居留地の外国人と日本娘の色々なケースを聞き、そうしたことの上に架空の物語として『マダム・バタフライ』を著したと考えられる。

ロングの小説だけならグラバー（邸）と『マダム・バタフライ』が結び付くことはなかった。プッチーニによってオペラ化され一九〇四年のミラノ初演以来、歌劇『マダム・バタフライ』は世界中に知られるようになった。蝶々夫人が歌うアリア〝ある晴れた日に〟が似合う舞台を人々が求めたとき、それがグラバー邸に収斂されたのは当然の帰着であった。

長崎居留地のリーダーであったグラバーが長崎港を見晴らす丘の上に建てた、このわが国最古の洋風建築には、そうした想像を容易にする歴史とロマンが内包されていたのである。われわれは、4を観光とロマンの世界のこととして活用し、楽しめばよい。

以上述べてきたように、グラバーを歴史的にきちんと位置付けるためには2、3の視点から掘り下げていく必要がある。これまでのグラバー研究は、そうした探求がなされてきたであろうか。

二　グラバー研究前史

グラバー関連を歴史研究の対象とした最初の論考は、長崎高等商業学校教授武藤長蔵が大正十年（一九二一）から十一年にかけて発表した「本邦鉄道史上第一頁に記載さるべき事績について」(4)、「鉄道に関する智識の我が国に伝わ

り し門戸としての長崎」(5)である。その要旨は次のとおり。
•幕末、長崎海岸通りで汽車（陸蒸気）が走った。それは一八六五年七月二十二日付の「鉄道タイムス」（イギリス）に掲載されている。当時の居留地在留の外国人や関係日本人の記憶によれば、走行場所は大浦海岸通りで、鉄道を敷設したのはグラバー商会であった。
•機関車の名はアイアン・デューク号といい、走行時期は慶応元年（一八六五）の春から夏にかけてと推測される。グラバーの死後わずか十年、グラバー商会倒産後五十年にして、わが国で最初に走った蒸気機関車アイアン・デューク号は人々の記憶から遠くなっていた。

少し脇道にそれるが、アイアン・デューク号走行日を特定できると思われる史料を見出したので紹介しておく。元治二年（一八六五）（この年四月慶応改元）三月十七日、唐津の城下から長崎見物に訪れた八、九人のグループがあった。その中の一人平松儀右衛門（唐津材木町年寄）の日記によれば、この日の朝彼杵を発った一行は海路時津に着き、午後長崎に入った。早速同郷の医師を築町に訪ねると、今日は「陸蒸気船」が走るからと、見物を勧められた。以下、平松儀右衛門「道中日記」(6)からアイアン・デューク号走行の記事である。

けふハ大浦の異国館の前、近来新ニ築出したる平地ニて陸蒸気船を走らするの噂高く、此土地の人もいまだ見たる人なし。〔中略〕
又といふ事もむつかしきの噂なれバ、是ゟ其侭御一見の思ひならバ直に案内せんとの事故、夫に同道して道太郎殿の案内に随ひ旅装束の侭大浦さして参りけれバ、往来筋いづれの町も見事にて、陸蒸気舟の見物押しわけせりわけ往来する中を歩行大浦へたどり右の仕かけを見るに、平地に鉄の棒三寸廻り位の長サ三百間も可有之だけ続き物、高ミ低ミのなきやう平均のためか板にすけ物して一間置位ニ助ケたり、其上の鉄の棒に船の車に食合せありしと見へ、其上を蒸気のためニ長サ一間半位巾半間余の船に、異国人五、六人帯刀の役人二、三人、背と背を合せ乗居て蒸気の勢にて走る事人足の及所ニあらず、尤山坂を走るといふにはなりがたし、平地の上にも平均の仕かけなくては走りがたし。二、三度往来するを見て、異館そこそこ荒まし一見して〔後略〕

元治二年三月十七日は一八六五年四月十二日、「此土地の人もいまだ見たる人なし」とあることから、この日が走行初日の可能性は高い。ある日本人の記憶では、汽車の走行は一日だけだったともいう。

この史料によって、線路の敷設やその上を走る汽車の様子をリアルに窺い知ることができる。蒸気船の知識はあったものの蒸気機関車を全く知らなかった儀右衛門は「陸蒸気船」と表記し、引っ張る客車には「異国人五、六人帯刀の役人二、三人」が「背と背を合せ」て乗り合わせていたと書いている。情況が目に浮かぶような記述ではないか。

図3-2-2　W. J. オールト
（長崎市グラバー園蔵）

何故グラバーはアイアン・デューク号を上海からわざわざ運んだのだろうか。長崎の人々に陸蒸気を見せ、グラバー商会の力を誇示するためだったとしたら、スコットランド出身の冒険商人の範疇から多少外れる部分があるようだ。

脇道のついでに述べると、グラバーと同時期の冒険商人にウイリアム・ジョン・オールトがいる。製茶輸出、武器・艦船の売り込みなど長崎居留地ではグラバー商会に次ぐ位置を占めていたが、一八六八年九月に活動の拠点を大阪に移し、さらに横浜へも進出した。

夫人はエリザベス・アールといい、イギリスへ一時帰国の際、船上で知り合い、オーストラリアのアデレードで結婚式を挙げた。花嫁を連れて長崎に帰ったオールトは、翌年南山手一四番地に新居を建てた。いわゆるオールト邸である。バンガロー形式のグラバー邸が来客の接待や宿泊を目的として造られたのに対し、オールト邸はプライバシー尊重の設計となっている。ほとんど同じ貿易活動をしたイギリス商人でありながら、二人は非常に対照的で、オールトはかなりの財産を築いた後、健康上の理由もあってイギリスに帰った。

グラバーよりもオールトの方が当時の冒険商人の典型と思われるが、その研究はほとんどなされていない[7]。

三　これまでのグラバー研究

トーマス・グラバー及びグラバー商会が本格的に研究されるようになったのは第二次大戦後のことである。以下その主な著作を挙げ、コメントをそえる中で若干の批判も述べるが、それはイギリスのジャーデン・マセソン商会文書に代表されるように利用史料が広がった今日からのものであることをあらかじめお断りしておきたい。

さて、グラバーを正面からとらえた研究は、昭和二十九年（一九五四）秋、西日本史学会で発表された「冒険商人としてのトマス・グラバー」が最初という。発表者林重太氏がまとめた「Thomas Blake Glover 小伝[8]」は、一九世紀後半のイギリスの植民地主義と産業資本のアジア進出、その先鋒としてのグラバー商会の役割を世界史的視野から論じた、グラバー研究の先駆的論考である。

この論考は前項で触れた「デ・ビー・グラバ氏談話速記」（以下「グラバー談話」と表記）を基に薩摩・長州両藩とイギリスの同盟に果たしたグラバーの役割を論じ、薩長英の同盟が、幕仏の同盟や都市民と農民の同盟を押さえてミカドを頂点とする絶対主義政府と統一国家の成立に成功したと結ぶその論旨は、当時の日本史研究の影響もあるが、切り口が爽快で今日なお新鮮なインパクトを持つ。ただ使用史料が限定されており、多少の訂正を必要とする箇所もあることから、氏には是非続編の執筆をお願いしたいと思う。

長崎におけるグラバー研究の中心をなしたのは菱谷武平・重藤威夫の両氏であった。前者の「雅羅馬考」(9)、「長崎における冒険商人の性格――雅羅馬とグラバー邸――」(10)は、県立長崎図書館や長崎市立博物館の長崎奉行所文書や、編纂された幕末外交史料、長崎居留地に関する諸資料を使い、冒険商人グラバーとグラバー邸について、総合的に研究した論考である。これらの論文が発表された昭和三十二～三十六年は、戦時中に倉場富三郎から買い取ったグラバー邸が三菱から長崎市に寄贈され、蝶々夫人縁の異国情緒にあふれた観光名所として売り出されていた頃で、著者はグラバーの「正しい位置付けが日本史の上になされ」る「第一義的」なものを明らかにすべくグラバーを論じたが、意に反して正しい位置付けなきまま、グラバー邸の観光地化は急速に進んでいった。

菱谷論文の優れた点は、長崎居留地の形成と冒険商人としてのグラバーの実態を史料的に明らかにし、日本の近代化に果たしたグラバーの業績を小菅ソロバンドックや高島炭坑等を事例に取り上げたことである。それでも今日から見れば、ジャーディン・マセソン商会とグラバーの関係に言及していないなどグラバーの経済活動全体を究明したとは言いがたい。ジャーディン・マセソン商会文書（以下J・M文書と表記）等イギリス側の史料未見の段階におけるグラバー研究ということになる。

もう一つ指摘したいことは、グラバーの功績を世に知らしめたいという著者個人の希望が強く、最初に述べた1～4のうち、1の明治維新の功労者としてのグラバーを評価する立場から「グラバー談話」を全面的に採用している点である。そのため2の兵器商人グラバーの追跡が諸藩との取引に集中し、幕府とのアームストロング砲売買契約に関する記述がない。幕府の求めで輸入されたアームストロング砲の動向はグラバーの史的評価を決定付ける事柄であり、これについては次項で見通しをつけ、別稿で詳述したい。

重藤威夫『長崎居留地と外国商人』(11)、『長崎居留地』(12)は経済史学の立場からの居留地貿易研究書であり、当然その中に最大の貿易商人グラバーの探究も含まれている。特に小菅ソロバンドックに関する研究を通して、グラバーが日本の近代化に貢献したことを明らかにしたことや、幕末～明治初年の訴訟記録を通して見た居留地商人と日本人商人の取引関係の実証的研究は高く評価される。倒幕・維新の功労者という点は、菱谷論文と同様「グラバー談話」を基本史料に、グラバーは国士型の人物であり、たんに儲け主義だけの「死の商人」と呼ぶのは適当でないと断じた。幕府とのアームストロング砲取引には当然のことながら触れていない。

菱谷・重藤の両氏の研究をあえてグラバー像1～4に沿ってまとめると、1の維新の功労者については肯定、2の兵器商人の追求は不十分、3の近代化への貢献を実証、4の〝マダム・バタフライ〟との関係は明確に否定、ということになるだろう。これらが昭和四十五年頃のグラバー研究の到達点であった。

最近二十年、グラバー研究は飛躍的に発展した。その理由は何度も述べたようにＪ・Ｍ文書などイギリスに保存されてきた史料その他海外の諸史料の利用が進んだためである。

パスク・スミス “Western barbarians in Japan and Formosa in Tokugawa days, 1603-1868”(13) 及び、山口和雄『幕末貿易史』(14)、石井孝『幕末貿易史の研究』(15) 等に依存していた段階から、当時の経営帳簿類やグラバー書簡等の史料を解明する新たな段階に入った結果、二人の日本人研究者によって優れた論考が生み出された。

一つは杉山伸也『明治維新とイギリス商人――トマス・グラバーの生涯――』(16)、いま一つは石井寛治『近代日本とイギリス資本――ジャーディン・マセソン商会を中心に――』(17)である。

前者は昭和五十年代に発表したグラバー商会関係諸論文、とくに「グラバー商会（一）――幕末期の長崎貿易と外商――」「グラバー商会（二）――明治初期における外商の活動――」という二つの論文をベースに書き下ろした新書で、Ｊ・Ｍ文書の他イギリス国立公文書館所蔵の外務省文書・サトウ文書、アームストロング社資料など広範囲に海外資料を使ってグラバーの実像に迫った労作である。

一八六一年、マッケンジーのあとジャーディン・マセソン商会の長崎における代理店を引き継いだグラバーは、香港や上海の同商会との間に数多くの書簡をやりとりしていた。また、同商会からの融資にかなりの部分を依存した商社経営であったことから、往復書簡類や会計帳簿類を分析することによって、グラバーの活動及びグラバー商会の経営実態が明らかになった。

長崎で最も規模の大きい製茶工場を所有していたグラバー商会だったが、思うように利益は上がらず、専ら武器・艦船の売り込みに経営を依存していた。それも明治維新を境に落ち込んでいき、その上諸藩からの支払いも滞りがちになっていたとき、グラバーは冒険商人から企業家に転身すべく手を打っていた。小菅ソロバンドックの建設と高島炭坑の開発である。

グラバーの見通しではこれらの経営によって商会の運営は順調に推移するはずであったが、見通しは甘かった。当時グラバー商会はかなりの資産・経営権を所有していたものの、当座を乗り切る流動性に欠けており、一八七〇年五月、約束手形三万五〇〇〇ドルの決済ができず、破産を申し立てられた。債権者会議に出された負債は約六八万ドル、資産は約五九万ドルだったという。ジャーディン・マセソン商会はグラバーの経営姿勢を危惧して債権の回収を急いでいた。破産が宣告されたのは同年八月二十二日、グラバー商会の設立は一八六一年五月であったから、その活動期間は十年間にすぎない。

グラバー商会の経営実態については、『近代日本とイギリス資本』にも詳しく記されている。こちらはジャーディン・マセソン商会という東アジアにおける巨大資本の究明を目的としたものであったが、長崎、後には大坂・兵庫での代理店契約を結んでいたグラバー商会にも及ぶ論考である。グラバー（商会）の活動がイギリス・中国・日本にまたがっていたことを考えると、この著書の意義は大きい。ケンブリッジ大学にあるＪ・Ｍ文書を地道に筆写された杉山・石井両氏の労苦に敬意を表したい。

これら両書が共通に指摘するのは、グラバー商会が同じ時期に薩摩・長州とも幕府とも武器取引を行っていたということである。つまり、幕府が注文したアームストロング砲のことだが、維新の功労者という観点からグラバーを研究しても、こうしたことは見えてこない。

この項の終わりに外国人研究者による著作を二つ紹介したい。まず、長崎在住のカナダ人ブライアン・バークガフニ氏の『花と霜――グラバー家の人々――』(18)は、サブタイトルにあるようにグラバーとその妻・息子・娘、更に出身地スコットランドの両親・兄弟などグラバー家の人々を詳細に調査したもので、とくに息子の倉場富三郎に関する記述は秀逸である。長崎居留地発行の英字新聞「ナガサキシッピングリスト・アンド・アドバタイザー」「ナガサキ・エクスプレス」等を誰よりもよく読み込み、「グラバー写真帳」の人物特定については最も信憑性が高い。

最近、グラバーと故郷を同じくするアレキサンダー・マッケイ氏の著作『トーマス・グラバー伝』(19)の翻訳が出版された。氏はグラバーがスコットランド北東部で全く無名だったことを残念に思い、伝記の執筆に取りかかったという。グラバーが少年時代を過ごし、両親・兄弟が居住していたアバディーンは、漁業・造船業が盛んな地方中核都市である。グラバー商会からの発注によって、この地の造船所で建造された艦船ホウショウマル、ジョウショウマル、ウンヨウマルは、維新後海軍の主力艦として活躍した鳳翔艦、龍驤艦、雲揚艦のことで、龍驤艦は明治天皇の御召艦でもあった。

こうした彼の故郷における商社活動は地元紙「アバディーン・ジャーナル」や「アバディーン・ヘラルド」に記載があり、その意味でもイギリスで出版されたグラバー伝は興味深い。

四　これからのグラバー研究の課題

風聞・伝説の類を基にしたグラバー偉人伝や物語は多いが、それらはグラバー像1を無批判に全面的に肯定し、希望や思惑から4を膨らませたもので、フィクションが大部分である。そうした著作の具体例は一々挙げない。

現在までのところ蒐集史料の範囲や信憑性から判断して『明治維新とイギリス商人』が最も到達度の高いグラバー研究書と思われる。著者はこれを執筆するに際して、資料調査のため来崎し、多くの参考文献を巻末に附しているが、十分には吟味・選択されていない。また県立長崎図書館の奉行所文書調査も不十分なところがある。

例えば、倉場富三郎について「終戦直後の一九四五（昭和二〇）年八月二六日心労のため、長崎市松ガ枝町の自宅でピストル自殺をはかった」とあるが、事実は縊死である。富三郎については『花と霜』を参照すべきであった。

もう一つ、グラバーの武器取引について「具体的な記述は、そう多くはない」と述べ、諸藩の関係史料を、いくつか引用している。ところが、長崎奉行所文書の中には「慶応三年諸家買入物伺御附札[20]」など運上所を通した分の諸藩の武器取引史料があり、そのうちグラバー商会の取引は最も多くが記されている。さらに「アルムストロング砲一件」等三点の簿冊史料[21]についても、分析が十分ではないようだ。薩摩・長州など諸藩との兵器取引と同じ時期に幕府とも取引を行っていたというこの事実が、グラバーの史的評価を大きく左右することはすでに述べたとおりである。長崎奉行所文書の中でも、特にアームストロング砲関係史料については、もっと精査する必要があろう。

グラバー、幕府、アームストロング砲について概略と見通しを述べておく。

- 大砲は大坂安治川口・木津川口の台場用として大坂町奉行から長崎奉行あてに要請があった。
- 当初は長崎製鉄所への製造依頼だったが製鉄所側は対応できず、長崎奉行は一八六五年四月、グラバー商会に注文を出した。それも最新鋭のアームストロング砲である。

• 注文の内訳は七〇ポンド先込砲一五門、一二ポンド元込砲一〇門、九ポンド元込砲五門、六ポンド元込砲五門(砲弾とも)。

• 注文時の大砲・砲弾代価は一八万三八四七ドルであったが、さらに付属品が必要とアームストロング社から言われ、一八六六年二月に一三万ドル余を追加請求している。この時のグラバーには、アームストロング砲に関する知識はほとんどなかったといってよい。

• 注文時グラバーは、前渡金六万ドルを要求。大坂町奉行・長崎奉行は苦労して四万ドルを調達して渡し、残り二万ドルは老中の指示により長崎運上所税銀からの繰替で二万ドルを捻出した。

• 一八六七年一月、レディアリス号で一二ポンド砲二門、六ポンド砲一門が弾薬・付属品とともに到着。

• 一八六七年四月、カライソライト号で六ポンド砲四門など着。

• 一八六七年八月、チャンティキリール号で七〇ポンド砲六門、一二ポンド砲三門、九ポンド砲五門が弾薬・付属品とともに着。

• 到着した大砲・弾薬・付属品の総額は一〇万八二三九ドル。これに運賃・保険料を合わせて、一三万四八九七ドル余、前渡し六万ドルを差し引いて、七万四八九七ドルがグラバー商会に支払うべき金額であった。

• 長崎奉行所では一八六七年十一月までに残金を皆済。これにはグラバー商会から取り立てる税も含まれていた。

• 一八六八年一月二十四日(慶応三年十二月三十日)付の史料によれば、奉行所では蒸気船カガノカミ号を借り上げて、二一門の大砲その他を搬送する手筈を整えたが、鳥羽伏見の敗戦の報せに接した奉行河津伊豆守は、一八六八年二月七日(慶応四年一月十四日)に長崎を脱出。アームストロング砲は、長崎を掌握した長崎会議所の手に入った。

この間グラバーは、一八六七年四月下旬から翌年一月下旬まで長崎を離れていた。故郷スコットランドでの艦船建造の交渉や高島炭坑開発のための資金調達が目的だったという。問題は、カライソライト号到着までは把握していたグラバーが六万ドルの前渡しにもかかわらず大砲・弾薬類を引き渡していないこと、また、旅立ちに当たって後事を託したマッケンジーやハリソンにどのような指示を与えていたかである。全額納金完了が引き渡しの条件だったのだろうか。それとも最初から幕府への引き渡しを先送りする意図があったのだろうか。このあたり、アームストロング砲関係史料から判明するかどうか不明だが、いま暫く精読してみたい。

次に、維新政府の手に入ったアームストロング砲の動向についても、一八六八年二月に江戸へ搬送された六ポンド砲四門、一二ポンド砲一門、砲丸四三三箱、大車三箱が上野の彰義隊攻撃に使用された可能性があり、これも課題としておく。

注

(1) 本馬恭子『大浦慶女伝ノート』私家版、一九九〇年。
(2) 「激動の幕末　冒険商人トーマス・グラバー」『図説長崎県の歴史』河出書房、一九九六年。
(3) 原資料は毛利文庫蔵、紙焼き写真版は長崎歴史文化博物館蔵。
(4) 武藤長蔵が門司市青年会館において行った鉄道五十年祝典記念講演会の講演をまとめたもの。
(5) 長崎高等商業学校研究館年報『商業と経済』第二冊所収。
(6) 九州大学附属図書館六本松分館蔵、檜垣文庫。
(7) 注(1)にエリザベス・オールトの『回想録』を参考とした多少の記述がある。
(8) 長崎造船短期大学『研究報告』第1号、一九六一年。
(9) 長崎大学学芸学部『社会科学論叢』8号、一九五七年、一九七一年補説。

(10) 長崎大学学芸学部『社会科学論叢』11号、一九六一年、注（9）とともに菱谷武平『長崎外国人居留地の研究』（九州大学出版会、一九八八年）に所収。
(11) 風間書房、一九六七年。
(12) 講談社現代新書、一九六八年。
(13) M. Paske-Smith, J. L. Thompson & co. (retail) ltd., 1930.
(14) 中央公論社、昭和十八年。
(15) 日本評論社、昭和十九年。
(16) 岩波新書、一九九三年。
(17) 東京大学出版会、一九八四年。
(18) 平幸雪訳、長崎文献社、一九八九年。
(19) 平岡緑訳、中央公論社、一九九七年。
(20) 長崎歴史文化博物館蔵。
(21) 「慶応元年大坂御誂アルムストロング御用留」、「慶応三年アルムストロング砲一件」、「明治元辰年正月改アルムストロング砲其外附属品有高并船積差引帳」（長崎歴史文化博物館蔵）。

付記

正直に書く。本節執筆の動機はやや不純で、グラバー本論よりも偏に平松儀右衛門の「道中日記」に見出した「蒸気機関車の大浦海岸通り走行」記事を紹介したいがためであった。本節の初出は『ながさき経済』（一九九七年八月号）に掲載したものであるが、その抜刷ができた頃、県立長崎図書館郷土課に資料調査にお出でになった内藤初穂・吉村昭両先生にこの抜刷を差し上げたところ、内藤先生からグラバーが走らせた蒸気機関車の件は明確な史料がないため東京の鉄道史関係者の間では疑われていたがこれではっきりした、と評価していただいた。その際、グラバーに関する資料を書き留めた大学ノートを見せられ、これからグラバーを研究してもとても追っつかないと、これ幸いに撤退して、専ら「内藤グラバー研究」が早く仕上がるよう催促し、吉村先生にも申し上げたりした。十年以上の歳月を費やし、ようやく『明治建国の洋商　トーマス・B・グラバー始末』（アテネ書房）が上梓されたのは平成十三年（二〇〇一）のことであった。現在段階でのグラバー研究の集大成ともいうべき書籍であると思う。出版を記念して内藤・吉村両先生とNBCで鼎談をしたことも、よき思い出である。最後に、平成十八年七月三十一日、鬼籍に入られた吉村昭先生のご冥福をお祈りする。

第三節　土木局お雇い蘭人デ＝レーケと出島
——中島川変流工事の顛末——

はじめに

明治二十（一八八七）～二十三年にかけて行われた中島川変流工事は、出島の内側（江戸町側）を約一五～二〇メートルの幅で削り、鎖国時代の扇形の原型から大きく変貌させた。その工事の内容については菱谷武平「中島川変流工事の始末について」[1]に詳しい。

中島川変流工事は、明治十年から同二十六年に実施された長崎港の第一期港湾改良工事の中核をなすもので、年々膨大な土砂を上流から押し流して長崎港内に堆積させる中島川の河口を、汽船の航行に影響のない港の奥、即ち出島の北西側に変更させる大工事であった。第一期港湾改良工事の基本計画を立案したのが、内務省土木局お雇いのオランダ人技術者ヨハネス・デ＝レーケである。彼は明治六年に来日して以来、二十九年にわたって日本各地の河川・港湾工事を技術指導し、特に治水にあたっては上流の土砂流出を防止することに主眼をおいた。デ＝レーケの指導した近代土木技術こそ、以後わが国の河川制御の基本をなすもので、今日でも高く評価されている。

淀川はじめ全国の河川改修に関与したデ＝レーケであったが、中でも木曽・長良・揖斐の「木曽三川」の大改修を直接指導した功績に対して、河川公園には等身大の銅像が建てられ、その台座には「治水の恩人デ＝レーケ」[2]と刻まれている。

本節では「土木技術者の一つの理想像を見るような」(3)と評されるお雇いオランダ人デ＝レーケが立案した長崎港湾改良工事の概要と、どのような経緯で中島川変流工事が行われて出島の原型が失われたかを明らかにしていきたい。

一　デ＝レーケによる長崎港実況検分

明治十年八月、県令北島秀朝は土砂の堆積によって汽船の航行が阻害される長崎港の現状を憂い、内務省にその対処を依頼した。これを受けて同年十一月同省土木局は、お雇い工師デ＝レーケと、通訳として七等属楢林高之を派遣、長崎港の実況検分を実施した(4)。

翌十二月、デ＝レーケは「長崎港保存見込説明書」を、コレラに罹患して死去した北島県令の後任内海忠勝に提出したが、ここにはデ＝レーケの土木技術に対する基本的考えが表れている。即ち、港内に堆積した土砂の浚渫による現状改正とともに、上流からの土砂の埋没を防ぐ砂防対策の必要性を説き、さらに潮の干満による自浄能力を力説して、海水の「融通狭隘ナレバ港内ヲ掃除スルモ亦少シ」と長崎港の環境保存を訴えている。つまり、これ以上港内埋め立てを進めると、満ち潮のとき港湾に入る海水の絶対量が減り、したがって引き潮のとき港外へ排出される土砂の量も減少して堆積が進むというわけである。

デ＝レーケの意見書をもとに算出された総工事費は三〇万余円の多額に上った。

もう少し付け加えるとオランダ人デ＝レーケは、土砂流出の原因となる周囲の田圃をできるだけ買収するのが得策とか、スイスのように牧草を植えて土止め対策となし、その牧草を販売するといった実情に合わない意見も述べている。ヨーロッパ人の発想らしい。

明治十三年七月、長崎県は県令内海忠勝名で、内務卿松方正義・大蔵卿佐野常民あてに、「長崎港浚疏ノ義ニ付伺」を提出し、デ＝レーケの基本計画に基づく工事費一ヶ年三万円十年間の下渡しを申請した。対する内務省の回答は、同十五年一月二十一日付で明治十五年度より、一ヶ年金三万円あて向こう五ヶ年間給与する、砂防工事及び港内澪筋浚疏に着手すべしというものであった。

この内務省指令を受けて長崎県は、重大工事に付き質問・協議のため再度のデ＝レーケ出張を同省土木局に要請したところ、了承するが同人は本国に帰省中のため来着次第出張を取り計らう旨土木局長石井省一郎より回答があった。再度のデ＝レーケの出張は明治十五年九月のことである。

九月十二日午前、県令内海忠勝は県庁においてデ＝レーケと懇談、午後からは土砂流出の現況を一見するため、デ＝レーケに同行して日見道、矢の平川、新大工町等を視察した。出張を終えて帰京したデ＝レーケは、九月三十日付で石井土木局長に「長崎港之件」と題する意見書を提出、さらに同年十一月八日付で中島川河口の変更を含む長崎港改修の基本計画図を提出した。残念ながら図面は残っていないが、説明の文面からおよそのことは判読できる。これが第一期港湾改良工事の原案とみて間違いない。

この時点における中島川々筋の変更計画は、築町を掘鑿して江戸町と出島の間に放水路を設けるという、後に実行された工事とほぼ同じものと思われる。それは次のような記述があるからである。

内港ＨＨヲ直チニ堙埋セシメズ、以テ且ツ時々ノ浚渫ニ依テ低水以下低水サヲ保持セシメンガ為メ、余ハ巨多ノ土料ヲ流送スル航路ヲ出島ノ後背ニトス（計画図ヲ参照スベシ）、該工業ノ着手速ナレバ倍善良ナルベシ然ルトキハ出島ノ北西ニ方リ新河口ノ洲渚ニ発生スルアラン、故ニ此ノ所ニ現在スル波止場ヲ修理スル無益ナリトス、然シ此ノ洲渚ハ多少拡張スルモＨノ口ニ至ランニハ若干ノ歳月ヲ要スルニ、余ガ嚢ニ贈呈シタル書中

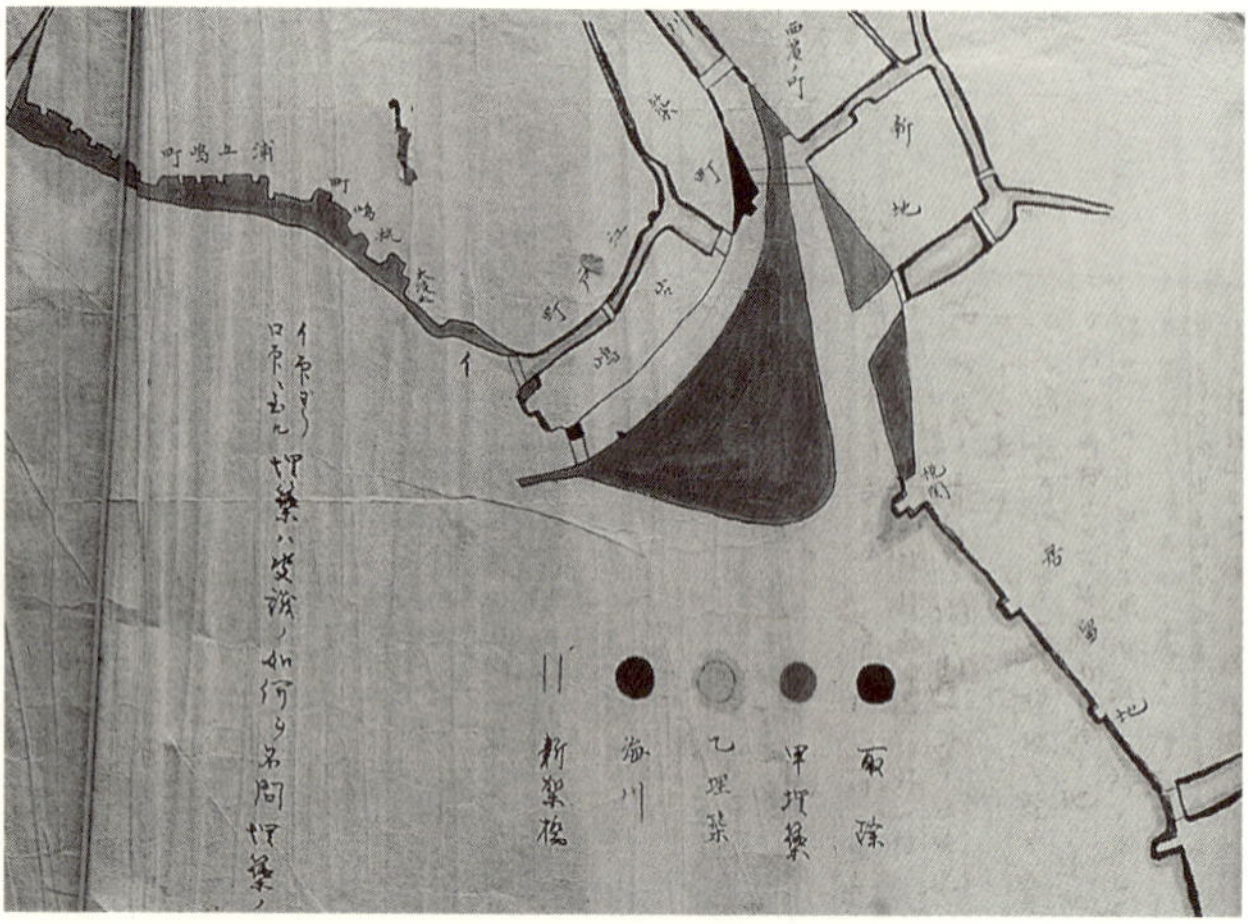

図3－3－1　デ＝レーケ修正案と思われる図面

ニ陳ブル土砂流沿ノ原因ヲ減少スベシ

この案に対して、石井局長は次のような意見をデ＝レーケに述べたようだ。「右図面上川水引方ニ付テ頗ル手重ニテ、特ニ出嶋ニ至リテハ在来ヲ損滅スルノ失費尠ナカラズ容易カラザルノ点アルヲ以テ冀クハ出嶋外ニ川水通シ度」[5]。

デ＝レーケは石井局長の要望を取り入れ、新たに起案した図面を明治十六年一月三日付で提出した。デ＝レーケは前図との違いを、川の水流が急なため「必適スルノ理ニ協ヒタリ」、「建家一軒耳ナリ、拙者ノ見込ミ此図ノ如クナラバ之ヲ施行センニ甚簡易ニシテ随テ失費モ又尠カラン」と報告している。

この図面も残っていないが、おそらく図3－3－1の図面と同じものであったろうと推測できる。運河を出島の外側に通して河口を出島の西側に設定し、前面には浚渫土による新たな三角形の埋立地を造成するという計画だったらしい。

これらの意見書と計画図は、明治十六年五月三十日付で石井土木局長から内海の後任の石田英吉県令あてに送付され、長崎県は「未曾有の大工事」計画書の検討をせまられることとなった。

二　中島川変流工事計画案の提示と長崎県の対応

デ＝レーケの示した長崎港改修工事計画は、次の三点を柱とする。

1　長崎港内に堆積した膨大な土砂の浚疏
2　港内に流れ込む土砂の防止
3　中島川変流工事

幕府時代の長崎には「浚方」なるものがあって、大川（中島川）などの河川や、出島・大波止をはじめとする海岸の「さらえ方」を、人足を雇い、平田船を使って行っていた(6)。維新後こうしたシステムはなくなり、幕末の居留地造成など海岸部の埋め立てが潮の干満にも影響して潮力による浚渫作用も弱まり、長崎港内の土砂堆積は年々すすんでいった。また、開港以来の人口増加による山林の開墾も土砂流出を増大させたらしい。そのため明治十年頃には、「大小船舶ノ来往ヲ妨ゲ不断外国人ノ苦情ノミナラズ大ニ当港ノ不便ヲ来シ候」(7)という状態に至っていた。

デ＝レーケは港内の浚疏と並行して、河川の砂防工事の重要性を説いたが、各所の工事を実施したとしても効果があらわれるまでには、かなりの年月を必要とする。そこで立案されたのが、港内に最も多くの土砂を流し込む中島川の川筋を変更する工事であった。1と2の工事についてては異論はない。しかし、この変流工事及び出島前面に新築地を造成するというデ＝レーケ提案の改修計画に対して、まず長崎県の役人たちが反対を唱えた。

明治十六年八月石田県令代理長崎県大書記官上村直則名で、庁議を尽くしたところ「運河新設湾形変更」については納得しがたいと「長崎港内浚疏方ニ付廳議廉書」を添えて内務卿山田顕義あてに上申した。上申書は言う。「河川ヲ注入スル港湾ニ在テハ多少堆積スルハ自然ノ勢ニ有之、依之考レバ新ニ運河ヲ設ケシ為土砂堆積ノ憂ヲ免レシムル能ワザルハ必然ニ有之、果シテ然ラバ土砂堆積ノ地ヲ換ルニ止リ往々浚疏ノ欠ベカラザル」ことが予想されるので、このまま起工はできない、内務省で卿・輔・土木局長以下「水理功熟ノ局員」が出席した会議が開かれれば、小官（上村）も出席して説明したい、と。

「廳議廉書」はデ＝レーケ提出の意見書に対して個々に賛意・反論を展開し、終わりに次のような文章で結んでいる。

今運河ヲ新設シテ俄然川内ノ運輸ヲ不便ニシ、尚永々浚疏ヲ要スルモノトセバ害ヲ千載ニ残スノ誇ヲ免レザルベシ、実ニ至重ノ場合也、果テ然リトセバ運河新設ヲ止メ五年間ニ十分ノ浚疏ヲ施シ、尚年々適応ノ浚疏法ヲ設ケ往々三、四尺ノ潮水ヲ有タシメ永ク運輸ノ便ヲ保有候様致度、右浚疏土ヲ以テ出島ヨリ大黒町迄海岸新道開設スルモノトス

要は、中島川の水運を維持したいがため変流工事には反対で、五年間の国費による浚疏及び、その後も浚疏を継続すればよいとの見解であるが、工事がより大規模となって地方の財政負担が増大することへの懸念もあったかもしれない。

対する内務省の回答は、砂防を先にして浚疏を後にという内容で、変流工事云々には触れられていない。同省土木局は、長崎港内のうち梅ケ崎税関前から大浦居留地海岸にかけての土砂堆積を防ぐ有力な対策として中島川変流工事を位置づけていたから、計画変更の意図はなかったのであろう。

次に長崎県は、明治十七年四月在長崎各国領事団及び長崎区・西彼杵郡に対して、中島川変流工事と港湾内の埋立て計画図を提示し意見を求めた。

イギリスのゼー・シー・エール、ポルトガルのトーマス・ビー・ガラバ（グラバーのこと）以下在留領事団は「甚

ダ差支有之」と次の三点を回答した。

1　前面二千坪の築地は、出島・新地・梅ケ崎の借主にとって便利を失い、地料の改定にも関わることである

2　市街近くの海底の土砂を埋め立てに使用するのは、衛生上有害でコレラ等流行の心配がある

3　中島川の河口が変わると、水運の便利を失う

新地に縁の深い清国正理事も、新地の碼頭から荷物運搬の船が出て中島川の水運を利用している現状を述べ、河口の変更を懸念した。

長崎区や西彼杵郡浦上淵村・同山里村は、まず洪水の危険を指摘している。水流が直線のときでさえ度々洪水に見舞われたが、今回の出島を迂回する流路は流勢を妨げ、洪水の被害を増大させるとして、「本区ノ大害ヲ来タス」「良法タルヲ視認セズ」と報告した。

こうした反響を受けて長崎県は、明治十七年六月内務省にあてて「出島ノ外辺を画シテ土砂ノ捨場トナシ、且中島川ヲ迂回スル計画ノ如キモ居留外国人ノ苦情有之」「其良法タルヲ認メ難ク実際支障ノ廉不少」として、計画変更等を協議するため「功熟ノ主務官」の至急派遣を稟請した（「長崎港浚疏ノ儀ニ付稟請」）。

三　中島川変流ルートの決着まで

土木局嶋雅精局長より石田県令あての明治十七年六月二十五日付文書によれば、長崎港改修は皆重要な工事であるから、土木局で一手に引き受け直轄施行したい、異存がないならばその旨申し立てるようにとの照会があった。この事業は翌年から土木局直轄で行われることになる。

さて、長崎県の求めに応じて土木局では中村大書記官と石黒五十二技師の派遣を決め、明治十七年九月二十七日

長崎に出張させた。両名は港内の浚疏、水源の砂防工事及び懸案の中島川変流工事について長崎県当局と協議したが、この時、築町を掘鑿し、出島と江戸町の間に水路を通す変流工事の原案がまとまったようだ。

同年十一月、久留米土木局出張所にいた石黒技師は、川筋変更の図面を作成（「第一の計画」）、さらに明治十八年四月「長崎港浚疏工事水源土砂扞止工并ニ中島川筋変更工事目論見及ビ工費予算調」をまとめ、修正した「第二の計画」を入れた。

修正の理由は、「第一の計画」の川筋の「方向タルヤ少シク激曲ナルガ如キ故ニ之ヲ除去シ且ツ該川筋出水ノ節汎濫ノ憂ヲ防ガンタメ」というわけで、地元に根深くある洪水の不安に応えたものであった。具体的には築町二四番地から右方向にカーブさせる川筋を、手前の二一番地から緩やかに曲げて出島の後背の水路につなぐ修正である。結局「第二の計画」が長崎県の原案に採用された。

こうして長崎港内の砂防・浚疏・埋築と中島川変流工事の最終計画が定まった。これに基づいて算出された経費は、三二万五六一八円四五銭五厘の多額にのぼり（この間計画の変更等により改修工事費総額は、二六万七一六九円余→三〇万八〇四三円余→三一万九一七円余→三二万五六一八円余と増大）、特別国庫下渡金一五万円を除いた一七万五六一八円四五銭五厘の負担が、大きな問題となって長崎県及び長崎区、西彼杵郡の長崎村・浦上山里村・同淵村・戸町村にのしかかってきた。

長崎県から再三内務省へ稟請した結果、四分の三を地方負担とし、県会決議のうえ更に稟請するよう指令があり、明治十九年七月の臨時県会へ原案（「長崎港浚疏砂防及中島川変流并ニ埋築工事目論見帖」）が提出され審議された。日下義雄新県知事は、開会に当たって長崎港湾改修計画の重要性・緊急性を訴えるとともに、自ら上京して内務省などと折衝した結果、土木費は地方負担を原則としており、国庫よりの支出は多く期待できない旨を述べて協力を要請した(8)。県提出の原案及び議案説明は次の通り。説明にはこれまでの改修計画の経緯もまとめてある。

土木費中

一金六万五千八百五十六円九十二銭一厘　港湾費

此訳

金二万千九百五十二円三十銭七厘　十九年度追加支出額

金二万千九百五十二円三十銭七厘　二十年度支出額

金二万千九百五十二円三十銭七厘　二十一年度支出額

外

金四万三千九百四円六十一銭四厘　国庫補助金請願スベキ分

金六万五千八百五十六円九十二銭　長崎区及西彼杵郡長崎村戸町村浦上淵村浦上山里村町村費

金十五万円　特別国庫下渡金

本項ノ金額ハ長崎港内ニ注入スル河川ニ堰棣及堤防ヲ設ケ、以テ土砂ノ流出ヲ防止シ其港内ノ要部ニ注入スル、中島川ハ其流末ヲ迂回シ以テ其流出スル土砂ヲ港内ノ不要部ニ放流シ、又海岸ノ入込タル場所ハ之ヲ埋築シ突出スル場所ハ之ヲ削毿シ、以テ海水ノ流力ヲ自然ニ強且滑ナラシメ、而シテ港内ノ埋堆セルケ所ハ其要部ヲ浚渫シ、以テ天然ノ良港ヲ永遠ニ改良保持スルノ費途ニ充ツルニ在リ

抑長崎港ノ儀ハ我国五港ノ一ニシテ特ニ古来良港ノ名声アリシモ、改良保持ノ方法ナカリシヲ以港内年々ニ埋堆シ、其極遂ニ航海者ヲシテ船舶ノ碇繋ニ不便ヲ感セシムルニ至レリ

豈ニ恐レザル可ンヤ、故ニ明治十年ニ初テ港内浚疏ノ企図ヲ起シ同十三年ニ其工費ヲ上司ニ稟請シ尋テ十五年一月ニ金三万円宛ヲ向五ヶ年間ニ下渡ス可キノ指令ヲ得タリ

然レドモ此工事タル関係広大ニシテ容易ニ其計画ヲ定ムル能ハザルヲ以、先ヅ本港流域ノ実測其他湖水ノ実測ヲ施シ旁ヲ港内要部ノ浚疏ニ着手セリ
其間再三土木局工師ノ派遣ヲ得十八年ノ春初テ港内砂防変流埋築及浚疏ノ計画ヲ一定シ其計画ニヨリ経費ヲ算出セシニ、其金高実ニ三十二万五千六百十八円四十五銭五厘ノ多額ニ上リ、之ヲ十五年一月ニ下渡ノ指令を得タル十五万円ト差引スルニ十七万五千六百十八円四十五銭五厘ノ不足ヲ告ゲタリ
依テ昨年以来其不足金ノ下渡ヲ上司ニ稟請シ再三追請ノ末今般右不足金ノ四分の三ヲ地方ノ負担トシ、県会決議ノ上更ニ稟請ス可キ旨ノ指令ヲ得タリ
故ヲ以テ之ヲ地方税区町村費ニ分課シ以テ此工事ヲ完成セント欲ス
而シテ茲ニ臨時県会ヲ今日ニ開クヲ要セシ所以ノモノハ、今ヤ政府二十年度予算ノ期已ニ迫レルヲ以、之ヲ今日ニ議決シ上司へ稟請セザレバ二十年度ヨリ工費ノ下渡ヲ得ズ
已ニ二十年度下渡ヲ得ザレバ同年度ヨリ二十一年度迄凡ソ二年間ハ工事ノ進路ヲ阻碍シ河川ヨリ流出スル土砂ヲシテ其勢力ヲ逞フセシメ、為メニ二年間ニ流出スル所ノ土砂ヲシテ港内ヲ増塡セシメ其損失実ニ鮮少ナラザルモノアルヲ以テナリ

要するに、予算が途切れることを長崎県は最も恐れていたことが分かる。
この原案に対し常置委員会は、『鎮西日報』（明治十九年七月二十五日付）の記事の表現を借りれば「委員諸氏ハ勇敢にも原案の計画を改め」て次のような修正案を出した。(9)

土木費中

一金四万八千三百五十三円五十三銭七厘　　港　湾　費

此　訳
金一万六千百十七円八十四銭七厘　十九年度追加支出額
金一万六千百十七円八十四銭七厘　二十年度支出額
金一万六千百十七円八十四銭七厘　二十一年度支出額
外
金四万八千三百五十三円五十三銭七厘　国庫補助金請願スベキ分
金九万六千七百〇七円〇七銭四厘　長崎区及西彼杵郡長崎村戸町村浦上淵村浦上山里村町村費
金十五万円　特別国庫下渡金

右之如ク修正スルモノハ、原案中中島川変流工事即チ築町ヨリ江戸町出島ノ間ヲ経テ大波止ニ達スル工事ヲ改メテ、中島川流末及ビ銅座川流末ヲ合セテ出島ノ外部ニ沿ヒ迂回大波止ニ流通セシメ、而シテ出嶋前入込タル場所ヲ三角形ニ凡一万六千七百坪ヲ埋築セントス
之全ク銅座川ヨリ流出シ要部ニ注グ土砂ヲ不要部ニ放流スルノ目的ナリ
此工事ニ関スル詳細ノ方法等ハ積リ書及図面ニ明記スルヲ以テ茲ニ略ス
又費金ノ負担額ヲ沿港町村ニ重クスルモノハ其ノ利害ノ関スル処ヲ考量シ其ノ額ヲ定ム
他ハ原案ト異ナルナキヲ以テ更ニ説明ヲ要セズ

水害の危険や中島川の水運を失うことに加えて多額の地元負担金などの問題を解決しようとの意図が、この修正案（乙号）（図３‐３‐２）に託されている。原案に比べて川筋のカーブは緩やかであるし、銅座川を中島川につなぐことから水運の利便も確保できる。

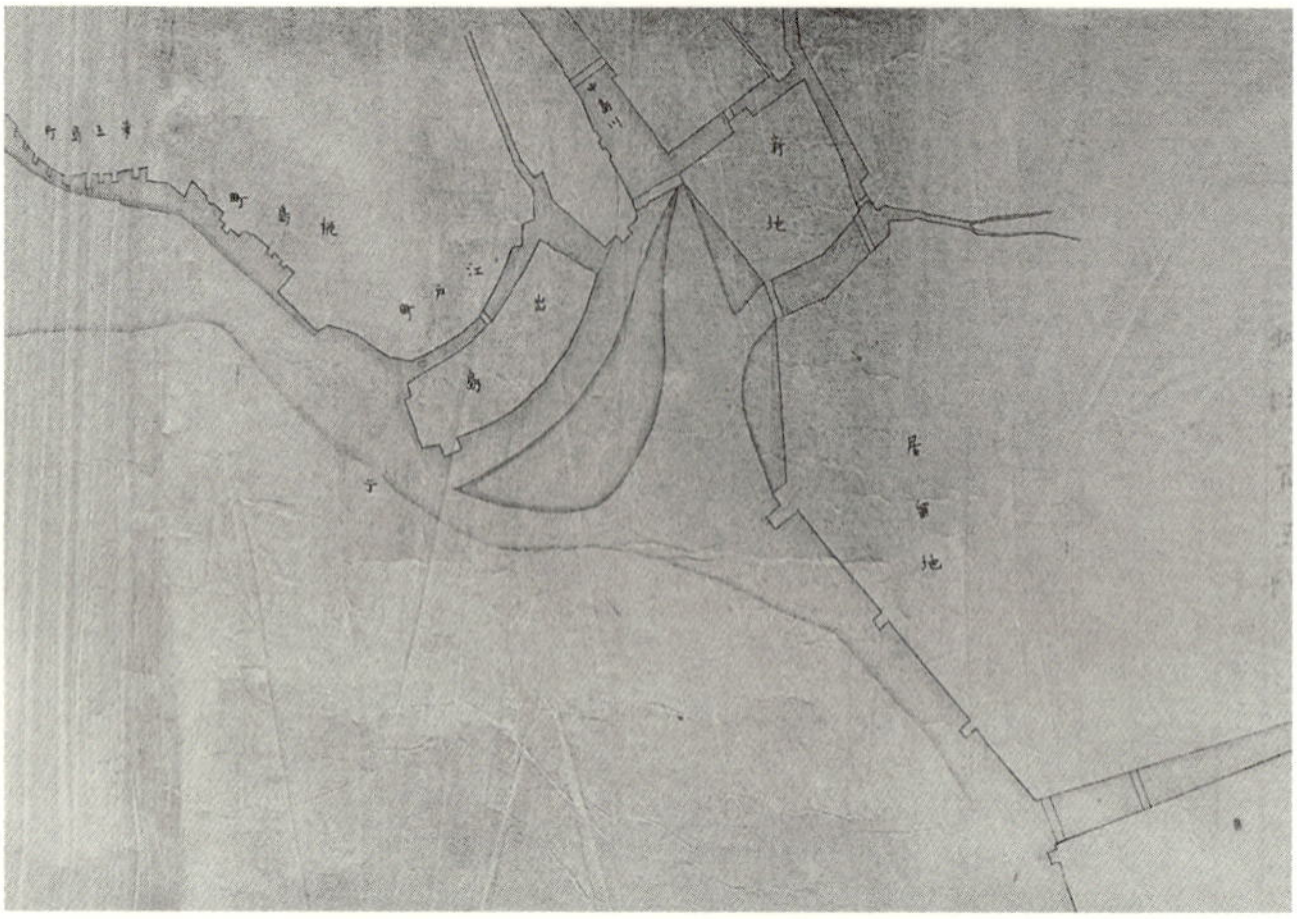

図３－３－２　県会常置委員修正案

かつてデ＝レーケが立案した出島前面に築地を造成し、出島と築地との間に運河を通すという明治十六年の案を彷彿させる修正案で、この三角形の築地一万六千七百坪を払い下げて七万円余の金額を得、地方負担分に充てようというものであった。一万七千円余工事費は増えるが、地元負担は大きく軽減される。

審議の結果は原案否決、修正案可決であった。長崎県は、外国人居留地に関係する事業として県庁に各国領事を集め、甲号・乙号の図面を示して評議させたところ、多少の修正は必要だが「甲号図面即原案ノ設計ナレバ敢テ差支無之」との申し出があった。

これを受けて長崎県は原案施行の認可を内務大臣あてに求めたが、明治十九年十月十六日付内務大臣山県有朋より日下知事あての訓令は「再議ニ付セラルベシ」とあった。この問題は十一月の臨時県会で再度審議されることになる。

十一月臨時県会に再提出された港湾費関係の議案説明は次のとおり。原案（甲号）から新地前税関両脇の埋築を止め、銅座川の土砂対策としての堰止工事を加えた修正（「第三計画」とある）が行われているが、ほとんど原案と同じである。

土木費中
一金六万三百四十四円十八銭五厘　港　湾　費
此　訳
金二万百十四円七十二銭八厘　十九年度追加支出額
金二万百十四円七十二銭八厘　二十年度支出額
金二万百十四円七十二銭八厘　二十一年度支出額
外
金四万二百二十九円四十五銭六厘　国庫補助金請願スベキ分
金六万三百四十四円十八銭五厘　長崎区及西彼杵郡長崎村戸町村浦上淵村浦上山里村町村費
金十五万円　特別国庫下渡金

本項ノ金額ハ天然ノ良港ナル長崎港ヲ改良シ之ヲ永遠ニ保持センガ為メニ要スル所ノ工費ナリ
抑モ本工事ハ本年七月ノ臨時県会ニ於テ原案ヲ修正セラレシモノナレドモ、本工事ノ内中島川変流ノ工事ハ本港外国人居留地ニ関係ヲ有スルヲ以テ原案ト修正案トノ図面ヲ示シ其可否ヲ協議セシニ、領事等ハ居留地ノ水際権ヲ失スルヲ忌嫌シ更ニ両案ノ計画ニ同意セズ
反復熟議ノ上終ニ原案ノ計画ヨリ新地前税関両脇ノ埋築ヲ除キ新地ノ一隅ニ一ノ堰止工事ヲ施スコトトシ、領事等ノ同意ヲ得タリ
而シテ此堰止工事ハ銅座川ヨリ流下シテ新地ノ東南ヲ迂回シ、税関近傍ニ沈下スル土砂ヲシテ出島ノ前海ニノミ放流シ、主要ノ部分ニ埋堆セザラシメントスルニ在リ

然ルニ今原案ヨリ新地前税関両脇及瀬崎ノ埋築ヲ除キ、新地一隅ノ堰止工事ヲ加へ之ヲ再議ニ付スル所以ナリ

時折しもノルマントン号の公判が行われている最中。全国的に国権論の高揚があり、長崎も例外ではなかった。兵庫県知事が元長崎県令内海忠勝ということもあってか、『鎮西日報』のノルマントン号関係記事は非常に詳しい。

また、この年八月に長崎で起こった清国水兵乱暴事件の処理も続いていた。

臨時県会十一月十九日の模様を『鎮西日報』（十一月二十三日付）の記事に見てみよう。

・佐藤議員質問　「説明によれば外国領事は「水際権」を失することを忌嫌し云々とあるが一体県治と居留地とは如何なる関係あるや、人民の便を計らんと欲して水流を変換するに彼はこれを拒絶するの権あるや、確たる条約書でも存するや否、国の体面にも関すること少からざれば充分の説明を得たし」

・県答弁（依田）「是までの習慣に依り領事の承諾を得ることと考ふれども、その条約書の存するや否やは今尚確言し難し」

・久住呂議員質問「第一水際権なるものは海岸の便利を所有するの権か、第二水際権なるものは各国人民皆これを有するか即ち日本人民もこれを有するや、第三水際権なるものは行政権を以てこれに打ち勝つこは能はざるか、第四水際権なるものは治外法権の行はれざる地に於いては行政権を以てこれに打ち勝つこは能はざるか」

・県答弁（依田）「水際権の事に至ては未だ十分の取調を為さざるにより取調の上これを報道せん」

県答弁は明確に行われていないが、二十二日の依田昌言（土木課長）の答弁によれば、条約国と約束した箇条以外は領事または公使の承諾を得ないと何事も施行できないというものであった。当然、港湾工事も領事団の承諾な

しには実施できない。居留地の借地料も政府が決めたもので、県知事段階では変更できないとなれば、出島の前面に築地を造成して地元負担を軽減する乙号修正案実現の可能性はなかった。外国人に空しく屈すべからずといった国権論的意見も強かったが、県会議長志波三九郎は次のように述べて議論を引き取った。「外人の為にして満足の工事を施行する能ハざるハ遺憾に堪へざれども条約改正ありた迚も何程の改正あるや予知する能ハざれば空く待つの場合に非らざるなり」。

結局、県の再議案は二七名中一五名の賛成で議決された。早速内務大臣あてに県会決議の結果を伝え、土木費三ヶ年施行について伺い（十二月四日付）を出したところ、十二月十八日付の内務大臣の認可が届き、すべてが決着した。

なお、県会議決は県支出の港湾費のうち三分の一を減額（約二万円余）したが、この不足分は「五厘金」より支出されることになる。これについては前掲菱谷論文を参照されたい。

最終的な工費総計は三一万九一七円八〇銭二厘、一万四千円余の減額修正となった。減額分は税関両脇の埋立停止によるものである。

おわりに

本節の目的は、当初お雇いオランダ人土木技師デ＝レーケの計画で実施されたとされる中島川変流工事の経緯を明らかにすることにあった。出島は、この工事のために削られて原型を失ったのであるから、オランダ人の計画で出島が変貌したという、何か歴史のアイロニーのようなものを感じていたからである。

これまで述べてきたように、確かに長崎港湾改修の基本計画の立案はデ＝レーケであるが、中島川変流工事の場

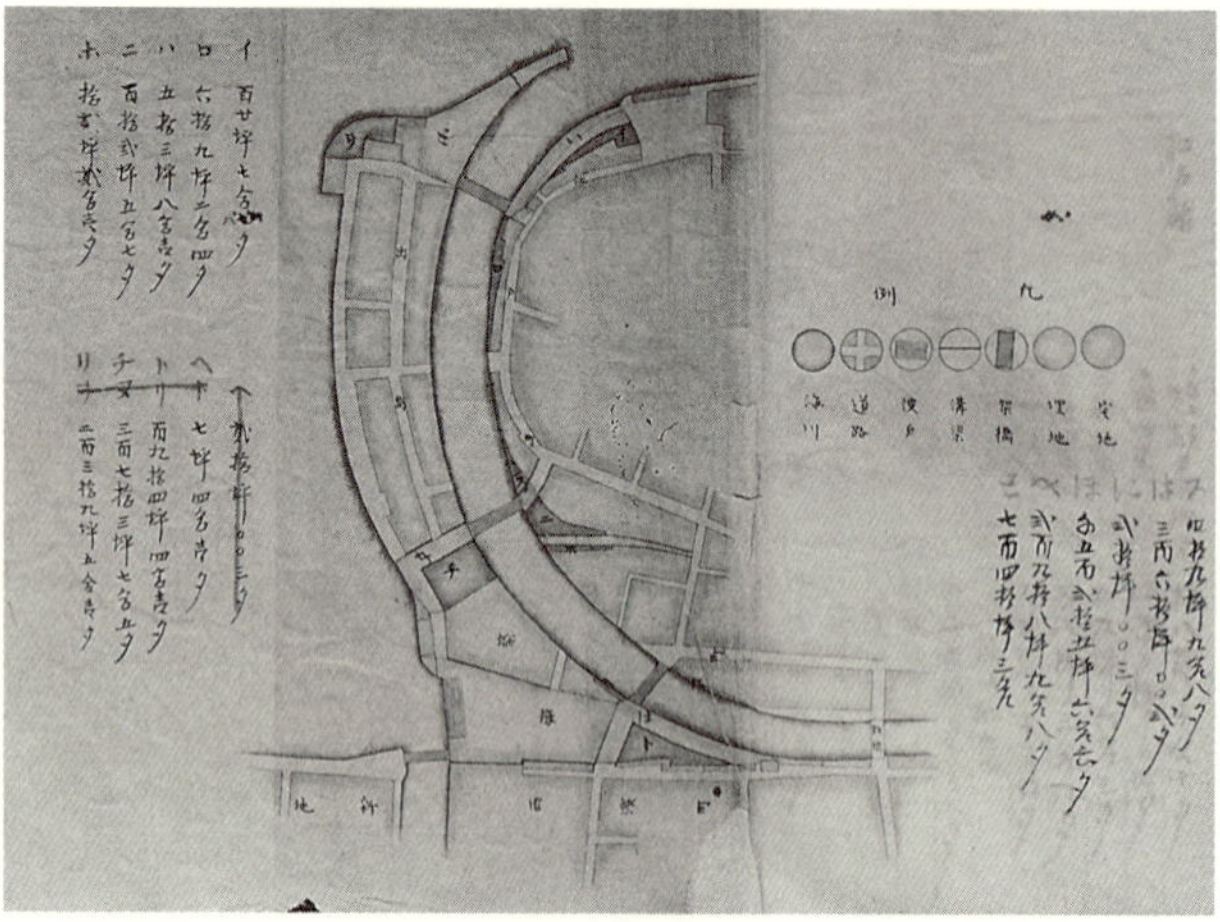

図3－3－3　中島川変流工事

合は少々複雑な展開をたどった。デ＝レーケの計画に基づいて、そのまま出島内側と江戸町の間の水路を広げて中島川を変流させる工事が施工されたのではない。もう一つ出島の外側に流路を設定し、新たに埋め立てた築地と出島の間に新河口をつくる計画案も存在したのである。

種々の中島川変流計画案を整理すると、次のようになる。

1　デ＝レーケ原案（明治十五年十一月）　出島の内側と江戸町の間に中島川を通す変流計画

2　デ＝レーケ修正案（明治十六年一月）　出島の外側に水路を通す変流計画

3　石黒技師第一の計画（明治十七年十一月）　1とほぼ同じ、築町二四番地から右へ掘鑿して水路を設定する計画

4　石黒技師第二の計画（明治十八年四月）　3と同じだが、築町二一番地から緩やかにカーブさせる計画＝土木局（長崎県）原案（甲案）

5　県会常置委員の修正案（明治十九年七月）　2に近いが、銅座川河口を中島川につなぐところが異なる（乙案）

6　土木局（長崎県）修正案（明治十九年十一月）　変流計画は4と全く同じ、ただし銅座川の堰造成等の修正をした最

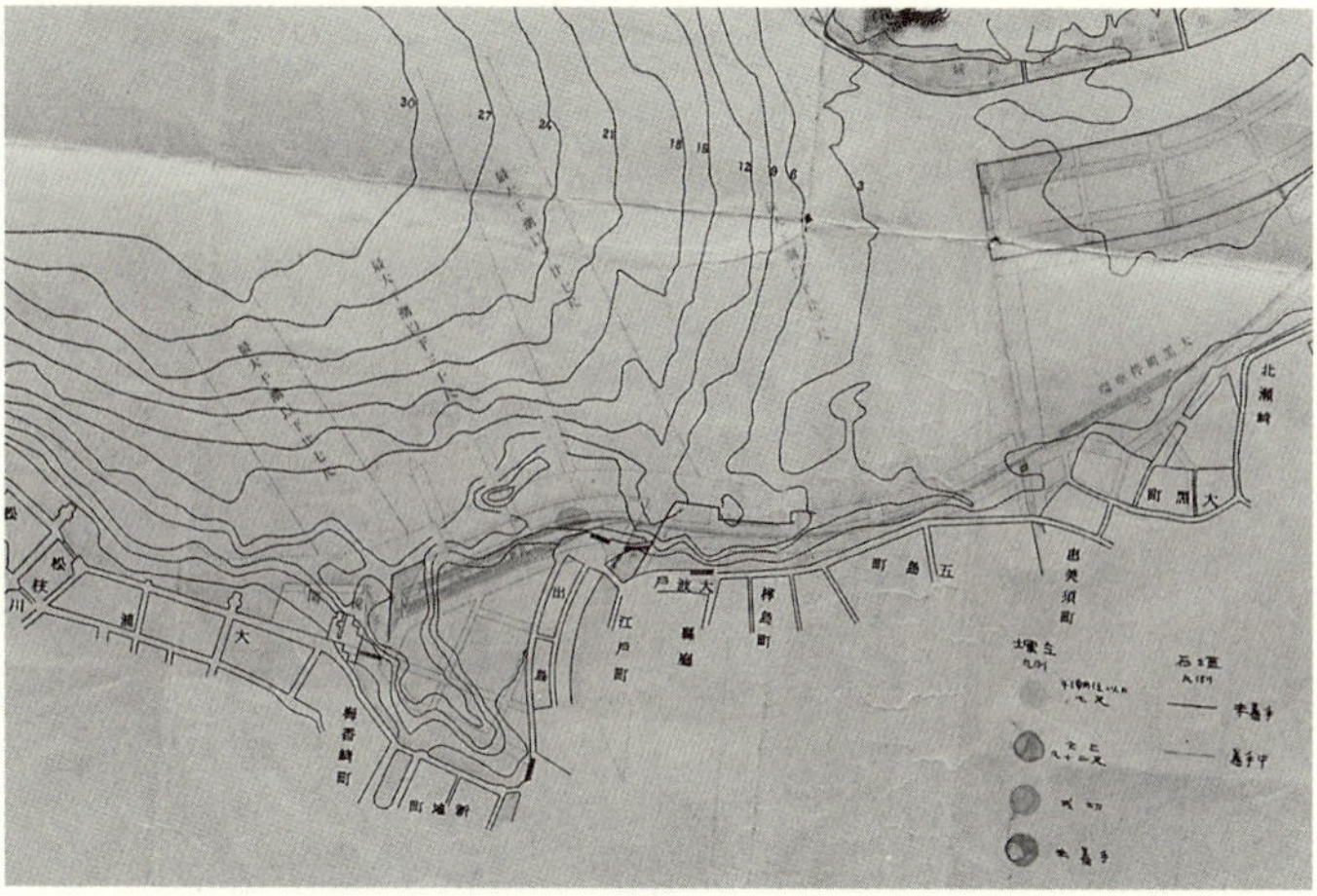

図3－3－4　第二期港湾改良工事計画（出島前面の埋め立てを含む）

終案＝第三の計画（図3－3－3）[10]

右記のうち、1・3・4・6が出島内側に水路をつくる計画案、2・5は出島の外側に流路を設定する案であったが、後者はまさに幻の変流工事計画となった。

長崎港改修工事の目的は、出島・梅ケ崎から大浦居留地にかけて堆積する土砂の浚渫と防止にあった。そのための砂防工事・浚疏事業・中島川変流工事の実施であったが、改修終了後も出島外辺は土砂堆積が著しく、明治三十年代には第二期港湾改良工事が計画され、港内浚渫と同時に図3－3－4[11]のような埋築工事が行われたことを考えると単なる幻の変流工事計画で済ませるわけにはいかない。明治三十二年には、居留地そのものも廃止されている。

内務省土木局の直轄となった大工事において、長崎県以下地元の利害及び居留地外国人の利害が、明治前期の不平等条約の下でぶつかり合った結果、中島川の洪水を懸念し、またその水運を利用したいとする地元住民の要望は無視され、居留地外国人の「水際権」の主張だけが受け入れられるかたちで決着した。一方、同じ外国人でも新地から中島川への水路を確保したいとする清国商人の要求は叶わなかったということになる。

居留地領事団の「水際権」確保の要求は今日的観点からすれば、一種の外圧とも言えそうであるが、旧幕府と諸外国との間に結ばれた条約が生きている情勢下にあって、在留領事団は当然の権利を主張したにすぎない。

ともあれ二転三転した中島川変流工事計画の結果は、地元にとって最良のものではなかった。こうした顚末は大規模土木工事のあり方を現代に示唆しているようである。出島というかけがえのない史跡が対象だっただけに（当時の人々にはそうした観念はなかったが）、長いスタンスでの物事の判断を、当時の土木技術者や為政者に求めるのは酷だとしても、現代の我々がそうした教訓を学ぶことは十分に可能である。

最後に中島川変流工事の進行を年ごとに整理しておく。[12]

- 明治十八年　変流工事原案作成、買収予定地の土地価格調査
- 明治十九年　最終計画決定
- 明治二十年　用地買収・変流工事開始
- 明治二十一年　変流工事の大半終了
- 明治二十二〜二十三年　架橋工事他

注

（1）長崎史談会編『長崎談叢』七一輯、昭和六十一年。
（2）村松貞次郎『日本の近代化とお雇い外国人』日立製作所、一九九五年。
（3）村松貞次郎『お雇い外国人⑮　建築・土木』鹿島出版会、一九七六年。
（4）「長崎港保存計画書」長崎県土木課、明治八〜二十年（長崎歴史文化博物館蔵）。長崎県土木課事務簿の長崎港改修関係二一冊のうち、無期保存と書かれている中核史料。これ以降、図も含め、注記のない史料引用等は、すべてこの史料による。
（5）「土木課浚疏掛事務簿　長崎港浚疏一件」明治十二〜十七年（長崎歴史文化博物館蔵。以下、特に注記のない限り、使用する史

料は同館蔵である）。
（6）「浚方雑記」ほか（藤家文書）。
（7）注（5）に同じ。
（8）長崎県議会史編纂委員会『長崎県議会史』第一巻、一九六三年。
（9）鎮西日報、マイクロフィルム。
（10）「諸雑綴　附中島川変流工事及架橋設計書」長崎県土木課、明治十八～二十一年。
（11）「長崎港湾改良一件」長崎県土木課、明治三十五年。
（12）注（10）に同じ。

第四章　長崎奉行所文書の考察

第一節　「長崎奉行所関係資料」の史料的特色
――その重要文化財指定にあたって――

はじめに

平成十八年（二〇〇六）三月十七日、国の文化審議会（会長　阿刀田高）より文部科学大臣あてに「長崎奉行所関係資料」一二四二点を国指定重要文化財（歴史資料）とする旨の答申がなされた。内訳は文書・記録類一一七六点、絵・地図類六六点で、官報掲載の日付六月九日をもって正式の指定となった。

長崎奉行所関係文書の調査は、平成六年度から八年度にかけて九州大学の故中村質教授を中心に国庫補助事業として行われ、それは『長崎奉行所関係文書調査報告書』[1]（以下『報告書』と表記）にまとめられた。これを基礎に文化庁美術学芸課の指導を受け[2]、県立長崎図書館郷土課において種々の準備作業を行い、ようやく重要文化財の指定を受けたわけである。

指定のための準備作業がほぼ終了した段階で、郷土課所管の文書・絵図類を新設の長崎歴史文化博物館へ移管する作業が行われ、現在「長崎奉行所関係資料」は長崎歴史文化博物館の文書収蔵庫に保管されている。

一　指定の範囲

『報告書』では、奉行所関係資料は県立長崎図書館郷土資料だけで二五〇〇点を超え、その他長崎市立博物館、シーボルト記念館、松浦史料博物館、県立対馬歴史民俗資料館など県下諸館にわたっていた。事前の指定範囲の打ち合わせで確認したことは次の1～3のとおりである。

1　今回の指定範囲は長崎県所有の資料に限る。所有者が異なる資料を一括指定することはできない。

2　長崎奉行所に保管されていた文書・絵図類で、来歴が明白な資料に限る。

長崎奉行河津伊豆守が長崎を退去した後、長崎会議所、長崎裁判所、長崎府、長崎県へと伝来し、大正から昭和前期にかけて長崎県から県立長崎図書館へ移管された資料を指定の対象とする。一旦流出し、その後購入もしくは寄贈された資料は原則対象としない。

例えば長崎奉行あての老中奉書がまとまってあるが、これらは大正期に購入したものであった。ただし、古賀十二郎寄贈の「犯科帳」二点と、「信牌」「配銅証文」各二点は、資料の重要性を考慮して指定対象とする。寄贈の「犯科帳」二点は形状・形態・内容等、他の「犯科帳」と全く同一であるし、「信牌」二点の割印は、その台帳である「割符留帳」の印と照合できるものであった。

3　時代の下限は、長崎奉行所の政務を引き継いだ長崎会議所の存続時期（慶応四年（一八六八）二月十四日）までに作成された資料を原則指定する。

総督沢宣嘉は、慶応四年二月十五日に長崎に上陸して権力を掌握し、同日以降、沢宣嘉名で文書が発給されている。明治維新の動乱のなか、長崎では混乱なく権力が委譲されるとともに文書の引き継ぎもスムーズに行われた。行政・外交の継続性は「長崎奉行所関係資料」という史料群の特色の一つであり、下限を河津奉行退去とせずに、沢宣嘉上陸の前日までとした所以である。ちなみに、資料年代の上限は寛文長崎大火後の寛文六年「犯科帳」であった。なお、浦上四番崩れ関係資料だけは性格上一括資料とすべきであり、明治期の長崎県文書も指定対象とした。

二　資料群の概要と奉行所での保管状況

長崎奉行所文書は、便宜上次のように分類・整理したが、実際には綴り・写し文書や控えの綴りは奉行所の作成文書でもある。

1　長崎奉行所の受領文書（綴り・写しを含む）

- 幕府から　「老中奉書」その他通達類、「正徳新例」令達書類など（「正徳新例」関係は奉書紙継紙に書かれた堂々たる原史料）
- 長崎代官から　「御代官諸伺附札留」、「御用留」など（長崎奉行への伺いに対する返答の控え綴り）
- 長崎地役人から　各町宗旨人別帳、各町五人組帳、町年寄意見書など（人別帳・五人組帳は毎年提出された。町年寄からの進上文書は返答を書き込んで返却されることが多い）
- 諸藩（主）から　長崎奉行あて書状、「諸家買入物伺御附札留」など
- 外国領事から　「各国官吏往復」文書類など

2　長崎奉行所の発給文書（控えを含む）

- 奉行所役人へ　「手頭留」など（手附や給人に対して通達された文書の控え）

・地役人・町方へ　「御書付之写」、「御達留」など
・唐船主・出島へ　「信牌」、「唐阿蘭陀申渡」など（「信牌」は名目上唐通事が発給者となっているが、実質は長崎奉行である）

3　長崎奉行所作成文書

・司法関係　「犯科帳」、「口書」、「御仕置伺」、キリシタン関係資料など（「犯科帳」は唯一まとまった近世法制史料で、犯科帳の名辞そのものが長崎奉行所に由来するものである。長崎県においても警察資料として保管されていた）
・外交関係　「日蘭条約書」他条約関連資料、「風説書」、漂流民関係資料、居留地関係資料など（外交の継続性もあって、長崎県に引き継がれた資料が多い）
・行政その他　「御奉書并御書付類目録」、各部署「日記」類、「諸事留」、「御用留銘書」、「御用部屋引継目録」など多数（御用部屋は立山役所の中央に位置し、一番から十一番までの書類箪笥が備え付けてあり、錠付きの各引出に文書類が入れてある。「御用部屋引継目録」は、その保管状況を記した貴重な史料である）

御用部屋の保管状況については、もう一点史料が見つかり(3)（警察本署事務簿）、およそのことは解明できた。それによると文書・絵図類、特に一件書類は名称・年紀を記した「袋」に入れ、それを箪笥引出に入れるのが基本的な整理・保管形態で、冊子体の文書を袋に入れる場合もあったようだ。古帳については蔵に収納とあり、立山役所の二つの蔵のうち宗門蔵ではない岩原屋敷側の蔵の可能性が高いが、あるいは西役所の蔵か定かでない。また、「犯科帳」はじめ司法関係文書は御用部屋のリストにないものが多く、目安方詰所その他の場所を考えねばならない。

「御用部屋引継目録」については、『報告書』に書かれてある中村質「長崎奉行所関係文書について」に紹介され

ているので、ここではもう一点の「警察本署事務簿」に記載されている御用部屋の文書整理箪笥の内容を紹介しよう。安政二年（一八五五）から翌年にかけて在勤した「川村対馬守」関係文書類があり、おそらく安政三、四年段階の整理内容と推測される。

- 一番御用部屋箪笥　イ印引出（以下同じ）　諸家、ロ　諸家用達、ハ　御代官・御鉄砲方、ニ　糸荷廻船難船一件、ホ　紅毛献上一件、ヘ　地下、ト　諸向、チ　寺社、リ　御備向、ヌ　家学試
- 二番御用部屋箪笥　ル　宗門改　ヲ　同、ワ　同、カ　五人組、ヨ　阿蘭陀船、タ　諸家届書
- 三番御用部屋箪笥　レ　高木作右衛門伺附札留、ソ　諸家伺附札留、ツ　諸家・目安方達書、ネ　浦証文・副触留、ナ　御功米・御扶持方裏書留　御合力銀諸事裏書、ラ　奇特もの一件、ム　遠嶋一件、ウ　火事一件、ヰ　諸術見分、ノ　出帆唐船申渡留　白糸押切帳　久離々縁御届帳
- 四番御用部屋箪笥　オ　由緒書、ク　持渡古信牌、ヤ　船々荷物落札帳、マ　諸帳面、ケ　年中行事　分類雑載　御用部屋書もの引継帳　預置切書面るい入　誓詞名前書入、フ　手板印鑑、コ　諸文通留　下文通並呼出案留、エ《ママ》　諸一件帳ニ相成候書付類本紙入袋もの、テ　異国船早かね鑑札　放火揚同断
- 五番・六番御用部屋箪笥　中渡留
- 七番御用部屋箪笥　唐船　但壱番ゟ十番迄一船限
- 八番御用部屋箪笥　御側向書物ニ可相成分御用部屋預被仰付入置　目録帳別帳ニ有之
- 九番御用部屋箪笥　前同断
- 十番御用部屋箪笥　前同断
- 十一番御用部屋箪笥　九州諸家文通留

・日記
　鍵箱　但別箱
　白帆船注進之節入用書翰木札入箱其外

嘉永三年（一八五〇）の「御用部屋引継目録」と大きく異なるところは八番以降で、八・九・十番の箪笥が奉行用の書物入れ、十一番が「九州諸家文通留」になっている点である。一番から四番の内容はかなり出入りがあるものの一般行政文書類で、五・六・七番は同じである。具体的な記載内容については後掲史料をご覧いただきたい(4)。

三　長崎奉行所関係資料の史料的特色

これまでも触れてきたが、ここで重要文化財（以下重文と表記）に指定された長崎奉行所関係資料の特色を整理しておこう。

第一に、幕府の遠国奉行所関係の資料としては質量とも最もまとまっていることである。北方の要の機関として設立された箱館奉行所の文書約一七〇点は、すでに重文指定されているが、量的に指定準備がスムーズに進んだことによるものである。また、内容的に箱館奉行所本体のものではないとも聞いている。他の遠国奉行所、つまり佐渡・日光・奈良・宇治山田・伏見などに関しては、管見の限り重文クラスの資料がまとまっているとの情報は持ち合わせていない。

そのうえ長崎奉行所の場合、鎖国時代唯一西洋に開かれ、多くの唐船が入港した貿易港長崎を管掌する幕府機関として最重要と位置づけられていた。したがって唐蘭貿易関連資料及び、それに深く関与した長崎町方の支配関係資料が多数存在することが大きな特色となっている。「犯科帳」（一四七点）がわが国の近世法制史料として最もまとまった貴重資料であることはすでに述べたが、判決記録のうち抜け荷関連が二割以上を占めていることも貿易都市長崎らしい（どこまでを抜け荷関連とするかによって数字は異なる）。

第二に、明治維新に際して長崎奉行所文書が、そっくり長崎会議所に接収され、そのまま長崎裁判所・長崎府・長崎県に引き継がれたことから派生する諸々の特色がある。奉行所時代においても、犯科帳など重要書類を除いて古帳類は蔵に収納され、その後廃棄・リサイクルされたようだ。そのため一八世紀後半以降の文書が多く、大半は一九世紀のものであるが、長崎奉行所から長崎県へ行政・外交・司法業務が継続され、明治になっても奉行所文書が現役の文書として使用されていた点も特筆すべきではないか。犯科帳などは警察で保管され、外交・居留地関係は外務課で活用されていた。中には、奉行所時代の市中への貸付金を、長崎県が回収したことを記した会計課の事務簿もあるくらいである。

逆にいえば、奉行所時代には貴重であっても、行政の継続性に関係のない文書は引き継がれなかった。大切に長持に保管されていた老中奉書は維新後散逸し、現在博物館に収蔵されているものは購入資料である。

なお余談めくが、「明治元年文書科事務簿」(5)に次のような記事がある。

御用所懸

旧幕書類宝暦以来之分夥敷箱詰ニいたし当御役所内土蔵ニ仕舞切有之、半ハ虫喰破失等ニ而差向用辨之品ニも無之候処、其儘囲置候も無益之義与奉存候ニ付此節撰分之上不用之分ハ払立、右代料を以諸局御用箪笥其外置附之品等拵候様仕度、左候得者別段御入用ニも相懸り不申諸局備付之品ニも出来往々都合も可宜哉ニ奉存候、依之此段奉伺候、以上

辰十月

長崎府当局から各部署に対して、引き継いだ宝暦以後の奉行所文書で廃棄できるものは売却して金に換え、備品

を整備したいので書き出させようとしたが、町方・会計方などは「御払相成候書類無之候」、公事方は「取調候上可及御挨拶候」といった返事で、およそ各部署とも廃棄するものなしとの回答であった。いつの時代も役人は文書を捨てきれない習性があるらしい。ともかく、そのお陰で貴重な史料が残されたのである。なお、この時点まで残っていた宝暦以前の貴重文書は廃棄の対象ではなかったようだ。

四　長崎奉行所から長崎県庁へ、そして県立長崎図書館への移管

長崎奉行所関係資料には、表紙に「外務課事務簿」「文書科事務簿」(6)「庶務課事務簿」「会計課事務簿」と墨書してあるなど、明らかに後付の文書が多数ある。こうした長崎県における保管状況については、もう少し精査し書誌的な情報と併せて詳細を明らかにすべきであるが、ここでは犯科帳に代表させて簡単に述べておく。

準備作業の際、長崎奉行所関係資料を代表する「犯科帳」について、「警察」と朱書されたそれらの表紙をすべて見る機会があったが、犯科帳の表紙は後付の可能性が高く、少なくとも三人の人物の筆跡を確認できる。表紙の筆者はそれ以上かもしれない。中には図4－1－1、4－1－2のように年号・奉行名の誤記も見受けられ、これも後付の証拠となろう。(7)

県立長崎図書館における保管担当者であっても、これまで犯科帳原本を見る機会は少なく、伊藤小左衛門事件・末次平蔵事件を収録する第一冊目やシーボルト事件が入っている「犯科帳」（大草能登守在勤）の表紙がいかにも古ぼけていることから、奉行所で付けられた表紙とばかり思っていた。ところが、古ぼけていたのは、それだけ多くの人々が有名な事件の部分を見てみたいと触ったためであり、他の「犯科帳」の表紙の多くはそれほど傷んでいなかった。(8)

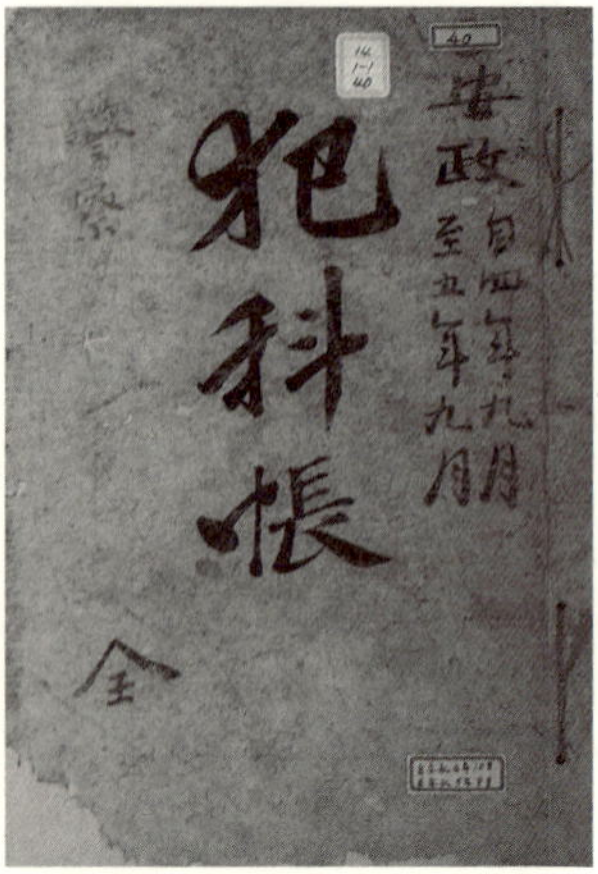

図４－１－１
「自安永四年至同五年　犯科帳」
※「安政」は「安永」の間違い

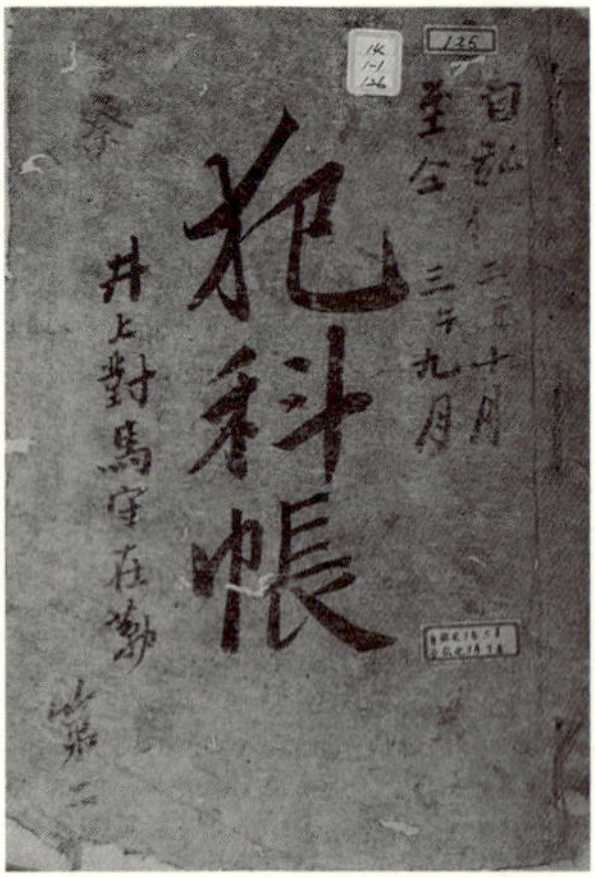

図４－１－２
「自弘化二年至同三年　犯科帳」
※「井上」は「井戸」の間違い

「犯科帳」の名辞が長崎奉行所に由来するものであることはすでに述べたとおりである。表紙が長崎県警察による後付としても、犯科帳という用語は、森永種夫『犯科帳』[9]で紹介してあるように、嘉永二年の「諸事留」に登場する。犯科帳はこれまで荒板紙に書いていたが、年々冊数も増し、取り扱いも不弁理なため、今後は美濃紙を使用するというものである。実際嘉永二年以降の「犯科帳」は一回り小さく軽くなっている。

犯科帳の書誌について現在までの経緯を多少推測を交えてまとめる。判決申し渡し後綴じられて奉行所内の目安方関係の部屋に保管されていた。それが奉行の在勤が終わって書冊の体裁とされたかどうかは分からない。長崎奉行所文書類が長崎県に引き継がれると、犯科帳は警察所管の基本文書となり、原則長崎奉行の一在勤ごとに表紙を付け[10]、裁断した小口部分に「警　自文政九年至十年　犯科帳」などと墨書して棚に平置きしていたらしい。事件ごとに順に書き込まれた朱の漢数字は、長崎県警察時代のものではないかと思われる[11]。

維新後五十年が経つと、犯科帳はじめ奉行所時代の文書類は廃棄の対象となって業者に払い下げられ出した。その情報をいち早く県立長崎図書館長の永山時英に知らせたのは、長崎の歴史家として著名な古賀十二郎であったと伝えられてきたが、前述したように古賀十二郎寄贈の「犯科帳」が二点存在していることからして、その可能性は高い。すぐに永山館長は県庁へ行き、県知事に談判して犯科帳その他の奉行所文書、明治初期の長崎県庁文書を図書館に引き取ることに成功した。このあたりの事情を、当時（大正六年（一九一七）頃）荷車を引いて文書類を運んだ島内八郎氏は次のように回想している[12]。なお、県知事島田剛太郎とあるのは正しい。

もう三十年余昔のこと、或日県立長崎図書館長永山時英氏（鹿児島県出身）が、ひどく興奮した模様で若い書記を呼びつけて云った。

「県庁が奉行所時代からの古文書を屑屋に売っているそうだ。なんちゅう莫迦なことをしよるか、すぐ引取らんけれやならん」。

そこで司書は荷車を借出し、永山館長の後に従いてガラガラと引いて行った。当時の知事は島田剛太郎（？）、教育課長が金沢正雄氏だった。

永山館長は知事、課長をぼろ糞に叱咤し、結局残存の古文書を全部図書館に移管することに成功した。書記は五回位い県庁と往復して古文書の運搬を終わると、翌日から書冊の背を截断してタイトル、年代等を筆で記入し、それが終わると本格的整理をやった。これら古文書が現在の県立図書館史料中学界垂涎の的となっている「犯科帳」他千余冊の「奉行所文書及び明治初年古文書」であり、書記というのが外ならぬ私である。惜しいことに犯科帳は二、三冊既に売られており、他の古文書類も御丁寧に截断機にかけ廃物として相当数屑屋の手に渡っている。然し乍ら肝腎の犯科帳を殆ど取留めたのは故永山時英氏の大功績と云わねばならない。

奉行所文書を救出した県立長崎図書館では、引き取った文書の背を裁断して書名等を墨書し、普通の刊本と同じく書架に立てて並べた[13]。破損、虫食いがひどい文書は図書館において裏打ちが行われ、犯科帳などの貴重資料については帙に入れられている。したがって奉行所文書類の大半は、裁断されたり綴じ直されたり、また後付の表紙が付けられるなど、文書の原型からかなり変わった形態になっていることを申し添えておく。

犯科帳など奉行所文書類の引き取りは、当初長崎県から県立長崎図書館へ寄託というかたちで行われた。『県立長崎図書館50年史』[14]によれば、大正八年一月、県古文書一〇〇六冊、図書三七三冊を受託とあり、その後昭和五年（一九三〇）二月に、正式に移管された。なお、明治期の長崎県庁文書類も順次県立長崎図書館に移されたが[15]、これらの中にも奉行所文書の写しが入っている文書があって、長崎奉行所から長崎県への継続性がうかがわれる。

結びにかえて

今回の重文指定にあたって、来歴が明らかな資料のみが「長崎奉行所関係資料」となったことは、すでに述べたとおりである。絵図類の一部も、長崎県庁から県立長崎図書館へ移管されたことが明白なものは指定されたが、目安方と同じく絵図類の奉行所での保管状況はわかっておらず、史料的価値という点からしても有力な絵図が指定の対象となっていない。

例えば「長崎惣町絵図」（明和年間作図か）（図序‐2参照）は、町年寄の後藤家に保管されていた五メートル近い大型絵図で、その精密さは、描かれた川筋と架橋が航空写真のそれに一致するほどである。この絵図は明和二年（一七六五）の「長崎市中明細帳」とセットで作成されたものらしく、各町の地割状況、地子免除の除地、新規埋立地（築地）、箇所除地・空き地などが表示されており、変更部分の後筆も明らかだ。つまり、各町への箇所銀配分、長崎の土地行政に関わる基本絵図ということになる。それほど重要な絵図を町年寄が保管し、長崎奉行所には備えていなかったのか疑問が残るが、それならそれとして長崎町年寄の存在の大きさを示すことになろう。

また、文化四年（一八〇七）作図、文化五年改の「長崎諸官公衙図」（折本）は、長崎奉行所立山役所・西役所はじめ出島・唐人屋敷・新地蔵・町司屋敷など、文字通り長崎の公的な施設が描かれた図面である。これは普請方の地役人である若杉家に伝来したもので、作成後も長期間使用され加筆・修整が随所に見受けられる。もちろん、奉行所文書の範疇には入らないものの、現在のところ年紀が明らかな唯一の役所絵図であり、史料的価値は非常に高い(16)。同様な形式の簡略な折本「諸役所絵図」が、長崎県庁から県立長崎図書館に移管されたことが明白なことから重文に指定されており、「長崎諸官公衙図」の原図も奉行所に保管されていたと考えられる。

他に、長崎代官所文書・絵図類との関係など留意すべき点は多々あるが、今後も長崎奉行所文書の「書誌」を重視する観点から調査・研究を継続していきたい。

注

（1）長崎県教育委員会発行、一九九七年。

（2）文化庁美術学芸課歴史資料部門の佐々木利和主任調査官、時枝務調査官、松本純子技官（いずれも所属は当時）の指導を受けて準備作業を行った。深く感謝申し上げる。

（3）御用部屋の文書目録が「警察本署事務簿」の中に綴られている。表題からして明治期の警察資料であろうという思い込みがあり、これまで利用されていなかった。重文指定のための準備作業で明らかになった史料である。

（4）史料の前半には以上のように項目が挙がっているが、実際の内容は後掲のとおり、「一番御用部屋箪笥」の「イ」から「三番御用部屋箪笥」の「キ」までしかなく、「ノ」以降については記載されていない。

（5）長崎府行政資料、長崎歴史文化博物館蔵。これも重文指定のための準備作業中に発見されたものである。当時、文書整理を山下二氏に依頼し、長崎奉行所文書の下限を検討していたが、その際同氏より教示を受けた。

（6）長崎県庁組織の変遷を、『長崎県職員録』等をもとに作成した石尾和貴「長崎県職制一覧」（未発表）によれば、明治十七、十八年に「文書科」があり、同十九〜二十一年には「文書課」となっている。とくに一連の「文書科事務簿」をみると、奉行所文書類が綴じ直された書冊が多く、明治期の文書も明治五年までのものが大半である。多くの奉行所文書・明治初期県庁文書が、明治十七、十八年頃文書科において再整理されたとみるのが自然であろう。文書科（課）のあとは庶務課の所管となっている。

（7）「安永」を「安政」と誤記したものが二冊、「正木志摩守」を「正村志摩守」としたもの（宝暦九年（一七五九））、「井戸対馬守」を「井上対馬守」としたもの（弘化二年（一八四五））が各一冊ある。

（8）特にシーボルト事件を収録している大草能登守在勤の「犯科帳」は、事件の部分だけ手あかがはっきりと付いている有様だったため、県立長崎図書館郷土課では伊藤小左衛門・末次平蔵事件の「犯科帳」とともに複製を作成して閲覧に供した。

（9）岩波新書、一九六二年。

（10）寛文以降正徳までの犯科帳は数年分まとめて綴じてあり、享保からは奉行の一在勤で綴じたものが現れるが、きちんと在勤ごとに綴じたものは宝暦からである。その後寛政の改革の影響から寛政〜文化期には判決（事件）が多く、一在勤が二冊に分けられたものもある。同様なことが天保の改革時にも見受けられる。

（11）天保十二年（一八四一）の犯科帳からは朱のアラビア数字が各事件ごとに書かれている。これは県立長崎図書館員の一人が事件の整理番号として書き入れたものである。

（12）長崎市教育委員会「長崎の文化財を探る　犯科帳」『教育長崎』第20号、昭和三十年。

（13）文書の背を裁断するとは、今日的な史料管理の方法からすればとんでもないことであるが、一昔前の図書館一般の手法であった。それでも長崎県庁による廃棄・散逸をくい止め、先の大戦中には貴重資料を疎開させて守っている。また、大戦後の混乱期にも適切に対処し、現在まで保存してきた歴代の県立長崎図書館員の功労・功績は非常に大きいと言わねばならない。

（14）県立長崎図書館、一九六三年。

（15）昭和六年、同七年、同九年、同十七年、同二十五年に、長崎県から県立長崎図書館へ移管された。

（16）絵図のなかには数年、まれに数十年も利用されるものがあり、この「長崎諸官公衙図」の場合も同様に普請方で継続して使われていた。そのため後筆・貼り紙も多い。年紀がはっきりした唯一の役所絵図であるから、長崎歴史文化博物館内の長崎奉行所立山役所の部分復元事業の基本図となったわけだが、その際立山役所図上の貼り紙を剝がして撮影し、基本図面を作成した。ところで、同じ復元事業でも出島の場合は本資料を参考にしていない。文化五年改の絵図であるのに、寛政の大火後文化六年に再建されたカピタン部屋が描いてあるのは不思議である（長崎市出島史跡整備審議会編『出島図』長崎市、一九八七年の解説）、というのがその理由であるが、原図をよく見るとカピタン部屋は貼り紙に描いてあり、そのことが見落とされている。そして、「長崎諸官公衙図」に記されている出島の各建物の間尺数が正しいとすれば、現在出島に復元されているカピタン部屋・ヘトル部屋の位置・大きさとは多少の齟齬が認められる。

史料「警察本署事務簿」

壱番御用部屋箪笥

　イ印引出　諸家

一　前々ゟ両組之者御役所ゟ封状持参之節御請取方之儀ニ付田中東一郎其外詰合聞役掛合一件　壱冊

一　両御番所御石火矢打様年限之儀佐嘉聞役差出候伺書　壱袋

一　松平肥前守当番中病気及大切候ニ付御番所同氏左衛門佐可相勤旨御奉書写、右一件ニ付差出候書付

例書とも　壱袋　但七通

一　当御役所吟味者并異国漂流之者共引渡等之節白洲江罷出候聞役共帯釼之義申渡候一件　壱袋

一　小倉聞役座頭之儀調一件　壱袋

一　肥後用場所福済寺江相頼候義差支之有無相糺候処差支之儀無之候旨高木作右衛門并福済寺差出候書面　壱袋

一　諸家医師出嶋出入断書面入　壱袋

　申送　是迄願済之上者都度々無断勝手ニ出入致し来候処、今度出嶋取締掛町年寄申立之趣も有之
　候ニ付、以来都度々断申聞罷越候様聞役ニ用人を以及口達、右之趣広間当番江も申渡置、依
　之断書面差出候ハヽ、都度々広間当番江用部屋より相廻年番町年寄江も相達可申事

　内藤安房守初在勤

一　七ヶ年目太田尾神崎台場御制札建替之義肥前より申立書其外書るい　壱袋

一　松平肥前守家来医師当地住居楢林蒼寿出嶋出入差免候書類　壱袋

一　松平美濃守家来医師河野養立出嶋出入差免候書類　壱袋

一　十四家平常当地請人数書付　壱袋

一　長崎表御用船細川越中守御用捨ニ付松平主殿頭・松浦壱岐守ニ被仰付隔年弐艘宛差出候一件書物　壱袋
一　小倉家来為眼療出嶋出入願一件　壱袋
一　松平薩摩守家来相良鯖洲出嶋出入差免候一件　壱袋
一　松平主殿頭宿陣替届書　壱袋
一　諸家国産御買上願并代銀前借願一件　壱冊

口印引出　諸家用達

一　諸家屋代用達之者帯刀尋候諸書付　壱袋
一　元薩州用達服部清十郎当地人別除之義ニ付聞役ゟ申立候一件　壱袋
天保八酉年四月
一　元小倉用達酒見正左衛門右同断　壱袋
一　元対州用達芝山庄一郎右同断　壱袋
天保十亥年四月
一　肥後用達加藤宗五郎右同断　壱袋
一　西築町傳吉対州蔵屋敷江召仕度当地人別除之義聞役申立候一件　壱袋
一　引地町人別有吉惣三郎松平肥前守江召抱度ニ付当地人別除之義聞役申立候一件　壱袋
天保十三寅年
一　肥後用達加藤宗五郎当地人別除之義聞役申立候一件　壱袋
一　大村用達城戸雄作右同断　壱袋

一　小倉用達酒美正七郎右同断　壱袋
一　松平肥後守用達当地田辺屋兵助可申付処故障之義有之鮫目利冨田惣太夫江仮用達申付候一件　壱袋
一　松平出羽守用達平戸町吉川左右助ニ申付候一件　壱袋
一　久留嶋伊予守用達引替之儀ニ付来書并居町乙名相糺候書付　壱袋
一　奥平大膳太夫用達右同断　壱袋
一　雲州産人参用達引替之義申立候処差支有之難聞済之旨附札ニ而相達候一件　壱袋
一　久留米用達井上喜平次当地人別除之義聞役申立候一件　壱袋
一　松平肥後守用達江上勘左衛門代東古川町田辺屋忠兵衛江申付候一件　壱袋
一　久留嶋靭負用達引替之義に付来書并居帳乙名相糺候書付　壱袋
一　佐嘉用達古賀央助人別除之儀ニ付申立候一件　壱袋
一　薩州用達服部永五郎姉人別除之義ニ付申立候一件　壱袋
一　対州用達芝山喜久次人別除之義ニ付申立候一件　壱袋
一　立花出雲守領地替以来爰許用達中絶罷成候処、此度村替被仰付候ニ付先願之通榎津町渋谷平太郎江用達申付候一件　壱袋
一　御代官池田岩之丞用達当地西上町圓城寺茂一郎病死ニ付悴友次郎江右跡用達申付候書類　壱袋
一　本五嶋町千次郎義松平美濃守江召抱度候付当地人別除之義同聞役申立候一件　壱袋

ハ印引出　御代官・御鉄砲方

一　高木作右衛門御代官所壱万石増地被仰付候分羽倉権九郎元御代官所より請取届其外書付るい　壱袋

一　高木作右衛門廻村留守中御用向取斗方一件　壱袋
一　高木内蔵丞御預御鉄砲蔵火防町之義申立候一件　壱袋
一　高木内蔵丞御預御鉄砲蔵火防町之義再応申立候一件　壱袋
一　御代官高木健三郎病気一円相勝不申候付差掛候御用向元〆手代取斗方伺書　壱袋
一　唐人屋敷前御台場御石火矢高木作右衛門ニ当分御預申渡候付請取渡届書　壱袋
一　高木定四郎火消町之義申立候一件　壱袋
一　高木作右衛門元〆手代塚田平蔵年始其外礼相勤度旨伺出候書付江聞印いたし相渡候書付　壱袋
一　肥前国彼杵郡・高来郡七ヶ村庄屋共儀旧例ニ復非常并抜荷取締筋ニ出役之節、帯刀いたし度旨願之通以附札申渡候別紙書類　壱袋
一　安政二卯年十月中江府江船廻シ相成候西洋小筒三千挺之内七十二挺不足いたし取調候処、大小箱積違右不足之分会所ニ有之候付差控伺候一件　壱冊

ニ印引出　糸荷廻船難船一件

一　堺糸荷廻船栄通丸肥前平戸領於相之浦船底を摺、濡荷見改商人物代右場所江罷越候一件　壱袋
一　堺廻船宝寿丸防州上ノ関沖紅磯江乗上船底を摺右同断　壱袋
一　五ヶ所糸荷廻船借船大黒丸筑前領地嶋ニおいて破船、荷物改として商人物代右場所江罷越候一件　壱袋
一　堺廻船寿徳丸平戸田助浦禿嶋おゐて及難船、右見改として宿老惣代三人右場所江罷越候一件　壱袋

ホ印引出　紅毛献上一件

一　弘化二巳年　壱袋
一　同年十月阿蘭陀本国献上物差立一件　壱袋
一　同三午年　壱袋
一　同四未年　壱袋
一　嘉永元申年　壱袋
一　同二酉年　壱袋
一　嘉永三戌年紅毛人江府参上一件　壱袋
一　同四亥年　壱袋
此一袋不見　一　同五子年　壱袋
一　同六丑年　壱袋
一　同七寅年　壱袋

へ印引出　地下

一　遠見番増見習之者ゟ遠見番江之廉ニ繰上之儀願書差出候処相成かたく筋ニ付願書差返候一件　壱袋
一　聖堂助教饒田郡蔵席礼一件　壱袋
一　御宮御祭礼之節地下役人拝参之義書付　壱袋
一　朱座役人見習式御礼勤度願　壱袋
一　地役人其外之者共質素倹約之儀申渡候請書　壱袋　但四冊
一　目安方書役・御広間書役非常并出役之節、刀相用候儀ニ付願書　壱袋

一　出嶋・唐人屋敷乙名共非常并旅行之節帯刀差免候書物并別紙とも入　壱袋
一　唐大小通事出火之節帯刀差免候書物并別紙とも入　壱袋
一　阿蘭陀大小通詞出火之節帯刀差免候書物并別紙とも入　壱袋
一　会所請払役共一統出火之節帯刀仕度段願書書付　壱袋
一　乙名共出火之節帯刀仕度段再願差出候書付　壱袋
一　御役所附觸頭・遠見番觸頭席礼願書并席礼申付候書物入　壱袋
一　両町遊女唐人ゟ貰物一件　壱袋
一　久松土岐太郎江荻野流炮術執心之者取立致世話候様申渡候一件　壱袋
一　高木博之助儀弓術出精いたし候付父祖同様諸組師範之義町年寄一統願書　壱袋
一　地役人共苗字差免候姓名帳　二冊　但壱袋
一　唐人屋敷火之元番日雇之者御免之義高木健三郎差出候書付類并年番町年寄共差出候書類入　壱袋
一　長崎会所役人共為御用京都町奉行所江罷出候節提刀ニ而上り候義ニ付取調一件　壱袋
一　四ヶ所宿老惣代共於仕役場袴着用取調一件　壱袋
一　問屋組合仲間株式差留諸商人とも売買之義取しらへ伺出候書面　壱袋
一　地役人御扶持方米請取方之義申渡ニ付請書差出候書面入　壱袋
一　長崎村、浦上村山里・渕庄屋共白洲落椽江寅年以前之通罷出度之旨願之通差免高木健三郎差出候書付るい　壱袋
一　年番附書物役共非常并旅行帯刀差免再願書并町年寄願書差出候書付　壱袋
一　唐人屋敷組頭出火之節帯刀之義再応願出候処、難及沙汰申度承り付いたし返上書面入　壱袋

一　久松土岐太郎儀雲通平御塩硝蔵之内当分貸渡之義願出承届候書付　壱袋

一　乙名頭取之内ゟ年行司肝煎新規申付候処帯刀之儀願出聞届候右書面入　壱袋

一　長崎村外弐ヶ村庄屋共式日歳暮礼相勤度願承届候書付類　壱袋

一　長崎村外弐ヶ村庄屋共白洲ニ而名前申渡身分ニ掛り候節者呼出御代官所ゟ達麻上下着用願承届候書
付るい　壱袋

一　新地頭人奉行所呼出之節去ル寅年以前之通下吟味之節者下椽ニ罷出度願承届候書付　壱袋

一　年行司無滞相勤候者共以来席礼之義当勤年行司肝煎年行司共願町年寄共申立之趣も有之、出格之訳
を以聞済、尤無滞相勤交代いたし候節者可申立旨申渡承付致し返上書面　壱袋

一　新地頭人式日礼唐船掛宿町筆者頭取梅野角兵衛外壱人、同小頭渋谷豊助外弐人、年行司手附筆者棄
原良平勤中其身限五節句礼差免候儀ニ付年番町年寄共願立之趣聞済申渡右書面　壱袋

嘉永五子年六月

一　出嶋組頭共白帆注進之節帯刀願書類　壱袋

一　安禅寺
御宮御祭礼、諏訪社神事之節火之元取締乙名とも外加役同様為取締詰方いたし度旨伺出候書るい并
出嶋組頭共拝参伺之通承届候書付　壱袋

一　御船蔵続余地江新規囲籾蔵造立掛之もの江褒美并年中掛申付候一件　壱袋

一　諸向御米代銀御宥免并貧家御救一件　壱袋

一　来丑年西郷傳之進松前・津軽・南部領俵もの・昆布買入方為差出方候ニ付於彼地取斗方之義伺書　壱袋

一　唐紅毛八朔其外之節両小通事以下之者共定式薄縁相用度義願出候書類　壱袋

一　向井外記并宿老共肩衣着用之義願書書入　但差免手頭写共　壱袋
一　長崎市郷宗旨取締一件書付　壱袋

ト印引出　諸向

一　出火之節心得一件　壱袋
一　旅人一件　壱袋
一　書籍之儀ニ付向井雅次郎ゟ差出候書面年番町年寄・会所役人・年番唐通事一覧いたし候別紙諸書付　壱袋
一　天草難船工社徐永泉於官内致縊死候一件　壱袋
一　阿蘭陀外科所持ケンフル御取上相成候ニ付歎願横文字和解并右代りとして御銀被下候例書　壱袋
一　会所銀蔵壱番・弐番之分宿老進退并手板取扱方相続候書面江附札を以申渡候書面　壱袋
一　御役所附觸頭江月三度宛家老・用人とも面談之義申渡書并觸頭共より申上候書付　壱袋
一　稲葉出羽守様御死去ニ付法事書留　壱袋
一　王氏番外船江新信牌相渡候義ニ付向井元仲唐大通事平野吉次右衛門差出候書面　壱袋
一　蘭書御取締被仰出候ニ付掛り役人共申出候趣伺書江附札を以申渡候書類　壱袋
一　柳川種子油売出方之義ニ付伺出書付　壱袋
一　伊沢美作守武器類一棹引渡一件　壱袋
一　長崎沖端嶋石炭堀出度旨申上候一件書もの　壱袋

チ印引出　寺社

一　当地盲僧之義ニ付青蓮院宮坊官より之書状并伝奏衆ニ差出候願書写、右ニ付江戸表江掛合候書付　壱袋

一　吉野山知足院如先規市中配札いたし度書面　壱袋
一　遊行上人旅宿大音寺伺　大坂町奉行所取扱振書抜　壱袋
一　正覺寺正院家取扱之儀ニ付佛光寺御門跡坊官より書通、右ニ付正覺寺より之願書　壱袋
一　神事踊夜ニ入候而者不取締ニ付乙名共差出候書付　壱袋
一　三寶寺後住職如先規知恩院門跡準院家欽喜光院兼帯ニ被成候旨禁裏附并知恩院山行者ゟ申越候一件　壱袋
一　知恩院配下長崎寺院住職其外願等向後大音寺江奥印致シ候様申付候旨知恩院行者より之書状　壱袋
一　高木健三郎ゟ差出候徳苑寺一ヶ年一度宛放生会相勤度旨、且市中托鉢之義御勝手次第惣町触流之義者難及沙汰旨書面類　壱袋
一　聖堂火消之義ニ付高木健三郎より差出候書面　壱袋
一　土御門殿より使者を以当地陰陽道取調罷越差出候一件書付　壱袋
一　聖堂近辺出火之砌聖像遷座之節木綿小幟為掲度義ニ付白井雅次郎ゟ差出候書面高木健三郎・年番町年寄・乙名頭取・乙名共取調子別紙書付　壱袋
一　諏訪社神主青木筑後杖為持候義ニ付高木作右衛門申立書承届候書面　壱袋
一　伊勢宮神主嶋讃岐年八禮之節上下着用順序引上ケ玄関持刀願出候ニ付高木作右衛門申立書写し　壱袋
一　宝輪寺儀三寶院々宝三昧耶院兼帯被申付豊岡家猶子ニ相成候ニ付右之礼相勤度旨書類　但高木作右衛門ゟ之伺書并附札之写等者同人伺附札留江綴込置候事　壱袋
一　異国船渡来之節御備手続心得方大意書　リ印引出　御備向　壱冊

一　御備向之儀ニ付諸向より差出候心得書手割并船割帳　壱袋
一　唐人屋敷前御台場手割取斗方伺書江附札を以申渡候書面写　壱袋
一　異国船湊内江引入之節当番方江引渡地所之義大浦出崎相止以来西手上古川引渡度段大村丹後守家来
　　申上候一件　壱袋
一　異国船渡来之節御備場之義後藤道太郎伺書絵図面共　壱袋
　　ヌ印引出　唐紅毛通事家学試一件
〔以下「蔵入」など「一、」の上の文字は朱書き〕
蔵入　一　天保十一子年　壱袋
蔵入　一　同　十三寅年　壱袋

弐番御用部屋箪笥
　ル印引出　宗門改帳
堀町　船津町　今町　新興善町　金屋町
櫻町　内中町　小川町　後興善町　引地町
下筑後町　西上町　西中町　大黒町　恵美酒町
外浦町　東築町　西築町　本下町　嶋原町
出来鍛治屋町　油屋町　本石灰町　本籠町　船大工町
西古川町　東古川町　銀屋町　磨屋町　諏方町　〆

ヲ印引出　宗門改帳
新大工町　出来大工町　北馬町　南馬町　炉粕町
中紺屋町　本大工町　酒屋町　今魚町　袋町
豊後町　新町　今下町　大村町　本博多町　本興善町
勝山町　八百屋町　上筑後町　東上町　東中町
浦五嶋町　江戸町　平戸町　椛島町　本五嶋町
西濱町　東濱町　萬屋町　本紺屋町　榎津町　材木町　〆

ワ印引出　宗門改帳
今鍛冶屋町　今石灰町　古町　桶屋町　本古川町
本紙屋町　新橋町　新石灰町　今籠町　伊勢町
大井手町　今博多町　麹屋町　八幡町　今紺屋町　〆
丸山町　寄合町　銅座跡　〆
年寄　遠見番　唐人番　御役所附　同助
船番　町司　散使　牢守
皮屋町　非人小屋頭　未進踏絵帳　〆

カ印引出　惣町五人組帳

一　八拾冊

ヨ印引出　阿蘭陀船
一　通詞差出候書付四通
一　積荷物差出前銀積書付
一　荷物帳和解帳
一　同会所差出し
右四通り引出し入、其外者月袋入
夕印引出　年中諸家届書　但月袋ニ准シ二ケ年分宛出し置、其前之分ハ蔵入之事（朱）
外
一　諸家ゟ書状到来之内言上ニ可相成分呈書方江相廻承附之上返脚之分
一　大浦触并異国船渡来之節諸家ニ達之請書入　一袋　添
不見　一　大屋遠江守在勤　三袋
蔵入　一　内藤安房守初在勤　三袋
一　大沢豊後守初在勤　三袋
一　水野筑後守在勤　壱袋
三番御用部屋箪笥
レ印引出　高木作右衛門伺附札留
一　井戸対馬守心得中　壱冊
一　同人初在勤　壱冊

一　平賀信濃守在勤　壱冊
一　井戸対馬守弐在勤　壱冊
一　同人勤越　壱冊
一　大屋遠江守在勤　弐冊
一　内藤安房守初在勤　壱冊
一　牧志摩守初在勤　同
一　大沢豊後守初在勤　壱冊
一　水野筑後守初在勤　壱冊
一　荒尾石見守初在勤　壱冊
一　川村対馬守初在勤　壱冊

ソ印引出　諸家伺附札留

一　井戸対馬守心得中　壱冊
一　同人初在勤　壱冊
一　平賀信濃守在勤　壱冊
一　井戸対馬守弐在勤　壱冊
一　同人勤越　壱冊
一　大屋遠江守在勤　弐冊
一　内藤安房守初在勤　壱冊

一　牧志摩守初在勤　同
一　大澤豊後守初在勤　（朱）諸向伺附札留に上書有之　壱冊
一　水野筑後守初在勤　同　壱冊
一　荒尾石見守初在勤　同　壱冊
一　川村対馬守初在勤　同　壱冊
ツ印引出　諸家達書留、目安方諸家達書
一　井戸対馬守心得中　壱冊
一　同人初在勤　壱冊
一　平賀信濃守初在勤　壱冊
一　井戸対馬守弐在勤　壱冊
一　同人勤越　壱冊
一　大屋遠江守在勤　弐冊
一　内藤安房守初在勤　弐冊
後　一　大沢豊後守初在勤　弐冊
前　一　牧志摩守初在勤　弐冊
一　水野筑後守初在勤　弐冊
一　荒尾石見守初在勤　弐冊
一　川村対馬守初在勤　弐冊

子印引出　浦證文留、副觸留
蔵入　一　井戸対馬守心得中　壱冊
蔵入　一　同人初在勤　壱冊
蔵入　一　平賀信濃守在勤　壱冊
蔵入　一　井戸対馬守弐在勤　壱冊
蔵入　一　同人勤越　壱冊
蔵入　一　大屋遠江守初在勤　弐冊
一　内藤安房守初在勤　壱冊
後　一　大沢豊後守初在勤　弐冊
前　一　牧志摩守初在勤　弐冊
一　水野筑後守初在勤　弐冊
一　荒尾石見守初在勤　弐冊
一　同人詰越三在勤　弐冊
ナ印引出　御功米・御扶持方・御合力銀裏書留、諸事裏書留
蔵入　一　井戸対馬守心得中　弐冊　内御扶持方壱冊不見
同　一　同人初在勤　弐冊　右同断
同　一　平賀信濃守初在勤　弐冊
同　一　井戸対馬守弐在勤　弐冊

同　一　同人勤越　弐冊
蔵入　一　大屋遠江守在勤　四冊
蔵入　一　内藤安房守初在勤　弐冊
蔵入　一　牧志摩守初在勤　弐冊
蔵入　一　大沢豊後守初在勤　弐冊
一　水野筑後守初在勤　弐冊
一　荒尾石見守初在勤　弐冊
一　川村対馬守初在勤　弐冊

ラ印引出　忠孝奇特もの一件

一　曲渕甲斐守初在勤　壱袋
一　同人弐在勤　弐冊ト弐袋
一　大屋紀伊守在勤　壱冊ト壱袋
一　牧志摩守在勤　壱冊

ム印引出　遠嶋一件

蔵入　一　浦上村無宿幾太郎遠嶋一件　壱冊
蔵入　一　樺嶋町家持卯助・材木町無宿入墨坊主幸吉遠嶋一件　壱冊
蔵入　一　江戸町無宿岩吉外三人遠嶋一件　壱冊
蔵入　一　本紺屋町石崎恒五郎借屋長太郎方ニ罷在候仙助遠嶋一件　壱冊

蔵入　一　高木作右衛門御代官所肥前国彼杵郡長崎村十善寺郷百姓種次郎遠嶋一件　壱冊

ウ印引出　火事一件

蔵入　一　磨屋町文之助借屋明屋より出火一件　壱袋

蔵入　一　酒屋町横山又次右衛門居宅二階より出火一件　壱袋

蔵入　一　新大工町吉野屋善右衛門後家むめ宅小屋より出火一件　壱袋

蔵入　一　新大工町竹田惣兵衛方裏物置小屋より出火一件　壱袋

蔵入　一　同町周防屋九兵衛裏物置小屋より同断　壱袋

蔵入　一　今魚町森田むめ居宅裏小屋出火一件　壱袋

蔵入　一　酒屋町加幡豊次郎明家裏土蔵出火一件　壱袋

蔵入　一　銅座跡永見徳太郎裏小屋出火一件　壱袋

ヰ印引出　諸術見分一件

一　文政三辰年九月　田上江為兎狩罷越諸組備打見分一件　壱冊

一　同十亥年四月　於田上兎狩一件　壱袋

一　天保十亥年六月　武術見分書物　壱袋

一　同十一子年五月　右同断　壱袋

一　嘉永二酉年十月　組々弓袍見分一件　壱袋

一　嘉永七寅年五月　武術見分書物　壱袋

一　安政二卯年三月　組々武術見分一件　壱袋

〔以下箪笥・引出不明、文書名のみ〕

一　天保九戌年　抜俵物取押并買上之品御届引替帳　壱冊

一　天保七申年・同八酉年・同九戌年中　銅方諸伺引替帳　四冊

一　文政七申年・天保八酉年　刻昆布商法諸伺引替帳　二冊

一　天保七申年・同九戌年　琉球産物商売方諸伺引替帳　二冊

一　同断　市中取締方諸伺引替帳　二冊

一　酉五月十月・戌閏四月　毎月二日十六日唐口唐学稽古出席帳　三冊

一　寛政七卯年・同八辰年・天保九戌年　講釈出席引替帳　三冊

一　寛政七卯年・同八辰年・天保九戌年　唐通事会合出席帳　四冊

千六百九拾八

一　天保七申年・同八酉年・同九戌年　旅人到着帰国并差引増減御届帳　三十冊

一　佐賀領□海陸罷越候もの人別帳　十五冊

一　寛政四子年・同五午《ママ》年・享和三亥年・文化元子年・天保七申年・同八酉年　在牢人数帳　四冊

一　享和三亥十二月・文政二卯十二月ゟ同三辰十一月迄・文政三辰十二月　牢内之者腹薬・膏薬御届帳　四冊

一　会所役所番并筆者以下御褒美被下銀人別小訳帳　二冊

一　卯七月　破損家并家財流失之者江御救被下銭人数寄帳　一冊

一　同　住居押流潰家七歳以上之者江御救被下銭人数寄帳　一冊

一　天保八酉年　波止場船々出役帳　四冊

一　子十一月　阿蘭陀人江日用諸色売込帳　一冊

一　丑三月　長崎商人為登残荷物小訳帳　一冊
一　巳七月　漂流船江薪代銀帳　一冊
一　子正月　子四番六番割商人未納銀高并所持荷物帳　一冊
一　丑二月　長崎商人荷物舟積帳　一冊
一　丑二月　京商人荷物船積帳　一冊
一　丑三月　子四番六番割残荷物帳　一冊
一　火之元番貰請之品帳　一冊
一　天草新田御領村勝三郎江引譲候払入銀割帳　一冊
一　寛政四子年　子五月中船々現銭払高帳　一冊
一　寅十二月　旅行年越ニ相成居候者共名前御届帳　一冊
一　館内売込代払高帳　九冊
一　寛政七卯年・同八辰年・文化十一戌年・同十二亥年・同十三子年・同十四丑年　番船鯨舟小船増水
主日々出役帳　五冊
一　卯六月　迎船雑用小前帳　一冊
千六百九拾九
一　船改方捕者并取押者伺帳　一袋
一　旅人方取押もの伺帳　三冊
一　市中取締方諸出入捕者糺方并抜荷筋手限伺引替帳　一冊

一　旅人追立并臨時帰国之者名前御届帳　三袋ト一冊

一　天保八酉年・同九戌年　市中取締方諸出入糺方并捕者手限伺帳　三袋

一　船改方　不正物并捕者并手限伺帳　一袋

一　天保二卯年・同四巳年・同八酉年　市中商人ゟ海陸送荷物御届帳　三袋

一　天保六未年・同七申年・同八酉年　大坂・堺糸荷廻船出帆手板御届引替帳　三袋

第二節　長崎キリスト教史についての一考察

――長崎奉行所文書にみる「邪宗」と「異宗」――

はじめに

本節は長崎を中心としたキリスト教史のうち禁教、潜伏、浦上崩れを概観し、長崎奉行所文書ほかキリシタン関係史料[1]から「邪宗」と「異宗」の表記について考えていきたい。そして、十分な史料の集積があるわけではなく少し無謀な感じもするが、史料の中の「邪宗」「異宗」の考察から、徳川幕府のキリシタン統制策の推移・変化についても考えてみたい。

これまでの長崎のキリスト教史は、浦川和三郎神父・結城了悟神父・片岡弥吉氏などクリスチャンの立場からの研究が主流となっている。加えて、姉崎正治・海老沢有道などの先達諸氏、現在においては五野井隆史氏・清水紘一氏といった先学の業績があり[2]、これらの研究に依拠しながら、一連の長崎奉行所文書調査の結果、及び長崎の地域史の流れを織り交ぜて筆者なりに取り組みたいと思う。

一　長崎開港と小ローマ長崎

イエズス会と大村純忠（洗礼名バルトロメオ）の長崎開港協定に基づき、その翌年元亀二年（一五七一）から長崎の町建てが開始されるとともに、ポルトガル船二隻が入港した。貿易都市長崎の誕生である。最初に建てられた六町には、島原町・大村町・平戸町・外浦町・横瀬浦町・文知町の町名から想像できるように（文知町は不明）、有馬領・大村領・平戸領から移住した人々が居住し、そのほとんどがキリスト教信徒であったと考えられる。以後、長崎はキリシタンの町、国際貿易都市として発展していった。六町に続く樺島町・五島町も同様であり、博多町・興善町・豊後町も筑前・筑後・豊後方面から来住した信者・貿易商によって建てられた町であろう。

当時、ポルトガル貿易とイエズス会の布教活動は一体となって行われたのであり、布教活動費の大半はイエズス会が権利を持つ貿易の収益でまかなわれていた。長崎においてポルトガル船（商人）と取引を行おうとする日本側商人の多くはキリシタンであったろう。

ところで、戦国期最終末の九州では、豊後王と呼ばれた大友義鎮（宗麟・フランシスコ）が島津氏に敗れ、北部九州の雄・肥前の龍造寺隆信も、天正十二年（一五八四）沖田畷の戦において島津・有馬の連合軍のために敗死した。つまり、九州は島津氏（義久）の一人勝ちの状況になり、長崎にも島津軍が進駐した。この年、有馬晴信（プロタジオ）は沖田畷の勝利を感謝して自領浦上村をイエズス会に寄進した[3]。

大坂にあって全国統一を進めていた秀吉に対し、大友宗麟や肥前の鍋島直茂ら北部九州の諸勢力は島津征伐を要請したため、天正十五年秀吉は大軍を率いて九州に入り、島津義久を降伏させた。九州全土を支配下に治めた秀吉が博多で発したのが宣教師追放令である。

「日本ハ神国たる処、きりしたん国より邪法を授候儀、太以不可然候事」（松浦家文書）と、ここには、キリスト教は「邪法」であると明記されており、日本伝統の神国思想と相まって、基本的には徳川家康も同様であったと思われる。なお、この禁教令では貿易制限に言及しておらず、秀吉は宗教と経済を分離して考えていた。

しかし、土佐に漂着したスペイン船サン・フェリペ号事件を契機に、慶長元年十二月（一五九七）日本で最初のキ

図４－２－１「長崎近郷之図」（部分）

図４－２－２「伴天連不浄地」の書き込み（図４－２－１の拡大図）

リシタン殉教となったイエズス会士・フランシスコ会士ら二六人の処刑が長崎西坂の丘で執行された（二十六聖人殉教、列聖は一八六二年）。それでも、イエズス会はじめ諸会派は活動を自粛したものの、朝鮮出兵（慶長の役）のさなかでもあり、秀吉が厳しい禁教政策・弾圧へと向かうことはなかった。

なお、西坂の殉教地の特定について新史料が発見されたので紹介しておく。長崎県の史跡に指定されている二十六聖人殉教地であるが、現在地から多少ずれた首塚あたりとか、本蓮寺寄りといった異論があった。この件に関して絵図類を調査するうち、長崎代官高木氏旧蔵、作成年代は一八世紀前半と考えられる「長崎近郷之図」（図４－２－１）の、ちょうど西坂のあたりに「伴天連不浄地」の書き込みが見つかった（図４－２－２）。伴天連と邪宗門は、同じ響きを持つキリスト教用語である。この絵図については今しばらく検討したい。

なお「小ローマ長崎」に最もふさわしい時期は、関ヶ原の戦前後から徳川政権創立時の十数年間であった。イエズス会のほか、フランシスコ会、ドミニコ会、アウグスチノ会も長崎市中に教会を建設して布教活動の拠点とし、イエズス会もこれまでの福祉施設ミゼリ・コルディアに加えて、サンチャゴ病院など医療施設を建設・運営して信者の期待に応えた。また、コレジヨを中心に『落葉集』『スピリッアルの修業』などキリシタン版の書籍が次々と刊行され、文化面でも光彩を放っていた。まさに「日本にては長崎が良摩《ローマ》なり」(4)という状況が創り出されていたのである。

二　禁教・弾圧

江戸幕府創立期の十年間、徳川家康は徳川政権の維持を第一に考え、イエズス会などキリスト教各派を取り込み、また布教も黙認したため、信者は増え続け、幕府による禁教令が出された慶長十八年十二月頃には、全国で三七万人前後にのぼったという。[5] 長崎地方のキリシタンも、この頃の信者数がピークと考えられるが、幕府による禁教策によって急速にその数を減らしていった。以下、幕府の指令を受けた長崎奉行によるキリシタン取締りを、長谷川権六藤正、水野河内守守信、竹中采女正重義の三人を中心に、いくつかの具体例をあげながらみていくことにする。

岡本大八事件を契機に直轄領に出された禁教令に続いて翌慶長十八年十二月にも禁教令が発令され、日本全土でキリスト教への圧迫が強まるなか、長崎においてはキリシタンがなお勢力を保ち、市内の教会を巡る大規模な示威行動を展開して弾圧反対の意思を表明した（キリシタン行列）。

これに対し幕府は徹底弾圧の方針で臨み、大村・平戸・佐賀など近隣の大名に命じて、日本で最も美しいと言われた被昇天のサンタマリア教会はじめ一一の教会を取り壊させるとともに、高山右近・内藤如安など主だった信徒一四八名をマニラ・マカオに追放した。残った教会はミゼリ・コルディア、サンチャゴ病院など福利関係施設に付設したものだけになったが、それらも五年後までには破壊された。

二万人を超える住民のほとんどがキリシタンであった長崎においては、幕府の取締り策は当初教会の破壊、宣教師の摘発に重点がおかれ、信仰組織の解体が進められたようだ。スピノラ神父はじめ宣教師・信徒五五名が処刑された元和八年（一六二二）の所謂元和の大殉教は、その最も大きなものである。長谷川権六が長崎奉行を務めたおよそ十年間、宣教師や主だった信徒の処刑が続く一方、大音寺・本蓮寺などの寺院が創建され、諏訪神社の勧請もなされた。キリスト教に代わる精神的拠り所を提供しようとする意図は明白だ。

末次平蔵は早くにキリスト教を棄て、また高木作右衛門も元和二年には信仰を棄て、周囲の改宗をうながした。後藤・高島といった町年寄クラスの有力者は次々と改宗して長崎奉行のもとで長崎市中の支配、貿易に関する権益を確保したのである。一方、第六項の浦上四番崩れで登場する高木仙右衛門の先祖権左衛門は高木一族と袂を分かち、浦上村山里に移って信仰を守り続けたという。[6]

長崎の一般信徒への取締りが強化されたのは、長谷川権六の後任として寛永三年（一六二六）から三年間在勤した水野河内守、その後四年間在勤した竹中采女正のときである。水野河内守にあてた幕府の令達には、バテレンへの協力者に対して男は火あぶり・死罪に、女は奴《やっこ》に落とし、家の財産は没収とあるなど、徹底的な弾圧を指示している。雲仙の熱湯（地獄）責めを考案したのも水野といわれ、島原領主松倉重政の協力もあって多くのキリシタンが殉教あるいは棄教した。

続いて長崎奉行に就任した竹中采女正は豊後府内領主、二万石の大名である。旗本ではない、れっきとした大名の長崎奉行起用は、それだけキリシタン取締りに人手が要る事態を示すもので、采女正は前任者水野河内守以上に苛烈なキリシタン弾圧を強行した。寛永十九年の長崎平戸町の「人別生所糺」によれば、平戸町に居住する住民のうち長谷川権六時代に転んだ（棄教した）者は三人、水野河内守のときは一六人、竹中采女正在勤中は実に一五八人にのぼり、棄教者の八割以上を占めている。平戸町は周知のとおり長崎町建て六町の一つで、長崎キリシタン社会の中心に位置していた。一町だけの史料ではあるが、長崎全体の傾向を推し量ることができるのではなかろうか。

キリシタン摘発のために絵踏みが長崎で制度化されて実施されたのも采女正のときからであるという。この時の絵踏みに使用されたのは、縦二五センチ、横一八センチほどの板の中央をくりぬいてキリスト像や聖母マリア像などのメダイをはめ込んだ「板踏絵」であった。後に鋳造された「真鍮踏絵」とともに長崎奉行所立山役所の宗門蔵に保管され、長崎市中、周辺の村々での絵踏みに使用されたほか、九州各地の大名にも貸し出された。

これら踏絵を含め、浦上崩れで没収されたマリア観音像など立山役所宗門蔵のキリシタン関係資料は、明治になって長崎県から政府教部省に差し出された。その後いくつかの保管場所を経て現在は東京国立博物館に収蔵され、歴史資料部門第一号として重要文化財に指定された。それらの一部が貸し出されて長崎歴史文化博物館に常設展示されているが、博物館は立山役所跡に建設されており、いわば里帰りしているわけである。

絵踏みと並んでキリシタン取締りの根幹をなすものが寺請（檀家）制度であり、それに付随する宗門改め帳（宗旨人別帳）の作成である。全国的には島原の乱後寛文年間にかけての実施と考えられるが、長崎では他所に先駆けて、この制度が施行されたようだ。寛永十一年には「平戸町・横瀬浦町人数改の帳」が作成されており、その時期は全国で最も古い。

長崎各町ごとに乙名の責任で作成された宗門改め帳は、毎年奉行所に提出され、立山役所御用部屋内の文書整理箪笥に保管された。現存するものでは桶屋町藤家旧蔵の「桶屋町宗旨改踏絵帳」一〇九冊が最もまとまったもので、江戸中・後期の長崎の人口動態を知る基本資料でもある。他に勝山町のものもまとまってあり、寄合町・浦五島町・八幡町なども残っている。極めて珍しい貴重な資料として「八幡町邪宗門ころび宗旨改帳」もあげておきたい。詳細は次項で述べるとして、転びキリシタンの人別帳は別途作成して奉行所に提出されたのである。

さて、キリシタン取締りが最も急がれた長崎においては、島原・天草の乱頃までに市中のキリシタンはほとんど転びを余儀なくされ、その組織も消滅したと思われる。ところが、全国的にはこの後、キリシタンの大量発覚事件が次のように三件表面化する。

明暦三年（一六五七）には、大村藩領郡村を中心に多くのキリシタンの存在が明らかとなり、約六百人が逮捕され四百人余が死罪となった（郡崩れ）。『長崎実録大成』(7)には「大村領邪宗門ノ者刑罰之事」とあり、発覚の発端となった「彼大村ノ者ヲ搦捕リ稠シク拷問有シニ、邪宗門ノ残党数百人相催スノ次第分明ニ白状ス」とある。長崎奉行からの通報に驚き、存亡の危機に直面した大村家では、長崎奉行所や佐賀・平戸・島原各藩の協力を得て事件を決着・沈静化させるとともに、厳しく領内で禁教政策を実施した。それは外海・西浦上地区を除いて完了した。外海・西浦上地区に潜伏キリシタンが残ったのは、大村城下から離れていたこと、信仰組織の強固さによるものであったろう。

続いて同書には「豊後ヨリ邪宗門之類族送来事」とあって、万治三年（一六六〇）以来「豊後国臼杵、竹田、杵築、鶴崎、諸処ヨリ、邪宗門類族ノ男女数多当表ニ差送ラル」など長崎奉行所主導で寛文・延宝・天和と十数年にわたってキリシタンが捕らえられた豊後崩れの記事がある。これら二つの崩れを契機に九州における禁教政策は、絵踏みの制度化、各藩宗門奉行の設置というように、より徹底されていったのである。

さらに、崩れは徳川御三家の膝元でも起こった。尾張徳川家領内のキリシタンが発覚したのは寛文元年（一六六一）のことであった。以後、幕府による直接の指示もあって調査・摘発が行われ、濃尾地方全体では千人以上が斬罪に処せられた（濃尾崩れ）。幕府の指導のもと尾張藩の禁教政策が制度化され、徹底されたのはいうまでもない。

以上みたように、一七世紀半ばにかけて大規模な崩れが起こるに伴い、徳川幕府は鎖国政策の重要な柱であるキリスト教禁教策を再構築することが必要になったはずであるが、実際にはその傾向はみられない。

三　切支丹関係幕府法令

ここではキリスト教禁令関係の幕府法令を、「邪宗」「邪法」の表記に留意しながら概略みてみたい。まずは、徳川政権がキリシタン禁教に踏み切った慶長十八年の禁教令をあげる。

慶長十八年丑五月　邪宗門吟味之事　御條目宗門檀那請合之掟

一切支丹之法、死を不顧、火に入りても不焼、水に入ても不溺、身より血を出して死をなすを成佛と建る故、天下之法度嚴密也、實に邪宗なり、依之死を輕する者可遂吟味事(8)

慶長十八年、幕府全国に禁教令。

慶長十八年丑十二月　伴天連追放文　傳長老（金地院崇伝）製之、獻御前云

爰吉利支丹之徒黨適来日本、非啻渡商船而通資財、叨欲弘邪法惑正宗以改域中之政、是大禍之萌也、不可不制矣、日本者神國佛國而、尊神敬佛

以是為宗之本懐、非邪法何哉、實神敵佛敵也

孔夫子亦曰、身躰髪膚受于父母不敢毀傷孝之始也、全其身乃是敬神也、早斥彼邪法彌昌吾正法(9)

寛永十四年、島原・天草の乱起こる。

寛永十六年卯年七月〔鎖国令〕

條々

一日本國被成御制禁候切支丹宗門之儀、乍存其趣、弘彼宗之者、今ニ密々差渡之事

一宗門之族結徒黨企邪儀、則御誅罰之事

一伴天連同宗旨之かくれ居所江、彼國よりつけ届物送りあたふる事

右因茲、自今以後、かれうた渡海之儀被停止之畢、此上若差渡ニおゐては、破却其船并乗来者速可被処斬之旨、所被仰出也、仍執達如件(10)

寛永二十年、筑前大島にペドロ・マルケス以下一〇名潜入、捕縛される。

慶安二年〔一六四九〕丑九月

今度筑前国大嶋にて南蛮伴天連・いるまん・同宿白状の覚
一吉利支丹宗門にこんはにやと申派・さんふらんしすこと申派の伴天連年来日本江渡申候、はつは前にて日本をうはい公事仕候処はつは批判にて日本六十六ヶ国を二ツに分大坂より東ハさんふらんしすこ・西はこんはにや法を弘へし、日本はつはに随ひ候ハヽ、右の通違乱有之間敷と申渡候由異国にて専此沙汰仕候
井上筑後守(11)

大目付・宗門奉行の職にあった井上筑後守のキリシタン、キリスト教国に関する知識・認識は、かなり深いレベルに達していた。彼が転びバテレン・キリシタン、江戸参府のオランダ人らから得た情報は、そのまま当時の権力者である松平伊豆守に伝えられたと考えられる。

明暦三年、大村藩領郡崩れ起こる。

万治三年、豊後崩れ起こる。

寛文元年、濃尾崩れ起こる。

貞享元年（一六八四）、清国、展海令。

貞享四卯年六月　〔切支丹類族改め制〕
一前々切支丹宗門の由に而本人於有之は何年以前何方ニ而僉儀有之候而何年以前ころひ候邪宗門の者ニ而候得共、依訴人仕候其科を被成御免在所江帰罷在候哉、其訳委細ニ書付可被申上候事
一最前切支丹に而ころひ不申以前之子は男女ともに本人同前の儀候而本人の内ニ書入可被申候、但しころひ候以後の子供ハ男女ともニ類族之内江書入可被申候事(12)

この法令を受けて「ころび」の者だけの宗旨改め帳が町ごとに作成された。長崎の場合、八幡町の乙名を代々務めた木下家伝来と思しき「八幡町邪宗門ころひ宗旨改帳」が、貞享五年から宝永七年（一七一〇）まで二〇冊残っている[13]。貞享五年の改め帳では一〇人だったが、宝永七年になると「まん」一人になり、この年彼女は死去しているから、これが最後の「八幡町邪宗門転宗旨改帳」ということになる。後掲の史料1・2を参照されたい。なお、転び切支丹関連の史料もあって、「永野道夢」に関わる「八幡町永野道夢　姉きく類族図」「永野道夢存命帳」「永野道夢死失帳」をそれぞれ史料3～5にあげているが、これらが当時の転び切支丹把握に必要な文書のセットであった。

永野道夢についていえば、「永野道夢存命帳」によると、父仁右衛門は「生所異国朝鮮之者、九拾年程以前長崎ニ罷越、其後奉行水野河内守時分邪宗門転」んだ人物で、道夢は仁右衛門が転ぶ以前に生まれた子であったから、転び切支丹同等の取り扱いを受けていた。

　貞享四卯年十二月　諭唐諸人

一耶蘇邪徒蛮俗云天主教以罪悪深重故其駕船所来者先年悉皆斬戮且其徒自阿媽港発船渡海之事既停止之、自今以後唐船若載彼徒来速斬其身而同船之者亦当伏誅、但縦雖同者告而不匿則赦之可褒賞事[14]

宝永五年、宣教師シドッチ、屋久島で捕らえられる。

　正徳五年（一七一五）阿蘭陀方通事法度書

　　条々

一邪宗門の事、近年以来替りたる風説も不相聞候、凡西南蛮国中は、今以邪宗門流布の事に候得は、其風説も可有之事に候、自今以後阿蘭陀人平日の雑談にも、右の説相聞候はゝ早速可申出候、惣して邪宗門の儀は如

前条の御法度の趣堅相守可申候事[15]

幕府法令関係に「邪宗」「邪法」の類の表記があるのは、後掲する異国船打払令の「其上邪宗門ニ勧入レ」「御制禁邪教之国」を除けば、この正徳新例まではなかろうか。これ以降の徳川政権下の法令では「切支丹宗門」「耶蘇宗門」が使われて明治維新にいたっている。ところで、次にあげる「類族之者之儀ニ付御書付」の内容は、紀州藩主から入った吉宗の影響があるのか幕府のキリシタン政策が変更されたかのような印象を受ける。これまで厳重な監視のもとに置かれていた切支丹類族に対して監視を緩める方針が出された。類族の者は、これまで追放にはできなかったが、以後追放に処してもよいというのである。

享保三年〔一七一八〕　類族之者之儀ニ付御書付

一類族之者唯今迄追放ニハ不罷成候得共、追放申付候而も不苦候事

一離別又ハ養子之義絶ニ而類族をはなれ候ものハ、二季両判之証文を以可相届候、変死病死死罪欠落遁世等ハ、二季ニ無判之書付を以可相届候事[16]

享保十九年　当時村方五人組帳差上申一札之事

一切支丹宗門御制禁之儀、御高札之面急度相守可申候、自然不審成すゝめ致候僧俗有之候ハヽ、郷中之義は不及申、他所より参候共捕置可申上候、若かくし置候ハヽ、一郷之者不残曲事可被仰付候、常々被仰付候御法度之趣、無油断、吟味可仕候、惣て宗門之義、店借り出居衆地借前地之もの召仕等迄、寺請状を取置、入念吟味可仕事[17]

寛政二年（一七九〇）、浦上一番崩れ起こる。

寛政四年
一切支丹宗門御改公辺江御届之義、是迄ハ壱ヶ年ニ両度之処、已来ハ壱度暮斗御達被遊候筈ニ相成候間、右より
被指出候改書附之義も六月ハ相止年々十月九日計是迄之通可被指出候

寛政四年子六月

指上申切支丹宗門手形之事

村々切支丹宗門去辰七月ゟ当巳六月迄御改ニ付、村中百姓水呑寺社門前堂宮社其外山林巖穴ニ至る迄銘々相改
申候所、右宗門之者壱人も無御座候、右等之者有之隠置、後日相知候ハ丶、何分之曲事ニも可被仰付候、怪敷者見
当リ候ハ丶、捕置早速御注進可申上候、為其連印指上申候、依如件(18)

一七世紀に起こった崩れから百数十年ぶりにキリシタン問題が起こっている最中、幕府にはそうした認識はな
く、年二回提出が慣例だった「切支丹宗門手形」を年一回に減らしている。国内向けの禁教策はすでに形骸化した
状態といえそうである。

文政八年〔一八二五〕異国船打払令

〔前略〕いきりす之船、先年長崎ニおいて及狼藉、近来ハ所々江小船ニ而乗寄、薪水食料を乞、去々年ニ至り候而
ハ、猥ニ上陸致し、或ハ廻船之米穀、島方之野牛等奪取候段、追々横行之振舞、其上邪宗門ニ勧入レ候致方も相
見へ、旁難被捨置事ニ候、一体いきりすニ不限、南蛮西洋之儀ハ御制禁邪教之国ニ候間、以来何れ之浦方ニおゐ
ても、異国船乗寄候を見請候ハ丶、其所ニ有合候人夫を以、有無ニ不及、一図ニ打払(19)〔後略〕

異国船〔無二念〕打払令に、百年以上公式な法令としては表れなかった「邪宗門」「邪教」の表記が見られる。徳

川政権は、清国の展海令への対応や正徳新例の際と同じく対外関係において邪宗・邪教を使用したものと思われる。国内向けには次の史料にあるように異宗・異法である。もちろん個々の証文類には、依然として邪宗・邪教が使われていた。

文政十二年　（豊田みつぎ一派への処断）

切支丹宗門之儀、従先前雖為御制禁、今度於上方筋右宗門之由ニて異法行ひ候もの有之、即被処厳科候、就ては右宗門之儀弥可被遂御穿鑿之条、銘々無油断相改、自然疑もの有之は、早々其筋え可申出、品ニ寄、御褒美被下[20]〔後略〕

以下の項で述べる浦上崩れ関連の史料でも同様に、怪しい宗体を表現する基本用語は異宗であって、邪宗はキリシタンであることを否定するとき、あるいは断定できないとする吟味の過程でしか使われていない。ただし、大塩平八郎が切支丹として検挙した豊田みつぎ事件の場合は、世間の風潮もあって、結局切支丹として処刑した（みつぎ等六人が「引廻之上磔」ほか）ため、史料には邪宗・邪法が使われている。もっとも、水野軍記を始祖とするこの教団をキリスト教とするには無理がありそうである[21]。

文政十二年己丑年十二月五日、攝津國大坂において、切支丹宗門の徒を嚴科の處せられ、同月廿一日邪宗の禁令を出さる　大坂町奉行高井山城守のち天保二年に至り褒賞あり

文政十二年己丑年十二月五日京都邊に切支丹の餘類怪しき邪法を行ひたる輩を嚴科に處せらる[22]

ところで、後述のように、徳川政権が瓦解し、明治新政府が発した五榜の掲示では、はっきりと「切支丹邪宗門」と表記してある。

慶応四年（一八六八）　五榜の掲示　第三札
一切支丹邪宗門ノ儀ハ堅ク御制禁タリ、若不審ナル者有之ハ、其筋之役所ヘ可申出、御褒美可被下事(23)

四　潜伏の時代と浦上一番崩れ

慶長十七年、岡本大八事件を契機に家康はキリスト教禁教を打ち出し、以後徳川政権がキリシタン弾圧を強化していったことは、これまで述べたとおりである。日本全国に広がっていたキリスト教であったが、度重なる禁教政策によって大半の地域では信仰が絶え、組織も消滅した。ところが、ごく一部に信者・信仰組織が残った地域があった。いわゆる潜伏キリシタンと呼ばれた人々が存在したのである。

その主たる地域をあげてみよう。幕府直轄領、貿易都市長崎のすぐ近くに、長崎代官支配の浦上村がある。戦国末期には大村領と思われるが、かつては有馬晴信によってイエズス会に寄進されたこともあり、強固な信仰組織、そして教義・儀礼が生き続けた。長崎市中の弾圧が厳しかった頃、高木仙右衛門家の伝承にあるように市中から浦上村に移住したキリシタンがいたのかもしれない。

他に、浦上村に隣接した大村領浦上西村・同北村など（慶長十年、長崎新町・長崎村を幕府直轄領として収公する代わりに幕府から大村に与えられた村々）、また大村領・佐賀藩深堀領が入り交じった外海地方、その外海地方から大村藩と五島藩の取り決めにより多くのキリシタンが移住した五島列島の各地、そして平戸領の平戸島・生月島・度島などが潜伏キリシタンの地域として知られている。

平戸領の各地域は、平戸松浦氏の一族で重臣だった籠手田氏の旧所領とおよそ一致しているという。籠手田安経はキリスト教に改宗した最初の上級武士であり、慶長四年には松浦氏の迫害を逃れて一族六百余人を率いて長崎に移住した籠手田安一もいる。非常に気になる籠手田一族だが、六百余人がその後どうなったのか史料には表れない。長崎県域以外では、天草、久留米の今村、摂津高槻地方などにもみられ、とくに天草には島原・天草の乱の際原城に籠もらなかった人々が多く残り、その子孫が信仰を守っていた。

これら潜伏キリシタンの人々は、宗門改めによって寺の檀家となり、絵踏みを強いられる場合はそれも受け入れた。幕府側にしてみれば、禁教政策にしたがう従順な百姓ということになる。

寛政二年、浦上村山里で騒動が持ち上がった。この後数年続いた、いわゆる浦上一番崩れと呼ばれるものである。村内山王社奥院（穴弘法さん）における八八体の石仏造立への寄附を拒否されたことに怒った浦上村山里庄屋の高谷永左衛門らは、里郷の忠右衛門はじめ主だった百姓一九人と「中野郷卯三郎後家さつ」を、「異宗信仰之者」（「犯科帳」寛政二年）として長崎代官に内訴した。ここで庄屋が言う「異宗」は長崎奉行所文書の表記であって、実際には彼らがご制禁の耶蘇宗門に関わりがあると訴えたと思われる。高谷家は豊後大友家の家臣という伝承を有し、キリスト教を棄教して浦上村山里の庄屋を代々務めてきた。おそらく村人たちがキリスト教信仰を継承していることは承知していたに違いない。

こうした訴えを受けて一九人は入牢、さつは手鎖村預けとなったが、一九人の息子たちや村人からは親たちの出牢を訴える嘆願「乍恐奉願上口上書」（切支丹史料7）が出された。

「私共先祖より代々浦上村山里江罷有候百姓共ニ而御座候」の書き出しから始まる嘆願書は「代々浄土宗聖徳寺檀家ニ紛無御座候、則毎春御代官所より御役人御差越村役人立合踏絵之砌御改被仰付候者ニ而御座候、もしや讒訴之者御座候哉与奉推察候、決而疑等之儀奉蒙候覚無御座候」と、自分たちは浄土宗聖徳寺の檀家であり、代官所役人立ち合いの毎年春の踏絵の際には皆宗門改めを受けている。疑われるようなことは決してない。さらに「数人之者共入牢被為仰付候而者当時秋作収納之砌ニ而一流難儀千万歎ケ鋪奉存上候」とあって、今年秋の収穫に差し障る、すなわち年貢の納入にも関わってくるというのである。

牢内の者たちも同じく「異宗信仰」を否定し続けたため、結局長崎奉行は一九人の入牢者と、卯三郎の未亡人さつに対して次のような判決を下した（「犯科帳」寛政二年）。

浦上村里郷
一　忠右衛門
一　民右衛門
一　新五郎
一　乙左衛門
一　又四郎
中野郷
一　惣次郎
一　兵右衛門
一　喜三郎
一　三次郎
一　平左衛門
一　吉郎次
本原郷
一　市兵衛

戌七月廿一日忠右衛門外拾八人入牢
さつは手鎖村預
同十二月廿七日　三十日押込可申付
処数日入牢手鎖申付置候付急度叱

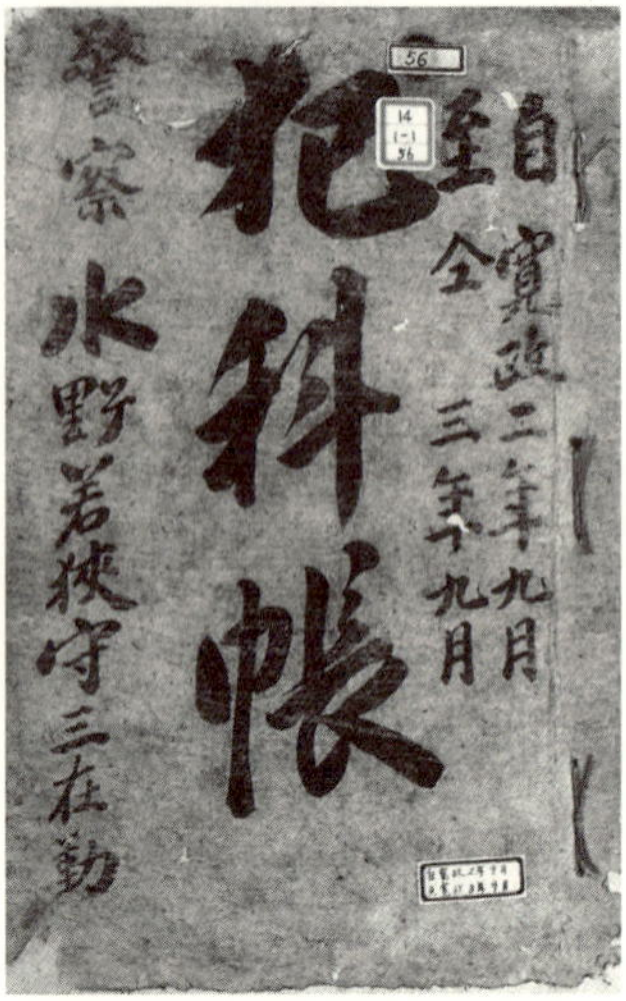

図4-2-3　寛政二年「犯科帳」

一　権左衛門
家野郷
一　幸右衛門
一　甚七
一　七郎次
一　次郎八
一　市次郎
一　兵助

中野郷卯三郎後家
一　さつ
右之者共異宗致信仰候趣相聞ニ付召捕遂吟味処、年々宗門改之節踏絵印形致し置、疑敷筋無之段旦那寺聖徳寺よりも雖申立、畢竟風聞ニ逢候も平日正法之行作疎成故と相聞、不埒ニ付三十日押込可申付処、当戌七月以来数日入牢手鎖等申付置ニ付急度叱リ置候

この「急度叱リ」即ち厳重注意が浦上村民に対する長崎奉行所の判決であった。かえって訴え出た庄屋高谷永左衛門に対して「役儀差免五十日押込」と、庄屋役を解かれたうえ、五十日の謹慎蟄居が命じられた。この後も数年間高谷永左衛門は策動するが、長崎奉行所は取り上げなかった。

庄屋の一味として「五十日手鎖」の処罰を受けた浦上村淵の幸左衛門に対する「犯科帳」判決文に長崎奉行所の見解が表れているように思われるので紹介しておく。幸左衛門は、先年病死した者が聞き馴れない唱事を教えていたと申し立てたのであるが、その者は「年々踏絵致来怪敷儀不相聞、殊今般踏絵致候上者邪宗致信仰候儀ニ者有之間敷候」、つまり踏絵をしていたから邪宗ではないというのである。そして、怪しい唱事を致しているとき申し立てるべきなのに捨て置き、「異宗之風聞」があるからといって申し立てるのは不埒であると手鎖を申し渡されている。

長崎奉行所目安方では浦上村一帯を捜索し、形が変わった墓石の存在なども調査しているが、浦上村一帯数千人の住民は宗門改めを受け入れ、聖徳寺の檀家となり踏絵もしており、何より年貢も納めている。一揆等のおそれもない。その彼らをキリシタン邪宗門として取り調べることは行政上得策ではないと判断したのではないだろうか。

五　開国と浦上三番崩れ

高谷庄屋側は無宿者を使って天草から「異仏」を取り寄せ、「邪仏」として差し出そうとした。結局これは失敗するが、天草に異仏があり、そうした住民がいるとの情報が長崎に流れていたことになる。「犯科帳」（寛政二年）によれば、天草御領村の藤左衛門ら男七人が「疑鋪宗門信仰」ということで吟味されている。このとき彼らは島原用達預けとなっていたが、「宗門改之節踏絵印形」させられたうえ、吟味に呼び出された一向宗西本願寺派西法寺住職の証明もあってようやく帰村を言い渡された。

その天草の異宗問題は、文化に入ってから表面化した。当時天草は島原藩松平家の預地である。天草の異宗徒を探索していた島原藩では、文化元年（一八〇四）から幕府に伺いをたてながら本格的に調査したところ、翌年天草下島の大江村・崎津村などに異宗信仰の者五千名余の存在が明らかになった。

この問題について幕府は、天草の潜伏キリシタンを異宗徒であるとし、彼らに異宗を棄てるように諭して改心させ、決着をみた。維新後天草にキリスト教が復活したことからすれば、大半の異宗徒は表面だけの棄教だったことになる。この天草異宗問題の処理が浦上三番崩れに影響を与えたことは後述する。なお、この頃とても切支丹宗門はご制禁の邪宗門であるが、潜伏キリシタンを切支丹類似の異宗徒として日蓮宗不受布施派・かくれ念仏などと同様に扱うようになっていたようだ。

天保十三年（一八四二）には、密告によって浦上二番崩れが起きたというが、史料は残されておらず具体的な内容は不明である。浦上一番崩れ・二番崩れとも、寛政の改革・天保の改革実施の時期に起こっているが、長崎でも「犯科帳」に記載された事件数が極端に増加しており、幕府による改革取締りの影響が長崎にも及んでいた。ただ、伊沢美作守が長崎奉行として着任したこの年には、貿易都市長崎全体の改革・取締りを目的として高島秋帆（長崎）事件が勃発した。取り上げようとしても、とても浦上村問題までは手が回らなかったであろう。

その後、時代は大きく転回した。安政元年（一八五四）には日米和親条約が結ばれ、長崎においても同年日英条約が、さらに安政二年十二月には日蘭条約も締結された。浦上三番崩れが起こった安政三年という年は、鎖国が終わって自由（居留地）貿易が開始されるまでの中間点にあたる。長崎奉行荒尾石見守・川村対馬守在任中に始まった摘発は、外国人との接触機会がより多くなると予想されるなか、事前に浦上村問題を解決しておこうという意図の表れではなかろうか。

関係史料として、長崎奉行岡部駿河守による幕府への伺いの控え「異宗一件」、同報告「肥前国浦上村百姓共異宗信仰致候一件ニ付申上候書付」、「御仕置筋問合留　肥前国浦上村百姓共異宗信仰致候一件」等があり、これらから浦上三番崩れをみていきたい。

この崩れでは、浦上村山里のキリシタン組織の中枢に位置した惣頭（帳方）の吉蔵はじめ、もう一方の組織の中心人物である龍平ほか、浦上村潜伏キリシタンの主だった者たちが軒並み捕縛され、厳しい取り調べを受けた。さらに影響は大村領浦上村、佐賀藩深堀領東樫山などにも及んでいる。

吉蔵の場合、『浦上切支丹史』(24)によれば、身に危険が迫ったとき外海に逃れ、平戸領黒島を経て五島に渡り、青方村奈摩に潜んでいるところを捕らえられた。浦上・外海の潜伏キリシタンには、日常の連絡・行き来があったようで、五島の潜伏キリシタンが一八世紀末以降の大村領外海からの移住者であること、平戸領黒島は外海・五島両地域を結ぶルートに位置し、島内の共同墓地をみると、外海・五島とのつながりが推測されることから、「異宗一件」には逃走ルートとして外海・黒島の地名は出てこないが、そのルートが使われた可能性は高い。

さて、「肥前国浦上村の百姓共、紛敷宗躰執行ひ候趣相聞候ニ付追々召捕一件吟味仕候」の結果、浦上村潜伏キリシタンの惣頭・触頭・聞役の組織や、祈りの言葉、秘匿して拝んでいた像・書物など信仰の実態が洗いざらい明らかになった。

「アンメンジュズ」「アベマルヤ」「ハンタマルヤ」「天にましますす」といった「異宗一件」に記されている祈りの言葉、また、子安観音は幼いイエスを抱いたマリアという想定であることを白状し、いわゆるマリア観音のことであるが、まさにご制禁の切支丹そのものである。長崎では、臨済宗春徳寺の住職、長崎聖堂祭酒の向井家が代々書物改め・邪宗門改め方を務め、キリスト教についての知識は十分に蓄積されていた。

「異宗一件」によれば、春徳寺や曹洞宗皓台寺の僧侶らは怪しい仏を見て「碇与邪宗仏与差極難申立候得共法中之仏像ニ無之紛敷相見へ異様之品ニ候」と、中途半端な意見を述べている。奉行岡部駿河守は「邪宗信仰之風聞等者不相聞、右之通邪宗仏ニ難決上者異様之仏ニ有之」（幕府に対する御仕置伺いの控え）と苦しい解釈をし、これまた中途半端であった。

また、惣頭吉蔵その他の者共より取り上げ、差し出させた書物類を「邪宗之書ニ怪敷相見へ候ニ付長崎邪宗之書物改方仕候」長崎教授所教授方向井鷹之助と春徳寺副寺に改めさせたところ、「何れも平仮名字古本、其上手跡不心得者伝写仕候物与相見誤字等も有之」と無知無学な者の筆写である旨わざわざ強調しているが、それでも「切支丹蛮語躰之文言等も相見へ候得者常躰之書籍与も難申疑敷品ニ御座候」と、書物が切支丹関係らしいことを申し述べている。こうした書物に関して吉蔵、龍平、平野宿の百姓藤一らは、先祖から伝わったものであり特別秘匿していたわけではなく「切支丹縁起様之書ニ相見候段者今般初而承候旨」を申し立てた。

ところで、惣頭の吉蔵、龍平以下主だった者たちは吟味中ことごとく病死している。吉蔵、龍平には「口書不申付以前」に病死とあり、状況からして病死した者たちは拷問による死亡とみてよい。

吉蔵らの供述に「御制禁之耶蘇宗門与者別宗ニ而異宗与申伝候」、「宗名不相弁異宗与名目を唱来候儀ニ而耶蘇宗門与者別宗之旨申伝罷在候」と、ご制禁の耶蘇宗門ではなく異宗であるとの、同じ文言が繰り返し使われており、おそらく長崎奉行所による誘導もしくは作文と考えられる。長崎奉行所は数千人もの彼ら潜伏キリシタンを耶蘇宗門と認定しないところに落としどころを探っていたと思われる。

そして「親共より切支丹之伝法受け、衆人を為惑宗門ニ勧入、今更品能く申立候儀ニ可有之与再応厳敷吟味候処、右様之儀ニ者曾以無之、前書申立候通り聊無相違旨申之、然処病死仕候」と、親から切支丹の法を受け、衆人を惑わして切支丹に誘い入れているのではないかと再度厳しく取り調べたが強く否定したとしながらも、浦上キリシタンの主要人物を狙いうちして獄死させるかたちで、この事件を決着させたのである。なお、主だった者たちを村から除くことによって、信仰心が強くない一般の村人たちは収まるとの見通しもあったようだ。

浦上三番崩れのまとめとして、万延元年（一八六〇）十二月に岡部駿河守が幕府に報告した「肥前国浦上村百姓共異宗信仰致候一件ニ付申上候書付」を箇条書にしてみよう。

・浦上村の主だった者を捕らえて吟味したところ、次のような事情が分かった。
・異宗の本尊は「ハンタマルヤ」といい、惣頭の吉蔵はじめ皆「ハンタマルヤ」を信仰している。子を抱いた女体の仏は「リウス」が幼いとき「ハンタマルヤ」が育てている姿である。

・探索の結果、土中や封のままの箱から発見された品々は邪宗の仏像・書物に似ている。
・しかし、浦上村は辺境の地にあり、大半の村民は愚かで文字も書けず、よく分からないまま異宗を信仰しているのではないか。
・異宗は田畑の出来や来世の救いと結び付いており、信仰を漏らせば罰を受けることを恐れ、命をかけてまで口をつぐんでいたが、心得違いに気づくようになった。
・この地は昔切支丹宗門が盛んだったところで、「異體之宗法」が残っている可能性がある。

この一件に対して岡部駿河守は、ことさら浦上村々民を愚民・無学とおとしめ、彼らの信仰が切支丹であることは十分に認識しておりながら、それをあえて異宗と位置付けた。その根拠は、文化三年に幕府の裁定で落着した天草の異宗一件である。岡部奉行は、天草代官池田岩之丞に問い合わせ、天草異宗一件について信仰の内容を次のように把握した。

天草異宗徒の本尊は「天地の主デウス」、母は「サンタマルヤ」という。男女とも出生のときは、本尊デウスへ水を供え呪文を唱えて、子供の額に十の字を授け水を飲ませる。俗名の外に異名を付ける。異仏として「デウス」「サンタマルヤ」などの仏像・掛物を所持している、等々である。これらは踏絵に使われているような鋳物（メダイのこと）や十文字の鉄に人形を鋳付けた品（十字架のキリスト像か）といった邪宗の仏に紛らわしいものを所持している浦上村の者たちと共通したところが多い。

幕府が天草四ヶ村の村民の信仰を三鳥派・不受不施派と同じく異宗と位置付け、（表面上ではあっても）その信仰を棄てさせることで決着させたことは、すでに述べたとおりである。岡部奉行は、幕府の下知を受け、天草異宗一件の線に沿った幕引きをはかろうとした。

・この度の一件が無事落着したならば、異宗徒の村民は心から改め、家業に精を出すよう申し渡すつもりである。

• 一件の異宗は耶蘇教と紛らわしい宗體である。前々切支丹宗門の者が改宗すると「ころび」といって奉行所が本人及び類族の者たちを厳しく監視していたが、今後これに準じた措置をとりたい。
• 享保三年の御書付で、転び切支丹類族の者に「追放」を申し付けてもよいとの御達があり、吉蔵せがれ利八外一一人を「所払」にするつもりであるが、その際も住居を確認し、病死など届出を義務づける。
• 浦上村の庄屋ほか村役人は、これまで内密の探索などよく働いてきたので処罰することはしない。

浦上三番崩れは、主要人物が獄死、一部が追放に処せられたほか、大部分の村民は厳罰を免れて通常の村の生活に戻った。ただ、村役人による異宗監視は続けられたはずである。なお、三番崩れ関連の処罰は「犯科帳」には記載されていない。

六　信徒発見と浦上四番崩れ

二百数十年の潜伏の時代を経てキリスト教が復活し、その後明治新政府によって弾圧され、浦上村山里の村民が一村総流罪に処せられた浦上四番崩れの経緯については先学の詳細な研究がある。ここでは信徒発見につながった大浦天主堂に関する若干の史料を紹介するとともに、奉行所文書における「邪宗」「異宗」の表記をみていきたい。

安政六年（一八五九）から、長崎はアメリカ・イギリス・フランス・ロシアに対しても本格的に開港し、戸町村の大浦地域では居留地の造成が始まった。背後の丘陵を崩した土砂で大浦の入江や海岸を埋め立て、一八六〇年代前半までに四つの居留地が生まれた。大浦居留地、東（大浦）山手居留地、下り松居留地、そして南（浪ノ平）山手居留地である。

このうち南山手高みの一番に、パリ外国宣教会のフューレ神父・プチジャン神父らが建設し、元治二年（一八六五）正月、献堂式をあげた大浦天主堂はそびえていた。一八六二年に列聖されたばかりの日本二十六聖人にささげられた教会として日本二十六聖殉教者堂と命名され、正面は殉教地である西坂の丘を向いている。

当時ヨーロッパでは市民革命運動が高揚し、一八四八年にはパリで二月革命が起こり、ヨーロッパ全域に広がった。その後も革命運動は継続・先鋭化して一八六四年には国際労働者協会（第一インターナショナル）が結成されるにいたった。カトリック勢力が外国宣教に力を入れた背景には、保守的な既存の価値・秩序と敵対する、こうした革命運動の盛り上がりが存在していた。

完成した大浦天主堂は通称フランス寺と呼ばれ、地元長崎の者はもちろん、長崎見物の旅人も多く見物に訪れていた。プチジャン神父が日本人に天主堂見学を開放したねらいは、二百数十年前の弾圧によって絶えたとされているキリシタンの子孫を発見することにあった。つまり、天主堂を開放することによって、キリシタンの子孫が名乗り出るのではないかと期待していたという。献堂式の翌月、それは現実のものとなった。

元治二年二月二十日（一八六五年三月十七日）、浦上村潜伏キリシタンの女性が「サンタマリヤの御像はどこ」とプチジャン神父に問いかけた信徒復活の場面は、あまりにも有名である。その後もフランス寺見物の人々にまぎれて、プチジャン神父・ロカーニュ修道士と浦上村の信徒が連絡を取り合ったことは容易に想像できる。

ここに、唐津城下からやってきて大浦天主堂を見物した材木町年寄平松儀右衛門の「道中日記」[25]がある。それも儀右衛門が見物した日付は元治二年三月十九日、信徒発見の翌月のことである。

大浦異館より高ミに六角堂あり、余ほどの高ミ故いづれよりもよく見へ立派也、是へも参詣、異国人の寺の由、六角堂ニて窓々びいどろ五色を以て張切あれバ声を上れバ谺して凄し、佛体何ともわからず覆してあり、其上ニ額体の者あり、誠ニ恐敷絵ニて人を殺し殺され縛られ又ハ異風の体言語ニ盡がたき絵也、階子より二階へ上り薄気味わるく三階へハ上る人もあれバ拙子ハ上らず、正法の寺らしくなく早ク帰り懸る此寺の門上ニ天主堂と日本字ニて書額にして上てあり、出入頓若《ママ》なし、ドンタクの日信心の異人ハ是へ来て祭る由、祭りなる故にどんたくが此宗旨の坊主もありと聞て一寸見懸たり、剃髪でなし、惣髪にて髪の赤黒遠眼ニて見へず、此宗旨は日月を宗祖として祭るの謂れにて御赦しとの事、夫故天主堂と額ありと心得る也

ビルがそびえる現代にあっては目立たないが、建設当時の大浦天主堂は三つの尖塔を持つ（その後の改修で中央の尖塔だけになった）壮麗な建造物であった。居留地を写した古写真には、どこから写しても、対岸の稲佐からの写真にも大浦天主堂が映っている。

ところで、儀右衛門は「参詣」「異国人の寺」と記した。唐津領は、土井氏・水野氏・小笠原氏など徳川譜代の大名が代々治め、長崎警備の一翼を担っていたにもかかわらず、儀右衛門にはキリスト教禁制についての知識・意識が希薄である。もっとも、「人を殺し殺され縛られ」るような言葉に言い表せない恐ろしい絵を見て、「薄気味わるく」「正法の寺らしくなく」とは感じていた。「びいどろ五色」はステンドグラスのことである。

大浦天主堂が長崎名所見物の見どころになっていたことは、儀右衛門が知り合いの呼子の油屋惣次郎、刀町の安平とばったり遭遇したことからも想像できる。門の上には「天主堂」と書いた日本文字の額が掲げてあり、出入りは自由、日曜日に外国人の信者がここに参るという。この宗旨の坊主（神父）は総髪で、「日月を宗祖」として祀るゆえに「天主堂」の額が掲げてある、と儀右衛門は理解した。そして、儀右衛門はプチジャン神父かロカーニュ修道士を遠目に見ているのである。

次に、長崎奉行所のうち主な四番崩れ関係史料を列挙し、それぞれの内容を概略記しておく。長崎奉行所の担当部署は、安政五年の組織改革により目安方から公事方に替わっているが、組織の中身より名称の変更と思われる。

1
「探索書」（慶応三年）公事方御手附
・中野郷乙名久五郎悴徳三郎　オールト方へ部屋働き、プチジャン神父と接触
・家野郷伊吉「此者丈五寸斗之異仏箱入ニいたし秘蔵罷在、毎年七月十五日夜川神と相唱諸人へ為拝候由」
・本原郷字辻仙右衛門、孫蔵「此者共重立異宗信心之者共寄集之節諸談判等いたし候由」（他信者の名前列挙）

2
「邪宗門之儀ニ付内密申上候書付」（慶応三〜四年）（図4-2-4）
・仏式による葬儀拒否「浦上村本原郷之者共同村庄屋江申立候次第」
・唱える教文「てんにましますおんおやさま、ミなもたつとばれたまへ」
「ばんじかないたまふてんちをつくらせ給ふおんをやリヨースさま」
・大和尚　中野郷久五郎倅徳三郎
和尚　茂十・寅吉・忠史郎・あい・又市・仙右衛門・元助・市郎
・公事方下役の探索報告には「邪宗寺」「邪宗門」の表記（彼らからみれば、探索対象は明らかに邪宗である）
・公事方掛属役探索書　辰四月「浦上村異宗之もの」「同村邪宗之もの」

3
「異宗一件書類」（公事方掛）（図4-2-5）
・天主堂図面　本原郷辻の仙右衛門方裏、同又市方後手、中野郷いよ方裏、家野郷字馬場市三郎方裏
・探索費用　手合一七人　二二両・九両、手先一五人　一五両、その他一四五人　七二両二分
・奉行服部大隅守・徳永石見守から幕府への伺い（大急キ）「浦上村異宗一件之もの処置之儀ニ付奉伺候書付」、「国禁之宗門致信仰」、「厳禁之宗門与も不心付致信仰候愚民共」、「中ニ者御厳禁之趣氷解仕悔悟改心之運ニ至リ候も有之」、「此度犯科之軽重を不問一同帰村為致」
・外国奉行平山図書頭とフランス領事ジョーゼフ・レックの談判（於立山役所）

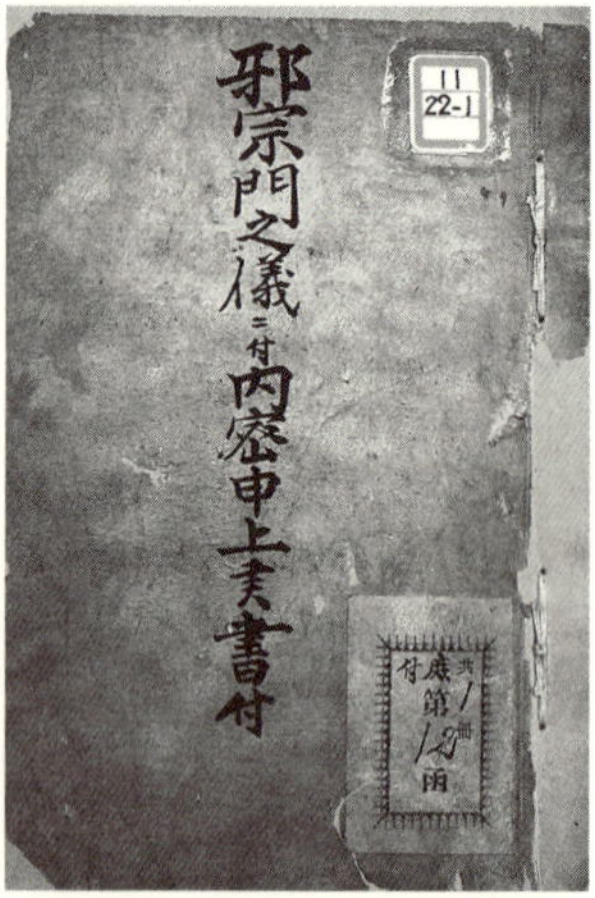

図４－２－４
「邪宗門之儀ニ付内密申上候書付」

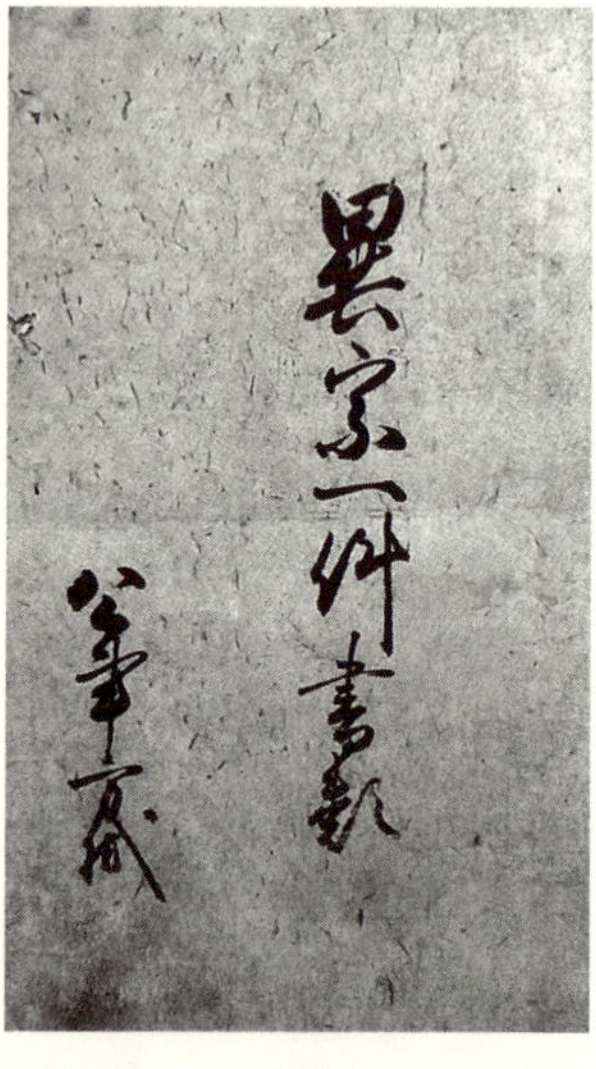

図４－２－５　「異宗一件書類」

4　「浦上村異宗信仰致候者名前書」

・「朱懸之分は深ク信仰之者ニ有之候、朱丸印は天主堂取建有之候」

・「此者切者ニ而御座候」

5　「異宗信仰のもの改心証文」　夘九月

・改心証文　聖徳寺寺請　「拙僧檀那紛無御座候　聖徳寺（印）」

6　「異宗一件入牢之者名前」（図４－２－６）

・「○印最冥頑之もの」　仙右衛門（「改心不致出牢、尤打擲不致候事」）、又市、市三郎、元助、和三郎、惣市、
　　清四郎、孫八、安太郎ほか

浦上四番崩れ関係史料をみるに、カトリックに戻った浦上村信徒が、公然とキリスト教徒であることを表明し、旦那寺の聖徳寺を拒否して自葬したにもかかわらず、長崎奉行所文書の表記は一貫して「異宗」である。公事方下役による探索報告を除いて、「邪宗」の表記は維新以降の文書にしか出てこない。幕府にとってなお祖法である切支

丹禁教政策と、開国後の列強との外交をどのように折り合わせるか苦悩していた長崎奉行（所）は、切支丹を「邪宗」とせず、あくまで「異宗」として処置するほかはなかった。切支丹＝邪宗という定義は変わらず続いており、いったん切支丹と認定すれば法令上厳罰に処さねばならないからである。数千人規模の断罪、外国の非難といったことを考えれば、それは不可能だったにちがいない。

長崎奉行所としては、主だった者たちを改心させ、浦上村全体に網を掛けて厳重に取り締まることで決着を図ろうとした。そのねらい通り、拷問によって大半の者が改心したが、高木仙右衛門だけは改心しないまま出牢した。「仙右衛門覚書」によれば、奉行河津伊豆守直々の説得も試みられたという。ただ気になるのは「異宗一件入牢之者名前」にある「尤打擲不致候事」の部分である。仙右衛門だけ拷問に掛けなかったとすれば、長崎代官高木氏の一族という伝承がなお生きていたのだろうか。

慶応四年（一八六八）正月、幕府は瓦解し、最後の長崎奉行となった河津伊豆守は、長崎警備担当の福岡・佐賀両藩に後事を託して長崎港を脱出した。その後一ヶ月間は長崎奉行所西役所に置かれた長崎会議所が政務を掌握した。中心は薩摩藩の松方正義、土佐藩の佐々木高行らである。同年二月十五日、総督として沢宣嘉が着任し、長崎裁判所が長崎及び長崎代官領を支配することになった。

この後浦上キリシタンは、復古神道を軸とした新政府の宗教政策によって大変厳しい境遇に置かれることとなった。新政府が出した五榜の掲示には「切支丹邪宗門ノ儀ハ堅ク御制禁タリ」とあるように、切支丹邪宗門の方針が継承・強化されたからである。翌明治二年（一八六九）にかけて浦上村々民三千人余が金沢・名古屋以西の各地に送られ、監禁された

図4-2-6
「異宗一件入牢之者名前」

事件までを浦上四番崩れと総称する。

結びにかえて

本節は先学の業績の跡をなぞっただけであったが、それでも新出史料を二つ紹介したこと、及び長崎奉行所文書関係のキリシタン史料を実見して確認できたことは筆者にとって有意義であった。

江戸開府後十年を経て徳川政権がキリスト教禁教に踏み切った背景には、南蛮国スペインと、増大した国内のキリシタン勢力の結び付きが徳川の権力を揺るがす脅威となるとの認識があった。徳川政権維持のために鎖国体制の確立がはかられ、その重要な柱にキリスト教禁教政策が位置付けられたとき、南蛮国からの伴天連は魔法を操る恐怖の存在であり、切支丹邪宗門は徹底的な取締りの対象となった。国内的にそうした禁教策が継続されたのは、一八世紀初頭の六代家宣・七代家継時代までと考えられる。

その後、紀州から吉宗が八代将軍として江戸に入ると、それまでの伝統的なキリシタン政策に変化が生じ、享保以降禁教策は形骸化して、なしくずし的に緩められていった。キリシタン取締りの具体策として始まった宗門改めは、農民・町人を把握・統制する手段として重きが置かれるようになり、浦上一番崩れでみたように、聖徳寺の檀徒となって絵踏みに応じ年貢をきちんと納める百姓は、疑わしいが切支丹邪宗門ではないと解釈された。いわば徳川政権を揺るがす事態にフタをしたのである。そうすると、潜伏キリシタンは「異宗徒」としなければならなかった。この幕府の態度は四番崩れまで変わっていない。

浦上一番崩れ以降、幕府・長崎奉行所関係史料に「邪宗」の用法をみると、対外危機関連法令、奉行所下役の探索・報告、そして「邪宗」の存在を否定するときであった。その他は一貫して「異宗」が使われている。豊田みつぎ事件では切支丹邪宗門とされた表記もあったが、これは西九州に広範囲に存在する潜伏キリシタンとは異なる限定的な小教団にすぎない。一罰百戒の類である。

最後に、長崎近隣の平戸藩の慶応三年の史料（「平戸史年表」）に記載された「邪宗」を見てみよう。

成田銭左衛門

於黒嶋邪宗門躰之者有之趣相聞得候付、長嶺岸右衛門被指越御自分儀被指添候間、申談勘定奉行中承合吟味可有之候〔中略〕

一御月番熊澤作右衛門殿被相渡候書付左之通

切支丹教方之儀者以前ゟ深キ御趣意有之御国禁之事ニ候處、追々時世之変遷ニ従ひ御禁法相犯し候哉ニも相聞得候、然後右宗方之儀者西洋異類之おしへニて我神州之道とは甚相違致し候事ニ而、其上右教方ニ事寄セ愚民を欺風俗を乱す耳ならず、終ニ者御政教之妨とも可相成〔中略〕御領内ニおいて堅御旧法を相守喩一人一家たり共右邪宗ニ傾キ候者於有之者不被得止事御筋合ニ付不措置可被處厳科候

これを見ると幕府・奉行所とは異なって切支丹邪宗門の取り扱いが続いており、その点奉行所下役とも共通したキリシタン認識がある。今後、他の近隣諸藩の類例をみて、もう少し総合的に「邪宗」「異宗」の用法を判断したいと思う。

注

（1）以下、特に注記のない限り、図も含め、引用史料はすべて長崎歴史文化博物館蔵である。

（2）参考文献として先学の主な論考をあげる。

浦川和三郎『浦上切支丹史』全国書房、一九四三年。
姉崎正治『切支丹禁制の終末』同文館、一九二六年。
海老沢有道『維新変革期とキリスト教』新生社、一九六八年。
田北耕也『昭和時代の潜伏キリシタン』日本学術振興会、一九五四年。
五野井隆史『日本キリスト教史』吉川弘文館、一九九〇年。
五野井隆史『日本キリシタン史の研究』吉川弘文館、二〇〇二年。
清水紘一『キリシタン禁制史』教育社、一九八五年。
片岡弥吉『日本キリシタン殉教史』時事通信社、一九七九年。
大橋幸泰『キリシタン民衆史の研究』東京堂出版、二〇〇一年。
結城了悟『長崎開港とその発展』長崎純心大学博物館、二〇〇六年。

(3)　有馬晴信が元来大村領だったはずの浦上村をイエズス会に寄進したことについて、筆者は次のように考えている。大村純忠が長崎をイエズス会に寄進する際、長崎と有馬領を結ぶ茂木村もいっしょにとの要請があり、大村純忠と有馬晴信の間で浦上村と茂木村の領地換えが行われた。これを証明する史料は残されていないが、そうした可能性は高いのではないか。

(4)　『伴天連記』（新村出監修『海表叢書　巻一』成山堂書店、一九八五年所収）。

(5)　五野井隆史『日本キリスト教史』吉川弘文館、一九九〇年。

(6)　高木慶子『高木仙右衛門覚書の研究』中央出版社、一九九四年。

(7)　田辺茂啓著、丹羽漢吉・森永種夫校訂、長崎文献叢書第一集第二巻、長崎文献社、昭和四十八年。

(8)　「宗派禁止條目　二六七〇」（司法大臣官房庶務課編『徳川禁令考』吉川弘文館、昭和四十三年所収）。

(9)　「宗派禁止條目　二六七一」（注（8）『徳川禁令考』に所収）。

(10)　「法制禁令之部　四〇五三」（注（8）『徳川禁令考』に所収）。

(11)　「教令類纂　切支丹の部」清水紘一・清水有子編著『キリシタン関係法制史料』蒼穹出版、二〇〇二年。

(12)　注（11）に同じ。

(13)　『長崎市史』の執筆者の一人である福田忠昭氏寄贈のものと、福田氏旧蔵資料の購入によって作られた福田文庫にあるものを合わせた冊数。

(14)　注（11）に同じ。

(15)　「長崎書付」（キリシタン文化研究会編『キリシタン研究　第十七輯』吉川弘文館、一九七七年所収）。

(16)　「宗門改一六〇八」（注（8）『徳川禁令考』に所収）。

(17)「御触書寛保集成」(注(15)『キリシタン研究　第十七輯』に所収)。
(18)「郡官古記」(注(15)『キリシタン研究　第十七輯』に所収)。
(19)「夷艦掃攘諸藩統令四〇九六」(注(8)『徳川禁令考』に所収)。
(20)「御触書天保集成」(注(15)『キリシタン研究　第十七輯』に所収)。
(21)海老沢有道『維新変革期とキリスト教』新生社、一九六八年。
(22)「切支丹禁制　南蛮総括部」『通航一覧続輯巻之七』清文堂出版、昭和四十三年。
(23)「五榜の掲示」(注(15)『キリシタン研究　第十七輯』に所収)。
(24)注(1)参照。
(25)平松儀右衛門「道中日記」(九州大学附属図書館六本松分館蔵、檜垣文庫)。

史料1　「貞享五年　八幡町邪宗門ころひ宗旨改帳」

辰　正月十六日

八幡町乙名　木下潤蔵

同町組頭　下川勘右衛門

同　竹口十右衛門

同　諸石久左衛門

切支丹ころひ書物之事

一私共昔年切支丹ニ而御座候得共、切支丹之教承候程魔法之教ニ而御座候
第一後生之事ニ取成シ伴天連之下知を背候者ニえすこむにあんを懸ケ
此世ニ而ハ万事ニ付万民之参会をいましめ、来世ニ而ハいんへるのニ
落可申とおどし、又ハおかしたる程の科を伴天連ニ懺悔仕、其ゆ
るしを不承して後生をたすかる事なきと教、万民伴天連を
用候様ニ仕候事望、以他之国を取謀ニ而御座候通承届ケ、きりしたんを
ころび銘々名之上ニ注之候宗旨ニ罷成候、就夫御奉行様江書
物を指上申候、以来立上リ又心ニ切支丹宗旨之望を含申間敷候
此旨少も相違御座候ハヽ、てうす伴天連、ひいりよ、すひりつ
さんとを初奉リ、さんたまりや、もろもろのあんしよ、へあとの御
罰を承リ、てうすのからさ絶果、しゆうたすのことくたのもしを
失ひ、後悔之一念も気さゝすして人々の嘲と罷成、終ニ頓死仕
いんへるのの苦患ニ責られ、うかふ事御座有間敷候、仍而切支

丹宗旨之しゅらめんと如此ニ御座候事
一私共毛頭切支丹之儀心底ニ不奉存候、尤ころひ申候段紛
無御座候、若偽申上候歟、又ハ以来少成共於存知出候者
梵天帝釈天四大天王惣而日本国中六十余州大小神祇
別而伊豆箱根両所権現三嶋大明神八幡大菩薩
天満大自在天神殊当所氏神諏訪大明神部類
眷属神罰冥罰於各々可罷蒙也、仍起請文如件

貞享五年辰正月十六日

一拙僧旦那紛無御座候　長照寺（印）法花宗　歳六拾六　家持　嶋田安右衛門（印）
一拙僧旦那紛無御座候　三宝寺（印）浄土宗　歳六拾壱　家持　玉木善兵衛（印）
一拙僧旦那紛無御座候　大光寺（印）一向宗　歳六拾六　家持山口六兵衛家代　川嶋与左衛門（印）
一拙僧旦那紛無御座候　大音寺（印）浄土宗　歳六拾五　家持下川勘右衛門　女房（印）
一拙僧旦那紛無御座候　正覚寺（印）一向宗　歳六拾弐　家持相川庄右衛門　後家（印）
一拙僧旦那紛無御座候　大光寺（印）一向宗　歳七拾六　江掘八右衛門姥　妙宅（印）
一拙僧旦那紛無御座候　三宝寺（印）浄土宗　歳六拾七　柴田藤兵衛後家借家　妙香（印）
一拙僧旦那紛無御座候　晧台寺（印）禅宗　歳七拾　高橋太兵衛借家太兵衛　後家（印）
一拙僧旦那紛無御座候　晧台寺（印）禅宗　歳六拾三　原半平借家善左衛門　後家（印）
一拙僧旦那紛無御座候　大光寺（印）一向宗　歳六拾六　かね借家徳右衛門父　道夢（印）

〆男女拾人　内　男四人　女六人
　内
　家持五人　借家三人　家内弐人
右竈数七竈　内　家持四竈　借家三竈

右ころひ之者共南蛮之誓文日本之誓詞文を以
御政所様江手形帳指上申候者男女共ニ壱人茂不残踏絵を
ふませ書物寺請状仕らせ、召仕迄請人を立召置、悉遂吟味相
改申候、少茂不審成儀御座候ハヽ、早速可申上候、若脇よりあらハれ
申ニおいてハ其身ハ不及申上ニ親子兄弟并五人組之者迄如何様之曲
事ニ茂可被為仰付候、為其帳面ニ連判仕指上申候、以上

八幡町乙名　木下潤蔵（印）
貞享五年辰正月十六日
同町組頭　下川勘右衛門（印）
同　竹口十右衛門（印）
進上
同　諸石久左衛門（印）
両御奉行所様

史料2　「宝永七年　八幡町邪宗門転宗旨改帳」

寅正月十一日

乙名　木下潤蔵
組頭　井沢判左衛門
同　篠崎藤次郎
同　寺井五郎左衛門

切支丹転書物之事

〔中略〕

一拙僧旦那紛無御座候　皓台寺（印）禅宗　歳八拾五　井沢判左衛門借家
山本善左衛門後家　まん（印）

〔中略〕

宝永七年寅正月十一日

乙名　木下潤蔵（印）
組頭　井沢判左衛門（印）
同　篠崎藤次郎（印）
同　寺井五郎左衛門（印）

進上
両御奉行所様

史料3　「八幡町永野道夢　姉きく　類族図」

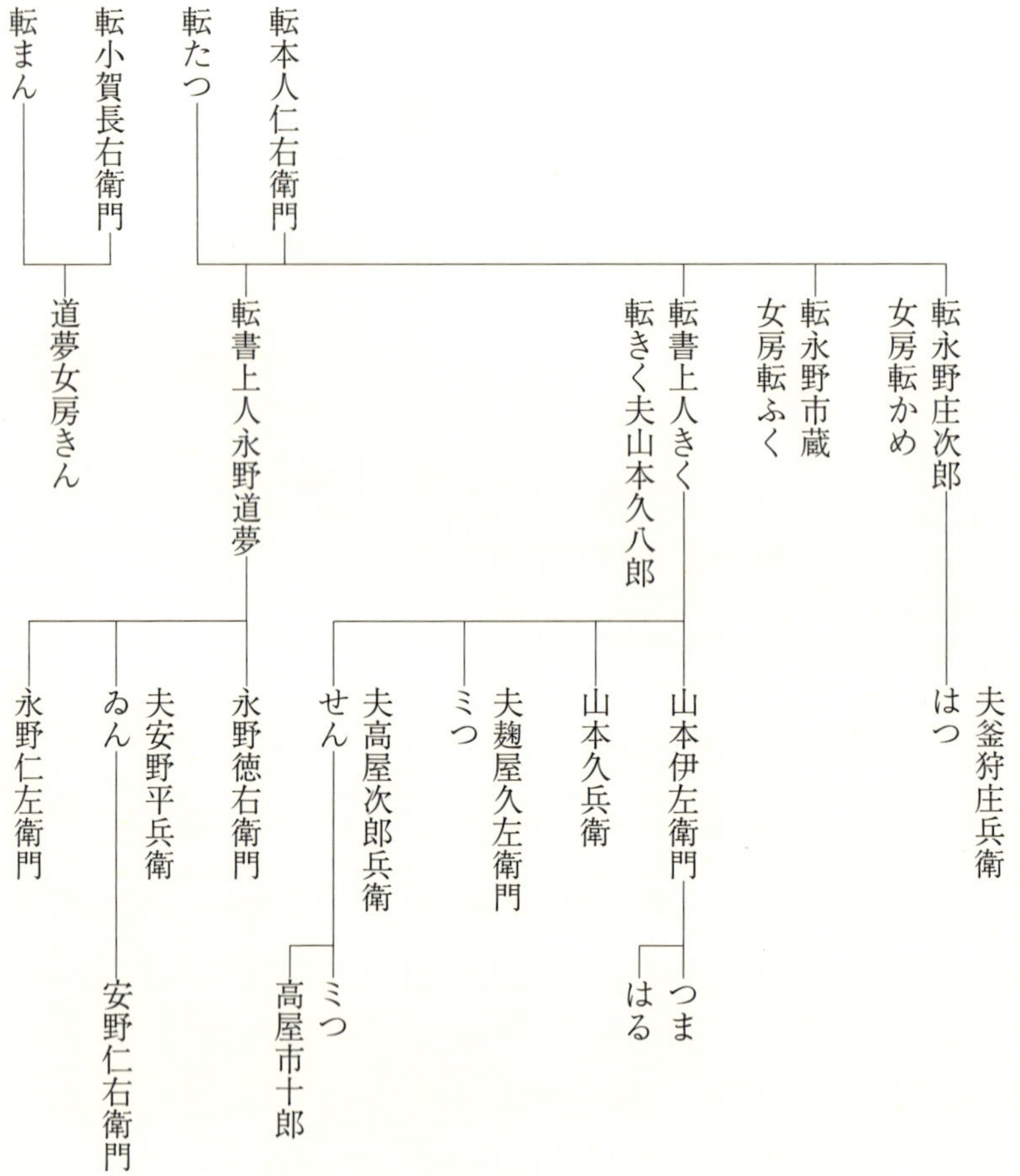

史料4「永野道夢存命帳」

転切支丹

一仁右衛門　病死

右仁右衛門生所異国朝鮮之者、九拾年程以前長崎ニ罷越、其後奉行水野河内守時分邪宗門転一向宗大光寺旦那
拾三年以前迄存生ニ而八幡町罷在、延宝四年辰六月廿九日百拾三歳ニ而致病死長崎一瀬墓所江土葬ニ取置候由、
仁右衛門父母舅姑之儀者不相知候由申候

右仁右衛門女房　転切支丹

一たつ　病死

右たつ転一向宗大光寺旦那夫一所ニ八幡町ニ罷在、弐拾壱年以前寛文八年申三月八日七拾九歳ニ而致病死長崎
一瀬墓所江土葬ニ取置候由

右仁右衛門惣領　不転以前子本人同然

一永野市蔵　病死

転一向宗大光寺旦那八幡町ニ罷在、弐拾弐年以前寛文七年未五月五日六拾弐歳ニ而致病死長崎一瀬墓所江土葬
ニ取置候由

右仁右衛門二男　不転以前子本人同然

一永野庄次郎　病死

転一向宗大光寺旦那八幡町ニ罷在、三拾壱年以前万治元戌年為商売薩摩国鹿児嶋罷越、同年七月廿八日四拾歳

鹿児嶋ニ而致病死、同所禅宗南林寺地内江土葬ニ取置候由

右仁右衛門娘　　山本久八郎女房　不転以前子本人同然

一きく　　　　　　　　　　　　　病死

右きく転申候時分者拾五歳之比父一所ニ八幡町ニ而転一向宗大光寺旦那、其後大井手町山本久八郎ニ嫁浄土宗

三宝寺旦那ニ成夫致病死後家ニ而子八幡町山本伊左衛門一所ニ罷在候処、貞享四年去卯十二月十一日七拾七歳

ニ而致病死三宝寺江土葬ニ取置候由

右仁右衛門三男　不転以前子本人同然

一永野道夢　一向宗長崎大光寺旦那　　　　当辰六拾六歳

右道夢転申候時分者三四歳之比父一所ニ八幡町ニ而転一向宗大光寺旦那ニ罷成候旨承伝候由申候、唯今子同町

永野徳右衛門一所ニ罷在候

右之類族

右仁右衛門孫　　道夢子

一永野徳右衛門　　宗旨一向宗大光寺旦那　　　　当辰弐拾六歳

八幡町居候而畠作罷在候

右仁右衛門孫　　道夢娘

一いん　　宗旨一向宗大光寺旦那　　　　当辰四拾壱歳

麹屋町安野平兵衛ニ嫁罷在候

右仁右衛門孫　道夢甥　きく子
一山本伊左衛門　宗旨浄土宗三宝寺旦那　当辰四拾九歳
八幡町ニ石切致罷在候
右仁右衛門孫　道夢甥　きく子
一山本久兵衛　宗旨浄土宗三宝寺旦那　当辰五拾壱歳
弟八幡町山本伊左衛門一所ニ罷在候
右仁右衛門孫　道夢姪　きく娘
一せん　宗旨浄土宗三宝寺旦那　当辰二拾七歳
今博多町高屋次郎兵衛嫁罷在候
右仁右衛門孫　道夢姪　庄次郎娘
一はつ　宗旨一向宗大光寺旦那　当辰四拾七歳
八幡町釜狩庄兵衛ニ嫁罷在候
右仁右衛門曾孫　道夢孫　いん娘
一安野仁右衛門　宗旨法花宗本蓮寺旦那　当辰拾九歳
父麹屋町安野平兵衛一所ニ麹致罷在候
右仁右衛門曾孫　きく孫　伊左衛門娘

一はる　　宗旨浄土宗三宝寺旦那　　　　当辰弐歳
　父一所ニ八幡町ニ罷在候
右仁右衛門曾孫　　きく孫　　せん娘
一はつ　　宗旨禅宗晧台寺旦那　　当辰五歳
　父今博多町高屋次郎兵衛一所ニ罷在候
右仁右衛門曾孫　　きく孫　　せん子
一高屋市十郎　　宗旨禅宗晧台寺旦那　　当辰弐歳
　父今博多町高屋次郎兵衛一所ニ罷在候
右仁右衛門孫孫　　道夢婿　　いん夫
一安野平兵衛　　宗旨浄土宗浄安寺旦那　　当辰六拾三歳
　麹屋町ニ麹致罷在候、生所長門国きへた村之者、弐拾三年程以前長崎ニ罷在候由申候
右仁右衛門孫婿　　きく婿　　せん夫
一高屋次郎兵衛　　宗旨禅宗晧台寺旦那　　当辰三拾八歳
　今博多町皮足袋屋致罷在候
右仁右衛門孫婿　　庄次郎婿　　はつ夫
一釜狩庄兵衛　　宗旨一向宗西勝寺旦那　　当辰四拾七歳

八幡町ニ日傭働致罷在候
〆拾四人　内　転　男壱人　　元　男八人　女五人
右永野道夢并姉きく帳面之通図を以度々互ニ立合遂吟味候処ニ、当所他所共ニ此外類族存命之者無御座候、則宗旨居所年付転元来之差別委細之儀者帳面書記之御公儀様江差上候通少茂相違無御座候、今度類族書出候通銘々男女共不残慥ニ申聞候、為其存命帳奥判如此御座候、以上
八幡町乙名　木下八郎左衛門
元禄元年辰十月廿九日
組頭　玉木善兵衛

史料5　「永野道夢死失帳」

転切支丹
一仁右衛門〔記述は「永野道夢存命帳」に同じ〕
一たつ〔記述は「永野道夢存命帳」に同じ〕
仁右衛門女房　転切支丹
一永野市蔵〔記述は「永野道夢存命帳」に同じ〕
右仁右衛門惣領　不転以前子本人同然
一永野庄次郎〔記述は「永野道夢存命帳」に同じ〕
右仁右衛門二男　不転以前子本人同然

右仁右衛門娘　　不転以前子本人同然

一きく　　　　　　　　　　　　病死

転浄土宗三宝寺旦那大井手町山本久八郎妻、夫死後八幡町ニ罷在、貞享四年去卯十二月十一日七拾七歳ニ而致

病死三宝寺江土葬ニ取置申候

右仁右衛門娵　　道夢女房

一きん

元来一向宗大光寺旦那夫一所ニ八幡町ニ罷在、七年以前以前天和弐年戌正月九日五拾歳ニ而致病死、長崎一瀬

墓所江土葬ニ取置申候

右仁右衛門婿　　きく夫

一山本久八郎

転浄土宗三宝寺旦那大井手町ニ罷在、弐拾四年以前寛文五年巳九月廿九日五拾五歳ニ而致病死、長崎一瀬墓所

江土葬ニ取置申候由、生所摂津国大坂之者幼少之比長崎ニ罷越候故父母之儀者不相知候由申候

右仁右衛門孫　　道夢子

一永野仁左衛門

元来一向宗大光寺旦那八幡町ニ罷在、弐拾五年以前寛文四年辰六月廿日拾弐歳ニ而致病死、長崎一瀬墓所江土

葬ニ取置申候由

右仁右衛門孫　　道夢姪　　きく娘

一ミつ
元来浄土宗三宝寺旦那麹屋町麹屋久左衛門妻、七年以前天和弐年戌八月廿四日三拾九歳ニ而致病死、長崎一瀬墓所江土葬ニ取置申候
右仁右衛門曾孫　きく孫　伊左衛門娘
一つま
元来浄土宗三宝寺旦那八幡町ニ罷在、六年以前天和三年寅七月八日五歳ニ而致病死、長崎一瀬墓所江土葬ニ取置申候
右仁右衛門婚姻　きん父　道夢舅
一小賀長右衛門
転一向宗正覚寺旦那今魚町ニ罷在、拾八年以前寛文拾壱年亥八月三日七拾歳ニ而致病死、長崎一瀬墓所江土葬ニ取置申候由
右仁右衛門婚姻　きん母　道夢姑
一まん
転一向宗正覚寺旦那今魚町小賀長右衛門妻、三拾弐年以前明暦三年酉十一月七日四拾五歳ニ而致病死、長崎一瀬墓所江土葬ニ取置申候由
右仁右衛門娵　庄次郎女房
一かめ

転一向宗大光寺旦那八幡町ニ罷在、三拾年以前万治弐年亥八月三日三拾五歳ニ而致病死、長崎一瀬墓所江土葬
ニ取置申候由

右仁右衛門孫婿　　きく婿　　ミつ父

一麹屋久左衛門

元来一向宗光永寺旦那麹屋町罷在、貞享四年去卯正月十一日四拾五歳ニ而致病死、光永寺江土葬ニ取置申候

〆拾五人　内　転拾人　男五人　女五人

元五人　男弐人　女三人

右永野道夢并姉きく帳面之通図を以類族之者引合度々互ニ立合遂吟味候処ニ、当所他所共ニ此外類族死失之者無御座候、宗旨寺葬所転元来之差別委細之儀者帳面ニ書記之御公儀様江差上候通少茂相違無御座候、為其死失帳奥判如此御座候、以上

八幡町乙名　木下八郎左衛門

元禄元年辰十月廿九日

組頭　玉木善兵衛

同　山口次郎左衛門

同　岩崎長兵衛

薬師寺又三郎殿

木屋与三右衛門殿

補節　『長崎奉行遠山景晋日記』(1)について

遠山左衛門尉景晋は文化年間に三度長崎を訪れている。最初はロシア使節レザノフ来航の際、目付遠山金四郎として通商拒否の幕府回答書を持参した。二度目・三度目は長崎奉行に昇任しての在勤である。

景晋は、旗本永井直令の四男に生まれ、旗本遠山景好の養子となった。寛政六年（一七九四）の学問吟味において、あの大田南畝（直次郎）とともに最優秀の成績を取ったほどの勉強家。一八世紀末から一九世紀初めの対外危機のなかで、数回蝦夷や対馬に派遣された能吏であった。長崎奉行就任は、五〇〇石取りの旗本としては抜擢といえるだろう。(2)

さて、今回刊行された『長崎奉行遠山景晋日記』（以下、『遠山日記』と表記）には東京大学法学部法制史資料室所蔵の遠山家記録・日記類の中から、長崎奉行に任命された文化九年（一八一二）二月から、同十一年十二月までの日記が収録されている。これに人名・歴史用語の説明として四三一の註が付き、読者への便宜がはかられているのはうれしい限りだ。オランダ通詞「本木庄左衛門」について勘違いの記述が一つだけ偶然目についたが、江戸幕府関係の人名が多数登場するなど、地元長崎の研究者や歴史愛好家にとっても非常にありがたい註である。

この日記は長崎奉行遠山景晋が書いた役務日記である。したがってプライベートなことはめったに記されていないが、能吏遠山景晋の仕事ぶりだけでなく、長崎奉行の職務がかなり明白になった。

多少手前みそになるが、『遠山日記』を『長崎奉行所　分類雑載』(3)と照合することによって、長崎奉行の職務をより具体的に多角的に解明することができるだろう。「分類雑載」とは文政年間に編纂された長崎地役人年行司の勤務手引書で、内容は「新任着奉行一件」「諸家御入一件」「諸役人相続一件・町年寄江府拝礼一件」「唐船一件」「阿蘭陀船一件」「御神事一件」からなる。いわば長崎奉行の町方秘書ともいうべき年行司の職務マニュアルであるから奉行の動向には詳しいが、具体性に欠ける。

「分類雑載」によれば、新任奉行は西役所に到着した後、御用引き継ぎ、御用引き請けの業務を経て、御用始め、白洲開始となる。このあたりを『遠山日記』でみてみよう。

景晋は文化九年九月六日に長崎着。長崎在勤の奉行土屋紀伊守との引き継ぎなどを終え、二十五日に西役所（現在の県庁）から立山役所（現長崎歴史文化博物館）へ移ったが、すでに十八日から「御用」が、二十一日から「白洲」の業務が始まっている。つまり、これまで新任奉行の借宿的な印象があった西役所だったが、『遠山日記』によって種々西役所の果たす役割が明らかになった。引き継ぎが終わってのち、新着の奉行は西役所において業務を始めていたのである。

また、最初の白洲記事の部分に「口書申付四人」とあり、また以後は白洲の有無を書き記すとある。そこで九月から十月にかけて景晋が「白洲」に出た日付を列記すると、九月二十一・二十三・二十五・二十七・三十日、十月二・四・五・八・十一・十三・十四・十九・二十・二十一・二十三・二十七日とあって、かなりの精勤ぶりである。景晋在勤時の文化九年の「犯科帳」をみると、判決申し渡しの記事はこれより少なく、日記にあるとおり「口書」をとる段階でも奉行が白洲に出ていたことがわかる。ただし、十二月までは一二ないし一三回白洲に出ているが、正月から六月までは五から七回に減り、月に六日が原則の「御用日」と重なることが多くなった。そしてオランダ船が入港した六月末から七月にかけては、ほとんど行われていない。

今後、別の目安方関係の奉行所文書と併せて長崎奉行所における裁判の実態を知る基礎史料になるだろう。

役務日記であるから致し方ないが、文化十一～十二年の二度目の在勤日記は、一度目の在勤と重なるところが極端に省略されており、「白洲」についても「白洲之有無略記」とある。ただ、景晋が特に興味を示したところもあって、文化十年八月三日の象見分記事はかなり詳細だ。「食物与へ候得者、鼻を頭之上江上ケ、巻取食申候、水も鼻ニ而巻込呑申候」などと細かい観察が見られる。また、奉行が約千両もの大金を受領する八月一日の「八朔礼」も心なしか記事量が多い。

もう一つ、この日記の注目すべき史料的価値について紹介したい。当時の出島商館長は、かの有名なヘンドリック・ドゥーフ。歴代商館長は公務日記を残しているが、幸いなことにドゥーフの商館長日記は日本語訳されており、(4) 東京大学史料編纂所の横山教授が述べておられるように、われわれは両者をあわせ読むことによって、より立体的に事実にせまることができる。

文化九年六月、三年間欠年していたオランダ船が二隻長崎港に姿をあらわした。遠山日記は「紅毛船入津」などと淡々と記す。ところが、象見分の翌日から「紅毛内探之一件」「紅毛内探之事直申含」という記事が目に付く。

このときのオランダ船は、イギリスのジャワ副総督ラッフルズが出島乗っ取りのために派遣した商船だった。果たして景晋は、このことを知っていたのだろうか。経緯・結末は両者をお読みいただき、ご判断願いたい。

なお周知のとおりヨーロッパでは、ナポレオン戦争とその後の混乱によってオランダ本国が一時消滅し、ジャワ島バタヴィアもイギリスに占領されていた。したがって、当時、地球上でオランダ国旗が翻っていたのは出島だけだったと言われているが、ドゥーフは、ラッフルズの命を受けて来航した前商館長ワルデナールらのたくらみを阻止し、あくまでオランダ船として通常の取引を行った後に出航させた。出島オランダ商館は、ドゥーフの巧みな対応によって守られたのである。

注

（1）荒木裕行・戸森麻衣子・藤田覚編著『長崎奉行遠山景晋日記』清文堂史料叢書第一一四、清文堂出版、二〇〇五年。
（2）注（1）、藤田氏解説。
（3）県立長崎図書館編、県立長崎図書館郷土史料叢書五、二〇〇五年。
（4）日蘭学会編『長崎オランダ商館日記』日蘭学会学術叢書第五、雄松堂出版、一九九四年。

あとがき

本書は、二十数年の間に書きためた長崎の近世・近代史に関する論考を集めたものである。初出は次の通りである。

序　章「貿易都市長崎の基本構造」(新稿)
第一章第一節「近世興善町の成立と展開」(新稿。『旧新興善小学校跡地の発掘調査報告書』に掲載予定)
第二節「丸山遊女と身売り証文」『崎陽』第二三号・第二七号、長崎県立長崎南高等学校、一九九〇・一九九四年
第三節「会津藩用達足立家について――幕末長崎の人参貿易商――」『長崎談叢』第六十九輯、長崎史談会、一九八一年
第四節「貿易都市長崎の祭り「長崎くんち」」『鳴滝紀要』一六号、シーボルト記念館、二〇〇六年
第二章第一節「蘭学・医学教育の原点と長崎遊学」『ながさき経済』二〇〇三年三月号、長崎経済研究所
第二節「長崎蘭学と歴史教科書」『長崎県文化財調査報告書』第一八〇集、長崎県教育委員会、二〇〇四年
第三節「オランダ通詞本木氏について――庄左衛門正栄を中心に――」『鳴滝紀要』一〇号、シーボルト記念館、二〇〇〇年

第四節　「オランダ通詞石橋氏と「石橋助左衛門御絵像」」長崎歴史文化博物館開館記念特別展図録『長崎大万華鏡』長崎歴史文化博物館、二〇〇五年

第三章第一節　「ドンケル＝クルチウスと安政二年「萬記帳」」『オランダ通詞会所記録　安政二年萬記帳』（県立長崎図書館郷土史料叢書二）二〇〇一年

第二節　「トーマス・ブレーク・グラバー考」『ながさき経済』一九九七年八月号、長崎経済研究所

第三節　「土木局お雇い蘭人デ＝レーケについて――中島川変流工事の顚末――」『大村史談』五〇号、大村史談会、一九九九年

第四章第一節　「「長崎奉行所関係資料」の史料的特色――その重要文化財指定にあたって――」（新稿）

第二節　「「長崎キリスト教史についての一考察――長崎奉行所文書にみる邪宗と異宗――」『大村史談』五九号、大村史談会、二〇〇八年

補　節　「『長崎奉行遠山景晋日記』を読む」『日本歴史』二〇〇七年四月号、吉川弘文館

まず、古いものについて執筆時の状況を紹介しておきたい。

第一章第三節「会津藩用達足立家について――幕末長崎の人参貿易商――」は、二十五年ほど前、初めて書いた近世・近代史の論考である。それまでは古代史を研究対象としていたが、県立長崎図書館史料課（現在の郷土課）に転勤し、その書庫に架蔵されている史料群を見てからは一変して近世・近代史の研究を行うようになった。当時長崎の歴史の基礎をご教授くださった故石田保先生ほか諸先生方、掲載をご許可くださった越中哲也先生に深謝申し上げる。

読み返して多少手直しをしたが、大筋そのままである。ただ、古代史執筆のクセが随所に目に付く。それでも、

但馬に生まれ、大坂の商家に奉公し、長崎に出て会津産和人参を中国に輸出したスケールの大きな貿易商足立仁十郎を、幕末維新史、長崎貿易史に登場させた意義はあるだろうと思うので、稚拙さはご寛容いただきたい。

なお、執筆当時使用した県立長崎図書館所蔵資料は、現在そのほとんどが長崎歴史文化博物館に移管されていること、兵庫県朝来郡山東町・和田山町は合併により現在朝来市になっていることを申し添えておく。

第一章第二節「丸山遊女と身売り証文」は、近世貿易都市長崎の社会構造の一端を解明し、長崎の普遍性を明らかにする目的で取り組んだが、結局は長崎の特殊性が浮き彫りになったかたちで終わった。ただ、長崎の近世都市としての普遍性の究明という当初の課題は、今後も念頭において研究していきたい。なお、初出は高等学校の研究紀要であり、わかりやすくするために、また筆者自身の理解のために、長崎史概説のような記述を随所に入れたことをお断りしておく。

第三章第三節「土木局お雇い蘭人デ＝レーケと出島――中島川変流工事の顚末――」は社会へのメッセージを含んだ論考として意識的に執筆した。中島川変流工事に興味を持ったきっかけは、デ＝レーケというオランダ人技師が作成した基本計画に基づいて工事が行われ、かけがえのない史跡である出島の内側が削られたことにあった。史料を読み解くうちに、史跡の将来の価値判断と保存、未来を見通す力といった歴史研究の現代的意義について考えるようになった。

さらに、中島川変流工事後も土砂の堆積は止まらず、明治三十年代には出島の周囲の海面が埋め立てられたことから、変流工事そのものが本当に必要だったのかということにまで発展するが、それを明治十年代の人びとに判断させるのは酷なことである。

現在長崎には、唐人屋敷や大浦居留地など極めて重要な史跡が存在している。それらの現代における価値と保存計画、そして住民の生活との兼ね合いをどのように折り合わせるのか、今後も考えていきたい。

第三章第一節「ドンケル＝クルチウスと安政二年「萬記帳」」は『オランダ通詞会所記録　安政二年萬記帳』（県立長崎図書館郷土史料叢書一）の解説として執筆したものである。それも責任編集を担当した立場から、できるだけ概説となるよう心がけた。この節を読んで疑問・興味等持たれたら『オランダ通詞会所記録　安政二年萬記帳』にあたっていただきたい。

それにしても、ドンケル＝クルチウスのほか多くのオランダ人が日本の近代化に尽力してくれたことを再認識できたことは「萬記帳」翻刻の成果であった。そして彼らの日本近代化への貢献・功績が、現在正当に評価されていないことも明白になったように思う。

同様な疑問は、歴史教科書における長崎蘭学の評価にもつながる。蘭学は『解体新書』の翻訳を契機に江戸で発達したという教科書の記述は、筆者としては認められないところである。どうしてそうなったのかについては、第二章第二節「長崎蘭学と歴史教科書」に筆者の見解を述べているので、お読みいただければありがたい。

本職が高校日本史の教師であり明確な研究視点など定まっていたわけではないが、対馬・島原半島国見と赴任先で土地勘を養い、日本史のなかで地域史を研究してきたつもりである。また、長崎惣町の一つである新橋町に生まれ育ったことも大きい。

二度にわたる県立長崎図書館勤務の十四年間は、長崎奉行所文書・長崎県庁文書などの貴重資料を保存管理・活用する立場から、利用者に資料・情報を提供するとともに利用者の方々からも有益な情報を教えていただいた。こちらが収蔵資料の内容をよく知れば知るほど提供できる資料・情報は多方面かつ適確になり、また利用者から教えていただくことも多くなる。これまで書いてきた論考のうち長崎部分を集約した本書が多少なりともお役に立つならば、まさにこうしたことの賜物である。ご教示いただいた多くの方々にお礼申し上げる。

最後に、高校時代の恩師である梅田和郎先生、大学時代の八木充先生をはじめ、これまでご指導いただいた多くの先生方や同僚諸氏に深く感謝申し上げる。

なお、本書の刊行にあたって、長崎大学の柴多一雄教授、九州大学の高野信治教授・岩﨑義則准教授、また九州大学出版会の永山俊二部長・尾石理恵氏のご尽力を得た。併せて深謝申し上げる。

著者紹介

本馬貞夫（ほんま・さだお）

1948年長崎県生まれ。山口大学文理学部国史専攻卒。長崎県立高等学校教諭，長崎県立長崎図書館郷土課長・副館長を経て，現在長崎県文化振興課参事（長崎歴史文化博物館調査研究室）。

著書に，『愛野町郷土誌　原始古代編』（愛野町，1983年），『瑞穂町誌　近代編』（瑞穂町，1988年），『オランダ通詞会所記録　萬記帳』（県立長崎図書館郷土史料叢書一，責任編集・校正，解説執筆，2001年），『街道の日本史50　佐賀・島原と長崎街道』（共著，吉川弘文館，2003年），『街道の日本史49　壱岐・対馬と松浦半島』（共著，吉川弘文館，2006年）など。

貿易《ぼうえき》都市《とし》長崎《ながさき》の研究《けんきゅう》

2009年4月5日　初版発行

著　者　本　馬　貞　夫

発行者　五十川　直　行

発行所　(財)九州大学出版会

〒812-0053 福岡市東区箱崎 7-1-146
九州大学構内

電話　092-641-0515(直通)

振替　01710-6-3677

印刷／大同印刷㈱　製本／日宝綜合製本㈱

 ISBN978-4-87378-990-3